J 1212.

RECHERCHES
CVRIEVSES
D'ANTIQVITE

RECHERCHES
CURIEUSES
D'ANTIQUITE',

CONTENVES

EN PLUSIEURS DISSERTATIONS,
sur des Medailles, Bas-reliefs, Statuës, Mosaïques,
& Inscriptions antiques;

ENRICHIES D'UN GRAND NOMBRE
de Figures en Taille douce.

PAR MONSIEUR SPON, DOCTEUR
Aggregé au College des Medecins de Lyon, & à l'Académie
des *Ricovrati* de Padouë.

A LYON,

Chez THOMAS AMAULRY, ruë Merciere,
au Mercure Galant.

M. DC. LXXXIII.
AVEC PRIVILEGE DU ROY.

LVDOVICO
LVDOVICI MAGNI FILIO
LVDOVICI IVSTI NEPOTI
HENRICI MAGNI PRONEPOTI
CLEMENTI AVGVSTO
MAGNORVM FORTISSIMORVMQVE
RETRO PRINCIPVM DIGNISSIMÆ
SOBOLI
NATI NASCENDORVMQ. FELICISSIMO
PARENTI
GALLORVM DELPHINO
DESIDERANTISSIMO
DAT DICAT DEDICAT
JACOBVS SPONIVS LVGDVNENSIS
ANTIQVÆ DEVOTIONIS PIGNVS
SVIQVE IN RE ANTIQVARIA STVDII
MONVMENTVM

PREFACE.

IL est juste que la France jouïssant à present de la Paix par les soins de nostre auguste & triomphant Monarque, la republique des Lettres qui fleurit sous sa protection trouve sa place dans cette felicité, & que les Muses qui ne sont plus effrayées du bruit des Canons reviennent à leurs premieres études, & fassent part à leurs sujets des découvertes qu'elles ont fait dans l'étenduë de leur Jurisdiction. En effet ce Siecle semble estre un Siecle de nouvelles inventions. Les Theologiens ont trouvé des manuscrits des Peres qui n'avoient point encor paru ; les Historiens ont publié des Histoires nouvelles de toutes les Provinces ; les Jurisconsultes ont compilé des Codes, & des Loix nouvelles, que le bon sens & l'étude leur ont dictées ; les Medecins ont trouvé la circulation du sang, les veines Lactées, le Quinquina & mille autres choses qui ont esté inconnuës à leurs peres ; les Physiciens ont

PREFACE.

ont trouvé le secret de peser l'air que nous respirons, de mesurer la chaleur, de fondre les metaux par les rayons du Soleil, de demeurer longtemps sous les eaux, & de marcher dessus. Il n'est pas jusqu'au vol des oyseaux qu'on n'ait voulu imiter; & enfin les Antiquaires ne se sont pas moins donné de peine à faire des découvertes dans le pays vaste & curieux de l'Antiquité. On a deterré des Medailles anciennes de tous les Regnes & de tous les Empires; on a déchifré mille curiositez des anciens Romains, qui ne paroissoient à nos Peres que des Lettres muettes destituées d'esprit & de mistere. C'est dans ce dessein que souhaittant de contribuër quelque chose à l'avancement des belles Lettres, j'ay resolu de rendre raison au Public de mes découvertes dans l'Antiquité, en luy donnant une partie de celles que j'y ay faites. Je ne sçay si je me suis trompé dans cette entreprise; mais il m'a paru qu'elle ne seroit pas moins agreable aux gens de Lettres, qu'elle pouvoit estre utile mesmes aux Architectes, aux Sculpteurs, & aux Peintres, qui apprennent tous les jours de ces grands originaux de l'Antiquité,

PREFACE.

quité, les manieres de perfectionner leur Art.

Cette connoissance est si necessaire principalement pour celle de la Religion, de l'Histoire & de la Geographie des anciens, qu'elle a toûjours partagé les veilles des Sçavans & les courses des Curieux. Parmy les grands Hommes qui en ont fait leur étude, Fulvius Ursinus, Gruter, Boissard, & Goltzius, sont ceux à qui on a le plus d'obligation par la quantité de Marbres, de Statuës, de Bustes, de Bas-reliefs, d'Inscriptions & de Medailles qu'ils ont mis au jour. Mais comme il estoit impossible de deterrer tout d'un coup tout ce que les Siecles passez ont caché sous les ruines des villes & dans le sein de la terre, nos Modernes, Seguin, Spanheim, Patin & Vaillant, n'ont pas dedaigné de communiquer au monde sçavant leurs lumieres. Et quoy que les miennes fussent des plus foibles, je me suis flatté d'en avoir acquis quelques-unes qui pouvoient éclairer ces terres presque inconnuës, mes voyages dans l'Europe & dans l'Asie m'ayant donné des avantages que je n'aurois pas trouvé dans le cabinet. On en jugera par ce Tome que je donne pre-

PREFACE.

sentement & qui pourra estre suivy de quelqu'autre, si les curieux jugent celuy-cy digne de leur approbation. On n'y a rien épargné pour la beauté, soit des planches, soit de l'impression, & on a lieu de croire que la netteté qu'on a tâché d'avoir dans toutes les explications ne fatiguera point les Lecteurs par les promenades qu'on leur fait faire dans ce vieux monde. Que si les personnes du mestier n'en sont pas satisfaites, on recevra leurs advis avec toute la deference possible, & mesme s'ils ont fait dans leur pays quelque découverte considerable, ils obligeront le Public de nous les communiquer, mais on ne veut rien s'il se peut que de bon & d'instructif, & qui n'ayt pas esté remarqué par les autres. Car on s'est étudié de ne donner icy que des choses qui n'avoient point esté publiées, soit pour les Inscriptions, soit pour les Statuës, soit pour les Medailles; quoy qu'à la verité on s'y soit pû tromper, puisqu'il n'est pas possible de voir tous les Livres nouveaux, qui paroissent au jour : outre que faisant grand scrupule de consumer trop de temps à ce qui ne doit servir qu'à me delasser de mes veilles & de mes plus essentielles études,

PREFACE.

études, la profession de Medecine que j'exerce m'obligeant indispensablement à m'en acquitter avec toute l'exactitude & l'application qu'elle demande, quelques momens que je puis donner tous les jours à ma curiosité ne peuvent pas suffire pour me faire rechercher dans les Autheurs tout ce qui pourroit achever heureusement ce que j'entreprens. Mais si Dieu le permet le temps y pourra suppleer, & je n'épargneray jamais mes soins & mes travaux, lors que je les croiray utiles au public.

EXPLICATION
Des Antiquitez gravées au Frontispice.

COMME on ne donne dans ces Recherches aucun deſſein qui ne ſoit tiré de l'antique, on s'eſt fait un ſcrupule d'en mettre aucun dans le Frontiſpice, qui ne ſoit auſſi pris ſur des originaux, quoy que d'autres ne faſſent pas difficulté de donner des caprices plutôt que des veritez dans ces ſortes de Planches qui ne ſervent que d'ornement. Cela ſe peut ſouffrir lors que le ſujet du Livre ne fournit pas de matiere propre à ces ornemens : mais ce ſeroit avoir mauvaiſe opinion de l'antiquité, de chercher ailleurs que chez elle, de quoy divertir les yeux & l'eſprit. Cette Planche preſente donc un amas de pluſieurs beaux morceaux d'antiquité que des voyageurs curieux conſiderent & examinent.

1. Le premier eſt un bel ouvrage d'Architecture fort haut qui ſe voit à S. Remy en Provence. Il eſt fait en maniere de tour quarrée en bas, & le deſſus en lanterne ronde, dans laquelle ſe voyent deux Statuës debout veſtuës à la Romaine. Au bas eſt un marbre en bas relief repreſentant quelque bataille, mais il eſt ſi gâté qu'on n'en peut gueres diſcerner les figures. Au deſſus ſont quelques lignes d'une Inſcription preſque toute effacée, qui nous apprendroit ſi elle eſtoit liſible,

celuy

gravées au Frontispice.

celuy pour qui a esté dressé ce beau monument. Il y a apparence que c'est pour quelque illustre Romain qui avoit gagné dans ces quartiers là une bataille; car on voit dans la frise sous la lanterne des Tritons & des Hippopotames, qui sont ordinairement employez par les anciens pour celebrer les victoires : & de plus le bas relief semble representer, comme nous avons dit, une bataille. A quoy l'on doit ajoûter qu'il y a prés de là les restes d'un bel arc de triomphe. Les Colonnes de ce bel ouvrage d'Architecture sont d'ordre Corinthien, & toutes les proportions en sont bien observées.

2. La figure qui est là auprés sur un pied d'estal a esté trouvée dans le mesme lieu. C'est une femme vétuë jusqu'aux talons dont la drapperie est parfaitement belle, & dont je ne sçaurois bien dire l'action.

3. Ce qui est derriere est une belle & grande urne de marbre blanc ornée de feüilles de lierre & de vignes, avec des raisins & un oiseau au milieu qui les becquette. Elle se voit avec sa base antique chez Monsieur de Boyer Conseiller au Parlement à Aix en Provence. Sur l'une des faces de la base est l'Epitaphe d'une femme *âgée de dix-huit ans*, nommée *Cornelia Valerilla*, qui luy a esté mis par *Cæsonius Hermes son mary* : en ces termes :

Explication des Antiquitez.
D. M.
CORNELIAE VA
LERILLAE ANN.
XVIII CAESONI
VS HERMES
CONIVGI DVLC
ISS.

 Le Lierre & la Vigne peuvent eſtre l'embleme de l'union conjugale ; & l'oyſeau qui becquette les raiſins ſur le cep, celuy de la mort prematurée de cette jeune femme, enlevée à ſon mary avant qu'elle euſt porté les premiers fruits de leur amour.

 4. Le Temple qui ſuit eſt celuy de Veſta Deeſſe de la terre, dont l'entrée eſtoit defenduë aux hommes. Ils l'avoient bâty rond, parce que la terre eſt ronde. C'eſtoit là que l'on conſervoit le Palladium, c'eſt à dire, l'Idole de Pallas qu'ils diſoient eſtre tombée du Ciel, & qui avoit eſté apportée de Troye par Enée. Et c'eſt dans ce meſme Temple que les Veſtales conſervoient ſans interruption le feu ſacré, ſymbole de l'eternité de l'Empire.

 5. Au fonds dans le plus grand éloignement paroit un monument antique en maniere de Pyramide qui ſubſiſte encore à Vienne en Dauphiné. Voicy ce que le Sçavant Hiſtorien Mʳ Chorier en a dit dans ſes Recherches des Antiquitez de
         Vienne.

gravées au Frontispice.

Vienne. La Pyramide qui paroit au milieu de la plaine eſt compoſée de quartiers de pierre d'une groſſeur digne d'étonnement, & pouſſe fort haut ſa pointe carrée, que ſoûtiennent quatre piliers, entre leſquels ſont autant de portes & d'entrées. Les Provinces voiſines ont peu de Monumens qui ne luy cedent. Je ne doute point qu'elle ne fût accompagnée de beaucoup d'ornemens qu'elle n'a plus, & dont l'injuſtice de quelques hommes brutaux l'a dépoüillée. Il eſt certain que ſi elle avoit pû eſtre facilement démolie, les Nations Barbares qui ont ſi ſouvent inondé les Gaules, l'auroient renverſée, mais ne l'ayant pû ſans danger, elles l'ont du moins outragée autant que leur rage en a eu la liberté. S'il manque neanmoins quelques pierres à ſa cime, de maniere qu'elle ne finit plus en une pointe aiguë, comme elle faiſoit, c'eſt un outrage qu'elle n'a receu que depuis environ cinquante-ans. Un Milanois qui habitoit dans Vienne en ce temps-là, ayant acheté la terre où eſt cette Pyramide, fut porté par ſon avarice & par ſa brutalité, au conſeil de la détruire. Il commença ce ſacrilege, mais le ſçavant Pierre de Boiſſac luy oppoſa ſon authorité, & eſtant alors le chef de la Juſtice dans Vienne, il fit pour ſa gloire, & pour celle de ſa Patrie cét acte de Juſtice, qui nous a conſervé un ſi noble Ouvrage. C'eſt une opinion auſſi publique, que mal appuyée, qu'elle eſt le Mauſolée de Venerius, que l'on feint avoir eſté l'Autheur & le Fondateur de cette Ville. On s'eſt imaginé, que comme les urnes qui contenoient

Explication des Antiquitez,

tenoient les cendres d'Antonin, & de Marc Aurele, furent mises à la cime des Obelisques dressez dans Rome à leur memoire; celles de Venerius le furent aussi par les premiers Viennois, à la pointe de cette Pyramide dans une Urne d'or. Cette imagination a esté suivie d'une autre par laquelle on a voulu la confirmer. On a ajoûté, comme l'a remarqué Jean du Bois, que le Poëte Ausone en fait mention dans le Gryphe que nous avons de luy, & que nous lisons parmy ses Ouvrages Poëtiques. Mais qui l'aura lû, jugera de la hardiesse à supposer, qu'ont eu ceux dans l'esprit desquels cette pensée est premierement tombée. Cet ouvrage paroit trop Romain pour estre attribué à des Africains, & il y a d'autant moins de raison de les en croire les Autheurs, qu'il est certain que l'Afrique n'a rien de semblable. Outre que les recits que l'on fait de Venerius sont fabuleux, & que Vienne est l'ouvrage des Allobroges, & non de Peuples si éloignez. J'avouë neanmoins que cette Pyramide n'a esté faite que pour honorer la memoire de quelque illustre mort : & quoy que nous n'ayons point de preuves assez fortes pour nous apprendre avec certitude à la gloire de qui elle a esté erigée, nous avons assez de conjectures pour nous figurer que ç'a esté à l'honneur d'Auguste. Les longues prosperitez de son regne, luy ayant acquis & l'estime & l'amour de tous les Peuples, des honneurs divins luy furent attribuez apres sa mort, dans les principales Villes de

l'Empire

gravées au Frontispice.

l'Empire Romain. Elles tâcherent toutes d'imiter ce qu'avoit fait celle de Rome en cette occasion. Il n'y eut pas seulement des Temples & des Prestres comme un Dieu immortel, mais aussi des Tombeaux comme un Homme illustre; elles luy erigerent de superbes Cenotaphes, aussi bien que des Autels. C'est ainsi que les Grecs, & apres eux les Latins ont nommé ces Tombeaux vuides, qui ne sont bâtis que pour perpetuer la memoire des personnes, d'un excellent merite, ou d'une haute condition. Celles qui negligerent de s'acquiter de ce devoir, furent mal-traittées, comme coulpables d'un crime. Tibere n'en laissa point d'impunies. Cela estant, n'est-il pas vray-semblable que Vienne qui estoit alors si noble & si puissante, fut des plus ardentes à témoigner à Tibere les respects qu'elle avoit pour luy, par ceux qu'elle avoit proposé de rendre à la memoire de ce Prince son Pere, & son Bienfacteur? Nous avons déja vû comme elle luy consacra des Prestres & des Autels, & il est bien à croire qu'elle joignit à ces honneurs, qu'elle devoit à ce Prince, mis au nombre des Dieux, celuy de la Sepulture qu'elle devoit à ce Dieu, mis au nombre des morts. Cette Pyramide en fut sans doute le Cenotaphe, du moins sa structure ne souffre point que l'on croye qu'elle ait esté le Tombeau d'une personne privée, & nul des Empereurs ne se presente de qui on puisse juger qu'elle le soit plus apparemment que d'Auguste.

6. En

Explication des Antiquitez

6. En revenant du fonds de l'allée on voit l'Amphiteatre ou Colisée de Tite, dont plusieurs Autheurs ont parlé, tel qu'il subsiste encore à Rome, & tel qu'il est representé dans les Medailles, & particulierement dans un beau Medaillon d'Alexandre Severe que j'ay vû à Rome chez Monsignor Ginetti, avec ces lettres MVNIFICENTIA AVGVSTI. Ce Prince l'avoit reparé aussi bien que le Theatre & le Cirque, comme dit Lampridius. *Lenonum, meretricum & exoletorum vectigal in sacrum ærarium inferri vetuit, sed sumptibus publicis, ad instaurationem Circi, Theatri, Amphitheatri & ærarij designavit.*

7. Tout joignant est un petit Temple dont le couvert est en dome à écaille, qui est celuy de Junon surnommée Martiale, au revers d'une Medaille de Volusien.

8. En deçà paroit la façade & la moitié du Temple de Minerve à Athenes dont j'ay donné le dessein entier dans mon Voyage de Grece.

9. A côté se voit une statuë d'un jeune homme habillé jusqu'aux talons d'une robe à la Romaine, dont l'original de marbre qui a esté apporté de Smyrne, est à Marseille chez Monsieur Fouquier.

10. L'Obelisque qui a esté trouvé à Arles depuis quelques années, est une des antiquitez qui frappe d'abord la vûë. C'est une espece de Pyramide toute d'une piece, de marbre granite d'Egypte comme ceux de Rome. Monsieur Terrein Acade

Explic. des Antiq. gravée au Frontispice.

Academicien d'Arles l'a expliqué sçavamment, & a dit presque tout ce qu'on pouvoit dire des Obelisques, dans le Livre qu'il nous en a donné aussi bien que de la belle Venus d'Arles, que l'on prenoit autrefois pour une Diane.

11. 12. 13. Derriere est un beau pilastre orné de fueillages, qui se voit à l'arc de Triomphe de S. Remy. Tout contre est un aigle Romaine, qu'on portoit avant les Legions, & vis à vis proche le premier monument que nous avons décrit est une enseigne militaire, avec une main étenduë au dessus, d'où vient le mot de *Manipulus*, qui estoit à peu prés ce que nous appellons une Compagnie.

14. Enfin on remarque par terre un beau chapiteau des ruines de la ville d'Iassus, appellée maintenant Askemkallesé, dans l'Asie mineure.

Par là on peut voir que nôtre France mesme nous peut fournir de belles pieces aussi bien que la Grece & l'Italie, & que l'on neglige quelquefois ce qu'on a chez soy, pour courir apres des curiositez étrangeres qui ne valent pas mieux.

Dans l'Inscription cy-dessus, qui est la Dedicace à Monseigneur le Dauphin en maniere d'Inscription antique, on a mis le mot DESIDERANTISSIMO, que quelqu'un pourroit croire estre une faute au lieu de DESIDERATISSIMO : mais outre qu'il y en a des exemples dans les Marbres anciens, comme dans celuy qui est cité par Gruter pag MCXVI. 7. D. M. MARCIAE SEX. F. MARCIANAE OPTIMAE ET DVLCISSIMAE ET DESIDERANTISSIMAE RARISSIMI EXEMPLI FEMINAE, &c. C'est que si l'on dit *Amantissimus* dans une signification passive, comme on le dit assez ordinairement, on peut aussi dire *Desiderantissimus*, dans la mesme signification. Et ce mot semble mesme plus expressif pour une personne vivante que *Desideratissimus*, qui est du temps passé. Ainsi *Amantissimus* & *Desiderantissimus* signifient proprement *quem omnes amant & desiderant*, au lieu que *Amatissimus* & *Desideratissimus*, c'est *quem omnes amarunt & desiderarunt*.

TABLE
DES DISSERTATIONS
contenuës en ce Volume.

PREMIERE DISSERTATION. *SUR un Bouclier antique d'argent appellé par les Latins* Clypeus Votivus, *qui se voit à Lyon dans le cabinet de Monsieur Octavio Mey.* page 1

SECONDE DISSERTATION, *sur un pavé de Marqueterie ou Mosaïque ancienne, qui est à Lyon dans la vigne de Monsieur Cassaire.* 27

TROISIE'ME DISSERTATION, *sur un marbre ancien representant deux Divinitez Syriennes.* 59

QUATRIE'ME DISSERTATION. *Des Sacrifices, & autres Actes des Freres Arvales.* 75

CINQUIE'ME DISSERTATION. *Les Nopces de Cupidon & de Psyché.* 87

SIXIE'ME DISSERTATION. *Des Hermes, Hermathenes, Hermanubes & Hermheracles.* 98

SEPTIE'ME DISSERTATION. *D'Harpocrate & des Panthées.* 124

HUITIE'ME DISSERTATION. *Des Cymbales, Crotales, & autres instrumens des Anciens.* 146

NEUVIE'ME DISSERTATION. *De deux Edifices anciens de Nismes & de Vienne.* 159

DIXIE'ME DISSERTATION. *Sur l'inscription suivante d'une bague antique :* TECLA VIVAT DEO CUM MARITO SEO: *Dans une lettre de Monsieur de Peiresk à Monsieur Holstenius Bibliothecaire du Vatican, écrite du 6. Aoust 1619.* 169

ONZIE'ME DISSERTATION. *Sur quelques bagues d'or & d'argent.* 175

DOUZIE'ME

TABLE

DOUZIE'ME DISSERTATION. *Sur une medaille antique de Severe & de Julia Domna.* 180

TREIZIE'ME DISSERTATION. *Sur une peinture antique trouvée à Rome depuis quelques années proche le Colisée.* 195

QUATORZIE'ME DISSERTATION. *Sur une Medaille de Commode.* 203

QUINZIE'ME DISSERTATION, *contenuë dans une Lettre de Monsieur Antoine Galland, écrite à l'Autheur, sur un Medaillon de Trebonien.* 209

SEIZIE'ME DISSERTATION, *contenuë dans une Lettre écrite à Monsieur Paul Falconieri par Monsieur François Redi Medecin de Florence, sur le sujet du temps auquel les Lunettes furent inventées.* 213

DIX-SEPTIE'ME DISSERTATION. *Le jugement de Paris, dans une medaille d'Antonin Pie expliquée par Monsieur Patin, à l'Illustrissime & Excellentissime Procurateur de S. Marc, Angelo Morosini.* 221

DIX-HUITIE'ME DISSERTATION. *Des Dieux Manes.* 231

DIX-NEUVIE'ME DISSERTATION. *Sur une Urne antique, qui estoit autrefois dans le cabinet de l'Autheur, & presentement dans celuy de Monsieur Gaillard gentilhomme Anglois. A Monsieur Graverol Avocat au Presidial de Nismes & Académicien de la même Ville.* 249

VINGTIE'ME DISSERTATION : *Par Monsieur François Graverol, Avocat & Académicien de Nismes. Sur l'Inscription du tombeau de Pons, fils d'Ildefonse, de la famille des Raymonds, Comtes de Toulouse.* 283

VINGT-UNIE'ME DISSERTATION ; *Nouvelle Découverte d'une des plus singulieres & des plus curieuses Antiquitez de la ville de Paris; par le R. P. du Molinet Religieux de sainte Genevièfve.* 299

VINGT-DEUXIE'ME DISSERTATION, *contenuë dans une lettre de Monsieur Sebastien Fesch Professeur à Basle, à Monsieur Hollander Tresorier de Schaffouse : sur une Medaille du Roy Pylæmenes.* 307

VINGT-TROISIE'ME DISSERTATION : *Sur une Inscription antique*

DES DISSERTATIONS.

antique au jardin du Palais Palestrine, à Rome ; contenant les Statuts d'un College d'Esculape & de la Santé. 326

Vingt-Quatrie'me Dissertation. *De l'utilité des Medailles pour l'étude de la Physionomie.* 353

Vingt-Cinquie'me Dissertation. *Sur le Bâton de Moyse, à Monsieur Graverol Avocat & Académicien de Nismes.* 397

Vingt-Sixie'me Dissertation. *Sur une Medaille de Caracalle representant des Danseurs de corde. Par Monsieur de Camps Coadjuteur de Glandeves.* 407

Vingt-Septie'me Dissertation. *Qu'il n'est pas vray que ce fussent seulement des Esclaves qui pratiquassent la Medecine à Rome, ni que les Medecins en ayent jamais esté bannis.* 419

Vingt-Huitie'me Dissertation; *Contenuë dans deux lettres d'un Curieux à l'Autheur, avec les Réponses touchant quelques Medailles Maltoises.* 452

Vingt-Neuvie'me Dissertation. *Sur un grand vase de marbre, representant la naissance de Bacchus.* 469

Trentie'me Dissertation. *Des Estrenes.* 485

Trente-Unie'me Dissertation. *Sur l'Histoire du faux Prophete Alexandre, de Lucien, illustrée par les medailles.* 496

Faute à corriger.

Pag. 6. lign. 3. sous le Consulat, *lisez* sous l'Edilité.

PRIVILEGE

PRIVILEGE DU ROY.

LOUIS PAR LA GRACE DE DIEU, ROY DE FRANCE ET DE NAVARRE : A nos amez & feaux Conseillers les Gens tenans nos Cours de Parlements, Maistres des Requestes ordinaires de nôtre Hôtel, Baillifs, Seneschaux, Prevosts, Juges leurs Lieutenans & tous autres nos Justiciers & Officiers qu'il appartiendra : SALUT. Nostre amé Thomas Amaulry Marchand Libraire de nôtre Ville de Lyon, Nous a fait remontrer qu'il a recouvré un Livre intitulé *Recherches curieuses d'Antiquité, contenuës en plusieurs Dissertations, sur des Medailles, Bas-reliefs, Statuës, Mosaïques & Inscriptions antiques, enrichies d'un grand nombre de Figures en taille douce, composé par le Sieur Spon, Docteur en Medecine Aggregé au College de Lyon, & à l'Académie des Ricovrati de Padoüe,* lequel il desireroit faire imprimer ; auquel effet il Nous a tres-humblement fait supplier de luy accorder nos Lettres sur ce necessaires. A ces causes, voulant favorablement traiter l'Exposant, Nous luy avons permis & accordé, permettons & accordons par ces presentes, d'imprimer & faire imprimer ledit Livre en tels volumes, marges & caracteres, avec lesdites Figures gravées en taille douce, & autant de fois que bon luy semblera pendant le temps de quinze années consecutives, à commencer du jour qu'il sera achevé d'imprimer pour la premiere fois; iceluy faire vendre, debiter & distribuër par tout nôtre Royaume. Faisons deffenses à tous Libraires, Imprimeurs, & autres d'imprimer, faire imprimer, vendre & debiter ledit Livre pendant ledit temps, sous quel pretexte que ce soit, mesme d'impression étrangere ou autrement, sans le consentement de l'Exposant ou de ses ayans cause, à peine de confiscation des Exemplaires contrefaits, trois mille livres d'amende payable sans depost par chacun des contrevenans, comme il est plus amplement porté par ledit privilege. Donné à Paris le 14. jour du Mois de Mars 1683. Et de Nôtre Regne le quarantiéme.

Par le Roy en son Conseil,

JUNQUIERES.

Registré sur le Livre de la Communauté des Marchands Libraires & Imprimeurs de Paris, le 16. Mars 1683. suivant l'Arrest du Parlement du 8. Avril 1653. & celuy du Conseil privé du Roy, du 27. Fevrier 1665. Signé C. ANGOT, *Syndic.*

Ex musæo D. OCTAVII MEY civis Lugdunensis.

CLYPEVS VOTIVVS

tiquus ex argento puro, pondo librarum XXI. diametri 2 ped. cum 2 vnc. rep
jn Rhodano prope Avenionem anno 1656. Exhibens Scipionis Africani memoranda
actionem, quâ captam jn expugnatione Carthaginis novæ eximiâ formâ
Virginem, Allucio Celtiberorum Principi cui desponsata erat,
intactam gratis reddidit. Polyb. lib. 10. Livius lib. 26.

RECHERCHES CURIEUSES D'ANTIQUITÉ.

PREMIERE DISSERTATION,

Sur un Bouclier antique d'argent appellé par les Latins Clypeus Votivus,

Qui se voit à Lyon dans le Cabinet de Monsieur Octavio Mey.

E ne sçaurois commencer mes Recherches d'Antiquité par une plus noble matiere, que par l'explication de ce magnifique Bijou, que Monsieur Octavio Mey conserve à Lyon dans son cabinet: & j'auray soin de faire part aux Curieux des lumieres que mes courses dans le Pays de l'antiquité
A m'ont

m'ont fait aquerir, fans deffein toutefois d'exclurre ceux qui en auront plus que moy. Je feray même le premier à fuivre leur fentiment, s'ils ont des raifons d'un caractere à perfuader un efprit auffi docile que le mien.

Ce fut en l'an 1656. que cette piece fut trouvée dans le Rhône proche d'Avignon, par des Pefcheurs qui ne s'attendoient pas à une fi riche capture. Mais leur ignorance ne leur permit pas de profiter de ce que la fortune leur prefentoit. Ils firent à peu pres ce que firent autrefois les Suyffes, qui s'étant rendus Maîtres du Camp du Duc de Bourgogne à la bataille de Morat, vendirent fa vaiffelle d'argent comme du fimple eftain, & fes pierres precieufes comme des bagatelles de cryftal.

Ces Pefcheurs voyant cette piece couverte d'un limon endurcy, que le cours de la riviere y avoit formé, en rompirent les bords, pour voir s'il n'y avoit point d'argent dans fon alliage. Il eft à prefumer que comme l'argent paroit moins blanc rompu que coupé, ils crurent qu'il y en avoit peu, puis qu'ils la vendirent pour un prix tres-mediocre à un Orfevre d'Avignon nommé M. Gregoire, lequel l'ayant nettoyée en fit faire un deffein, & jugeant que cela valoit plus que le metal, quoy qu'il y euft 42. Marcs d'argent fin, il l'envoya à Lyon chez un Joüallier nommé Monfieur Simonet, pour le vendre à quelque Curieux, fi l'occafion s'en prefentoit. Celuy-cy

en

en parla à Monsieur Mey, qui par l'inclination qu'il a toûjours euë pour les belles choses fut ravy de l'acheter. Apres qu'il en fut le maître, il fit resouder les pieces qui en avoient esté détachées.

C'est un grand Disque d'argent, dont la dorure qui l'embellissoit paroit encore dans tous les traits enfoncez. Il a 26. pouces pied de Roy de diametre, & est bordé tout autour d'un bord du mesme metal, de l'épaisseur du petit doigt, avec un rebord au revers, comme on le voit dans la seconde planche.

Je l'appelle un Disque, d'un nom general, pour signifier une piece plate & ronde. Mais pour le definir plus particulierement par un nom qui en fasse connoître l'usage, je dis que c'estoit *un Bouclier consacré destiné pour representer une action memorable de quelque Heros de l'antiquité, & en conserver la memoire dans un Temple des Dieux, où il devoit estre suspendu.* Ce que nous lisons de ceux dont il est parlé dans l'Histoire, nous fera assez connoître cette verité, pour n'y trouver aucun doute.

Les noms que les Latins donnoient à ces Boucliers estoient, *Clypea, Clypei, Clupei, Clypei votivi*, & *Scuta*, à cause de la ressemblance qu'ils avoient aux Boucliers que l'on portoit à la guerre. Quelques Grammairiens anciens voulant paroître plus subtils que les autres, disent que *Clypeus* signifie un Bouclier pour la guerre, & *Clypeum* un Bouclier consacré : ou bien que *Clipeus* par *i*, eft un Bouclier pour le combat, & *Clypeum*, ou *Clupeum* un de ces Boucliers voüez aux Dieux. Mais Pline & d'autres Anciens fe font moqués de cette fubtilité. Trebellius Pollio craignant la cenfure de ces juges feveres fe fert par complaifance de ces deux mots dans la vie de Claude le Gothique : *Illi Clypeus aureus, five ut Grammatici loquuntur, Clypeum aureum Senatus totius judicio in Romana Curia collocatum eſt, ut etiam nunc videtur, expreſſa thorace ejus vultus imago* : c'eſt à dire, que le Senat decerna à cet Empereur un bouclier d'or qu'on devoit placer dans le Palais du Capitole, fur lequel eftoit reprefenté l'Empereur en Bufte jufqu'à la poitrine.

Le Sçavant Monfieur de Saumaife fur ce paſſage montre que ces Boucliers confacrez eftoient auſſi appellez par les Grecs *Difci*, *Cycli*, *Afpides*, qui fignifioient proprement les Boucliers qu'on portoit à la guerre ; *Pinaces*, comme fi l'on difoit des Tableaux ; *Stylopinakia*, des Tableaux pendus à des colonnes ; *Protomai*, des buftes ; *Opla* chez les Thebains, c'eſt à dire des Armes ; *Stetharia*, chez les Grecs modernes, comme fi l'on difoit des portraits jufqu'à la poitrine.

Les Anciens Payens qui ne faifoient d'ordinaire leurs plus grandes actions que par un motif de vanité, & pour aquerir de la reputation, eftoient bien aifes de laiſſer à la poſterité la memoire de ce qu'ils avoient fait de plus illuftre. Ce fut pour cela qu'ils fe fervirent de Medailles, d'Infcri-

Premiere Dissertation.

d'Inscriptions, de Bas-reliefs, d'Edifices, & de Statuës, qui sembloient braver le temps par la solidité de leur matiere. Par cette mesme raison, ils s'aviserent de faire graver l'histoire de leurs Ancestres sur leurs Boucliers. Homere en cite plusieurs qui estoient ornez d'excellentes gravûres, & entr'autres celuy d'Achille & celuy d'Aiax. De la vint la coûtume d'en faire de metal, qu'ils pendoient dans les Temples pour monument de leurs victoires, & des autres actions d'éclat, ou du moins pour laisser leurs portraits à leurs descendans.

Tite Live dit, que dans la défaite des Cartha- *l. 25.* ginois sous la conduite de Lucius Martius, il fut fait un tres-grand butin, parmy lequel on trouva un Bouclier d'argent pesant 138. livres, sur lequel estoit representé le fameux Asdrubal de Barcha un des Chefs de cette guerre, & que ce Bouclier qu'on nommoit *Clypeus Martius* ayant esté mis dans un Temple du Capitole, pour laisser la memoire de cette defaite à la posterité, il y demeura jusqu'à un incendie qui arriva au Capitole.

Le mesme Autheur rapporte, que dans le Triomphe que Titus Quintius obtint pour sa victoire sur Philippe Roy de Macedoine Pere de Demetrius, on porta dix Boucliers d'argent, & un autre entierement d'or, qu'on avoit trouvé parmy les dépoüilles des Ennemis. Il est bien visible que ces Boucliers n'estoient pas propres pour la guerre, à cause de leur pesanteur & de leur prix.

Quelques années aprés sous le Consulat de Marcus Tuccius & de Publius Junius Brutus, furent dediés & mis au Capitole douze Boucliers dorés. Suetone dans la vie de Domitien, rapporte que le Senat pour marquer combien la memoire de ce Tyran estoit odieuse, commanda que ses Boucliers & ses Images fussent arrachez des Temples. Antonin Pie dédia un Bouclier tres-magnifique à son Predecesseur Hadrien.

Ruffin au Livre XI. de l'Histoire Ecclesiastique, parle des Maisons des Payens, où l'on voyoit dans les vestibules, dans les murailles & dans les fenestres, des Bustes du Dieu Serapis, qu'il appelle *Thoraces Serapis*.

Paulus Silentiarius dans la Description manuscrite de Sainte Sophie, citée par Saumaise, dit qu'il y avoit dans cette Eglise plusieurs Disques de metal, au milieu desquels il y avoit des portraits, & entr'autres celuy de Nôtre Seigneur.

Mais ils ne representoient pas seulement sur ces boucliers des Portraits ou des Bustes de personnes Illustres; ils y gravoient aussi des Histoires entieres. On trouve dans les manuscrits & dans les Livres imprimez, plusieurs Epigrammes Grecques, qui ont esté tirées de ces Boucliers. Il y en avoit beaucoup à Cyzique dans le Temple d'Apollonide Mere d'Attalus & d'Eumenes; sur lesquels estoient gravez en relief des Histoires. Sur l'un

Premiere Dissertation. 7

l'un de ces Boucliers eſtoient repreſentez Pelias & Neleus fils de Neptune, qui délivrerent leur Mere de ſes chaines, comme nous l'apprenons de Plutarque.

Les Medailles ſuivantes ont eſté gravées, afin qu'on puiſſe mieux voir de quelle maniere étoient faits ces Boucliers conſacrez, & que l'on puiſſe connoître, que cette Piece antique que nous expliquons, en eſtoit un.

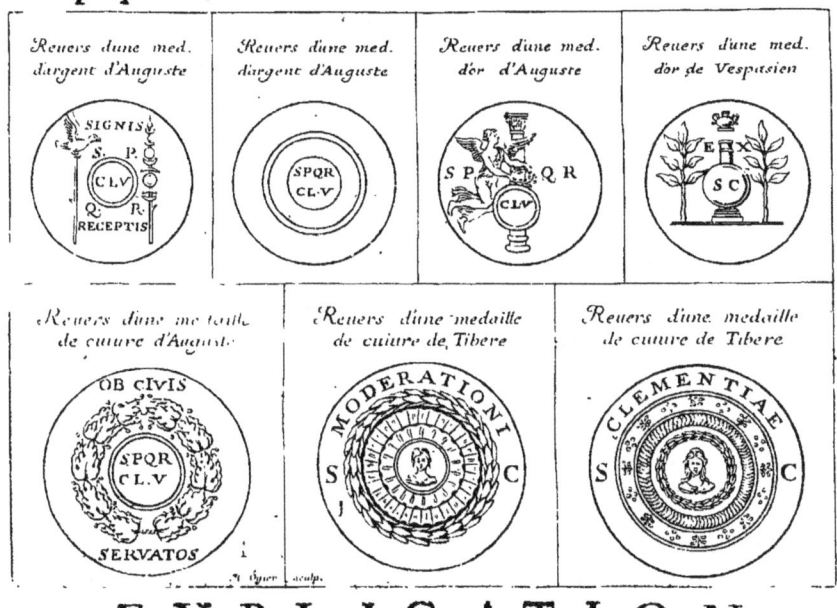

EXPLICATION
DES MEDAILLES.

I. La premiere eſt le revers d'une Medaille de l'Empereur Auguſte, auquel le Senat & le peuple Romain avoient conſacré un Bouclier,

en

en memoire de ce que Phraates Roy des Parthes luy avoit renvoyé les signes militaires pris dans la défaite de Crassus & de Marc-Antoine, apprehendant qu'Auguste ne les luy fist rendre par force. Ce qui donna autant de joye à cet Empereur, que s'il eust vaincu les Parthes en bataille rangée, & mesme il fit bâtir dans le Capitole un Temple qu'il dédia à Mars le vengeur, où ces Enseignes militaires representez dans cette Medaille furent consacrez, & sans doute avec le Bouclier qui est au milieu.

II. Il y a dans la seconde un semblable Bouclier dédié à Auguste par le Senat & par le peuple Romain, & c'est ce que signifient ces lettres, aussi bien qu'à la precedente S. P. Q. R. CL. V. puis que ce sont les lettres initiales de ces mots, *Senatus Populus Que Romanus Clypeum Votivum*, ou *Vovet*, Cæsari Augusto. Ce Bouclier a un rebord sur le milieu comme celuy de Monsieur Mey.

III. On voit dans la troisiéme un Bouclier dédié à Auguste comme les deux precedens: mais il a cela de plus, qu'il est attaché à une colonne, comme l'on avoit accoûtumé de faire, ce qui leur faisoit donner comme nous avons dit, le nom de *Stylopinakia*, parce que *Stylos*, signifie une colonne; & *Pinakion* un tableau ou tablette. Une victoire couronne ce Bouclier pour marquer quelqu'une de celles de ce Prince.

IV. La quatriéme est le revers d'une Medaille

daille de Vespasien, avec un Bouclier consacré, attaché à une Colonne entre deux Lauriers par ordre du Senat, ce que signifient ces lettres E X S. C. *Ex Senatus Consulto.* Ce qui est au dessus de la colonne est pris par Albert Rubenius pour une simple marque du Monetaire, ce qui est difficile à croire, puis que si cela estoit, cette marque ne se trouveroit qu'en quelques-unes des Medailles qui ont ce revers. D'autres croyent que c'est l'urne où furent renfermées les cendres de cet Empereur : mais ne voyent ils pas que quand la Medaille a esté frappée, Vespasien étoit encore en vie ? Ce doit plutôt estre une urne destinée à quelques jeux publics. Pour ce qui est des deux Lauriers, ils ont sans doute du rapport à ceux qu'on plantoit à la porte des Empereurs, le premier jour de l'année, ou en d'autres temps, lors qu'ils avoient remporté quelques victoires. Dion parlant des honneurs que le Senat rendit à Auguste, dit qu'il luy fit planter des Lauriers devant son Palais, pour marquer qu'il estoit toûjours victorieux de ses Ennemis, & on les voit dans une medaille d'Auguste. Par cette Medaille & par ce mot de Tertullien, on apprend qu'ils en plantoient deux, un à chaque côté de la porte : *Qui sunt*, dit-il, *qui Imperatores inter duas laurus obsidunt ?* Qui seroient ces temeraires qui osassent assieger les Empereurs entre leurs deux Lauriers, c'est à dire, dans leur Palais mesme ? De là vient que Pline appelle agreablement le Laurier, le Portier

tier des Cesars, le seul ornement & le fidele gardien de leur Palais: *Gratissima domibus janitrix Cæsarum, quæ sola & domos exornat & ante limina excubat.*

V. La cinquiéme represente une Medaille d'Auguste, où l'on voit un Bouclier voüé par le Peuple Romain, avec une couronne de chesne, qu'on donnoit à ceux qui avoient conservé des Citoyens; ce qu'Auguste avoit fait dans la rencontre des Parthes, qui luy rendirent ce qu'ils avoient de Romains prisonniers chez eux, avec les Enseignes militaires.

VI. La sizième est une Medaille de Tibere, où est peint un Bouclier consacré, entouré d'une couronne de Laurier, decerné par le Senat pour publier sa *Moderation* apres ses victoires: *car qui est-ce*, dit Velleius Paterculus, *qui n'admire la moderation singuliere de l'Empereur Tibere, qui ayant merité avec justice sept triomphes, se contenta de trois.* C'est ainsi que l'on déguisoit les vices de ce Prince sous le nom specieux de vertu. Il est vray qu'il fut quelque temps assez moderé, comme le témoigne Dion, mais ce ne fut que pendant la vie de Germanicus, pour la vertu duquel il avoit de la consideration, & qui auroit pû engager le Peuple Romain à le mettre sur le thrône, si Tibere n'eust tâché de se conserver son estime par une feinte moderation. Dans le milieu du Bouclier, on voit cette vertu representée sous la forme d'une agreable & jeune personne.

VII. La derniere est le revers d'une Medaille du mesme Empereur, où est un autre Bouclier que le Senat luy dédia en memoire de sa *Clemence*, avec le Portrait de cette Vertu sous la mesme forme d'une jeune fille. *Il agrea*, dit Suetone, *qu'on le remerciât de sa clemence, de ce qu'il n'avoit pas fait étrangler sa belle fille Agrippine, & qu'on en dédiât un present d'or à Iupiter Capitolin.* Voilà l'admirable clemence de Tibere pour laquelle on luy dédia le Bouclier d'or qui est representé dans cette medaille. Ce Bouclier est de l'espece que Trebellius Pollio dans la vie de Claude le Gothique appelle *Discus Corymbiatus*, c'est à dire, un Disque sur lequel est cizelée par ornement l'herbe appellée par les Grecs *Corymbion*, par les Latins *Lychnis coronaria*, & par les François *Oeillets Passeroses*. Ainsi appelloit-on *Patera Filicata* un plat orné de fueilles de Fougere, *Hederata* un qui l'étoit de fueilles de Lierre, *Pampinata* un plat cizelé de fueilles de vigne.

Nous venons de voir que les metaux & sur tout l'argent, servoient de matiere aux Boucliers consacrez. Leur grandeur estoit differente selon le poids qu'on y vouloit mettre, & la dépense qu'on y vouloit faire. Si l'on fait application de ces Remarques sur les Boucliers consacrez, on ne doutera point que cette piece que nous voulons expliquer n'en soit un. Le poids & la valeur du métal, la gravure, la grandeur à peu prés de celle d'un Bouclier d'armée,

& fa reffemblance entiere avec ceux qui fe trouvent dans les Medailles en font une preuve inconteftable.

Je fçay que le XIV. Journal des Sçavans 1681. qui la donné au jour apres la planche que nous en avions fait faire, dit que tout le monde n'eft pas de mon fentiment. Auffi ne pretens-je pas affujetir les efprits à fuivre aveuglement mon opinion. Si l'on a des lumieres plus certaines que je n'en ay, on m'obligera beaucoup de m'en faire part.

Je diray feulement que fi quelqu'un a pris ce Bouclier pour un Baffin, il changera de penfée quand il fçaura, que cette piece eftoit prefque tout à fait platte quand on la trouva, & que l'enfonçure en maniere de baffin, qu'on y a remarquée a efté faite par les Orfevres, qui s'étoient mélés de la refouder. Comme ils ignoroient que ce fuft un Bouclier confacré, ils luy donnerent la forme d'un Baffin, croyant qu'en effet ç'en eftoit un. Si l'on examine attentivement cette enfonçure fur l'original, on verra bien qu'il n'y a aucune apparence que la piece ait efté faite de cette maniere. Auffi Monfieur Mey a taché depuis peu de la faire remettre en fa premiere forme. Je n'ajoûteray pas que fa pefanteur, & la fimplicité Romaine du temps de Scipion, qui ne permettoit pas tant de luxe dans la vaiffelle, doivent empefcher de croire que ce fuft un baffin ; puis qu'on n'eft peut-eftre

pas

pas aussi persuadé que moy que c'est une action memorable de Scipion qui y est representée, & que mesme il n'est pas juste qu'on le soit avant que d'avoir entendu mes raisons.

On n'aura pas aussi la pensée que ce fust un Bouclier pour la guerre, si l'on prend garde à sa pesanteur qui auroit trop fatigué le bras d'un soldat. D'ailleurs les Boucliers destinez à la guerre estoient ordinairement ovales ou longs à six angles, comme on en voit la figure sur les bas reliefs & sur les Medailles : mais pour des Boucliers consacrez, je crois qu'on n'en avoit que de ronds, & qu'ils estoient plutôts fort applatis que convexes, pour la commodité de la gravure.

Ce Bijou est d'autant plus considerable, que je puis assurer, moy qui ay vû la plus grande partie des Cabinets de l'Europe, que l'on n'y voit aucune piece semblable. Ainsi je la tiens pour unique & digne d'estre conservée dans le cabinet d'un Prince. La raison vray-semblable qu'on peut donner de la rareté de ces Boucliers d'argent, c'est le prix de leur matiere : car de mesme que des anciennes statuës d'or & d'argent, il ne nous en reste plus que quelques petites, parce que la valeur du metal a obligé les possesseurs à les fondre ; il en est ainsi de ces Boucliers, qui ont eu le mesme sort par la richesse de leur matiere. Quoy que celuy-cy ne fust peut-estre pas des plus grands, il y a neanmoins pour plus de 1300. francs d'argent.

Il me reste donc à expliquer les figures de nôtre Bouclier, qui n'y ont pas esté mises pour un simple ornement. Les Antiquaires les plus éclairés ont esté du sentiment de Monsieur Mey touchant cette piece, & sont demeurez d'accord que l'histoire qu'on y voit representée, est cette action de vertu que fit Scipion l'Africain à la prise de Carthage la neuve en Espagne. Elle est racontée assez au long par Tite-Live, apres avoir dit de quelle maniere on prit cette ville, & le grand butin qui y fut fait.

l. 26.

„ Au reste, *dit-il*, Scipion ayant fait venir les
„ ôtages des Espagnols qu'on avoit fait prisonniers,
„ les consola de leur mauvaise fortune, & leur dit
„ qu'ils estoient tombez sous la puissance du Peu-
„ ple Romain, qui prenoit plus de plaisir à s'aque-
„ rir les cœurs par les bienfaits, qu'à les assujettir
„ par la crainte, & qui aimoit mieux avoir les na-
„ tions étrangeres pour alliées & pour amies, que
„ de leur faire souffrir une triste servitude. Ensuite
„ ayant pris le nom de toutes les villes, il fit faire
„ une liste de tous les prisonniers, s'informant de
„ leur nombre & du pays de chacun, & envoya
„ des messagers de tous côtez, afin que chaque fa-
„ mille interessée vinst recevoir les siens, rendant
„ mesme aux Deputez des Villes qui se trouvoient
„ presens, leurs Citoyens, & recommandant au
„ Tresorier Caius Flaminius de traiter les autres
„ avec toute la douceur possible. En même temps
„ une Matrone âgée perça la foule des ôtages, pour

se

se venir jetter à ses pieds. C'estoit la femme de „
Mandonius frere d'Indibilis Roy des Ilergetes. „
Son compliment entrecoupé de larmes & de san- „
glots, fut qu'il plût à Scipion de recommander „
à ses gardes le soin des Dames. Et comme Sci- „
pion luy eut répondu que rien ne manqueroit „
pour leur entretien : Elle ajoûta, ce n'est pas ce „
qui nous touche le plus, car dequoy ne devons „
nous pas estre contentes dans nostre disgrace. Ce „
qui m'inquiete davantage, c'est la jeunesse de „
ces Filles ; car pour moy l'âge me met à couvert „
des insultes qu'elles ont sujet de craindre. C'é- „
toient les Filles d'Indibilis jeunes & belles, qui „
estoient auprés d'elle avec plusieurs autres de la „
premiere qualité, qui la respectoient toutes com- „
me leur Mere. Alors Scipion luy dit ces paroles. „
Je ne ferois que suivre la coûtume du Peuple „
Romain & la discipline exacte qui s'observe „
dans mes troupes, en ne violant en aucune ma- „
niere le respect qu'on doit au Sexe. Mais vôtre „
vertu & vôtre fermeté dont la mauvaise fortune „
n'a point triomphé, m'obligent à prendre encore „
plus de soin de vos personnes. Ensuite il les don- „
na en garde à un homme dont l'integrité luy „
estoit connuë, & luy ordonna d'avoir autant de „
consideration & de respect pour elles, que si elles „
estoient les femmes de ses meilleurs amis. „

Un moment apres on luy amena d'entre les „
Prisonnieres, une fille dans le printemps de son „
âge & d'une beauté si achevée, que par tout où „
elle

,, elle paſſoit, elle attiroit les regards de tout le
,, monde. Scipion s'eſtant informé de ſon Pays &
,, de ſa Famille, apprit qu'elle eſtoit fiancée à un
,, jeune Prince des Celtiberiens nommé *Allucius*,
,, dont elle eſtoit paſſionnément aimée. A l'heure
,, meſme il fit venir ſes Parens & l'Epoux deſtiné à
,, cette Belle. Quand ils furent arrivez, Scipion
,, leur parla à tous, & enſuite en particulier à Al-
,, lucius. Jeune-homme, luy dit-il, je vous appel-
,, le jeune, afin de vous entretenir avec plus de
,, confidence. Mes Soldats m'ayant amené vôtre
,, Fiancée, & ayant appris que vous l'aimiez ten-
,, drement, ce que ſa beauté me peut aiſément
,, perſuader, j'ay bien voulu favoriſer vôtre paſ-
,, ſion : quoy qu'à vous parler ſans déguiſement,
,, s'il m'eſtoit permis de joüir des plaiſirs de la jeu-
,, neſſe, & particulierement dans un legitime
,, amour, & que les ſoins de la Republique ne fuſ-
,, ſent pas maîtres de mon cœur, j'euſſe bien pû
,, vous demander vôtre Epouſe, qui merite l'incli-
,, nation d'un honneſte homme. Mais ſçachez
,, qu'elle a eſté traitée chez moy, avec le meſme
,, reſpect qu'elle l'euſt eſté chez vôtre beau Pere,
,, ou chez vos Parens. On vous l'a gardée avec
,, ſoin, afin qu'on puſt vous faire un preſent digne
,, de vous & de moy. Toute la recompenſe que
,, je vous en demande, eſt que vous ſoyez amy
,, de la Republique; & ſi vous avez pour moy au-
,, tant d'eſtime que ceux de voſtre nation en ont
,, eu pour mon Pere & pour mon Oncle, ſoyez

perſuadé

persuadé que presque tous les Romains nous „
égalent en vertu, & qu'il n'y a point de Peuple „
dans toute la terre, que vous deviez plus crain- „
dre pour ennemy, ni aucun que vous deviez „
plus souhaitter pour amy. Ce jeune Prince con- „
fus de cet excés de bonté, & tout transporté de „
joye tenant la main de Scipion, prioit tous les „
Dieux de recompenser une action dont il ne „
pouvoit assez reconnoître le merite. Cependant „
les Parens de cette Belle, voyant qu'on la leur „
vouloit rendre sans rançon, offrirent une somme „
d'argent considerable qu'ils apportoient, & prie- „
rent Scipion de l'accepter comme un témoigna- „
ge de leur gratitude, avec assurance que le „
plaisir qu'il leur feroit en la recevant, ne seroit „
pas moindre, que celuy de leur avoir rendu sa „
Prisonniere, sans s'estre prévalu des droits de la „
victoire. Scipion feignant de se laisser vaincre „
à l'empressement de leurs prieres, fit mettre cet „
argent à ses pieds, & ayant appellé Allucius ; il „
luy dit : Voilà ce que vous aurez par dessus la „
dot que vôtre beau Pere vous donne. Recevez- „
le de ma main comme une seconde dot dont je „
vous fay present. Ainsi il luy fit emporter la „
somme qu'on luy avoit presentée & emmener „
sa maîtresse. Enfin ce jeune Prince charmé des „
presens & des honneurs dont il fut comblé, re- „
tourna chez luy & publia avec eloge le meri- „
te de Scipion, lequel plus semblable à un Dieu „
qu'à un Homme sçavoit tout vaincre par les „

C armes

„ armes, par la douceur & par les bienfaits.

 Polybe qui vivoit du temps de cet illuftre Romain & qui eftoit familier avec luy, raconte cette action en termes moins étendus. Il ajoûte ce mot remarquable qu'il dit aux Soldats, qui luy „ prefenterent cette belle perfonne : Si ma fortune „ eftoit bornée à celle d'un fimple particulier, vous „ ne me pourriez pas faire un prefent plus agrea„ ble : mais eftant comme je fuis maintenant un „ General d'Armée, vous ne m'en pouviez faire „ un qui m'agreât moins.

 Cette grande action eft comparée par Aulu-Gelle à celle d'Alexandre le Grand, qui ne voulut pas voir Statira femme de Darius. *On pourroit*, dit-il, *agiter une belle queftion, lequel des deux paroit le plus continent ; ou Scipion l'Africain, qui ayant pris la puiffante ville de Carthage en Efpagne, dans laquelle il fe trouva une fille de la premiere nobleffe, tres-belle & prefte à marier, la remit entre les mains de fon Pere fans luy avoir témoigné aucune paffion ; ou Alexandre qui ne voulut pas feulement voir la femme de Darius prife dans la bataille, bien qu'on luy euft dit que c'eftoit une des plus belles perfonnes du monde.*

 Quant à Scipion, la renommée vraye ou fauffe ne l'avoit pas toûjours fait fi chafte, pendant fes premiers boüillons de jeuneffe, & le Poëte Nævius avoit mefme composé quelques Vers fatyriques contre luy. Ce qui a peut eftre obligé Valerius Antius de parler de fes mœurs autrement

ment que tous les autres Historiens, & à écrire contre ce que nous avons dit, qu'il ne rendit pas cette fille à son Pere, mais qu'il la garda auprés de luy en qualité de Maîtresse.

La calomnie de cet Historien injurieuse à la memoire de Scipion est non seulement refutée par le témoignage des autres Ecrivains : mais aussi par nôtre Bouclier : car avec quel front Scipion eust-il permis qu'on exposast dans un Temple sur un Bouclier consacré, l'Histoire d'une action vertueuse qu'il n'auroit pas faite ; de la fausseté de laquelle les Romains & les Espagnols auroient esté informez. D'ailleurs il étoit alors âgé de 27. à 28. ans, qui est un âge plus meur, & plus propre à resister aux emportemens de jeunesse, dont on l'avoit autrefois accusé, avant que la gloire fust sa passion dominante, comme elle l'estoit en ce temps-là.

Valere Maxime faisant le recit de cette action, appelle le Fiancé *Indibilis*, au lieu d'*Allucius*, mais Polybe, ni Tite-Live ne le confondent pas avec *Indibilis*, qu'ils appellent Roy des Ilergetes. Et il y a peu d'apparence que si c'eust esté Indibilis que Scipion eust si genereusement traité, il se fust jamais revolté contre luy, comme on sçait que fit ce Roy quelque temps apres la prise de Carthage la neuve. Outre qu'Indibilis étoit alors un Seigneur âgé, puis qu'il avoit soûtenu la guerre contre les Romains du temps du Pere de Scipion, qu'il estoit marié, & mesme qu'il avoit de grandes filles, comme le remarque Tite-Live.

Apres le détail de cette Histoire, il ne sera pas difficile de reconnoître les principaux Personnages representez dans ce Bouclier. Celuy qui est assis au milieu avec une pique à la main, qui est la marque d'un General d'Armée, est Scipion. Il paroit un jeune-Homme, bien fait, de belle taille; car quoy qu'il soit assis, il a la teste aussi haute que les autres. Il est sans barbe, parce que c'estoit alors la coûtume des Romains d'estre entierement rasez, à moins qu'on ne fust avancé en âge, comme on peut l'apprendre du chap. 4. livre 3. d'Aulu-Gelle, qui remarque que Scipion l'Africain le jeune adopté par nôtre Scipion, étant appellé en justice, ne laissa pas de se raser toûjours le menton & de porter une robe blanche, contre l'ordinaire des criminels, qui devoient se laisser croitre la barbe & prendre une robe noire. Il est vray que les Romains dans les premiers Siecles, laissoient croitre leur barbe, & ce fut seulement l'an 454. de la fondation de Rome, qu'ils permirent aux Barbiers Siciliens de s'établir à Rome. Depuis ce temps-là jusqu'à Hadrien, ils demeurerent sans barbe, comme on le peut justifier par les Medailles. Cet Empereur en fit revenir la mode, qui fut observée par ses Successeurs.

Au reste la simplicité Romaine du temps de Scipion, est remarquable, en ce que ce grand General que les Espagnols vouloient traiter de Roy,

Roy, eſt ſimplement à demy couvert d'un manteau, la teſte & les pieds nuds: & encor apparemment ce n'eſtoit qu'un manteau de laine: car Elagabale fut le premier qui porta un habit de ſoye.

La fille qui luy eſt preſentée par un jeune homme, a la teſte à demy-couverte d'un voile, autant pour marquer ſa modeſtie, que pour ſignifier ſes fiançailles, parce que l'on voiloit autrefois les filles que l'on marioit. Le reſte de ſon habillement n'eſt pas different de celuy des Romains, qui eſtoit ſans doute le meſme que celuy des Dames Eſpagnoles, depuis que l'Eſpagne eſtoit frequentée par les Romains, & qu'ils y avoient introduit leurs coûtumes.

Son Fiancé Allucius eſt apparemment celuy qui luy donne la main & qui la preſente à Scipion: car ce Seigneur Eſpagnol eſtant alors fort jeune, comme on le peut remarquer par le recit de Tite-Live qui l'appelle *Adoleſcens*, il ne pouvoit pas encore avoir de la barbe.

Les quatre autres qui ont de la barbe, ſont des Eſpagnols parens de ce jeune Prince & de ſon Epouſe, qui ſupplient Scipion d'accepter le preſent qu'ils ont apporté pour la rançon de cette illuſtre Priſonniere: car la mode des Eſpagnols, & preſque de tous les Peuples hors de l'Italie excepté des Syriens, eſtoit de porter la barbe longue, comme on l'apprend par les Livres & par les Medailles. Le Livre intitulé *Teſoro de las Me-*

dallas

dallas Espannolas, nous le confirme par les anciennes Medailles de ce pays-là qu'il nous donne. C'est ce qui fait dire à Capitolin dans la vie de Verus, que cet Empereur portoit une barbe longue presque à la maniere des Barbares. Celuy qui est à terre tout nud, est apparemment un de ces prisonniers de guerre que Scipion avoit fait dans cette ville, qui ne sert là que d'un témoin de sa victoire & d'un admirateur de sa vertu

Les deux autres assistans qui ont le casque en teste & le menton rasé, sont des Officiers de Scipion, comme pourroit estre un Caius Flaminius à qui il recommanda les Prisonniers, & un Caius Lælius, de qui, dit Tite-Live, il prenoit ordinairement conseil. L'un d'eux est vétu d'une cotte d'armes, & porte à la main une espece de Trompette ou de Cornet.

L'ornement d'Architecture ou Sculpture, qui est derriere les Personnages, est une espece d'Arc de triomphe, mais on ne peut pas dire que ç'en soit un veritable; puis qu'il y paroit aux portes des deux côtez, de petits ridaux, & que le milieu n'est point fait en porte ronde, ni le dessus terminé par une corniche, comme estoient ordinairement les Arcs de Triomphe. Ainsi l'on peut croire que ce n'estoit qu'un ornement de menuiserie du Salon, où il donnoit audience, & une espece de Thrône: mais qu'on l'avoit voulu faire en quelque maniere comme un Arc de Triomphe, pour marquer la victoire signalée
qu'il

qu'il venoit de remporter par terre & par mer: Ce qui est aussi signifié par un Triton & une Nereide, qui sonnent du cor au dessus de cet Arc.

Mais les armes qui sont à ses pieds en sont encor un illustre monument. On y voit des Casques, des Boucliers, des Trompettes, des Epées, des Carquois, & des Arcs à la maniere Romaine ; car les Espagnols & les Africains que Scipion avoit battus, se servoient des mesmes armes que les Romains. Il y a seulement pres du Carquois deux pieces pour couvrir les jambes dont les Romains ne se servoient pas.

Toutes les épées, tant des uns que des autres, sont larges, arrondies aux extremitez, le pommeau simple sans cizelure, si ce n'est une qui est à terre formée en teste d'animal. On sçait que les Anciens faisoient leurs épées de cette maniere sans pointe, & qu'elles ne leur servoient qu'à frapper de taille, comme avec les sabres ou cimeterres.

On voit en un coin du Tableau derriere les Officiers Romains, une petite table sur laquelle sont un vase & deux pains, ou du moins deux pieces rondes, avec un feston qui tombe plus bas que la table : ce qui peut avoir quelque rapport aux nopces de ces illustres Fiancez, soit en signifiant le pain & le vin qui sont la baze d'un festin, soit en designant les sacrifices qui se faisoient aux fiançailles. Les Grecs de qui les Romains

mains & presque toutes les nations avoient emprunté la religion, faisoient ces sacrifices au Ciel & à la Terre, que la Theologie Payenne regardoit comme les premiers mariez, dont l'union estoit indissoluble. Ils en faisoient aussi à Minerve protectrice de la virginité, pour s'excuser envers elle, de ce que par les loix de la nature & par la necessité particuliere, la fille qui luy sacrifioit, se trouvoit obligée de se marier.

Au reste, cette grande action de Scipion & la prise de Carthage la neuve, arriverent l'an 543. de la fondation de Rome, c'est à dire, 210. ans avant la venuë de Nôtre Seigneur : & ainsi en ajoûtant 1682. qui courent depuis la venuë de JESUS-CHRIST, à ces 210. ans, il se trouvera que ce Bouclier consacré est ancien de 1892. ans : car je ne fay point de doute qu'il ne soit de ce temps-là. Et quelle apparence y auroit-il qu'on se fust avisé longtemps apres de graver cette Histoire sur ce Bouclier, pour en conserver la memoire dans un Temple, plutost que de l'avoir fait du temps de Scipion, les personnes mêmes qui avoient eu part à cette affaire estant vivantes pour en pouvoir tirer les portraits ? A quoy on peut ajoûter qu'ayant esté trouvé dans le Rhône prés d'Avignon, il est à croire qu'il fut perdu par le malheur de quelque bateau chargé de bagage, qui s'estoit enfoncé en traversant la riviere : car c'estoit là le chemin de Scipion pour repasser d'Espagne en Italie.

Enfin

Premiere Dissertation. 25

Enfin la cizelure plate, la simplicité du dessein & des contours, & le peu d'art dans l'ouvrage d'Architecture, marquent assez que cette piece est d'un temps que les Arts n'avoient pas atteint leur perfection, quoy que leur maniere ne fust pas mauvaise, ou qu'elle fust du moins beaucoup meilleure que la maniere des Siecles aprés Constantin, qui degenera dans le Gothique.

Je finis apres avoir répondu à quelques objections qu'on a faites contre mon explication. Celuy, me dit-on, que vous prenez pour Scipion, n'est point tourné du côté d'Allucius, que vous dites estre celuy qui est avec la Fille : ce qui semble ne pas s'accorder avec ce que dit Tite-Live, qui rapporte leur conversation. D'ailleurs, ce present qu'on luy offroit ne paroit point.

A cela je répons, que cette action vertueuse de Scipion ne s'est pas passée dans un moment ni dans une seule Scene. La Fille luy est presentée. On dépesche des Courriers à Allucius & aux Parens. Ils viennent. Scipion leur parle à tous. Ils le pressent de recevoir le present qu'ils avoient apporté. Il s'en défend, & le donne à Allucius. Tous les parens le remercient, ils marient leurs Fiancez & s'en retournent fort contens. Il suffit donc qu'une partie & la principale paroisse dans le tableau, pour en conserver la memoire à

D   la

la posterité. Le discours à Allucius, ni le present refusé n'estoient pas ce qu'il y avoit de plus considerable dans l'action de Scipion, mais sa chasteté qu'Aulu-Gelle compare à celle d'Alexandre au sujet de Statira. Ainsi il suffisoit que Scipion fust representé rendant cette Fille à ses parens & à son Epoux, sans s'estre prevalu des droits de sa victoire.

SECONDE DISSERTATION,

Sur un Pavé de Marquetterie ou Mosaïque ancienne,

Qui est à Lyon dans la Vigne de Monsieur Cassaire.

AVant que d'expliquer en particulier le Pavé de Mosaique representé dans cette Planche, il est bon de dire quelque chose en general de ces sortes d'ouvrages. Pline dit que les Pavez peints & travaillez avec art sont venus des Grecs: qu'entr'autres celuy de Pergame qui estoit au

bâti

bâtiment appellé *Afarotos*, travaillé par Sofus, étoit le plus curieux. Ce mot *d'Afarotos*, veut dire, qui n'a pas efté balié, & on luy donnoit ce nom, parce qu'on voyoit fi induftrieufement reprefenté fur ce pavé les miettes & les faletez qui tombent de la table, qu'il fembloit que cela fut réel, & que les Valets n'avoient pas eu le foin de bien balier les chambres. Il eftoit fait avec de petits coquillages, peints de diverfes couleurs. L'on y admiroit une colombe qui beuvoit, dont la tefte faifoit de l'ombrage fur l'eau. Enfuite parut celle des Mofaiques que les Grecs nommoient *Lithoftrota*. Ils commencerent à Rome fous Sylla qui en fit faire un à Prenefte, dans le Temple de la Fortune, environ 170. ans avant la venuë de Nôtre Seigneur. Le mot de *Lithoftroton*, fignifie feulement dans la force du Grec un pavé de pierres : mais ils entendoient par là ces pavez faits de petites pierres jointes & comme enchafsées dans le ciment, reprefentant differentes figures par la varieté de leurs couleurs & par leur arrangement. Quelque temps après on ne fe contenta pas d'en faire pour des cours & pour des fales baffes, mais on s'en fervit dans les chambres, & comme s'il eût efté mal feant de fouler aux pieds des ouvrages fi delicats, on en lambriffa les murailles des Palais & des Temples. Il femble mefme que Pline veüille dire, qu'on ne s'en fervoit plus pour les pavez. *Pulfa deinde ex humo pavimenta in Cameras tranfiere è vitro.*

nean

Neanmoins le grand nombre qu'on en trouve aux pavez faits depuis les Siecles suivans, jusques à ces derniers, me persuadent qu'ils n'en ont pas absolument esté bannis, mais que cette maniere de peinture fut employée plus ordinairement à d'autres ornemens; comme entre autres aux bâtimens appellez *Musea*, qui representoient des grotes naturelles. On donnoit à ces sortes de pavez le nom *de Musea, Musia, & Musiva*, parce qu'on attribuoit aux Muses les ouvrages ingenieux, & qu'on y representoit les Muses & les Sciences. Nous avons mesme dans Lyon l'Eglise ancienne de S. Irenée qui estoit toute pavée d'une Mosaique, où l'on voit encore dépeintes, la Rhetorique, la Logique & la Prudence.

Il peut estre que les edifices publics destinez pour les assemblées des gens de lettres appellez *Musea*, furent embellis de ces ouvrages, & il y avoit de ces Musées en plusieurs endroits. Il y avoit dans Athenes une colline celebre de ce nom, où fut enterré le Poëte Musée, & à Trœsene dans le Peloponese un Temple dedié aux Muses appellé pour cela *Musée*, destiné pour les gens de Lettres, où Pittheus avoit enseigné la Rhetorique, & en avoit composé un livre que Pausanias dit avoir lû.

On voyoit prés de ce Temple un Autel dedié aux Muses & au sommeil. C'est pour ce sujet que les Anciens remplis de mysteres vouloient

faire

faire connoître que le sommeil étoit amy des Muses. Mais l'un des plus celebres *Musées* étoit celuy d'Alexandrie dont parlent Philostrate & Dion Chrysostome, & dans lequel plusieurs Hommes de lettres étoient entretenus aux dépens du Public. Il fut apparemment fondé par Ptolemée Philadelphe, ce curieux Roy d'Egypte à qui appartenoit l'admirable Bibliotheque dont tant d'Autheurs font mention, & qui fit traduire en Grec la Bible par les 70. Interpretes. L'Empereur Claude qui vouloit qu'on le crût sçavant, fit aussi bâtir dans cette mesme ville un autre Musée qui fut appellé *le Musée de Claude*, suivant le rapport de Suetone.

 Le terme de Mosaique est venu du mot Latin *Musivum*; & suivant cette etymologie il faudroit prononcer *Musaique*, & non pas comme quelques-uns l'ont imaginé de Moyse ou des Juifs. Monsieur de Saumaise dans ses Commentaires sur les six Autheurs de l'Histoire Auguste ne veut pas que le mot de *Mosaique* soit pour les pavez, mais seulement pour les voutes, les lambris, & les culs de lampes, qu'ils appelloient *Absides*, & qui en étoient tres-souvent ornez; quoy qu'il avoüe qu'il se fist aussi des pavez en façon de Mosaïque, c'est à dire, de petites pierres dont on representoit differentes figures. Il fait voir que les Latins les appelloient, *Tessellata opera*, & les Grecs *Psiphologita*, & *Chondrobolia*, du mot *Chondros*, qui signifie une petite pierre. Toutefois comme l'usage

Seconde Dissertation.

l'usage nous authorise pour donner le nom de Mosaique aux pavez aussi bien qu'aux lambris des ouvrages de Mosaique, nous nous en servirons sans scrupule.

Monsieur Perraut dans son docte Commentaire sur Vitruve distingue tres-bien les pavez de pieces rapportées que Vitruve appelle *Pavimenta sectilia*, d'avec la Mosaique, *car il est certain*, dit-il, *que les pieces dont la Mosaique estoit faite, devoient estre Cubiques, ou approchantes de la figure cubique, afin qu'elles se joignissent parfaitement l'une contre l'autre, & qu'elles pussent imiter toutes les figures & toutes les nuances de la peinture, chaque petite pierre n'ayant qu'une couleur, de mesme que les points de la tapisserie à l'eguille: mais cela n'est pas à l'ouvrage de pieces rapportées, pour lequel on choisit des pierres qui ayent naturellement les nuances & les couleurs dont on a besoin, en sorte qu'une mesme pierre a tout ensemble & l'ombre & le jour, ce qui fait qu'on les taille de differentes figures suivant le dessein qu'on veut executer, & c'est en cela que consiste l'essence du Pavimentum sectile.* C'est de cette maniere qu'est fait un tres beau pavé de pieces rapportées de marbre dans le Dome de Siene; & c'est de la mesme façon qu'on fait presentement à Paris aux Gobelins des Tables de pieces rapportées de marbre, de lazuli, de jaspe & de plusieurs autres pierres precieuses. Mais il faut remarquer que dans le dessein de la Mosaique representée cy-dessus, le graveur n'a pas assez suffisamment observé la carrure

des

des petites pierres, & qu'il semble les exprimer en écailles.

Suetone dans la vie de Jules Cesar parle de ces deux sortes de pavez que Jules Cesar faisoit porter avec luy à l'Armée pour les faire promptement accommoder dans sa tente. *In expeditionibus tessellata & sectilia pavimenta circumtulisse.* Sur quoy on peut consulter le Commentaire de Casaubon qui fait plusieurs Remarques curieuses sur ces pavez & sur leurs noms Grecs & Latins. Il en fait une entr'autre sur le mot de *Lithostroton*, qui est le lieu où fut amené Nôtre Seigneur pour estre jugé par Pilate. Ce mot signifioit un pavé de pierres taillées ou rapportées, tel qu'estoit cette sale du tribunal que les Juifs appelloient en leur langue *Gabbata*.

On trouve de ces pavez de Marquetterie presque dans toutes les villes anciennes, & particulierement dans celles qui ont esté des Colonies Romaines: mais on prend rarement le soin de les conserver dans leur entier.

En 1677. dans Avanches qui est une des plus anciennes villes des Suisses, on en trouva un, où il y avoit plusieurs figures d'oyseaux & de compartimens, avec ces lettres écrites dans le milieu:

POMPEIANO ET AVITO
COSS. KAL. IAN.

Ce qui marquoit que ce lieu où apparemment
il

Seconde Dissertation. 33

il y avoit eu quelque Temple, avoit esté dedié un premier jour de Janvier, sous le Consulat de Pompeianus & d'Avitus qui entrerent en charge l'année de N. Seigneur 210. & de la fondation de Rome 961. selon les fastes du Capitole. Mais ce pavé a esté tout gâté, & sans le soin de quelques curieux on en auroit même perdu le souvenir.

Berger dans son Histoire des grands chemins décrit un pavé de Mosaïque qui est dans l'Eglise du Monastere Saint Remy de Rheims, où se conserve la Sainte Ampoule, & comme son Livre est fort rare, je rapporteray tout au long ce qu'il en écrit.

,, Ce pavé, dit-il, remplit le Chœur d'un bout à
,, l'autre, qui n'est pas moins long ny large que
,, celuy de Nôtre Dame de Paris: il est assemblé
,, de petites pieces de marbre, les unes en leur cou-
,, leur naturelle, & les autres teintes & émaillées à
,, la Mosaïque: si bien rangées & mastiquées en-
,, semble, qu'elles representent une infinité de figu-
,, res comme faites au pinceau. A l'entrée du
,, Chœur on voit la figure de David joüant de la
,, harpe, avec ces mots au dessus de la teste, *Rex*
,, *David*. Entre ladite figure & l'Aigle se voit un
,, grand quadre au milieu duquel est l'image & le
,, nom de S. Jerôme; & autour de luy les Figures
,, & les Noms de tous les Prophetes, Apostres &
,, Evangelistes, qui sont Auteurs des Livres de
,, l'ancien & du nouveau Testament: chacun ayant
,, son Livre figuré prés de soy & distingué par son

E

,, nom : les uns reprefentez en forme de Livres
,, clos, & les autres en volumes roulez à l'antique,
,, & placez dans ce quadre de telle forte que les
,, Auteurs du nouveau Teftament tiennent le mi-
,, lieu ; & ceux de l'ancien les extremitez.
,, Au côté droit du Chœur, font quatre quar-
,, rez feparez l'un de l'autre par petits intervales :
,, au premier defquels font les figures des quatre
,, Fleuves du Paradis Terreftre, reprefentez par des
,, hommes verfans de l'eau de certaines cruches,
,, qu'ils tiennent fous leur bras, & defignez de ces
,, quatre noms : *Tigris*, *Euphrates*, *Geon*, *Fifon*; ces
,, quatre figures occupent les quatre coins dudit
,, quarré : au milieu duquel paroît une femme qui
,, tient une rame, & affife fur un Dauphin avec
,, ces mots, *Terra*, *Mare*.
,, Le fecond quarré eft rempli d'un fimple Ra-
,, meau avec fes feüillages.
,, Le troifiéme reprefente en fes encoignures les
,, faifons de l'année avec leurs noms, *Ver*, *Æftas*,
,, *Autumnus*, *Hyems* : & au milieu un homme affis fur
,, un fleuve avec ce nom *Orbis terræ*.
,, Dans le quatriéme font reprefentez, les fept
,, Arts liberaux, dont les figures font pour la plus
,, part cachées & couvertes des chaires des Reli-
,, gieux. On y voit neanmoins encor à découvert
,, ces deux mots, *Septem artes*.
,, A côté gauche eft un grand quadrangle dont
,, la longueur eft double de la largeur : & contient
,, deux bandes larges arondies en cercle d'une

égale

égale grandeur, & qui se touchent toutes deux ,,
par leur convexité. Dans la premiere bande sont ,,
figurez les douze mois de l'année: & dans la se- ,,
conde les douze signes du Zodiaque. ,,

Au milieu, & comme au centre de la premie- ,,
re bande, on voit la figure de Moyse assis en une ,,
chaise, & soûtenant un Ange sur l'un de ses ge- ,,
noux avec ces mots alentour : ,,
  Moïsique figuras ,,
  Monstrant hi Proceres. ,,
Le reste ne se peut lire étant caché sous les chai- ,,
res des Religieux, de même que les figures de la ,,
Justice, de la Force, & de la Temperance, & ,,
celles de l'Orient, de l'Occident & du Septen- ,,
trion. Ce que l'on juge par la figure de la Pru- ,,
dence, qui paroît encor en forme d'une femme ,,
tenant un Serpent & designée par ce mot *Pru-* ,,
dentia : & par celle d'un Homme representant le ,,
midy avec ce mot *Meridies*. ,,

Au milieu de la bande ronde des douze signes, ,,
sont representées les deux Ourses, marquées de ,,
leurs Estoilles; l'une ayant la queüe du côté que ,,
l'autre a la téte, en la même façon qu'on les ,,
void dépeintes sur les Globes celestes. Toutes ces ,,
Figures & plusieurs autres qui seroient longues ,,
à raconter sont faites de pieces peintes à la Mo- ,,
saïque dans un champ jaune de même ouvrage, ,,
dont les plus gros pavez n'excedent point la lar- ,,
geur de l'ongle : si ce n'est quelques tombes noi- ,,
res & blanches, & quelques pieces rondes de ,,

„ jafpe, les unes pourprées & les autres ondées de
„ diverfes couleurs, qui y font appliquées dans cer-
„ tains compartimens faits de pieces de marbre,
„ comme des pierres precieufes enchafsées dans un
„ anneau. De là montant deux degrez approchant
„ du grand Autel, on void une autre maniere de
„ pavé de petites pieces de marbre, divisé en beaux
„ compartimens de marquetterie: & fur le degré
„ de l'Autel, le Sacrifice d'Abraham, l'Echelle de
„ Jacob, & autres Hiftoires de l'ancien Teftament
„ faites de même maniere, & figurant le tres-
„ faint Sacrement de l'Autel. L'Eglife dans laquel-
„ le eft ce pavé fuft dediée par le Pape Leon IX.
„ qui y tint un Concile au commencement du
„ mois d'Octobre 1049. Si ce pavé fut fait en mê-
„ me tems, il a fallu y changer quelque chofe,
„ pour mettre en ordre les tombeaux qu'on y voit
„ & qui y ont efté placez depuis.

Jean Poldo Dalbenas dans fes Antiquitez de
Nifmes fait mention du pavé de Mofaïque, qui
fe voyoit de fon temps dans l'Eglife Cathedrale de Nifmes, & qui reprefentoit des figures d'arbres, d'oifeaux, & d'autres animaux, de même
qu'un autre qu'on avoit tranfporté de faint Gilles proche de Nifmes à Fontainebleau; ce qui
l'oblige à parler affez au long de ces fortes de pavez. Il dit qu'on les appelle en France Mofaique,
ou Mufaique, fe fervant indifferemment de ces
deux mots felon l'ufage de fon temps. Il remarque, que dans le Code Livre x. titre de *Excufat.*
artif.

artif. les Empereurs Theodose & Valentinien dispensoient des charges publiques les Ouvriers de Mosaïque, *Musivarios* & non pas comme on lisoit mal, *Muscarios* : que Ciceron dans son Brutus parlant du style de Marcus Calidius, dit que ses expressions étoient composées & rangées comme les petits quarrez de l'ouvrage vermiculé.

Les Mosaïques devinrent si communes à Rome, que les Papes en firent faire dans une grande partie des Eglises, comme nous l'apprend le Bibliothecaire Anastase : en disant que Leon IV. en fit faire dans l'Eglise de S. Pierre, Sergius II. dans celle de S. Martin, Gregoire IV. dans celle de Latran ; & que ces Mosaïques étoient dorées en quelques endroits, comme on en voit encor en Italie : c'est ce qui fait une des beautez de l'Eglise de S. Marc à Venise.

Spartien dans la Vie de Pescennius Niger, dit que cet Empereur n'étant encor que particulier étoit si fort aimé de Commode, qu'il étoit peint dans les jardins Commodiens entre les amis de Commode, dans une voute de Mosaïque, portant en procession les mysteres d'Isis : *in porticu curva pictum de Musivo.*

Voicy une inscription que le Cardinal de Medicis a fait apporter à Florence de la côte d'Afrique proche Tunis, & qui parle d'une Mosaïque dont une voute étoit embellie.

..... ATA PECVNIA PERFECIT
ET DEDICAVIT ET OB DEDI-
CATIONEM
PVGILVM CERTAMINA EDIDIT
ET DECVRIONIBVS
SPORTVLAS ET POPVLO GYMNA-
SIVM EPVLVM DEDIT
ET HOC AMPLIVS PRO SVA
LIBERALITATE CAMERAM
SVPERPOSVIT ET OPERE MVSEO
EXORNAVIT
.... CVM... AREIS... FELICE
ET RVFINO
.... DED.... OB. QVAM DEDICAT.
EPVL. DEC. ET POPVLO FRVM. DED.

Cette inscription fait mention de quelque bâtiment pour la Dedicace duquel on avoit donné des combats de Luiteurs, des presens aux Decurions, & un festin au peuple : & à cet edifice on avoit ajoûté une voute ornée de Mosaïque sous le Consulat de Felix & Rufinus.

Il y a apparence que ces Mosaïques étoient communes à Lyon; car on remarque que dans l'Eglise d'Enay tout le pavé prés de l'Autel étoit à la Mosaïque. Le Pape Paschal II. qui rebâtit cette Eglise y est representé avec ce Vers :

Hanc

Seconde Dissertation.

Hanc Ædem sacram Paschalis Papa dicavit.

Avec quatre autre Vers sur la reverence qu'on doit avoir en approchant de l'Autel, que j'ay rapportez dans les Antiquitez de Lyon. Toute l'Eglise de saint Irenée en étoit aussi pavée, & l'ouvrage mesme en est assez grossier & gueres plus ancien que celuy d'Enay ; c'est à dire, environ, du dixiéme Siecle. On en a trouvé encore ailleurs des fragmens, particulierement du côté de Fourviere qui a esté l'endroit de la Ville le plus habité.

Celle-cy dont je veux parler fut trouvée en l'année 1676. dans la vigne de Monsieur Cassaire de Lyon. Les Ouvriers remuant la terre, trouverent à cinq ou six pieds profond un pan de muraille qui étoit revétu de semblable Mosaïque qu'ils rompirent & gâterent en travaillant. Le pavé qui est resté entier, long d'environ 20. pieds & large de dix, est tout orné de cette Mosaïque à carreaux & compartimens differens & fort ingenieux : dans le milieu est un quarré d'environ trois pieds de haut & quatre de large, où est representé ce groupe de quatre figures que l'on peut voir dans la Planche cy-dessus, & que nous tâcherons d'expliquer.

Il est facile de voir par les pieces qu'on a rompuës de ce pavé, qu'on faisoit une couche épaisse de deux travers de doigt ou environ, avec un stuc fait de chaux & de poudre de marbre dans lequel on enchassoit & rangeoit proprement de
petites

petites pierres, ou de petits marbres, taillez en quarré long ; de sorte qu'environ la moitié de leur longueur fust enchassée dans le ciment, comme des dents dans la machoire. Et pour y representer les figures qu'on vouloit, ceux qui y travailloient devoient entendre parfaitement le dessein, & choisir des pierres de differentes couleurs, comme blanc, rouge, noir & grisatre, pour faire les contours & les ombres selon leur disposition. Ces couleurs étant naturelles, le temps ne pouvoit les effacer : en effet, celles que l'on trouve à present n'ont rien perdu de leur couleur, ny de leur vivacité. Si l'on veut estre instruit plus particulierement de la maniere de faire les Mosaïques, il faut voir le Livre de Monsieur Felibien, intitulé, *Principes d'Architecture, Sculpture, & Peinture.*

J'estime d'autant plus ce pavé de Monsieur Cassaire, que les figures en sont fort emblematiques ; puisqu'on fait tant de cas de celuy qui est à Orange, dans la cave d'un particulier, où il y a un chat qui tient un rat entre les dents fort bien representé, qui ne contient peut-estre pas un grand mystere. Mais il est toûjours vray de dire que la plufpart de ces pavez representoient quelques emblemes, comme en fait foy ce Vers de Lucillius cité par Pline :

Arte pavimenta atque emblemata vermiculata.

Quoy qu'il en soit, la premiere figure qui est dans cette Mosaïque est un Terme ou Herme dont

dont nous avons suffisamment parlé. On ne sçauroit bien distinguer dans l'original de celuy-cy, si ce sont deux aislerons qu'on voit à la tête comme il estoit souvent representé, ou deux nœuds du cordon qui luy pend sur les épaules comme le Peintre l'a cru.

La seconde Figure est un jeune enfant aislé, qu'on croiroit un Cupidon s'il avoit quelqu'une des marques de cette Divinité : je le crois plûtot un Genie, qui estoit un Dieu à qui l'on donnoit beaucoup d'emplois ; car les Anciens attribuoient à chaque Province, à chaque Ville & à chaque personne un Genie qui avoit soin d'eux. On en donnoit aussi aux Fontaines, aux Arbres, & aux Forests, à l'Eloquence, à la joye, & aux Sciences. Il semble que l'action de ce Genie est d'amener ou d'inviter ce Satyre qui est prés de luy à venir adorer le Dieu Mercure ou Hermes.

La troisiéme figure est celle d'un Satyre ou du Dieu Pan, avec des jambes de Bouc & des cornes au front, comme on avoit accoûtumé de les representer. Pan estoit cru fils de Mercure & de Penelope chez les Anciens, & parce qu'ils disoient que Mercure s'estoit transformé en Bouc pour avoir l'entrée chez Penelope, on avoit accoûtumé de representer son Fils avec des pieds de Bouc, & de luy donner le nom de *Semicaper*, demi Bouc. Surquoy vous remarquerez les differentes opinions qu'on a eu de Penelope. Les uns, c'est à dire Homere, & plusieurs autres

Poëtes qui ont esté de son sentiment l'ont representée comme un modelle de chasteté, & les autres dont les principaux sont Duris Samien, Tzetzes, Pausanias & Horace, l'ont prise pour une impudique & pour une femme prostituée. On confondoit souvent les Satyres avec Pan, car on les appelloit aussi *Panes*, ce qui est justifié par ce Vers d'Ausone :

Capripedes agitat cùm læta protervia Panes.

Et il est vray qu'on les representoit de cette maniere. Pan estoit le Chef des Satyres. Ils estoient les Dieux des Bois, des Champs & des Chasseurs, & souvent on les prenoit pour le symbole de l'effronterie & de l'impudicité.

La quatriéme Figure demy habillée represente sans doute un Silvain, qui étoit un Dieu des Champs & du Bestail : car on avoit accoûtumé de le peindre la main droite étenduë, & portant de la gauche un rameau de Cyprés ou de quelqu'autre arbre, comme on le voit icy dessiné. Ces deux Vers de Martien Capella *l.* 5. *in nupt.* Mercur. & Philolog. en font foy.

Tunc primùm positâ Silvanus fortè cupressu
Percitus ac trepidans dextram tendebat inermem.

Il est couronné de feüilles d'arbres, parce qu'il estoit particulierement adoré à la campagne. Horace l'appelle le Dieu des limites, de même que Mercure.

Et te Pater
Silvane, tutor finium.

Ce qui est au dessus de la main droite de ce Silvain n'est qu'un ornement de tableau qui ne peut rien signifier.

Quelques personnes ont travaillé à expliquer cet Embleme : mais ces sortes de peintures Enigmatiques, sont ordinairement comme des nés de Cire qu'on fait tourner du côté que l'on veut. En attendant quelque explication plus plausible, on peut dire que voicy le sens de cet Embléme, que tout doit ceder à l'eloquence, dont Mercure estoit le Symbole : & qu'elle entraine les hommes à elle malgré eux-mêmes ; car le Satyre paroit avec un bras lié derriere le dos, quoy qu'il tâche de repousser le Genie de la main droite. C'est ainsi qu'Orphée attiroit les bétes autour de luy, & qu'Amphion par sa Musique contraignoit les pierres mêmes à le suivre, & à se placer où il luy plaisoit pour bátir les murailles de Thebes.

On pourroit aussi penser que les Anciens Romains qui ont fait ce Tableau, vouloient marquer par là, le respect qu'on devoit avoir pour les termes & les limites des possessions champêtres, dont Mercure & Silvain estoient les protecteurs, puisque les Satyres mêmes estoient contraints d'avoir pour eux de la veneration, & qu'ils leur venoient rendre hommage les mains liées. On apprend en lisant les anciens Autheurs, que si quelqu'un changeoit, ou transportoit un terme de quelque champ, la teste de cet homme eſtoit voüée à la colere de ce Dieu, & qu'il eſtoit permis de le tuër, pour le laver du ſacrilege qu'il avoit commis.

Mais il eſt à remarquer que les Satyres étoient ſouvent repreſentez dans les Moſaïques Payennes; ce que l'on peut remarquer par ces Vers de Nilus Epigramm. *liv.* 4.

Πῶς ἐκ λίθου ἄλλοθεν ἄλλης
Συμφερτὸς γενόμην ἐξαπίνης Σάτυρος.

C'eſt à dire, *comment eſt-il poſſible que de pluſieurs pierres jointes enſemble je ſois devenu ſi promptement un Satyre ?* Il faut que ce pavé ayt eſté fait du temps que les Romains eſtoient maîtres de cette Ville, & qu'ils eſtoient encor Payens, puiſque leurs Dieux y ſont repreſentez. La belle maniere & la beauté du deſſein me font croire qu'il a eſté fait dans le premier ou ſecond Siecle de N. S. & ce pouvoit eſtre le pavé d'un Salon de quelque maiſon d'une perſonne de qualité, plutôt que d'un Temple dedié à ces Divinitez; car il ſemble que dans un de leurs Temples on n'auroit pas repreſenté des Dieux ſur le pavé, qui auroient pû eſtre foulez aux pieds par ceux qui ſeroient venus pour les adorer: mais on les auroit plutôt placez dans le Chœur ou ſur leurs Autels, pour y eſtre expoſez aux yeux de tous ceux qui les viſiteroient.

J'ajoûte quelques Inſcriptions pour embellir mon ſujet, & pour faire voir qu'on adoroit quelquefois ſur le meſme Autel, Mercure & Silvain;

Seconde Dissertation. 53

vain; aufquels on joignoit auffi Pan & Bacchus, comme des Divinitez propices aux gens de la campagne.

A ROME.

SILVANO ET MERCVRIO,
SACRVM
TI. CLAVDIVS EPICTETVS
ET CLAVDIA HEROIS
EX VOTO. L. M.
AR. ET PAVIMENT. S. P. REST.

Lubens meritò Aram & Pavimentum suâ pecuniâ restituerunt.

C'eſt une Inſcription *conſacrée à Silvain & à Mercure par Tiberius Claudius Epictetus, & par Claudia Herois, qui avoient remis ſur pied à leurs dépens un Autel avec un pavé, pour s'aquitter avec plaiſir d'un vœu qu'ils avoient fait.*

Il y a de l'apparence que le pavé dont il eſt parlé dans cette Inſcription eſtoit un pavé de Moſaïque, ou de pieces rapportées; car autrement on n'auroit pas fait mention d'un ſimple pavé dont les fraix n'euſſent pas merité qu'on en euſt parlé. Et c'eſt dans ce ſens que Ciceron dit ſimplement que le Portique de ſa maiſon étoit pavé.

pavé. Gualtherus dans ses Inscriptions de la Sicile, en rapporte une qui se lit dans un pavé de Mosaïque d'une Eglise de Syracuse, où il est dit qu'un certain Cneus Octavius avoit refait le pavé, & tout le Temple dedié autrefois à Venus.

A ROME.

```
SILVANO PAN.
ET LIBERO PAT.
INVICT. SAC.
SERGIANA CVM FIL.
```

C'est une Inscription mise à l'honneur de *Silvain*, de *Pan* & du *Pere Bacchus l'invincible*, par *Sergiana* & *son Fils*.

A ROME.

```
MERCVRIO SOLI
ET SILVANO
SANCTISSIMO
SACRVM
Q. VIVIVS VOLSCINIVS
PROC. COLLEG.
AVRIGARIORVM
IIII FACT.
```

Celle

Seconde Dissertation.

Celle-cy est consacrée *à Mercure, au Soleil, & au tres-saint Silvain par Quintus Virvius Volscinius Procureur du College*, ou de la Communauté des Cochers de la quatrième Bande ou *Faction*. Le titre de tres-Saint n'estoit pas particulier à Silvain, mais on le remarque dans plusieurs marbres dediés à d'autres Divinitez, comme à Jupiter, à Mercure, à Bacchus, & à Hercule. Les Confreries ou Communautez des Ouvriers & des autres Professions portoient anciennement le nom de Colleges, qui avoient leurs Patrons & leurs Procureurs. Ces Cochers appellez en Latin *Aurigarij, Aurigæ*, & *Aurigatores*, estoient ceux qui dans les Jeux publics du Cirque disputoient avec leur concurrens, à qui l'emporteroit à la course des Chariots pour des prix qui estoient donnez. Ils composoient des Colleges ou Societez, qui se distinguoient par les couleurs : dont on lit dans les Inscriptions de Gruter quatre principales Factions ; sçavoir, *Russatam*, la Rouge ; *Prasinam*, la Verte ; *Venetam*, la Bleuë ; & *Albatam*, la Blanche. On croit que les Anciens vouloient representer par là les quatre Saisons, dans lesquelles la nature prend un nouvel habit : chaque Faction, ou comme on parle maintenant, chaque quadrille representant une des Saisons par sa couleur. La Verte pour le Printemps, la Rouge pour l'Esté, la Bleuë pour l'Automne qui est ordinairement accompagnée de pluye & de broüillards, & la Blanche pour l'Hyver couvert de neiges, & de glaçons.

A

A NISMES.

DEO SILVANO
ET LIBERO PATRI
ET NEMAVSO
....ARCHVS SINODI.

Cette Inscription est dediée au Dieu Silvain, au Pere Bacchus & au Dieu Nemausus Fondateur & Protecteur de la Colonie de Nismes. *C'estoit*, dit Pline, *une ancienne coûtume pour reconnoistre les graces qu'on avoit receües des Bienfaiteurs, de les mettre dans le nombre des Dieux;* & c'est ce qu'avoit fait la Ville de Nismes envers cet ancien Heros un des descendans d'Hercule. Pour ce qui est de Bacchus, il y estoit sans doute honoré d'un culte particulier, à cause des bons vins que produisoit le territoire de cette Ville, & Silvain à cause de la fertilité de sa campagne.

Je finis par deux Inscriptions, l'une qui est à Florence, & qui a esté apportée d'Afrique, du mesme endroit que celle qui a esté citée cy-dessus. Il y est fait mention d'un ouvrage appellé *Opus Albarium.*

Seconde Dissertation.

A FLORENCE,
Dans la Galerie du Grand Duc.

........STAE SACRVM
Aurel. MAXIMI MEDICI ET L. AV-
RELII VERI AVG. ARME-
NIACI PARTH.
TemPLVM CVM ARCV ET POR-
TICIBVS ET OSTEIS ET
OPERE ALBARI A FVND.

On peut probablement suppléer la premiere ligne, où il manque quelques caracteres, *Junoni Augustæ sacrum*, ou *Dianæ*, ou *Veneri Augustæ sacrum*. Mais ce qu'on en peut dire de certain, c'est que cette Inscription étoit pour quelque Temple bâty du temps & apparemment de l'ordre des Empereurs Marc Aurele & Lucius Verus, qui portoient les titres de tres-Grands, de Mediques, d'Armeniaques & de Parthiques : ce Temple ayant esté erigé depuis les fondemens avec une arcade, des portiques, & des portes, le tout blanchy & enduit de chaux : car c'est ce que signifie dans Vitruve & dans Pline *Opus albarium*, ou *albare*, comme il est icy nommé. L'Inscription suivante qui m'a esté communiquée par le R. P. Menestrier, a esté trouvée à Langres.

A LANGRES.

> OPVS QVADRATARIVM
> AVGVRIVS CATVLLINVS
> VRSAR. D. S P. D.

Opus Quadratarium dans une signification étenduë ne signifie qu'un Ouvrage de pierres quarrées, comme dans Sidonius Apollinaris & dans d'autres Auteurs, *Quadratarij* ne se prend que pour des tailleurs de Pierre, qui la taillent & la polissent : mais il se prend aussi pour les ouvrages de Mosaïque, comme apparemment dans cette Inscription, & dans ce passage de Leo Ostiensis liv. 3. ch. 29. *Artifices destinat peritos in arte Musaria & quadraturâ, ex quibus videlicet, alij Absidam, arcum atque vestibulum Majoris Basilicæ Musivo comerent : alij verò totius Ecclesiæ pavimentum diversorum lapidum varietate consternerent :* où l'on voit que cet Auteur appelle *Ars Musaria*, l'art de la Mosaïque pour les murailles & les voutes, & *Quadratura*, celle que l'on employoit aux pavez.

TROISIEME DISSERTATION,

Sur un Marbre Ancien representant deux Divinitez Syriennes.

Explication litterale de l'Inscription Grecque gravée au bas du Marbre, & de l'Inscription Palmyreniene.

A l'honneur d'Aglibolus & de Malach-Belus Dieux de la Patrie, Lucius Aurelius Heliodorus fils d'Antiochus, Palmyrenien Hadrianien, a dedié ce Marbre & une Statuë d'argent avec toute sa dependance, pour sa santé & pour celle de sa femme & de ses enfans, l'an 547. au mois Peritien.

CE Marbre estoit autrefois à Rome dans la Vigne du Cardinal Carpegna, haut de 5. à 6. pieds & large de 3. ou 4. Son inscription Grecque est rapportée sans figure & sans explication dans Gruter, page 86. c'est pourquoy nous l'avons voulu donner icy.

On ne peut douter qu'*Aglibolus* & *Malach-Belus* ne fussent des Dieux qu'on adoroit d'un culte particulier dans la Syrie, puisque cet Heliodorus qui estoit de la Ville de Palmyre les appelle Dieux de sa Patrie, & que le petit pays de Palmyre faisoit partie du Royaume de Syrie.

A peine les Palmyreniens auroient-ils esté connus, si la valeur & la beauté de Zenobie, qui étoit leur Reine, ne les eût tiré de l'obscurité. Cette Princesse sçavoit les Langues Orientales dans leur perfection, & la Grecque & la Latine dans leur pureté.

pureté. Trebellius Pollio a dit qu'elle eſtoit la plus belle & la plus vaillante de toutes les femmes. Elle fit trembler tout l'Orient, battit les Lieutenans de l'Empereur Gallien, & ſoutint une forte guerre contre les Romains, dans laquelle l'Empereur Aurelien la vainquit enfin apres beaucoup de combats, & la mena en triomphe à Rome.

Ce fut enſuite de cette celebre victoire qu'Aurelien fit bâtir à Rome un Temple dedié au Soleil, & l'enrichit des dépoüilles des Palmyreniens, & des ſtatuës du Soleil & de Belus qui furent apportées de Palmyre comme l'aſſure Herodien, & ce ſont apparemment les figures de ces deux Divinitez que nous voyons dans le marbre cy-deſſus ſous les noms d'*Aglibolus* & de *Malach-belus*, ou plutôt celles du Soleil & de la Lune, comme nous le ferons voir dans la ſuite de ces remarques, le mot de *Belus* ſignifiant tantoſt le Soleil, tantoſt la Lune, & tantoſt un autre Dieu particulier aux Syriens.

Les Anciens meſme ne nous expliquent pas bien quelle Divinité eſtoit ce *Belus*. Heſychius dit que c'eſtoit le Ciel ou Jupiter, & que le Soleil eſtoit appellé *Bela*. Saint Jerôme & Saint Iſidore croyent que Saturne fut appellé *Belus*. Herodien dans la vie de Maximin aſſure que ceux d'Aquilée nomment le Soleil *Beles*; quelques Manuſcrits & quelques Inſcriptions de marbres l'appellent *Belinus* & *Belenus*. Le Dieu *Baal* ou *Baalphegor* dont parle l'ancien Teſtament, eſtoit ce meſme

Belus, & peut-eſtre que le mot d'*Aglibolus*, n'en eſt qu'une corruption & un compoſé, & qu'il faudroit lire *Aglibelus*, comme le pretend Scaliger de meſme que nous voyons *Malachbelus*.

M. de Malaval de Marſeille, qui tout aveugle qu'il eſt de corps, ne laiſſe pas d'avoir un eſprit des plus éclairez, conjecture qu'Aglibolus vient de ces mots Grecs αιγλην βαλλω, qui veulent dire, *je jette de l'éclat*, ou *je brille*. Heſychius dit qu'*Aiglitis* qui ſignifie brillant eſt un ſurnom du Soleil. Il eſt vray que les Sçavans, & entr'autres M. Bochart, diſent que la pluſpart des mots Grecs derivent plutoſt du Syriaque, que les termes Syriaques du Grec, & qu'ainſi nous devrions plutoſt chercher la ſignification de ces mots dans le Syriaque que dans le Grec. En effet le terme de *Malachbelus* par lequel la Lune eſt exprimée dans ce marbre eſt purement Syriaque, & *Malach* dans cette Langue veut dire *Roy*, de meſme que *Baal* ſignifie *Seigneur*. C'eſt pourquoy cette figure eſt repreſentée avec une Couronne ſur la teſte: ce qui nous eſt confirmé dans le chap. 7. de Jerem. qui parlant d'une ſuperſtition que les anciens avoient d'offrir des gateaux à la Lune, l'appelle la *Reine du Ciel*, & il y a apparence que ce *Malachbelus* eſtoit l'idole de *Moloch* dont parle l'Ecriture Sainte.

Le Croiſſant que cette figure porte au deſſus de ſes épaules nous fait aſſez connoître que c'eſt la Lune, & ſi l'on m'objecte qu'elle eſt icy peinte

&

& vétuë en homme, je répondray qu'on tenoit la Lune pour un Dieu dans ce Pays là, particulierement à Carrhes en Mesopotamie, & qu'on l'appelloit ordinairement *Lunus* & non *Luna*. Voicy ce qu'en rapporte Spartien ; *Comme nous avons fait mention du Dieu Lunus*, (dit-il) *il faut sçavoir que les Sçavants nous ont laissé par écrit, & que les Carrheniens pensent encor à present, que ceux qui croyent que la Lune est une Deesse & non pas un Dieu, seront toute leur vie esclaves de leurs femmes, mais que ceux au contraire qui la tiendront pour un Dieu, seront toûjours les maistres de leurs épouses, & ne succomberont jamais à leurs artifices ; c'est pourquoy* (continuë le mesme Autheur) *quoy que les Syriens & les Egyptiens l'appellent d'un nom feminin, ils ne laissent pas de faire connoistre dans leurs mysteres qu'ils la prennent toûjours pour un Dieu.* Et il nous reste encor à present plusieurs Medailles des Nysæens, des Magnesiens & de quelques autres Grecs, qui nous font voir la Lune representée sous l'habit & sous le nom d'homme, & coëffée d'un bonnet à l'Armenienne.

Je n'ignore pas que le sçavant M. de Saumaise dans ses Commentaires de l'Histoire Auguste, expliquant la vie d'Aurelien écrite par Vopiscus, dit qu'il ne doute pas que *Malachbelus* ne soit le Soleil & *Aglibolus* la Lune : mais comme il n'en donne pas de raison precise, & qu'il n'avoit pas veu ce marbre, je croy qu'il y a plus d'apparence qu'Aglibolus est le Soleil parce qu'il est nommé le premier, & que la figure qui tient le costé droit

droit du marbre n'a point de rapport à la Lune; & que *Malachbelus* est la Lune, parce qu'il est nommé le dernier, & placé au côté gauche du marbre avec le croissant derriere l'épaule, qui ne nous laisse pas douter que ce ne soit elle-mesme.

Quant aux vestemens des deux Figures de ce marbre, celuy d'*Aglibolus* n'est point à la Romaine, mais semblable aux habits courts des Syriens avec une espece de manteau par dessus, dont il ne se faut pas étonner, puisque ces figures furent faites en Syrie, ainsi que nous avons fait voir, & que chaque Peuple habille ses Dieux à sa mode, comme dit Theodoret.

L'habit de *Malachbelus* ressemble assés à celuy que les Romains portoient en guerre, qu'on appelloit *Paludamentum*, avec un manteau par dessus; mais la couronne n'est point à la Romaine, non plus que les cheveux, ces peuples se les faisant ordinairement raser, ce qui donna sujet à Vespasien de dire aux Romains effrayés de voir une Comete chevelue sur leur Horizon, que cette Comete n'estoit pas de leur pays, & que c'estoit au Roy de Perse qui portoit de grands cheveux à craindre les presages de ce Phenomene.

Le terme ΣΙΓΝΟΝ qui est dans l'inscription de ce marbre, est un mot Latin habillé à la Grecque qui signifie *une petite statuë*.

Heliodore y est appellé *Palmyrenien*, parce qu'il estoit de Palmyre, & *Hadrianien* à cause que

cette

cette Ville fut rebâtie par l'Empereur Hadrien, ce qui la faisoit aussi quelquefois nommer *Hadrianopolis*, *Ville d'Hadrien*,& l'on tient que c'est elle qui est appellee dans les Propheties d'Ezechiel *Tamar*, qui veut dire *Palme*.

Le pere d'Heliodore se nommoit *Antiochus :* mais il ne faut pas croire que ce fust un de ces Antiochus Roys de Syrie, puis qu'il n'a point ajoûté sa qualité, dont il auroit deu se faire honneur: outre qu'il y avoit déja plusieurs siecles que les Antiochus estoient dans le tombeau, lors que cet Heliodore dedia ce marbre. Cet Antiochus n'estoit donc qu'un particulier, qui par hazard portoit le mesme nom que les anciens Roys de Syrie: de mesme que son fils Heliodore portoit le nom de ce celebre Evesque, qui aima mieux perdre son Evesché, que de desavoüer le Roman de Theagene & Chariclée, dont il estoit l'Auteur.

A dediés ce mot nous fait connoistre que c'est icy une espece de vœu qu'Heliodore fait pour recommander sa santé & celle des siens à ces Dieux, ou une action de graces pour l'assistance qu'il croyoit avoir receuë de ces Divinitez dans quelque danger.

L'année cinq cens quarante septiéme: c'est la maniere de compter des Syriens, qui prenoient leur Epoque douze ans apres la mort d'Alexandre le Grand, depuis le commencement du regne de Seleucus. Cette année 547. de l'Epoque Syrienne

rienne répond, selon la supputation de Scaliger à l'année de Nôtre Seigneur 236. Ceux qui voudront s'inſtruire plus particulierement de cette Epoque peuvent conſulter le Livre de ce Sçavant Homme, *De Emendatione temporum*: & celuy de Monſieur Vaillant, intitulé *Hiſtoria Regum Syriæ*.

Au mois Peritien: c'eſt un mois des Macedoniens qui répond au mois de Fevrier, & que les Syriens adopterent en memoire d'Alexandre le Grand: ou plutoſt que les Maeedoniens introduiſirent chez ce peuple, apres l'avoir ſubjugué, de meſme qu'ils impoſerent à la pluſpart des Villes & des Rivieres de Syrie, les noms des Villes & des fleuves qui eſtoient en Macedoine.

ΜΗΝΟΣ ΠΕΡΙΤΙΟΥ. Il faut prendre garde que ces deux mots ſont corrompus dans la citation que Gruter fait de cette Inſcription, & que cét Autheur faute d'avoir veu ce marbre les a copiés ainſi, Μ. ΝΟΕ. ΠΕΡ ΙΤΙΟΥ. ce qui ne pourroit ſignifier aucune choſe, & qui fait connoiſtre qu'on ne peut raiſonner juſte ſur ces ſortes d'Antiquitez ſans les avoir veuës, & ſans les avoir méme étudiées avec ſoin.

Pour ce qui eſt des deux dernieres lignes de cette inſcription, qui ſont en langue & en lettres Palmyrenienes, voicy ce que M. Samuël Petit de Niſmes, qui poſſedit parfaitement les Langues Orientales, en dit dans une Lettre qu'il a écrite à M. de Peiresk. *Cette inſcription*, dit-il, *eſt conceuë* ceüe en lettres Pheniciennes des Syriens, qui sont les mesmes dont les Palmyreniens se servoient, & voicy en quels termes s'explique Heliodore en cette inscription Syrienne. *Ma vieillesse a tremblé, la plante de mes pieds a bronché, ton serviteur accablé de tristesse est tombé dans les mains du demon de la lumiere : il a esté lié & maltraité, sa maison a esté dans un grand danger; le comble de tes misericordes a abondé & arrosé les lieux pierreux & solitaires, comme est le chemin qui conduit à Memphis* (ce qui marque, reprend M. Petit, la situation & la desolation de Palmyre du temps de Zenobie) *tout ce que mon extreme misere souhaitoit m'a esté donné avec profusion, ton ombre est souverainement misericordieuse : c'est pourquoy ta portion eternelle sera une mesure de vin, ou de quelqu'autre liqueur, que je t'offriray tous les ans pour l'usage des Sacrifices.*

Je ne sçay si cette explication est juste, mais je sçay bien que M. Petit y a fait une faute de Chronologie en rapportant ce Marbre au temps de Zenobie, puis qu'il fut fait long-temps avant la naissance de cette Reine, l'an 236. & sur la fin du regne d'Alexandre Severe, comme nous l'avons remarqué. Pour les allegories dont cette Inscription est remplie, chacun sçait que ç'a toûjours esté le stile des Orientaux, & qu'ils le retiennent mesme encor à present. Saint Epiphane l. 2. contre les Heresies, parle du langage des Palmyreniens comme d'une dialecte particuliere du Syriaque : *Il y a des Grecs,* dit-il, *qui font grand état de la Langue des Syriens, & particulierement de celle qui est aux environs de Palmyre.*

Voicy enfin ce que M. Antoine Galland Interprete des Langues Orientales m'a écrit sur l'explication precedente. *Pour vous dire ingenument ce que je pense de l'explication que M. Petit donne à l'inscription Palmyreniene d'Heliodore, je ne puis me persuader, n'en déplaise à un si grand Homme, qu'il ait bien expliqué cette Enigme: car quel sens je vous prie peut-on tirer de tout cela? que veut dire ce demon de la lumiere? & qu'y a-t'il de commun entre Memphis & Palmyre? Nous sçavons que les Pheniciens n'ont que vingt-deux lettres dans leur Alphabet, & cependant il y a plus de vingt-huit caracteres differens dans cette Inscription, soit de la maniere dont vous l'avez copiée, soit de la façon qu'elle est gravée dans Gruter, qui sont differentes en quelque chose, & l'on ne peut aisément se persuader que toutes les lettres de l'Alphabet soient comprises dans ces deux lignes. Je voudrois bien sçavoir de quels Livres & de quel Dictionnaire M. Petit s'est servi pour connoistre ces lettres, qui ne sont ny Hebraiques ny Syriaques, si l'on s'en rapporte à la figure qu'on donne à present à ces deux caracteres. Pour moy j'aurois cru que ces deux lignes ne signifient autre chose que ce qui est compris dans les lettres Grecques qui sont au dessus, de mesme qu'en plusieurs autres Inscriptions Grecques & Latines, ce qui est exprimé en une Langue n'est point different de ce qui est contenu dans l'autre.*

Voilà ce que j'ay pû tirer d'instructions sur ces deux

Troisiéme Dissertation. 69

deux lignes. Cependant M. Graverol celebre Avocat de Nismes m'écrit que M. Galland n'a peut-estre pas tant sujet, comme il le pourroit bien croire, de critiquer la traduction de M. Petit: parce que cela se peut soûtenir avec le secours d'un petit Livre manuscrit que ce denier Auteur a laissé à ses heritiers.

Je laisse aux Sçavans à juger ce different, & leur presente cependant le dessein d'un autre Marbre qui est encore à Rome, dont Gruter n'a point aussi donné la figure, & dont les inscriptions sont en Latin & en Palmyrenien.

Le Bust qui est dans la premiere face de ce marbre est une teste voilée comme d'un Sacrificateur,

cateur. Celuy de la seconde, dont la teste est couronnée de rayons, & qui a une aigle au devant de luy, nous dépeint assez le Soleil sans qu'il soit besoin de s'expliquer davantage.

Les Griphons qui tirent le Chariot gravé dans la troisiéme face estoient des animaux consacrez au Soleil, comme l'assure Servius ; ils avoient le corps d'un Lion & la teste & les aisles d'une Aigle, & estoient fort ennemis des Chevaux. La figure qui est sur ce Chariot n'est pas fort differente d'Aglibolus ou du Soleil, representé dans nôtre premier Marbre. La Victoire luy met une couronne sur la teste pour marquer le tître d'invincible qu'on luy donne tres-souvent dans les Inscriptions, à cause qu'il defit le serpent Python.

L'arbre qui est dépeint dans la quatriéme face est sans doute un Laurier, parce que cét arbre fut toûjours consacré à Apollon depuis la Metamorphose de Daphné.

Calbienses : ce sont les habitans du Cap de *Calbium*, qui est au fond de l'Espagne, dont Strabon fait mention au 3. l. de sa Geog. car les Pheniciens avoient esté les maistres de l'Espagne avant mesme le temps d'Homere, qui vivoit cent soixante ans avant la fondation de Rome, & il est à croire que leur Langue n'y estoit pas éteinte, & que les lieux n'avoient pas pardu leur nom quand l'Espagne tomba sous la puissance des Romains.

Passons

Paſſons à quelques autres Inſcriptions inconnuës à Gruter, & examinons celles qui ſe preſentent pour finir cette Diſſertation, & qui ſont de noſtre ſujet.

A ROME.

Q. CLODIVS PHILO
SOLI INVICTO
EX VOTO PROMISSO D.D.

D. D. Il n'y a perſonne qui ne ſçache que deux D. dans les Inſcriptions ſignifient ordinairement *Dedicavit*, ou *Dono dedit*. C'eſt donc une *Dedicace* qu'avoit faite *au Soleil invincible*, un Romain nommé *Quintus Clodius Philo*.

A NISMES.

DEO
INVICTO
MITHRAE
L. CALPVRNIVS PISO
CN. PAVLINVS VOLVSIVS
D. S. D. D.

A Salone.

> VIBIVS PIVS DEO
> SOLI INVICTO ARAM
> DEDICO VT SIS MIHI
> PROPITIVS MILITIBVS
> CENTVRIONIBVSQVE MEIS.

Lucius Calpurnius Piso, qui a dédié la premiere Inscription avec Cneus Paulinus Volusius, fut Consul de Rome sous l'Empire de Trajan : & *Vibius* qui a dédié cette derniere étoit un General d'Armée, qui souhaitoit que le Soleil fust propice à ses vœux, aussi bien qu'à ses Soldats, & à ses Capitaines ou Centurions.

A Rome.

> NVMINI INVICTO
> SOLI MITHRAE
> M. AVRELIVS AVG. L.
> EVPREPES VNA CVM
> FILIS PIIS D. D.
> SACERDOTE CALPVRNIO
> IANVARIO DEDICATA
> VII. KAL. MAIAS IMP.
> L. SEPTIMIO SEVERO
> PERTIN.....
> --...COS......

Troisiéme Dissertation.

A ROME.

>M. AVRELIVS
>AVG. LIB. EVPREPES
>SOLI INVICTO MI
>THRAE ARAM
>EX VISO POSVIT
>PROSIDENTIBVS BI
>CTORINO PATRE
>ET IANVARIO DEDICATA
>IIII. NON. IVNIAS EGGIO
>MARVLLO ET GN.
>PAPIRIO AELIANO COS.

Ces deux Inscriptions estoient celles des deux Autels que M. Aurelius Euprepes affranchi de l'Empereur avoit dedié à ce Dieu sous l'Empire de Severe. *Mithra* estoit un epithete du Soleil en usage dans le Levant, d'où il fut apporté à Rome, comme on le peut voir par ce Vers de Stace,

Torquentem cornua Mithram.

Et Lactance dit sur ce Vers, qu'Apollon étoit representé chez les Perses avec une face de Lion & une espece de Thiare sur la teste ; parce que le Soleil est dans sa force quand il est dans le signe du Lion, & on peut ajoûter avec une espece de thiare ou de bonnet à l'Armenienne, parce que les Perses en usoient aussi. On trouve encore à Rome plusieurs marbres qui representent ce Dieu assis sur un Taureau qu'il retient par les cornes : les Anciens nous voulant faire entendre par cét Embleme, que la Lune, à qui l'on avoit de coûtume de sacrifier des Taureaux, & dont les cornes estoient le symbole, n'avoit de lumiere que ce que luy en donnoit le Soleil. Tertullien, Justin Martyr & S. Jerôme disent qu'on recevoit les Soldats, & ceux qui vouloient assister aux mysteres du Dieu *Mithra*, dans une grote obscure où l'on faisoit mille ceremonies superstitieuses.

L'expression EX VISO qui est dans la derniere Inscription, veut dire que le Dieu Mithra s'estoit apparu à cet Euprepes, ou en songe, ou de quelqu'autre maniere, pour luy commander de luy dedier cet Autel.

QUATRIÉME DISSERTATION,

Des Sacrifices & autres Actes des Freres Arvales.

A ROME,

Dans la Vigne Montalto.

L. CEIONIO COMMODO

D. NOVIO PRISCO

III. NON. IAN.

MAGISTERIO C. MATIDI PATRVINI PROMAGISTRO L. VERATIO QVADRATO COLLEGI FRATRVM ARVALIVM NOMINE VOTA NVNCVPAVERVNT PRO SALVTE IMP. VESPASIANI CAESARIS AVG. TRIB. POT. COS. VIII ET T. CAESARIS AVG. F. VESPASIANI COS. VI. VICTIMIS IMMOLATIS IN CAPITOLIO QVAE SVPERIORIS ANNI MAGISTER VOVERAT PERSOLVIT ET IN PROXIMVM ANNVM NVNCVPAVIT PRAEEVNTE L. VERATIO QVADRATO IN EA VERBA QVAE SSS IOVI OPTIMO MAXIMO BOVEM MAREM

IVNONI REGINAE VACCAM MINER-
VAE VACCAM SALVTI VACCAM
ITEM PRO IMP. VESPASIANO CAE-
SARE AVG. EISDEM VERBIS Q. SS.
IOVI OPT. MAXIM. BOVEM MAREM
IVNONI REGINAE VACCAM MINER-
VAE VACCAM SALVTI VACC. IN
COLLEGIO ADFVERVNT L. VERA-
TIVS QVADRATVS C. PADIVS ME-
FLIANVS Q. TELLIVS SASSIVS L.
MAECIVS POSTVMVS L IVLIVS QVA-
DRATVS C VIPSTANVS APRONIANVS
ISDEM COS. VI IDVS IAN. IN AEDE
CONCORDIAE ADSTANTIBUS FRA-
TRIBVS ARVALIBVS MAG. L. MATIDI
PATRVINI PROMAG. L. VERAT. QVA-
DRATO COLLEGI FRATRVM ARVA-
LIVM SACRVM INDICTVM DEAE
DIAE PRAEEVNTE L. MAECIO
POSTVMO
IIII K. IVN. IN LVCO ET DOMI III. K.
IVN DOMI IN COLLEGIO FVERVNT
L. VERATIVS QVADRATVS C VIPSTA-
NVS APRONIANVS L. MAECIVS
POSTVMVS C. IVNIVS PADIVS ME-
FLIANVS A. IVLIVS QVADRATVS
ISDEM

ISDEM COS. K. MART. IN AEDE
CONCORDIAE ADSTANTIBVS FRA-
TRIBVS ARVALIBVS EX TABELLA
IMP. CAESARIS VESPASIANI AVG. MIS-
SA. C. SALVIVM LIBERALEM NONIVM
BASSVM IN LOCVM C. MATIDI
PATRVINI DEMORTVI COOPTAMVS
IN COLLEGIO ADFVERVNT L. VE-
RATIVS QVADRATVS C. VIPSTANVS
APRONIANVS L. MAECIVS POSTVMVS
C. SALVIVS LIBERALIS NONIVS
BASSVS ISDEM COS. MAG. C. SALONI
MATIDI PATRVINI IN CVIVS LOCVM
SVCCESSIT OBIIT MAGISTERIVM
EODEM ANNO EIDEM COS. K. MART.
D. SALLVSTIVS BLAESVS ISDEM COS.
V.. NIAS IN AEDE CONCORDIAE
MAG. L. SALLVSTIVS BLAESVS
COOPTATVS IN LOCVM C. MATIDI
PATRVINI COLLEGIO FRATRVM
ARVALIVM CONVOCAVIT FLAM.

Explication litterale de cette Inscription.

*S*Ous *le Consulat de Lucius Ceionius Commodus & de Decimus Novius Priscus, le 3. des Nones de Janvier: Caius Matidius Patruinus étant Maître ou Supe-*

rieur du College des Freres Arvales, & *Lucius Veratius Quadratus*, Sousmaître : les Freres Arvales ont fait des Vœux au nom du College pour la santé & prosperité de l'Empereur *Vespasien Cesar Auguste*, joüissant de la huitiéme puissance du Tribunat, & Consul pour la huitiéme fois, & pour celle de son Fils *Tite Cesar Vespasien* Consul pour la sixiéme fois, ayant immolé des victimes au Capitole, qui avoient esté voüées par le Maître du College de l'année precedente ; ce que le College a executé, en ayant aussi voüé pour l'année suivante, *Lucius Veratius Quadratus* faisant les fonctions, dans les termes suivans ; A *Jupiter tres-bon* & *tres-grand* un Bœuf, à *Junon Reine du Ciel* une Vache, à la Deesse Santé une Vache.

Item pour l'Empereur *Vespasien Cesar Auguste* dans les termes qui suivent ; A *Jupiter tres-bon* & *tres-grand* un Bœuf, à *Junon Reyne* une Vache, à *Minerve* une Vache, à la Santé une Vache, estant alors presens au College *Lucius Veratius Quadratus, Caius Padius Meflianus, Quintus Tellius Sassius, Lucius Mæcius Postumus, Aulus Julius Quadratus,* & *Caius Vipstanus Apronianus*, sous le mesme Consulat le sixiéme des Ides de Janvier dans le Temple de la Concorde, les Freres Arvales estant presens pendant le magistere de *Caius Matidius Patruinus* & le sous-magistere de *Lucius Veratius Quadratus* au College des Freres Arvales, a esté ordonné un sacrifice à la Deesse *Dia*, *Lucius Mæcius Postumus* faisant l'ouverture des ceremonies.

Le quatriéme des Calendes de Juin dans le bois, & le troisiéme des mesmes Calendes dans la maison ont esté presens *Lucius Veratius Quadratus*, *Caius Vipstanus*
Apronia

Apronianus, *Lucius Mæcius Poſtumus*, *Caius Padius Meſlianus & Aulus Iulius Quadratus*.

Sous le meſme Conſulat aux Calendes de Mars dans le Temple de la Concorde étant preſens les freres Arvales, conformement à une Ordonnance de l'Empereur Ceſar Veſpaſien Auguſte, nous adoptons & recevons dans le College Caius Salvius Liberalis Nonius Baſſus, en la place de Caius Matidius Patruinus decedé depuis peu, eſtant preſens audit College Lucius Veratius Quadratus, Caius Vipſtanus Apronianus, Lucius Mæcius Poſtumus & Caius Salvius Liberalis Nonius Baſſus.

Sous le meſme Conſulat & ſous le magiſtere de Caius Salonius Matidius Patruinus en la charge duquel a ſuccedé Decimus Salluſtius Blæſus, a eſté exercé la fonction dudit magiſtere la même année aux Calendes de Mars.

Sous le meſme Conſulat le ſixiéme Juin dans le Temple de la Concorde, le Maître Decimus Salluſtius Blæſus receu au College pour remplir la charge de Caius Matidius Patruinus au College des Freres Arvales a convoqué les Prêtres ou Flamines.

Ce marbre eſt tres curieux, & ſe voit encore à Rome, mais les caracteres en ſont mal formez & tres-difficiles par conſequent à déchiffrer. Le temps auquel il a eſté fait eſt celuy du Conſulat de Lucius Ceionius Commodus, & Decimus Novius Priſcus, qui répond à l'année de Nôtre Seigneur 78. ou comme d'autres content 79. ſous l'Empire de Veſpaſien. Mais il y a une choſe à remarquer dans le nom du dernier Conſul de cette année qui eſt appellé dans les

Tables

Tables du Capitole Caius Cornelius Priscus, & & dans Cassiodore, Rufus; au lieu de Decimus Novius Priscus, comme il est icy. C'est pourquoy l'on peut croire que ces divers noms marquent des Personnes differentes, que l'un d'eux a esté Consul ordinaire, & qu'étant mort pendant son Consulat, l'autre luy a esté subrogé, ce que les Romains appelloient *Consules suffecti*, d'autant plus qu'il y a une autre inscription dans Gruter p. CIV. qui fait aussi mention de ce Decimus Novius Priscus. L'on pourroit aussi dire que les Romains ayant plusieurs noms, ces deux differens ne designent qu'une même personne; comme on void dans ce même marbre un même Romain s'appeller Caius Salvius Liberalis Nonius Bassus, & un autre Caius Salonius Matidius Patruinus. Aussi ay-je remarqué que dans une inscription qui est à Geneve, on donne six noms à Volusien, *Caius Vibius Annius Gallus Trebonianus Volusianus:* & il y en avoit qui portoient deux prenoms, comme on le peut voir dans les Medailles de l'Empereur Geta nommé dans les unes, Lucius Septimius Geta & dans les autres Publius Septimius Geta, aussi bien que dans celles de Commode qui a les prenoms de Marcus & de Lucius. Le jour des vœux faits pour la santé des Empereurs Vespasien & Tite est marqué le troisiéme avant les Nones de Janvier, c'est à dire le troisiéme de Janvier. C'estoit un jour destiné à faire des Vœux publics, comme il paroit paroît dans le Calendrier ancien du temps de Conſtantin, publié par Lambecius, au quatriéme Tome de ſa deſcription de la bibliotheque Imperiale : c'eſt pourquoy les Freres Arvales avoient deſtiné ce temps à faire des vœus & des ſacrifices pour la ſanté de l'Empereur Veſpaſien & de Tite ſon fils. Les Freres Arvales dont ce marbre fait ſi ſouvent mention, étoient une ſocieté de douze Hommes d'une naiſſance illuſtre chez les Romains qui s'aſſembloient en certains jours pour faire, comme dit Varron, des ſacrifices pour les biens de la terre. Voicy ce que Fulgence rapporte de leur origine.

La nourrice de Romulus appellée Acca Laurentia avoit de coûtume de faire un ſacrifice tous les ans pour demander aux Dieux une recolte abondante, & y faiſoit aſſiſter ſes douze enfans, mais un d'eux étant mort, Romulus qui fut bien aiſe de ſeconder la devotion de ſa Nourrice ſe mit en ſa place, afin de remplir le nombre de douze, & voulut qu'on appellât cette ſocieté le College des freres Arvales, du mot Latin *Arvum*, qui ſignifie Champ ; c'eſt pourquoy ils retinrent toûjours depuis le nombre de douze & le nom de Freres Arvales. Ils s'aſſembloient ordinairement au Capitole, dans le Temple de la Concorde, ou dans le bois ſacré de la Deeſſe Dia, qui étoit éloigné de Rome de cinq milles ſeulement, & placé dans le chemin qu'on nomme à preſent *Via Campana*.

On voit le dénombrement & les especes des victimes qu'on devoit immoler dans ces sacrifices: on offroit d'ordinaire un Bœuf à Jupiter, comme on pourroit le montrer par mille passages des anciens : & cette coûtume étoit si ancienne qu'on la remarque mesme dans Homere, qui dit dans l'Iliade que ce Bœuf devoit estre de cinq ans. Plutarque assure pourtant que Solon avoit défendu par ses loix d'immoler des Bœufs : ce qu'Ælian explique du Bœuf qui estoit employé au labourage, parce que l'homme doit mieux traiter cet animal qui partage avec luy les soins & les fatigues de l'agriculture. Ceux de Lystre dans les Actes des Apostres prenant Barnabé pour Jupiter & S. Paul pour Mercure, leur voulurent sacrifier des Taureaux. Cependant le Pere Gautruche dans son Histoire Poëtique dit, qu'il n'étoit pas permis de sacrifier à Jupiter un animal furieux comme le Taureau ; à quoy l'on peut répondre, que le mot de Taureau est mis là pour un Bœuf, parce que βῦς en Grec & *Bos* en Latin ne marquent pas assez la difference d'un Bœuf & d'une Vache, puis qu'ils signifient l'un & l'autre : d'où vient que dans cette inscription & dans celle de Gruter, le mot de *Marem* est ajoûté, *un Bœuf mâle*. Mais pourquoy mếme n'eust-on point sacrifié des Taureaux à Jupiter ; puis que nous voyons par plusieurs inscriptions qu'on en sacrifioit bien à Cybele mere des Dieux, & que ce fut pour cette raison qu'on appelloit ces sacrifices

sacrifices *Taurobolia* ; pour remercier peut-estre cette Deesse de la Terre, de ce qu'elle avoit appris aux hommes l'art de dompter ces animaux & de les dresser au labourage.

On sacrifioit aussi chez les Grecs des Taureaux noirs à Neptune, pour marquer la furie de la mer, comme on le peut voir dans le troisiéme livre de l'Odyssée, où il est encore parlé du sacrifice de 4500. Bœufs que Nestor & les Pyliens offrirent ; ce qui paroit incroyable, veu la sagesse de ce Heros qui auroit par cette offrande dépeuplé de bœufs tout son pays, qui n'estoit qu'un petit quartier du Peloponese aux environs de la Ville de Pylos. Il est vray que la superstition des Anciens alla jusqu'à sacrifier les centaines de Bœufs, ce qu'ils appelloient à cause de cela *Hecatombes* du mot Grec *Hecaton*, qui signifie cent. Strabon dit que ce sacrifice vient des Lacedemoniens qui ayant cent Villes dans leur Pays, immoloient tous les ans cent Bœufs à l'honneur de leurs Divinitez. Mais cette dépense ayant paru trop forte à quelques uns, ils reduisirent ces sacrifices à 25. Bœufs, & s'imaginerent par une subtilité puerile que comme ces Bœufs avoient chacun quatre pieds, il suffisoit que le nombre de cent se rencontrât dans ces parties pour conserver le nom d'Hecatombes à ces sacrifices. On les fit même ensuite avec d'autres bêtes à quatre pieds, comme des chevres & des agneaux plus faciles à recouvrer : ainsi Homere parle dans l'Iliade, des Hecatombes de Chevres & d'Agneaux premiers nés. On raconte aussi d'un ancien qu'ayant promis dans une tempête de sacrifier cent Bœufs s'il en échappoit, & ne se trouvant pas assez riche pour s'acquiter de ce vœu, il se contenta d'offrir aux Dieux une Hecatombe de cent petits Bœufs de pâte. Quelques-uns attribuent cette fausse Hecatombe à Pythagore, & Diogene Laërce rapporte, que ce Philosophe ayant trouvé quelque nouvelle preuve de trigonometrie, offrit une Hecatombe de ces animaux artificiels, n'ayant garde d'immoler cent bœufs vivants, luy qui défendoit si expressément de les tuër. Lucien se moque de cette coûtume de faire des vœus & des presens aux Dieux, comme si, dit-il, les Dieux étoient si interessez qu'ils ne donnassent rien gratuitement aux hommes, & qu'il falût acheter tout ce qu'on veut obtenir du Ciel. Les Bœufs qu'on sacrifioit étoient ordinairement ornez de couronnes de fleurs, comme on le voit même par les Actes des Apôtres. Homere dit, qu'on doroit aussi bien souvent leurs cornes, & ce Vers de Virgile en fait mention :

Et statuam ante aras auratâ fronte juvencam.

Pour ce qui est de Junon on luy sacrifioit d'ordinaire une Vache ou une Chevre, c'est pourquoy on luy donnoit l'Epithete d'*Ægophagos*, c'est à dire, *mange Chevre*, & on la voyoit quelquefois revêtuë d'une dépoüille de chevre dans les medailles. On offroit aussi une Vache à Minerve comme il est marqué dans cette Inscription, ou plutôt une Genisse qui n'avoit pas encore porté le joug : *Castâ cervice juvenca*, dit le Poëte Silius. Les noms des six Freres Arvales qui assisterent au sacrifice selon cette Inscription, nous font connoître qu'il n'estoit pas necessaire que tous les douze fussent toûjours presens aux deliberations, & nous voyons par ce monument qu'ils n'y venoient même quelquesfois qu'au nombre de quatre.

Aucun Auteur ancien ne nous apprend quelle étoit cette Deesse Dia, qui est si souvent mentionnée dans les Inscriptions des freres Arvales. Monsieur Sebastien Fesch de Bâle Docteur en Droit & grand amateur de l'Antiquité, croit que c'estoit la Deesse *Ops*, ou *Cybele*, femme de Saturne grand-Mere des Dieux, que les Grecs appelloient aussi *Rhea*, à laquelle on faisoit une feste solennelle tous les ans nommée *Opalia*, pendant les Saturnales : *Car Saturne & sa femme*, dit Macrobe, *sont estimez les Inventeurs de la culture de la terre & des fruits, ce qui oblige les hommes à adorer ces Dieux en leur offrant des fruits de la terre, comme aux Auteurs des commoditez de la vie.* Et c'est pour cela que les freres Arvales dont le soin principal estoit de sacrifier pour les biens de la terre, avoient choisi cette Deesse, pour l'objet particulier de leurs prieres & de leurs sacrifices.

Au reste, on peut luy avoir donné par excellence, le nom de *Dia*, qui signifie Divine, comme à la Mere & à la Reyne des autres Divinitez. C'est de ce mot a, ou *Dia*, qu'est venu le nom de Die en Dauphiné qu'on appelloit *Dia* ou *Dea Vocontiorum*, parce que c'estoit l'endroit où les *Voconces* qui sont les Peuples des environs, adoroient particulierement cette Deesse. Aussi y a-t-on trouvé depuis quelques annees une belle inscription d'un sacrifice de Bœufs fait à la grand Mere des Dieux, *Matri Deûm magnæ Ideæ*, imprimée dans mon Traité intitulé *Ignotorum Deorum Aræ*. On ajoûtoit *Idæa* à cause du mont Ida en Phrygie où elle estoit honorée d'un culte particulier. On void aussi à Die sur l'une des portes qui restent de l'ancienne Ville, une tête de Bœuf sur la clef de la voute au dedans de la Ville; & il y a encore plusieurs bas reliefs dans la mesme Ville, où sont representez des testes de Bœuf & de Mouton avec des instrumens pour la culture de la terre; ce qui a du rapport au culte de cette Divinité.

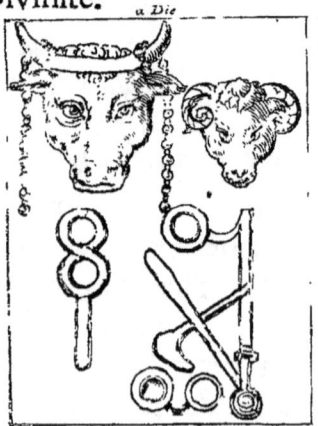

CINQUIE

CINQUIÉME DISSERTATION.
Les Nopces de Cupidon & de Psyché.

LEs Amours de Cupidon & de Psyché sont assez connuës de tout le monde, & il seroit inutile d'en faire icy le récit. Apulée, Fulgence, & plusieurs autres Auteurs en ont fait des descriptions fort agreables & fort utiles; mais comme elles ne serviroient de rien à l'explication de ces figures, on laisse le soin de les chercher aux curieux

rieux qui les voudront voir, & on se contente de dire que cette belle Planche est tirée d'apres le dessein d'une pierre pretieuse; dont la copie est dans les desseins de feu Monsieur de Bagarris, & represente le mariage de ces deux Amants d'une façon tres-particuliere.

Cupidon marche à la droite de Psyché, la tête voilée, le visage découvert, ayant entre ses mains une Tourterelle, symbole ordinaire de l'amour conjugal, & Psyché qui est à côté de luy est voilée depuis la tête jusqu'aux pieds. C'estoit la coûtume chez les Anciens pour les personnes qui se marioient, & principalement pour celles du Sexe. Aussi le mot Latin *Nubere*, qui veut dire à present *se marier*, ne signifioit au commencement que *se voiler*. Ces deux Amans sont joints avec une forte chaine, pour montrer qu'il n'y a point d'union plus forte & qui dure plus que celle du mariage. Un des Amours tient cette chaine d'une main & de l'autre un flambeau. Il fait l'office de meneur qu'on appelloit autrefois *Paranymphe*. Un autre les suit & les couronne d'un panier de fleurs, & cette ceremonie se faisoit par rapport à une feste de Diane appellée *Caniphoria*, dans laquelle toutes les filles à marier offroient à cette Deesse des paniers pleins de petits ouvrages travaillez à l'éguille, & faisoient connoistre par cette offrande qu'elles s'ennuyoient d'estre filles, & qu'elles avoient envie de goûter du mariage; & le dernier de ces amours, frere ou courtisan de celuy qui se marie, prepare le lit nuptial.

On voit quelque chose de semblable à ce que nous represente cette Planche, dans un recit que Petrone fait de la pompe nuptiale de ces deux Amans. *Déja*, dit-il, *on avoit voilé la téte de la jeune Psyché, déja le meneur la precedoit avec un flambeau, déja une troupe de femmes échaufées des vapeurs du vin jettoient mille cris de joye, & accommodoient le lit des nouveaux mariez.* Mais ce qu'il y a de plus remarquable dans ce dessein sont les aisles de Papillon qui sont attachées aux épaules de Psyché, & avec lesquelles elle est dépeinte dans tous les monumens antiques, comme on le peut voir dans deux des Planches qui suivent, qui sont la septiéme & la huitiéme. La raison qu'on peut donner de cette fiction est, que les anciens representoient la nature & les proprietez de l'ame sous l'Embléme de Psyché (lequel mot *Psyché*, signifioit en Grec l'ame, dont le papillon estoit aussi le symbole :) parce qu'ils concevoient l'ame comme un air & un souffle que la legereté de ce foible volatile exprime fort bien. Aussi voyons nous que Virgile la compare aux Vents & aux Oyseaux.

Par levibus ventis volucríque simillima somno.

Un de mes amis doute que de ces mots *Volucri somno*, qui veulent dire, *Vago somno*, on puisse inferer que Virgile ait voulu comparer l'Ame aux Oyseaux ; car il dit cela de Creüse dont l'image

L   s'éva

s'évanoüit aux yeux d'Enée comme le sommeil, ou un songe qui se dissipe. *Il y en a qui croyent,* dit Lactance, *que l'ame est un air, & ce qui les trompe est sans doute la necessité que nous avons de respirer pour vivre.* Varron suivant cette pensée dit, *que l'ame est un air receu par la bouche, épuré par les poulmons, échaufé dans le cœur, & répandu de là par tout le corps.* Le mot Latin *Anima*, vient du Grec *Anemos*, qui signifie *Vent*. Aussi les Latins disoient-ils, *animam efflare*, pour dire *mourir*, comme nous disons, *rendre le dernier soûpir*, & nous voyons dans Hesychius que *Psyché* veut dire en Grec un Esprit, & un petit Insecte volant, tel qu'un Papillon.

Fulgence Evêque de Carthage expliquant moralement la fable de Psyché dit, que ces deux Sœurs representoient la chair, & le libre arbitre, que Psyché qui estoit la cadette, signifioit l'ame, parce qu'elle ne vient que quand le corps est formé, que la concupiscence figurée par Cupidon se joint à l'ame pour la corrompre, & luy défend de se servir des lumieres de ses Sœurs, qui sont les sens & la liberté, pour connoître Dieu de qui elle est si fort aimée ; mais qu'estant enfin poussée à s'en éclaircir par leurs conseils, elle fait paroître la flame qui estoit cachée dans son cœur & devient capable de mille maux, comme l'huyle de la lampe qui découvre le mystere de l'amour & qui causa tant de peines à Psyché. Toutefois ces moralitez paroissent un peu tirées, & difficilement pouvoient-elles tomber dans l'esprit des Payens.

Cinquiéme Dissertation.
IV

Le dessein curieux de cette Planche est tiré d'un bas relief de marbre, que j'ay trouvé dans un Manuscrit de feu M. de Bagarris. Il nous represente un jeune-homme étendu sur un lit, avec une tête de mort à ses pieds qui nous fait connoistre qu'il ne vit plus. Le Papillon qui s'envole au dessus de luy est la representation de l'ame, comme nous avons déja dit, & nous marque en s'envolant que cette ame vient d'abandonner le corps auquel elle estoit unie. Le Papillon semble estre sorti de la bouche de ce Mort, parce que les Anciens croyoient aussi bien que le vulgaire d'apresent que l'ame sortoit par la bouche; ce qui fait dire à Homere au neuviéme de l'Iliade, que *quand l'ame a passé une fois la barriere des dents, elle ne peut plus rentrer.* La femme qui est au pied du lit du deffunt est apparemment sa mere. Elle montre au fils qu'on voit debout auprés d'elle, des couronnes de fleurs suspenduës, & une fiole, pour luy faire entendre que nôtre vie ne dure gueres davantage que ces fleurs, & qu'elle eſt toûjours accompagnée de larmes, repreſentées par cette phiole ſemblable aux lacrymatoires de verre que nous trouvons dans les tombeaux des Romains, & qu'on enterroit avec eux, pour apprendre à la poſterité qu'ils avoient eſté bien pleurez ; ou bien on peut dire, que les parfums dont cette fiole eſt peut-eſtre pleine, & les fleurs dont ces couronnes ſont compoſées repreſentant chez les Anciens les plaiſirs de la vie ; cette femme exhorte le jeune-homme qui eſt auprés d'elle d'en goûter toutes les douceurs pendant qu'il le peut, luy montrant que nous ſommes incapables d'en joüir quand nous ſommes morts. Les couronnes de fleurs étoient auſſi employées dans les pompes funebres. Il y avoit même des perſonnes qui ordonnoient par leur teſtament, que tous les ans au jour de leur mort on apportât des couronnes de fleurs ſur leurs tombeaux, & Moralis rapporte une Epitaphe par laquelle le defunt ordonne à ſes heritiers de faire voler un papillon ſur ſes cendres. HEREDIBUS MEIS MANDO ETIAM CINERE VT MEO VOLITET EBRIVS PAPILIO

Cinquiéme Dissertation. 93

L'inscription qui est dans la Planche v. s'explique assez bien d'elle méme, & est rapportée par Gruter qui ne fait cependant aucune mention de l'Urne qui la contient, & qui se voit à Rome dans la vigne Madame, de la maniere qu'elle est dessinée cy-dessus. Le Papillon qui vole autour du Squelete couché sous l'Epitaphe confirme l'opinion que nous avons attribuée aux Anciens touchant cet insecte. Un oiseau perché sur un genoüil du Squelete tient un autre papillon dans son bec, comme si l'on vouloit dire, qu'à cause que cette jeune fille appellée Antonia Panaces âgée de neuf ans avoit esté fort gaye, & ne demandoit qu'à sauter & à chanter pendant sa vie, son ame étoit passée dans le corps d'un oyseau, suivant la metempsychose dont Tertullien dit que Pythagore & Platon furent les premiers Auteurs. C'est peut-estre dans cette pensée que les Anciens nous ont figuré l'ame par un Papillon qui se perpetuë en changeant de forme plusieurs fois, de même que les Pythagoriciens croyoient que nous changions de genre ou d'espece par la transmigration de nos ames; & enfin les deux Papillons que l'on voit dans cette figure peuvent faire allusion aux deux ames que quelques Philosophes s'imaginoient étre dans l'homme, comme nous dirons en expliquant les autres Planches.

94 *Recherches Curieuses d'Antiquité*,

Dans le vi. deſſein Cupidon ſemble vouloir fixer une ame volage en l'attachant à un arbre, ou punir ſon inconſtance en la cloüant à un tronc ſec, & empéchant par ce moyen qu'elle n'entre dans le corps qu'elle ſouhaite.

On voit en pluſieurs monumens antiques à Rome le type des 7. & 8. deſſeins de cette Planche, qui eſt un Cupidon embraſſant Pſyché, celuy-là preſque nud, celle-cy à demi-vétuë, par où il ſemble que les Anciens exhortoient les hommes à la volupté, ſelon la penſée de Fulgence, qui explique ces embraſſemens de l'envie qu'a la cupidité de ſe joindre à l'ame; mais il eſt plus vray-ſemblable de dire qu'ils ont voulu par ces deux figures faire alluſion à la faculté raiſonnable, & à l'irraiſonnable qu'ils ſuppoſoient dans l'ame, ou plutôt à la double nature qu'ils luy attribuoient, comme en parle Nicetas Chonia-

tes.

tes. Quelques-uns, dit-il, se sont persuadez qu'il y a deux natures dans l'ame, l'une lumineuse & l'autre tenebreuse : que celle-cy prend son origine d'embas & sort des conduits soûterrains, & que celle-là descend du plus haut du Ciel toute enflamée pour embellir le corps : mais qu'en descendant on l'avertit sur tout de prendre garde qu'en pensant orner par ses lumieres le domicile terrestre, elle ne s'obscurcisse elle-mesme par ses tenebres ; & saint Epiphane parlant contre les heresies dit au l. 4. heres. 36. *Vous tombez dans les anciennes erreurs des Grecs, quand vous dites qu'il y a deux ames dans l'homme, l'une qui est commune aux Brutes, & l'autre qui est toute celeste. Il n'y a pas grande subtilité dans cette imagination. Ils appellent l'une lumineuse & l'autre tenebreuse, & ne les donnent pas toutes deux à la fois, mais l'une apres l'autre & successivement ;* c'est, dit-il, ailleurs, *ce qui a fait dire à Aristote qu'il y avoit deux ames dans l'homme, l'une qui demeure avec le corps apres la mort, & l'autre qui s'en separe.* Il assure encore en un autre endroit, que quelques Payens croyoient l'ame mortelle, quelques autres immortelle, & que d'autres enfin pensoient qu'elle est immortelle à l'égard de sa partie raisonnable, & mortelle selon sa partie irraisonnable. *Callippo filio & Helpidi filiæ*, sont quatre mots qui sont écrits au dessus du VII. dessein, & qui font connoistre que ce monument fut dédié à la memoire d'un frere & d'une sœur appellez Callippus & Helpis, dont les parens

voulu

voulurent repréfenter l'affection mutuelle par celle de Cupidon & de Pfyché.

La neuviéme Planche eſt un Cupidon qui brûle un papillon de ſon flambeau, ce qui marque l'extréme puiſſance que l'amour a ſur les ames. Son arc & ſon carquois que l'on a icy dépeints, n'ont rien de particulier, mais le flambeau qu'il tient merite quelques reflexions. En effet nous voyons par le crayon de ce flambeau, que ceux des Anciens n'étoient pas faits comme les nôtres, car il ſemble qu'ils n'avoient point de mêche. La plûpart même n'étoient que des lampes enchaſſées au bout d'un bâton ou de la poix attachée à l'extremité d'un faiſſeau de verges: Auſſi voyons-nous qu'Heſychius expliquant le terme de *Dadouchos*, qui étoit le nom qu'on donnoit au Porte-flambeau de la Deeſſe Ceres, le fait entendre par celuy de *Porte-lampe*, & qu'il explique auſſi le mot de *Das*, qui ſignifie un flambeau

beau par celuy de *lampe.* Ce n'eſt pas que quelques Auteurs anciens ne faſſent diſtinction des lampes & des flambeaux. Trebellius Pollio dans la vie de Gallien décrit une proceſſion de peuple qui portoient des flambeaux de cire & des lampes, *cum cereis facibus & lampadibus præcedentibus Capitolium petunt.* Pline dit qu'on ſe ſervoit aux Nôces de flambeaux faits d'une eſpece d'Epine, que Dalechamps dit eſtre l'Aubeſpine ou Eſpine blanche. Dans la deſcription que fait Ariſtenete des nôces d'Aconce & de Cydippe ; il dit, qu'il y avoit de l'encens dans les flambeaux, afin qu'ils répandiſſent une odeur agreable avec leur lumiere. *Ardere interea in ædibus tædæ ſive accenſæ faces, ut ſimul & ſuffirent ædes luménque cum odore ſuavi præberent.* On ſe ſervoit auſſi de rameaux de Pin & d'autres arbres dont on tire la poix & la reſine, ce qui faiſoit appeller le Pin & le Sapin du mot de *Tæda*, qui ſignifie un flambeau, comme on voit que Pline l'employe l. 16. ch. 11. *Pix liquida in Europa è tæda coquitur.*

SIXIE'ME DISSERTATION.
Des Hermes, Hermathenes, Hermanubes & Hermheracles.

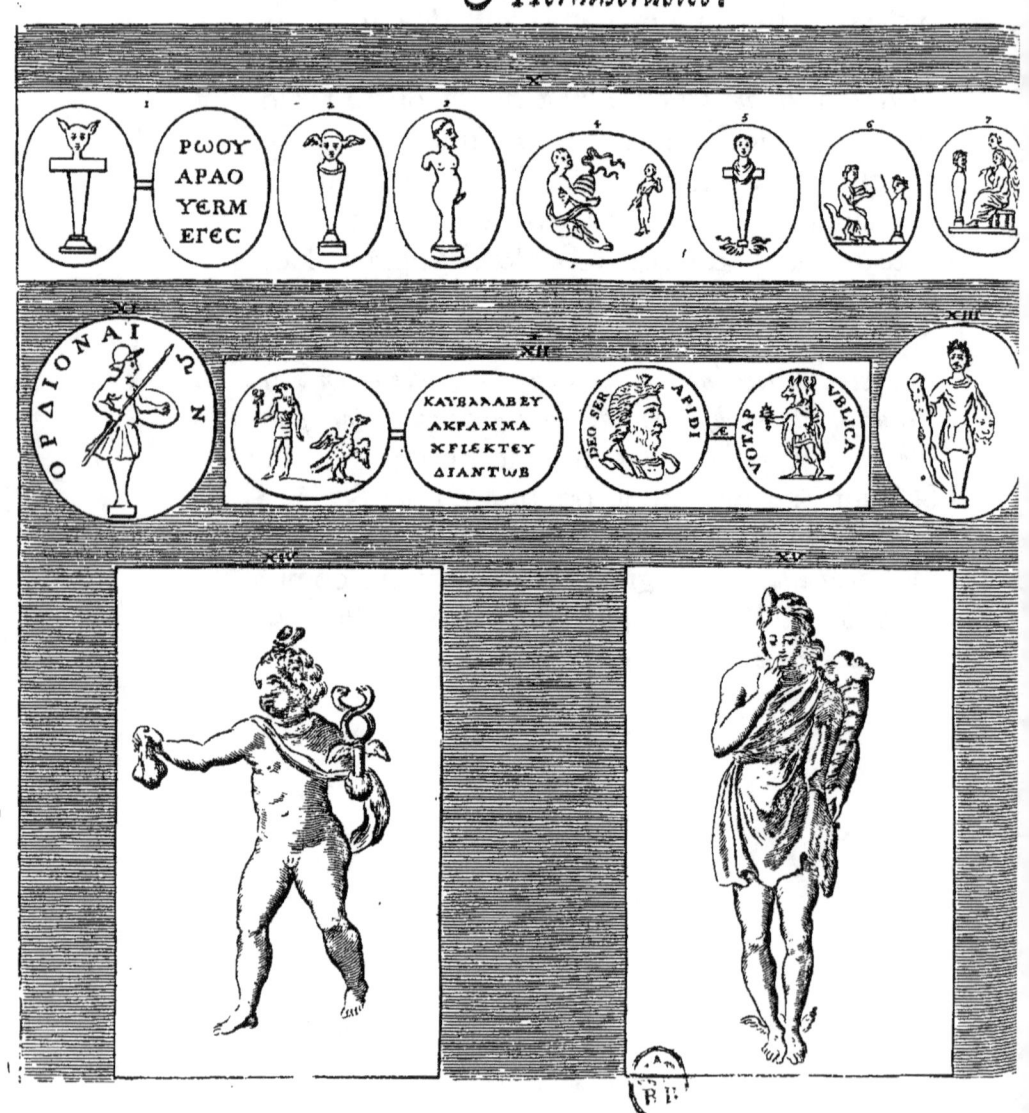

Sixiéme Dissertation.

TOus ces mots qui paroissent si barbares, & qui sont peut-être assez nouveaux à plusieurs personnes qui entendent la langue Latine, seront à ce que je crois assez éclaircis par les figures & les explications que nous en donnerons.

Les Hermes dont on voit differentes figures dans les sept ovales de la dixiéme Planche, étoient des Statuës du Dieu Mercure faites de marbre pour l'ordinaire, & quelquefois aussi de bronze, sans bras & sans pieds, que les Grecs & les Romains mettoient aux carrefours. Servius en donne l'origine dans son Commentaire sur le 8. livre de l'Eneide de Virgile, où il dit, que des Bergers ayant un jour rencontré Mercure, appellé des Grecs *Hermes*, endormy sur une montagne, ils luy couperent les mains : d'où vient qu'il fut ensuite appellé Cyllenien, aussi bien que la montagne où se fit cette action, parce que Κύλλος, signifie qui n'a point de bras, ou qui est estropié de quelqu'autre membre; d'où vient, dit-il, qu'on appelle Hermes certaines Statuës sans bras. Mais cette etymologie de l'Epithete Cyllenien qu'on donne à Mercure est contraire aux Auteurs anciens, qui veulent que ce mot vienne de ce qu'il étoit né à Cyllene Ville d'Arcadie, ou sur la montagne du même nom. Aussi Pausanias dans la description de la Grece *l.* 8. dit que la Montagne *Cyllene* est la plus celebre de l'Arcadie ; qu'on voyoit au sommet de cette montagne un Temple de Mercure Cyllenien, & que ce nom de la montagne & ce furnom de *Cyllenien* qu'on donnoit à Mercure venoient de *Cyllenus*, fils d'Elatus un des Heros du pays : ce qui paroit moins fabuleux que l'etymologie que Servius donne.

Suidas explique moralement cette coûtume de faire de ces Statuës de Mercure fans bras. *Les Hermes, dit-il, étoient des Statuës de pierre à Athenes qu'on plaçoit aux vestibules des maisons & des Temples : car comme on tenoit Mercure pour le Dieu de la parole & de la verité, on faisoit des Statuës quarréés & cubiques, pour signifier que de mesme que les choses qui ont cette figure, de quelque côté qu'elles tombent sont toûjours droites, la verité est toûjours semblable à elle-même.*

Il faut remarquer que Suidas parle des Hermes comme s'ils étoient particuliers à la Ville d'Athenes. La raison de cela est qu'ils y avoient esté inventez, & qu'il y en avoit grande quantité. Æschines dans son plaidoyer contre Ctesiphon, fait mention du portique des Hermes qui étoit à Athenes de son temps, où il y en avoit entr'autres trois considerables, mis en l'honneur des Atheniens qui avoient battu les Perses proche du fleuve Strymon. Il en rapporte les inscriptions qui ne sont autre chose que les eloges de leur valeur ; sans qu'ils y eussent neanmoins marqué les noms de leurs Chefs, par une sage politique qu'avoit ce Peuple amoureux de la liberté, qui craignoit de donner trop de vanité à leurs plus grands hommes & de leur frayer un chemin à se rendre maîtres de la Republique.

Entre

Sixiéme Dissertation. 101

Entre les principaux Hermes d'Athenes étoient ceux qu'on appelloit Hipparchiens, qu'Hipparchus fils de Pisistrate Tyran d'Athenes avoit erigez dans la Ville, & dans les Bourgs & Villages d'Attique, y ayant fait graver des sentences & instructions morales pour porter les hommes à la vertu; comme en font foy plusieurs Auteurs. Cornelius Nepos dans la vie d'Alcibiades dit, que tous les Hermes qui étoient à Athenes furent une nuit jettez par terre, excepté celuy qui étoit à la porte de l'Orateur Andocides : & cet Orateur dans sa harangue des Mysteres dit, qu'il avoit esté dedié par la tribu Egeide. Ces Hermes se mettoient aussi dans les carrefours & grands chemins, parce que Mercure qui étoit le courrier des Dieux presidoit aux chemins, ce qui luy faisoit donner le surnom de *Trivius*, du mot *Trivium*, qui signifie un carrefour, & celuy de *Viacus*, du mot *Via*, chemin, dans une inscription de Gruter pag. LV. 5. Parmy les marbres anciens d'Oxford, il y a celuy-cy qui est fort curieux.

DEO QVI VIAS
ET SEMITAS COM
MENTVS. EST TIRIDAS
S. C. F. V. L. L. M.
Q. VARIVS VITALIS
ETECOS RESTITVIT
APRONIANO ET
BRADVA COSS.

S. C.
Senatus Consulto
F. V. L.
Fecit Voto Lubenti
L. M.
Libero Munere
Q.
Quintus.

M 3   Je

Je lirois à la sixiéme ligne au lieu d'ETECOS, qui ne signifie rien, B. F. COS. qui veut dire comme dans d'autres marbres, *Beneficiarius Consulis*, & j'expliquerois ainsi toute l'inscription. *A l'honneur du Dieu qui a donné l'invention des chemins & des sentiers, Tiridas par ordre du Senat a executé ce vœu sans contrainte, & Quintus Varius Vitalis beneficié & gagé d'un Consul l'a restitué sous le Consulat d'Apronianus & de Bradua.* Ce Consulat fut l'année 191. de Nôtre Seigneur sous l'Empire de Commode.

Ciceron grand amateur de l'antiquité ayant appris par les lettres de son ami Atticus qui étoit pour lors à Athenes, qu'il y avoit trouvé de ces Hermes dont il le vouloit regaler, le presse de luy tenir parole par la réponce qu'il luy fit, & apparemment étoient-ils alors fort rares à Rome. Voicy ce qu'il luy en dit dans la septiéme lettre du premier livre. *Vos Hermes de marbre du mont Pentelicus avec leurs testes de Bronze me réjoüissent déja par avance. C'est pourquoy vous m'obligerez beaucoup de me les envoyer, avec les Statües & les autres curiositez que vous trouverez à Athenes, qui seront de vôtre goût, & qui meriteront vôtre approbation, tout autant que vous en trouverez, & aussi tôt que vous le pourrez faire : sur tout celles qui auront du rapport à l'Academie & aux Athletes.* Je remarque du discours de Suidas que nous avons déja cité, qu'il faut que l'origine des Termes que nous mettons aux Portails & aux balcons de nos bâtimens, vienne de ces Hermes Atheniens qu'on plaçoit

plaçoit aux vestibules des maisons & aux ornemens des Temples; & qu'on feroit mieux de les appeller des Hermes que des Termes; car quoy que les Termes que les Latins appelloient *Termini*, fussent des pierres quarrées, ausquelles ils ajoûtoient quelquefois une tête; neanmoins ils étoient plutôt employez pour marquer les limites des champs & des possessions de chaque particulier, que pour servir d'ornement aux bâtimens.

Les Latins même avoient d'autres mots pour signifier ces figures & statuës sans bras & sans pieds, qui servoient d'ornement & de soûtien aux edifices. Ils appelloient Cariatides les statuës de femme sans bras, qui soûtenoient les architraves, parce que les Cariates, peuples du Peloponnese, qui avoient trahi l'interest commun de la Grece en se joignant avec les Perses, furent subjuguez, & les femmes menées esclaves par les Grecs, & que les Architectes de ce temps-là pour laisser à la posterité un exemple eternel de leur punition, mirent au lieu de colonnes ces sortes de statuës aux edifices publics. Ainsi cet usage étant venu de la Grece, de même que le reste de l'architecture, avoit retenu son nom chez les Romains.

Les Lacedemoniens ayant aussi vaincu les Perses à la bataille de Platée, firent des Statuës habillées à la Persienne pour soûtenir le poids des Galeries & Portiques qu'ils bâtissoient, & les autres Peuples qui les imiterent, les appellerent des
Persi

Persiques ; surquoy l'on peut voir le premier chapitre du premier livre de Vitruve, qui donne la figure des Cariatides, de même que les principes d'Architecture & de sculpture de Monsieur Felibien.

Le mesme Vitruve au Livre 6. dit que les Grecs appelloient *Atlas*, les figures d'Hommes qui soûtenoient les saillies des Corniches, parce qu'Atlas ayant esté le premier qui a enseigné l'Astronomie, en reconnoissance de cela les Peintres & les Sculpteurs le representoient portant le Ciel sur les épaules : mais les Latins appelloient ces figures *Telamones*, dont on ne sçait pas bien l'etymologie, quoy qu'un Auteur de ces derniers Siecles croye que ce mot vient de *Tlemon*, qui signifie en Grec un miserable qui supporte le mal avec patience, ce qui ne convient pas mal à ces statuës.

Quoy qu'il en soit, nôtre Langue qui craint les aspirations a plutôt adopté le mot de Termes que celuy d'Hermes : & quoyque le mot d'Hermes en Grec *Hermæ*, ou *Hermi*, vienne de *Hermes*, qui est comme nous avons dit le Dieu Mercure, il ne faut pas croire que dans la suite des temps, on n'aît aussi representé d'autres Dieux, & même de grands Hommes sous ces formes de statuës. C'est ce qui a fait inventer les mots *d'Hermathenes*, *d'Hermerotes*, & *d'Hermanubes*, dont nous traiterons en leur lieu.

L'on voit encor à Rome quantité de ces statuës quarrées

Sixiéme Dissertation.

quarrées apportées de la Grece, qui ont les têtes de plusieurs Poëtes, Philosophes & Capitaines Grecs. On en a d'Homere, d'Aristote, de Platon, de Thucydide, d'Herodote, de Themistocles & de plusieurs autres, que Fulvius Ursinus, Theodore de Galles & Caninius ont fait graver dans leurs portraits des Hommes illustres. Arnobe dit, que les Atheniens en firent la plûpart avec le visage d'Alcibiade. J'en ay trouvé du Philosophe Xenocrates, de Theon & de quelques autres dont je croy qu'aucun Autheur n'a fait mention.

La Medaille marquée dans la Planche cy-dessus par le chiffre 1. porte dans son type une figure d'Herme qui n'est pas fort commune. Il y a grande apparence que ce qui paroit à sa tête comme des oreilles d'asne, n'est autre chose que les ailes qu'on avoit accoûtumé d'attribuër à Mercure, & que le graveur a mal dessinées, ou qui ont esté effacées par le temps.

Le veritable Herme est representé au chiffre 2. de la même Planche avec des aîles à la téte.

Celuy du chiffre 3. a de la barbe qui ne convient pas bien à Mercure, & est en maniere de Priape; Surquoy Macrobe dit au Livre premier de ses Saturnales, que la plûpart des Statuës de Mercure sont representées toutes quarrées avec la tête seule, *virilibus erectis*. Ce qui signifie, continuë-t-il, *que le Soleil est comme la teste & le Pere de toutes les creatures*. Mais je ne voy pas ce qu'a qu'a de commun Mercure avec le Soleil, quoy qu'à la verité, l'on trouve ces Hermes dans les Medailles d'Auguste avec une couronne de rayons qu'on attribuë d'ordinaire au Soleil. Macrobe ajoûte, en parlant de leurs figures, d'autres raisons qui sont & pour Mercure & pour le Soleil. *On les represente*, dit-il, *à quatre côtez, parce que l'instrument musical à quatre cordes, nommé tetrachordum, est attribué à Mercure: car le nombre de quatre designe les quatre points du monde, l'Orient, l'Occident, le Septentrion, & le Midy; ou les quatre Saisons de l'année, que les deux Solstices & les deux Equinoxes commencent & terminent.*

J'avouë de bonne foy que je ne sçay ce que signifie la figure marquée du chiffre 4. Ainsi j'aime mieux n'en rien dire, que d'en donner des explications forcées, & je la laisse aux Sçavans à déveloper, comme une Enigme qui les pourra divertir.

Dans la figure du chiffre 5. qui est le revers de la Medaille d'argent d'Auguste, l'Herme, ou le Terme y est representé au dessus du foudre, pour exprimer peut-être la devise de cet Empereur, *Festina lentè*; le Terme qu'on ne devoit pas remuër d'une place n'exprimant pas mal la lenteur, & le foudre au contraire la vîtesse qu'il luy falloit allier; ou bien les Anciens ont voulu signifier par cet Embleme que l'eloquence devoit être jointe à la force pour faire un Heros parfait. Oyselius dans son tresor de Medailles en donne

donne encor une autre interpretation qu'on peut lire & examiner.

Dans la figure du 6. chiffre qui est une gravure antique, un jeune homme est representé assis, & lisant devant un Herme qu'il croyoit pouvoir l'instruire des maximes de la Vertu & de l'Eloquence.

A la figure du 7. chiffre, on voit deux Femmes dépeintes dont l'une est assise & l'autre est derriere. Elles regardent l'Herme, & luy font quelques prieres, parce que les femmes les honoroient beaucoup & les ornoient de fleurs pour obtenir d'eux une heureuse fecondité, comme on voit dans un bas relief tres-curieux gravé dans les Antiquitez de Boissard.

Dans mon Voyage d'Italie je trouvay à Rome dans la vigne de Carolo Valle, l'Inscription d'une Statuë quarrée avec une tête, sans bras, ni pieds, qui estoit proprement un Terme servant aux limites de quelque maison de campagne, dont voicy la copie.

QVISQVIS
HOC SVSTVLERIT
AVT IVSSERIT
VLTIMVS SVO
RVM MORIATVR

Celuy qui ôtera ou qui fera enlever cette pierre,

qu'il meure le dernier de tous les siens. Cette imprecation étoit terrible chez les Anciens, & ils croyoient souhaiter beaucoup plus de mal, qu'en disant qu'il meure le premier des siens; fondez sur ce qu'en mourant le dernier, on a la douleur d'avoir veu mourir toute sa famille & qu'on est enfin privé d'heritiers. Je n'ajoûte plus qu'une chose aux remarques des Termes, c'est que les mots *d'Hermes*, *d'Hermus*, & *d'Herma*, étoient devenus si communs dans la langue Latine, qu'on les donnoit pour surnom à plusieurs Romains. J'en pourrois citer divers exemples des Inscriptions antiques qui ne sont point dans Gruter, mais je me contenteray d'en rapporter deux, l'une qui est à Aubagne en Provence, dont voicy la copie.

Q. VETINIO EVNOETO
Q. VIXIT ANNOS XV. M. III.
VETINII HERMES ET ACTE
PARENTES FIL. PIISSIMO
ET DVLCISSIMO FECERVNT
HERMAIS SOROR LIB. LIBER
TAB. POSTERISQ. EORVM

Cette Epitaphe n'a pas besoin d'explication Q. dans la premiere ligne signifie *Quintus*, & dans la seconde *Qui*.

L'autre qui est à Rome en ces mots.

DIS

Sixiéme Dissertation.

DIS MANIBVS
PIERI AVG. L. PRAEC.
PVERR. CAESARIS. N.
FLAVIA NICE CONIVNX
B. M. TITVLVM CVM VALVIS
AENEIS D.S.D. PERMISSV HERMAE
AVG. L. ACVB. DOMITIAE AVG.

B.
Bene.
M.
Merenti.
D. S.
De Suo.
D.
Dat.

C'est à dire,

Aux Dieux Manes, & à la memoire de Pierus affranchi de l'Empereur & Precepteur des Enfans élevez par les soins de nôtre Empereur, a esté dedié ce Monument par Flavia Nice sa femme, en reconnoissance des bons traitemens qu'elle en a receus pendant sa vie, ayant fait faire à ses frais l'Epitaphe & les verroux de cuivre, avec la permission d'Herma affranchi de l'Empereur & valet de chambre de l'Imperatrice Domitia.

Les *Hermathenes* dont on voit le crayon sous le chiffre XI. de la mesme Planche, étoient des Statuës sur des pieds quarrez de la maniere des Hermes : mais qui representoient Mercure & Minerve, ce mot estant composé *d'Hermes*, & *d'Athena*, qui signifient ces deux Divinitez. Pomponius Atticus ayant trouvé à Athenes une de ces rares Statuës, promet à Ciceron son ami de la luy envoyer pour servir d'ornement à sa Bibliotheque avec les autres Hermes : & Ciceron luy fait cette réponse, Epist. 3. l. 1. Ce que vous m'écrivez de l'Hermathene m'est tres-agreable, & je luy destine un lieu honorable dans mon Academie, dont elle fera l'ornement; puis que Mercure est le Precepteur general de toutes les Academies, & que Minerve preside en particulier à la mienne. Ainsi vous ne sçauriez m'obliger plus sensiblement qu'en me procurant de ces sortes de raretez pour orner ce lieu là. Et dans l'Epist. 4. du mesme Livre. Faites-moy la grace de m'envoyer au plutôt tout ce que vous m'avez acheté & ramassé d'antiquitez, & ne perdez pas, s'il vous plaît, le souvenir de ce que vous m'avez promis de contribuër à remplir & enrichir nôtre bibliotheque.

La figure que nous donnons icy sous ce chiffre xi. est tirée d'une medaille que Fulvius Ursinus a publiée dans ses images des Hommes illustres. La base de la Statuë aboutissant en quarré a du rapport à Mercure, comme nous avons dit, & le Casque, le Bouclier & la Lance s'attribuoient à Minerve ou à Pallas, qui estoient les Deesses des Etudes & de la Guerre.

On ne doit pas estre surpris de voir joints ensemble dans cette Statuë, Mercure & Minerve, car il étoit assez ordinaire de leur faire des festes & des sacrifices communs, parce que l'un presidoit à l'Eloquence & l'autre à la Science, & que l'éloquence qui n'est point accompagnée d'érudition n'est qu'un son infructueux, & la doctrine

sans

Sixiéme Dissertation.

sans l'eloquence qu'un tresor inutile. Ainsi ce type misterieux d'*Hermathene*, n'avoit pas esté fait & dedié sans raison par les Atheniens qui estoient les plus sçavans & les plus eloquens hommes du monde, pour ne dire pas aussi les plus vaillans. Cette Hermathene est le revers d'une medaille dediée à Hadrien, parce qu'il se piquoit d'estre fort sçavant & fort eloquent; mais il est difficile de dire qui sont ces *Ordioniens* dont on lit le nom autour de ce revers, parce qu'il semble que la Ville d'*Ordea* en Macedoine ne termineroit pas le nom de ces Habitans en cette maniere. Cependant j'ay trouvé dans les desseins de medailles de Monsieur Morel de Berne, cette mesme medaille avec l'*Hermathene*, autour de laquelle se lit ΟΡΔΑΙΩΝ ΜΑΚΕ, qui marque ceux de cette Ville d'*Ordea* en Macedoine dont Fulvius Ursinus apparemment n'avoit pas bien lû l'Inscription.

L'*Hermanubis* est representé de deux manieres sous le XII. chiffre de cette Planche. Le premier des quatre ovales de ce chiffre tirez d'une gravure des desseins de Monsieur de Bagarris, qui se trouve en plusieurs cabinets, est dépeint avec une tête d'Epervier, & le second avec une tête de Chien. Cette idole bizarre dont Plutarque fait mention étoit une Divinité des Egyptiens composée de *Mercure* & d'*Anubis*, le caducée qu'elle porte à la main étant le symbole ordinaire de Mercure, & la tête d'Epervier celuy d'*Anubis*; parce qu'*Anubis* étoit grand chasseur; ce
qui

qui fait qu'on le represente aussi avec une tête de chien; & qu'Ovide l'appelle *Latrator Anubis*. Dans ce dernier type, il est vêtu en habit de Senateur, tenant le caducée de la main gauche & l'instrument Egyptien appellé *Sistrum*, de la main droite, qui étoit sans doute une maniere ordinaire de faire ces 'tatuës, ausquelles Tertullien fait allusion en parlant à un Senateur qu'il veut railler.

Téque domo propriâ pictum cum fascibus ante,
Nunc quoque cum Sistro faciem portare Caninam.

Mais si l'on veut sçavoir plus au long les moralitez de ces types mysterieux, on peut consulter les Ecrivains d'Hieroglyphes.

Les lettres qui sont écrites au revers du premier *Hermanube*, qu'on a tirées d'une gravure ancienne sur une pierre pretieuse, sont Greques à la verité; mais il est difficile d'en tirer aucun sens. La raison de cela est, que ce sont de ces mysteres ridicules des anciens heretiques Basilidiens, ou Gnostiques, qui mêloient le Paganisme avec le Christianisme, & composoient des mots Barbares d'un Hebreu corrompu qu'ils écrivoient en lettres Greques. Ce mot de ΚΡΑΜΜΑ, qui se lit icy en étoit un, surquoy l'on peut voir le traité de Macarius mis au jour par Chifflet, intitulé, *Abraxas sive de Gemmis Basilidianis*, où il y a grand nombre de ces sortes de gravures.

Dans le revers de la Medaille qui suit, l'Empereur Julien qui étoit non seulement Apostat de
la

Sixiéme Dissertation.   113

la religion Chrêtienne, maïs grand Sectateur de l'idolatrie des Egyptiens, a voulu exprimer les vœux publics *VOTA PUBLICA*, qu'il avoit rendus à leur *Hermanube*, & luy-même s'eſt repreſenté ſous l'image de Serapis, le boiſſeau ou meſure de bled ſur la tête, avec le titre DEO SERAPIDI. Surquoy je ne veux pas ſupprimer les remarques de Monſieur de Bagarris tirées de ſes papiers, leſquelles remarques m'ont eſté données par Monſieur Lauthier curieux d'Aix en Provence.

On trouve, dit-il, pluſieurs petites medailles de cuivre du Dieu Serapis, leſquelles ayant exactement obſervées, j'ay eſté perſuadé qu'elles repreſentent toutes le viſage de Julien l'Apoſtat, tantôt ſans barbe, & tantôt avec la barbe, de la maniere qu'il avoit accoûtumé de la porter, longue & peignée comme les Philoſophes, les yeux & le nez étant entierement conformes à ceux de Julien, ce qui apparemment a eſté fait pour flater la vanité de ce Prince, qui étoit bien aiſe de ſe voir honoré ſous l'image d'un Dieu, de meſme que Domitien faiſoit repreſenter ſon viſage dans les medailles & dans les Statuës ſous le type de Pallas, & Commode le ſien ſous celuy d'Hercule. Martial l. 9. Epigram. 67. parle d'une ſtatuë d'Hercule qui repreſentoit Domitien. Neron mit ſa tête de marbre ſur le corps d'un Coloſſe, & quelques Empereurs qui le ſuivirent, ôterent ſa tête, & y mirent la leur. Saint Irenée dit *Liv. 5.*

dit, que Simon le Magicien se faisoit adorer sous la figure de Jupiter, & son Heleine sous celle de Minerve. Suetone dans la vie de Caligula rapporte que Livia dédia dans le Temple de Venus Capitoline, une statuë de ce Prince encor jeune sous la forme d'un Cupidon. Pline écrit que dans le Palais d'Octavia, il y avoit une Statuë de Cupidon qui representoit le jeune Alcibiade. Apulée parle d'une personne qui honoroit les Statuës de cire d'un Défunct, qu'il avoit habillées comme le Dieu Bacchus. Aussi trouvet'on dans plusieurs cercueils antiques des Divinitez qui y sont gravées en bas reliefs, qui sont les portraits des hommes & des femmes à qui les cercueils avoient esté destinez.

l. 36. ch. 5.

l. 8.

Ajoûtons à tout cela que Pline nous apprend, qu'un certain Aurelius avoit accoûtumé de peindre les Deesses sous le visage de quelque courtisane qu'il aimoit, & c'est ce qui donnoit autrefois sujet à Justin le martyr, de se railler des Payens qui adoroient les Maîtresses de leurs Peintres, ou les mignons de leurs Sculpteurs.

l. 35. chap. 10.

Si pourtant l'on croit que ce n'est pas par vanité que Julien se soit fait representer sous le visage d'un Dieu (ce Prince ayant toûjours affecté de paroître modeste en public) on peut dire qu'il l'a fait pour favoriser la superstition Payenne qu'il avoit embrassée : car Sozomene rapporte de luy, qu'il avoit accoûtumé de faire representer dans les images publiques Jupiter proche de luy, comme

Sixiéme Dissertation.

me étant venu du Ciel exprés pour luy donner les marques de l'Empire, & Mars & Mercure qui le regardoient, témoignans tacitement par leurs regards qu'il étoit éloquent & guerrier. Cet Autheur ajoûte qu'il ne faisoit toutes ces choses qu'afin d'obliger ses sujets, sous le pretexte de l'honneur qu'on luy devoit, d'adorer en même temps les Divinitez qui étoient peintes avec luy. Il y en eut même quelques-uns qui s'estant apperceus de cette ruse, refuserent leurs hommages à ses Statuës; Mais le vulgaire crut rendre seulement par ces ceremonies les devoirs accoûtumez aux Portraits des Empereurs : & *c'est ainsi*, dit Gregoire de Nazianze dans sa harangue contre Julien, *que les ignorans abusez s'accoûtumerent à adorer les images* du Paganisme.

Sozomene que nous venons de citer dit de plus, que non content de cela, cet idolatre ne manqua pas de faire mêler dans les Statuës & dans les representations qui paroissoient en public, tout ce qui appartenoit au culte des Payens; & sous ces paroles on peut comprendre cette maniere de faire graver son visage sous l'image de Serapis, particulierement dans les Medailles, qui étoient toûjours entre les mains du peuple : ce qui étoit une ancienne coûtume des Empereurs Payens, de faire adorer leurs statuës avec celles des Dieux. Il est vray que Sozomene ne fait mention que de Jupiter & de Mercure, & non pas de Serapis ny d'Anubis : mais on voit par les anciens Mythologes, qu'ils confondoient souvent Serapis avec Jupiter & Anubis avec Mercure ; & que ce n'estoit que comme divers epithetes de leurs Divinitez employez en differens Pays, ainsi que Serapis & Anubis étoient particuliers aux Egyptiens.

Or il est certain que quoy que les Romains ayent souvent banni de Rome les Dieux & les ceremonies des Egyptiens, la superstition les y a toûjours fait rentrer, & même plus hardiment qu'auparavant aprés la mort de Constantin ; à quoy sans doute n'avoit pas peu contribué l'apostasie de Julien, qui devint grand admirateur de toutes les réveries des Egyptiens. Au reste Serapis étoit ordinairement representé par une espece de Panier sur la tête, que Macrobe dit signifier la hauteur du Soleil. Suidas & Rufin l'appellent un boisseau ou mesure de bled, parce qu'on croyoit que Serapis avoit enseigné aux hommes les mesures, ou parce qu'il donnoit aux mortels une abondance de fruits par le moyen du Nil dont les débordemens rendoient l'Egypte fertile. Quelques-uns même ont cru, que le boisseau étoit attribué à ce Dieu en memoire de Joseph, qui sauva l'Egypte de la famine, par les mesures de bled qu'il avoit eu soin de ramasser pendant l'abondance, comme l'Histoire sainte nous l'apprend.

Il faut enfin remarquer sur cette Medaille que Julien y est representé avec la barbe, contre la
coûtume

Sixiéme Dissertation.

coûtume de son siecle, ce qui luy étoit reproché par ceux d'Antioche comme une affectation ridicule. En quoy il vouloit peut-être imiter Marc Aurele qui portoit une grande barbe de Philosophe; & en effet Eutrope dit, qu'il affectoit d'en estre imitateur ; car la barbe & le manteau étoient les deux marques qui distinguoient les Philosophes, des autres hommes : & Julien qui vouloit passer pour grand Philosophe, en avoit fait venir plusieurs auprés de luy ; ainsi qu'on le voit dans les Autheurs qui ont traité de sa vie, & dans Eunapius qui a écrit celles de plusieurs Philosophes de sa Cour. Neanmoins toutes ses Medailles d'argent, & une partie de celles de cuivre le representent jeune & sans barbe.

On appelle HERM-HERACLES la Divinité qui est representée au XIII. chiffre, en maniere d'*Herme* avec la peau de Lion & la massuë d'Hercule nommé par les Grecs *Heracles* : ce qui a du rapport à la coûtume qu'avoient les anciens Grecs, de mettre la Statuë de Mercure & celle d'Hercule dans l'Academie, parce que l'un & l'autre presidoient aux exercices de la jeunesse, sçavoir à la Lutte, à la Course, aux Cestes, & aux autres combats des Athletes. De là vient que dans une Inscription que j'ay copiée à Corfou, jadis appellée *Corcyra*, un certain Marcus Byblus est recommandé à Mercure & à Hercule.

A CORFOU.

Α ΠΟΛΙΣ ΜΑΡΚΟΝ ΚΑΛΗ...
ΓΑΙΟΥ ΥΙΟΝ ΒΥΒΛΟΝ ΤΟΝ
ΠΑΤΡΟΝΑ ΚΑΙ ΕΥΕΡΓΕΤΑ
ΕΡΜΑΙ ΗΡΑΚΛΕΙ.

C'eſt à dire,

La *Ville des Corcyreens* recommande ou conſacre, *Marcus Cale... fils de Caius Byblus ſon protecteur & bienfaicteur à Mercure & à Hercule*, ou ſi vous voulez, *à Herm-heracles*. L'union de *Mercure* avec *Hercule* ſignifioit que la force devoit eſtre accompagnée de l'éloquence, ou que l'éloquence même avoit l'art de dompter les monſtres. Auſſi les Gaulois repreſentoient leur Hercule d'une façon particuliere avec des chaines qui ſortoient de ſa bouche, & qui enchainoient & attiroient apres luy ſes auditeurs. Un Chymiſte enteſté ne manqueroit pas auſſi de trouver quelque ſecret caché ſous l'Embleme de cet *Herm-heracles*, & diroit que les Anciens vouloient marquer par là quelque preparation du Mercure élevé à une grande perfection par les douze travaux d'Hercule, c'eſt à dire, par douze cohobations. Mais il nous faut maintenant expliquer les autres figures de Divinitez compoſées d'Hermes, qui ne ſont point faites en Termes comme celles que nous venons de voir.

L'HERMEROS dont on voit le crayon au chiffre XIV. de la planche cy-deſſus, eſt une petite

tite statuë de bronze, qui représente un Dieu composé de *Mercure* & de *Cupidon* appellé par les Grecs *Eros*. Aussi ce jeune garçon, dépeint comme on nous représente l'amour, tient le caducée & la bourse, qui sont les deux caracteres sous lesquels on a de coûtume de designer Mercure. Les Anciens vouloient sans doute faire entendre par cet Embleme, que l'éloquence & l'argent étoient necessaires à un amant. Pline parlant des beaux ouvrages des Sculpteurs, fait mention des *Hermerotes* d'un certain Tauriscus, & ce mot d'*Hermeros* a esté souvent donné en surnom par les Romains & par les Grecs. Il y en a plusieurs exemples dans les Inscriptions de Gruter. En voicy deux particulieres que j'ay trouvées à Rome & à Die.

l. 36. c. 5.

A ROME.

HERMEROTI
AVG. LIB.
PRAEPOSITO TABVLAR.
RATIONIS CASTRENSIS
FRATRI INDVLGENTISSIM.
AMPLIATVS AVG. LIB. FECIT

C'est une Epitaphe qui signifie,

A la memoire d'Hermeros affranchi de l'Empereur, Intendant des Secretaires du Camp, Ampliatus affranchi de l'Empereur a consacré ce Monument *à son tres-bon frere.*

A

A DIE.

D. M.

L. POMP. FAVSTINI FILI PIISSIMI DEFVN.

ANN. X. QVEM POST MORTEM FRATR.

EIVS SEVERIANI. L. POMP. HERME ROS PATER AMISERAT.

C'eſt une Epitaphe dédiée,

Aux Dieux Manes & à la memoire de Lucius Pompeius Fauſtinus decedé aprés ſon frere Severianus à l'âge de dix ans, par Lucius Pompeius Hermeros ſon Pere.

La figure marquée par le chiffre XV. de la Planche cy-deſſus, nous repreſente un HERM-HARPOCRATE, car il a des aiſles aux talons comme *Mercure*, & il met le doigt ſur la bouche comme *Harpocrate*, qui étoit le Dieu du Silence parmi les Egyptiens. Ils ont peut-eſtre voulu nous faire entendre par là que le ſilence étoit quelquefois éloquent, principalement aux amans, chez qui le ſecret eſt tres-neceſſaire, & qui parlent ſouvent mieux des yeux que de la bouche. Ce qu'il porte ſur la tête eſt le fruit du Pécher, arbre dédié à *Harpocrate*, & aux autres Divinitez Egyptiennes, comme nous dirons cy-aprés en parlant de ce Dieu.

Sixiéme Dissertation.

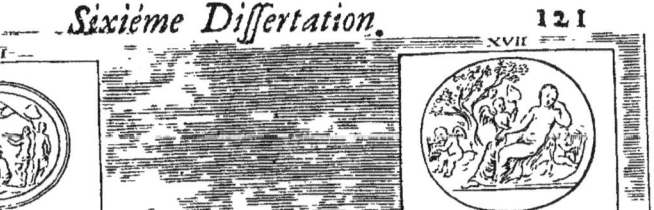

La Fable d'*Hermaphrodite* dépeinte dans les gravures XVI. & XVII. d'apres une cornaline & une autre pierre pretieuse de Monsieur Lauthier, est assez connuë. La premiere le represente dans le bain prest à embrasser sa chere Nymphe Salmacis, avec laquelle il ne devint qu'un corps, qui neanmoins retint les deux sexes. Quatre figures, qui sont peut-estre des Sylvains & des Nymphes des bois, l'un desquels jouë de la flute, sont les témoins de sa Metamorphose.

La seconde le dépeint déja changé de la maniere qu'on le voit à Rome dans des Statuës antique de marbre & de bronze, & comme Ausone le décrit dans cette Epigramme.

Mercurio genitore satus genitrice Cytherâ
Nominis ut mixti, sic corporis Hermaphroditus,
Concretus sexu, sed non perfectus utroque,
Ambiguæ Veneris neutrâ potiundus amori.

Par ce type les Anciens ont aussi voulu faire une Divinité composée de *Mercure* & de *Venus* appellée des Grecs *Aphrodite*, pour joindre l'éloquence ou le commerce dont Mercure étoit le Dieu, avec les plaisirs; ou bien pour faire voir que Venus étoit de l'un & de l'autre sexe. En effet le Poëte

P Calvus

Calvus appelle Venus un Dieu, *Pollentémque Deum Venerem*, de même que Virgile au deuxiéme livre de son Eneide.

Discedo ac ducente Deo flammam inter & hostes Expedior.

Quelques Critiques qui n'avoient peut-estre pas fait cette remarque y ont voulu remettre *Deâ*. Levinus en parlant de cette Divinité dit : *Ayant donc adoré Venus soit Femelle, soit Mâle, de même qu'est la Lune*. Aristophane l'appelle *Aphroditon* au genre neutre, & Hesychius *Aphroditos*, selon la correction de Saumaise. *Theophraste*, dit-il, *assure qu'Aphroditos ou Venus est Hermaphrodite, & qu'en l'Isle de Chypre proche d'Amathuse, on voit sa statuë qui a de la barbe comme un homme*, & ce n'est pas la seule Divinité payenne qu'on ait fait mâle & femelle ; nous avons veu dans le commencement de ce Traité qu'ils attribuent le genre masculin & feminin à la Lune.

Les Medailles Consulaires de la famille *Cassia* nous donnent les portraits de *Liber* & de *Libera*, comme ils sont nommez dans des Inscriptions antiques, c'est à dire, de Bacchus mâle & de Bacchus femelle, que quelques-uns disent estre Ceres. Artemidore dans son explication des Songes, parle des *Bacchi* & des *Bacchæ*, quoy qu'à la verité sous ce dernier nom on puisse entendre les *Bacchantes*: Orphée dans l'Hymne contre Misés écrit positivement qu'on a toûjours cru Bacchus des deux sexes.

Il

Il y avoit une fortune virile & une fortune femelle, & je donneray dans un autre endroit une Statuë & une Inscription d'une fortune barbuë, FORTUNÆ BARBATÆ. Il y a même des anciens Autheurs, qui disent que tous les Dieux étoient de l'un & de l'autre sexe, sur quoy je renvoye les Curieux aux Mythologues, de peur de m'arrester inutilement à un sujet qu'ils ont assez éclairci.

SEPTIEME DISSERTATION,

D'Harpocrate & des Panthées.

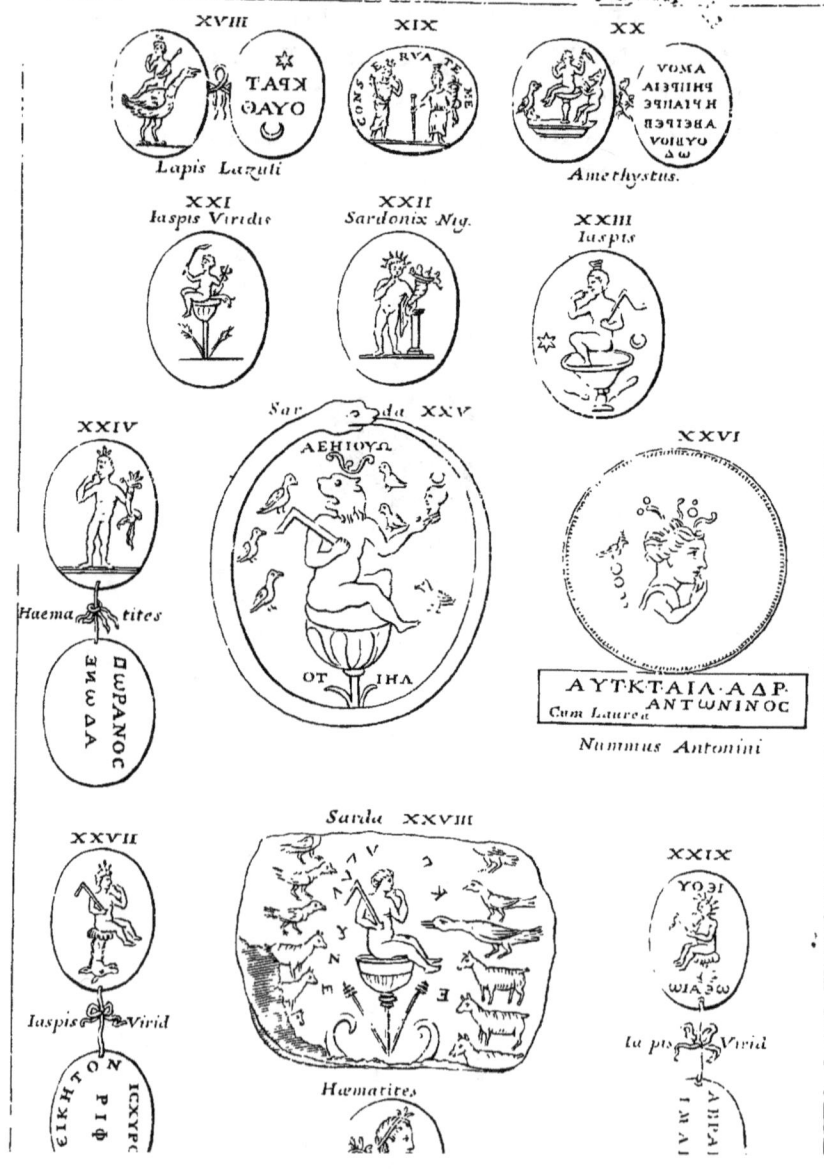

Septiéme Dissertation.

LEs choses sacrées, dit Hippocrate, ne doivent estre communiquées qu'aux personnes sacrées. C'est pour cela que les anciens Egyptiens ne communiquoient que par une espece de cabale aux Prêtres du Soleil & à ceux qui devoient succeder à la couronne, ou au ministere, les secrets de la Nature, & les particularitez de leur Histoire & de leur morale. Les plus sages des Grecs les alloient consulter pour apprendre par une confidence dont ils tâchoient de se rendre dignes, ce que la renommée & les livres ne leur pouvoient enseigner ; & on voit mesme dans les Livres sacrés que Moyse ne dédaigna pas de s'instruire dans toutes leurs sciences. Delà vint parmi eux l'usage des Hieroglyphes ou Figures mysterieuses sous lesquelles ils cachoient leur politique & leur morale. Delà vinrent encore les noms des Divinitez qu'ils donnoient aux choses creées pour leur attirer le respect des hommes, & les consecrations qu'ils faisoient aux Dieux de plusieurs choses qu'ils plaçoient en public, comme des Pyramides à Vulcain, des Hermes à Mercure, & des Obelisques au Soleil.

Mais outre cela ils avoient des cachets, des bagues, des figures, des statuës, & des Talismans, qu'ils gravoient sous certaines constellations, & sur des metaux propres à recevoir & à conserver l'impression de chaque Astre, pour servir à leurs intentions, comme à la guerison des maladies, ou à la preservation des dangers.

Suivant les dogmes de cette école, les graveurs representoient Harpocrate le Dieu du Silence & des mysteres, en differentes façons, sur diverses pierres pretieuses qu'on faisoit gloire de porter au doigt, comme le remarque Pline : *Déja*, dit-il, *nos Romains commencent à porter dans leurs bagues, Harpocrate & les autres Dieux Egyptiens.*

l. 33.
c. 3.

Harpocrate étoit estimé fils d'Osiris & d'Isis, & parce qu'on le croyoit le Dieu du Silence, on le representoit ordinairement le doigt sur la bouche, pour faire signe de se taire, comme dit Varron, qui dit, *ne vouloir rien enseigner davantage de ce Dieu, de peur de violer le silence qu'il recommande.* Le doigt qu'il met sur sa bouche est le second doigt, appellé par les Latins, *Salutaris*, dont on a coûtume de se servir pour imposer silence. Apulée dit, *Mettez le doigt qui est proche du poulce sur la bouche & taisez-vous.* Ausone pour recommander le secret s'exprime ainsi.

l. 8.

Aut tua Sigalion Ægyptius oscula signet.

Voyez ce que dit là-dessus S. Augustin dans sa Cité de Dieu. Suidas rapporte qu'un certain Heraiscus Egyptien étoit né le doigt colé aux lvres : ce qui pouvoit facilement arriver par l'imagination de quelque femme frapée de la vuë des *Harpocrates*, dont on voyoit les Statuës dans leurs Temples, & dans les Places publiques.

l. 5.
c. 18.

Dans la gravure marquée du nombre XVIII. de cette Planche, Harpocrate est assis sur une Autruche, & porte à son revers le Soleil & la Lune

Lune dont il étoit cru le fils ; puis qu'Osiris & Isis Pere & Mere d'Harpocrate, étoient chez les Egyptiens ce que le Soleil & la Lune font chez les autres peuples. Il y en a qui disent qu'Osiris est le mesme que Serapis, Bacchus, le Soleil, Jupiter, & Pluton, & qu'Isis étoit aussi la même que Junon, Cerés, la Lune & Proserpine. Macrobe dans ses Saturnales rapporte tous les Dieux à Apollon déguisé sous differens noms. Et nous pourrions dire sans trop moraliser que les Anciens, joignoient Harpocrate le Dieu du Silence avec leurs autres Dieux, afin d'imposer silence à ceux qui auroient voulu soûtenir que tous ces Dieux n'avoient esté que des Hommes mortels comme les autres hommes ; ou bien pour nous apprendre que tous les Dieux qu'on adoroit, étoient renfermez en un seul, qui nous imposoit silence.

Les lettres du revers de cette Medaille sont de ces caracteres fantastiques des heretiques Basilidiens & Gnostiques, qui méloient impunément les mysteres de la Religion Chrêtienne avec les superstitions des Payens.

Dans la figure XIX. Serapis & Harpocrate sont representez avec ces lettres CONSERVATE ME : ce qui fait connoître que c'estoit quelque espece de Talisman qu'on portoit sur soy, pour demander à ces deux Divinitez la conservation de la santé & l'éloignement des maux qui pouvoient arriver.

Dans la pierre marquée par le chiffre XX. Harpocrate

pocrate est assis sur la fleur du Lotus, herbe dédiée au Soleil, parce que sa fleur s'ouvre au lever du Soleil & se ferme quand il se couche. Dioscoride parle des proprietez de cette plante qui étoit tres-commune en Egypte, & qui servoit d'aliment aux Egyptiens, d'où vient qu'on les appelloit *Lotophagi*, mangeurs de Lotus. Les lettres gravées au revers sont de ces mysteres des Basilidiens dont nous avons parlé. On peut appeller la figure XXI. un *Herm-harpocrate*, comme celle dont nous avons déja fait mention, car elle tient de la droite un foüet, & est assise sur la fleur du Lotus comme *Harpocrate*, & de la main gauche elle tient le caducée de *Mercure*.

l. 4. c. 114.

Le type XXIII. est un *Harpocrate*, assis sur le Lotus entre le Soleil & la Lune ses Pere & Mere.

Le XXIV. est le mesme *Harpocrate* débout, avec les lettres au revers ΩΡΑΝΟC ΑΔΩΝΕ: par lesquelles les heretiques Basilidiens invoquoient le Ciel & le vray Dieu que les Juifs appelloient *Adonai*.

Au XXV. *Harpocrate* est dépeint avec une tête de lyon, des oyseaux autour de luy & la tête de la Lune. Alexander Hales veut que ces oyseaux fussent des Anges attribuez aux orbes celestes des Planetes, par les Basilidiens, & dit qu'ils appelloient Saturne, *Cassiel*; Jupiter, *Sachiel*; Mars, *Samuel*, le Soleil, *Michael*; Venus, *Anahel*; Mercure, *Raphael*; & la Lune aussi *Michael*; surquoy l'on peut consulter le livre intitulé, *Macarij Abraxas*.

| ΑΕΗΙ

Septiéme Dissertation. 129

Α Ε Η Ι Ο Υ Ω font les sept voyelles des Grecs, sous lesquelles ces Heretiques cachoient le nom de *Jehova*, & *Otiel* étoit quelqu'un de leurs esprits Angeliques.

La figure XXVI. est le revers d'une medaille Egyptienne d'Antonin Pie avec une tête *d'Harpocrate*.

Dans la XXVII. *Harpocrate* est assis sur une tête d'Asne, mise à la renverse, & ces lettres au revers ΙΣΧΥΡΟΝ ΚΑΙ ΑΝΕΙΚΗΤΟΝ, qui sont des epithetes de *fort* & *d'invincible* que les Basilidiens donnent icy à leur *Jao* ou *Jehova*, pour leur servir de preservatif dans les dangers, & d'assurance contre leurs ennemis.

La XXVIII. represente *Harpocrate* assis sur le *Lotus* & environné de douze animaux.

La XXIX. est le même Dieu avec les sept voyelles Greques qui signifioient le mot *Jehova*, comme nous avons déja dit. Et le nombre XXX. represente la tête de ce Dieu avec une Corne d'abondance, qui marque la fertilité de l'Egypte où il étoit particulierement adoré.

Q   Nous

130 *Recherches Curieuses d'Antiquité*,

Septiéme Dissertation. 131

Nous avons donné dans les Planches precedentes des Harpocrates de diverses façons tirez des gravures & des medailles. En voicy qui sont copiez d'aprés de petites Statuës antiques de bronze, qui se trouvent dans les cabinets des curieux.

XXXI. XXXII. XXXIII. Les trois premieres ne sont pas fort differentes les unes des autres. La Corne d'abondance étoit le symbole de l'abondance & de la fortune; & cet espece de panier sur la tête étoit l'ornement ordinaire de Serapis, qui, comme disent quelques-uns, étoit le même qu'Osiris Pere d'Harpocrate.

XXXIV. La tête rayonnante du suivant, confirme le sentiment de ceux qui disent qu'Osiris n'étoit point un autre Dieu que le Soleil.

XXXV. Cet Harpocrate, outre la Corne d'abondance & le serpent entortillé à un bâton qui étoit donné à Esculape, a encore des aisles & une trousse de fleches comme Cupidon, & à ses pieds deux animaux que la petitesse empesche de bien distinguer, & que quelques-uns prennent pour un Lievre & pour un Epervier. Surquoy l'on peut voir une explication fort bien entenduë qu'en a donnée depuis peu Monsieur Smetius dans le livre des Antiquitez de Nimegues, qui n'est autre chose que la description des pieces antiques de son cabinet.

Celuy qui est representé dans la figure XXXVI. est vétu d'une robe longue jusqu'aux talons, qui

est

est peut-eftre cette forte de Robe appellée *Baffara*, qu'on donnoit à Bacchus, comme nous l'apprenons d'Hefychius, de Pollux & des Statuës de Bacchus. Phornutus & le Scholiafte d'Horace croyent que ce mot de *Baffara* venoit d'une ville de Lydie appellée *Baffara*, d'où la mode en étoit venuë. Mais qu'a de commun, me dira-t'on, Bacchus avec Harpocrate, puifque le vin fert plutôt à faire parler & à découvrir les fecrets, qu'à garder le filence ? Je répons, que c'eft pour cette même raifon qu'on a joint ces deux Dieux enfemble, afin d'exhorter les hommes qui aimoient Bacchus, d'y joindre toûjours Harpocrate, & de moderer par le filence l'envie de parler que le vin infpire.

Ce qui eft reprefenté fur la tête de cette petite Statuë, & de plufieurs autres, eft, comme on croit, le fruit du Pefcher: qui étoit un arbre dedié à Harpocrate, parce que fes fruits reffemblent au Cœur, & fes feüilles à la langue, ainfi que Plutarque l'a remarqué ; par où les Anciens ont voulu fignifier le parfait accord qui devoit eftre entre la langue & le cœur. Il eft vray que dans la Table Hieroglyphique de Bembus, cet ornement de tête d'Harpocrate y eft reprefenté de differentes manieres, tantôt comme une fleur, tantôt comme une plante, tantôt comme des plumes d'Autruche, ou comme des Serpens : & fans doute que toutes ces chofes avoient chacune leur myftere, *l.11.* que nous ne pouvons à prefent penetrer. Apulée dans

dans ſes Metamorphoſes faiſant le portrait d'Iſis, dit, *qu'elle avoit au ſommet de la teſte vers le front un rond en maniere de miroir, d'où éclatoit une lumiere, comme celle de la Lune, & à droite & à gauche des ſerpens qui s'élevoient en maniere d'anſe autour de ce rond.*

XXXVII. Celuy qui ſuit eſt repreſenté avec un ornement de tête particulier, a les caracteres d'un *Harpocrate*, d'un *Cupidon* & d'un *Eſculape*, puiſqu'il met le doigt ſur la bouche, qu'il a des aiſles, une trouſſe de fleches & le ſerpent entortillé à un bâton. L'union d'Harpocrate avec Cupidon veut dire que l'amour a beſoin du ſecret, & celle d'Harpocrate avec Eſculape peut ſignifier la diſcretion qu'un Medecin doit à ſon malade de la confidence qu'il luy a faite; & au fonds le ſilence eſt neceſſaire en bien des rencontres. Les Pythagoriciens en avoient fait une vertu, & les Romains une Divinité qu'ils appelloient la Deeſſe *Tacita* ſelon le témoignage de Plutarque. La boule qui pend du col de cette Statuë eſt ce que les Latins appelloient *Bulla*, que les Enfans portoient avant l'âge de puberté, dont nous aurons occaſion de parler plus amplement dans la ſuite.

On peut remarquer dans la petite Statuë XXXVIII. plus de Dieux joints enſemble que dans les precedentes. *Le Soleil* y eſt marqué par les rayons; *la Lune* par le croiſſant qui eſt ſur ſa tête; *Harpocrate* par le doigt ſur la bouche; *Cerés* par la Corne d'abondance; *Cupidon* par la trouſſe

134 *Recherches Curieuses d'Antiquité*,
de fléches ; *Esculape* par le serpent ; *Mercure* par les aifles aux talons ; & *Bacchus* par la couronne de lierre. De forte que l'on peut prendre cette petite Statuë pour un Panthée dont nous parlerons bien-tôt ; car les Payens faifoient fouvent un Dieu feul, de plufieurs Dieux, & les joignoient ainfi felon leurs fantaifies, comme on le peut voir par cette Infcription que j'ay trouvée dans mes voyages.

A Delos.

ΠΟΠΛΙΟΣ.........

ΤΟΤΤΩ............

ΤΠΕΡ. ΕΑΤΤΩΝ.....

ΤΩΝ ΙΔΙΩΝ ΣΑΡΑΠΙΔΙ

ΙΣΙΔΙ ΑΝΟΤΒΙΔΙ ΑΡΠΟ

ΚΡΑΤΕΙ ΔΙΟΣΚΟΤΡΟΙΣ

ΕΠΙ ΙΕΡΕΩΣ

ΣΤΑΣΕΟΤ ΤΟΤ ΦΙΛΟ

ΚΛΕΟΤΣ ΚΟΛΩΝΗΘΕΝ.

Ce qui fignifie qu'un certain *Publius* avoit fait quelque vœu pour la fanté des fiens, à Serapis, Ifis, Anubis, Harpocrate & aux fils de Jupiter Caftor & Pollux, & qu'il l'avoit executé à fes propres frais, fous la Preftrife de Stafeus fils de Philocles, natif du quartier d'Athenes, apellé Colonos. Je ne fçay mefme fi le mot *Diofcuris*, ne doit point être rapporté à Anubis & à Harpocrate, comme fils de Jupiter ou Serapis ; de de mesme que ce titre êtoit donné à Castor & à Pollux qu'on n'a pas accoutumé de joindre avec les Divinitez Egyptiennes. Tous ces Dieux d'Egypte estoient qualifiez en Grec *Synnaï* & *Symbomi*, c'est à dire qui estoient adorez dans les mesmes Temples & aux mesmes Autels : & avec eux *Osiris*, *Bubastis*, *Apis*, & *Horus*. Artemidore dans ses Explications des Songes, dit que quand on songe la nuit qu'on voit Serapis, Isis, Anubis & Harpocrates, ou leurs Statuës & leurs Ceremonies, & celles des autres Dieux qui s'adorent dans les mesmes Temples & aux mesmes Autels (*Synnaôn & Symbomôn*) cela presage des chagrins, des dangers, des menaces, & des malheurs. Si l'on veut sçavoir tous les mysteres d'Harpocrate on peut consulter un Livre intitulé, *Gisberti Cuperi Harpocrates*, imprimé à Amsterdam en l'année 1676.

136 *Recherches Curieuses d'Antiquité,*
Des Statuës Panthées.

Septiéme Dissertation. 137

Cette Statuë antique est un bronze de la hauteur qu'elle est icy representée, à Rome dans le Cabinet de curiositez de Monsieur Jean Pierre Bellori Antiquaire du Pape, qui s'est assez fait connoître aux Sçavans, par ses explications de la Colonne Trajane & Antonine, & par plusieurs autres Ouvrages qu'il a donnez au public. Il me permit dans mon premier Voyage d'Italie d'en faire tirer un dessein.

On la peut nommer en termes d'antiquité une Statuë PANTHEÉ, & en Latin *Signum Pantheum* : car les Romains appelloient *signa*, les petites statuës de bronze d'un pied ou d'un demy pied de haut comme est celle-cy, & mesme plus hautes ; & *statuæ*, les grandes au naturel, ou un peu moins grandes : & les plus hautes qu'on appelloit des Colosses : mais comme le mot de signe en François n'est pas en usage pour signifier la mesme chose, nous les confondons avec les statuës, comme ils le faisoient souvent en Latin, de quelque grandeur ou metal qu'elles fussent.

Les statuës *Panthées* estoient des statuës qui par les differentes marques dont elles estoient accompagnées representoient tous les Dieux, ou du moins une grande partie des plus considerables, ΠΑΝ en Grec signifiant *Tout*, & ΘΕΟΣ *Dieu*. Ainsi ils appelloient *Panthea* les Temples où ils adoroient tous les Dieux ensemble ; & où l'on voyoit tous leurs portraits : tel qu'étoit ce celebre *Pantheum* de Rome, qui fut dedié par Boniface III.

R à

à la sainte Vierge & à tous les Saints. Il est bâti en forme ronde, ce qui le fait maintenant appeller *Santa Maria della Rotonda*. Il y avoit à Athenes celuy que Pausanias appelle le Temple commun des Dieux, & l'on voyoit de ces sortes de Temples en plusieurs autres Villes.

Il ne sera pas difficile à ceux qui sont un peu éclairez dans l'Antiquité d'observer les marques de la plûpart des Dieux, jointes ensemble dans cette statuë. L'ornement qui est élevé au dessus de sa tête est particulier à la Deesse *Isis*, qu'on represente coëffée ordinairement avec des Pennaches, des Fruits, des Serpens, des Paniers, des especes de Mitres, & d'autres choses bizarres. Le Croissant est le signe de la *Lune*, la Couronne qui est au dessous marque sans doute *Junon*, à qui on donnoit l'epithete de Reine. La coiffure avec les cheveux pendans sur l'épaule, & l'air du visage doux & agreable pouvoit designer *Venus* ; les aisles aux épaules sont celles que l'on donne à la *Victoire*. Le Carquois de fléches appartient à *Diane* Deesse des Bois, & à *Cupidon*. La Corne d'abondance que cette Statuë porte à la main gauche est l'Embléme de *Cerés*, de *l'Abondance*, & de quelques autres Divinitez qu'on croyoit contribuër à la fertilité de la terre. Le Serpent entortillé à son bras droit estoit le caractere de la Deesse *Salus*, qui presidoit à la Santé. La peau de chevre qui couvre une partie de la poitrine étoit donnée à *Junon* & aux *Bacchantes*. La robe longue

Séptiéme Dissertation. 139

gue jusqu'aux talons estoit l'habillement de *Minerve* Deesse des Sciences, & enfin le timon de navire qu'elle tient de la main droite est attribué à la *Fortune*, qui selon le sentiment des Payens, gouvernoit le monde, comme un timon sert à gouverner un vaisseau. Ainsi cette Statuë represente presque toutes les Deesses, comme il y en a d'autres qui representoient tous les Dieux, & non pas les Deesses; & mesme quelques-unes qui representoient les uns & les autres ensemble, comme en la petite gravée dans l'ovale qui est au dessous du dessein de celle-cy, & que nous expliquerons bien-tôt.

Lucien dit, qu'il avoit vû en Syrie la Statuë d'une Deesse, qui à la verité estoit faite pour une Junon, mais qui avoit quelque chose de Pallas, de Venus, de la Lune, de Rhea, de Diane, de Nemesis & des Parques. Ruffin dans son Histoire *l. 11.* Ecclesiastique, écrit qu'à Alexandrie sous l'Empire de Theodose, il y avoit encore une Idole de Serapis composée de toutes sortes de Metaux & de toutes sortes de Divinitez. Apulée dans ses Metamorphoses, invoquant la Deesse Isis, l'appelle *Diane, Ceres, Venus* & *Proserpine*: & une inscription de la mesme Deesse dans Gruter luy dit ; *A tey Deesse Isis, qui quoy qu'une seule es cependant toutes choses:* TE TIBI UNA QUÆ ES OMNIA DEA ISIS. Macrobe enfin, comme nous l'avons remarqué cy-dessus, prouve que toutes les Divinitez se rapportent au Soleil. Ainsi il ne faut pas s'étonner s'ils composoient des Statuës, qui par leurs differentes marques exprimoient tous leurs Dieux.

L'ovale qui est au dessous de cette figure est tiré d'une gravure antique, qui represente aussi une Idole *Panthée*. Le foudre indique *Jupiter*; le Caducée qu'elle tient à la main *Mercure*; la graine de Pavot, *Proserpine*; l'épy de Bled, *Cerés*; l'instrument appellé *Sistrum*, la Deesse *Isis*; la Corne d'abondance & le Timon, la *Fortune*; la Rouë, la Deesse *Nemesis*; le Casque en tête, *Mars* & *Pallas*; la Robe longue, *Minerve*; & les aisles, la *Victoire*.

Pour confirmer par les Inscriptions, ce que nous avons dit du mot de Panthée qu'on donnoit à ces Statuës, Gruter en rapporte une où il P. 77. se lit FORTUNÆ PRIMIGENIÆ SIGNUM LIBERI PATRIS PANTHEI. Et en voicy deux autres qui ne luy ont pas esté connuës & que j'ay copiées dans mes Voyages.

A Rome, au jardin Justiniani.

| DIS DEABVS |
| C. IVLIVS C. F. ARN. |
| AFRICANVS BRIXEL |
| LO OPTIO EQVIT. |
| COH. VIII. PR. 7. IVLI |
| SIGNVM AEREVM |
| PANTHEVM |
| D. D. V. L. L. M. |
| DEDICATVS X. K. |
| AVG. BARBARO ET |
| REGVLO COSS. |

Dono Dedit Voto Lubenti Libero Munere.

C'est

Septiéme Dissertation. 141

C'est à dire:

A l'honneur des Dieux & des Deesses, Caius Julius Africain fils de Cajus de la tribu Arniene, natif de la ville de Brixellum (Brissello) *Lieutenant de la Cavalerie de la huitiéme Compagnie Pretorienne, de la Centurie de Julius, a donné une Statuë* Panthée de bronze, pour s'acquiter d'un vœu qu'il avoit volontairement fait, dédiée le dixiéme des Calendes d'Aoust, sous le Consulat de Barbarus & de Regulus; Ce Consulat écheut en l'année 910. de la fondation de Rome, & 157. de Jesus-Christ, sous l'Empire d'Antonin Pie; mais il faut remarquer que les fastes du Capitole mettent icy un *Barbatus* au lieu de *Barbarus*, contre l'authorité de ce marbre, de Cassiodore, & des Fastes Siciliennes qui écrivent ainsi ce Consulat, *Barbaro & Regulo*. Le mot de *Dedicatus* doit faire sous-entendre *Lapis*, si nous ne voulons accuser le Sculpteur d'une faute de Grammaire.

Optio dans la Milice Romaine estoit un Aide ou Lieutenant de Centurion, ou Capitaine de cent hommes, qui s'acquitoit de sa charge en son absence, du mot *Opto, j'opte, je choisis, j'adopte*, parce que c'estoient les Centurions qui les choisissoient. Vegece, *Optiones ab optando appellati, quòd antecedentibus ægritudine impeditis, hi tanquam adoptati eorum atque vicarij solent universa curare*. l.II. c.7. Voyez sur ce mot Stevechius sur Vegece, & Saumaise dans son Commentaire sur l'Histoire Auguste dans la vie d'Hadrien.

Je croy que je puis bien appeller ces sortes d'Inscriptions comme la precedente & les deux suivantes, dédiées à tous les Dieux, des *Inscriptions Panthées*, par la mesme raison qui fait appeller Panthées les Temples & les Statuës que les Payens dédioient à tous les Dieux.

A Rome.

```
DIIS OMNIPOTENTIBVS
LVCIVS RAGONIVS
VENVSTVS V.C.
AVGVR. PVBLICVS
P.R.Q. PONTIFEX
VESTALIS MAIOR
PERCEPTO TAVROBOLIO
CRIOBOLIOQVE
X. KAL. IVN.
DN. VALENTINIANO
AVG. IIII. ET
NEOTERIO CONS.
ARAM CONSECRAVIT
```

C'est à dire,

A l'honneur des Dieux tout-puissants, Lucius Ragonius Venustus personnage tres-illustre, Augure-public du peuple Romain, grand Pontife de la Deesse Vesta, ayant executé

executé & receu un sacrifice de Taureaux & de Beliers, le 23. May sous le Consulat de Valentinien pour la quatriéme fois, & de Neoterius, a dédié un Autel.

Taurobolium estoit un sacrifice de Taureaux, & *Criobolium* un de Beliers, du mot *Crios*, qui signifie *Belier*. Celuy qui estoit arrosé du sang des victimes estoit censé avoir receu le sacrifice, pour l'expiation des crimes ausquels il estoit destiné. Le Consulat marqué dans ce marbre répond à l'année de nôtre Seigneur 300. & le jour designé icy, sçavoir le 10. des Calendes de Juin qui est nôtre 27. de May, estoit un jour de feste marqué dans un ancien Calendrier du temps de Constantius, *Macellus rosa sumat*, c'est à dire, que ce jour là on devoit orner la boucherie de Roses: & ainsi c'estoit un jour fort propre aux sacrifices. Celle-cy a esté trouvée dans les ruines de *Cimiez* en Provence proche de Nice.

```
IOVI. O. M.
CETERISQ. DIIS
DEABVSQ. IMMORT.
TIB. CL. DEMETRIVS
DOM. NICOMED.
V. E. PROC. AVGG. NN.
ITEM. CC. EPISCEPSEOS
CHORAE INFERIORIS
```

C'est

C'eſt à dire;

A Jupiter tres-bon & tres-grand & aux autres Dieux immortels & Deeſſes immortelles, Tiberius Claudius Demetrius natif de Nicomedie, perſonnage illuſtre, Receveur de nos Empereurs & du deux-centiéme denier de l'inſpection de la region inferieure.

Ces deux mots *Epiſcepſeos* & *Choræ*, ſont deux mots Grecs habillez en Latin, au lieu d'*Inſpectionis* & *Regionis* ; celuy qui avoit fait faire cette Inſcription eſtant un Grec qui avoit plus d'inclination pour les mots Grecs qu'il croyoit plus expreſſifs que les Latins. De la meſme racine que vient le mot d'*Epiſcepſis*, vient celuy d'*Epiſcopus*, qui ſignifioit chez les Payens Inſpecteur ou Intendant : & on trouve au meſme lieu de Nice une Inſcription Romaine & Payenne, où il eſt fait mention d'un *Epiſcopus Nicænſium* qui eſtoit peut-eſtre la meſme charge de *Procurator Epiſcepſeos*. Le mot d'*Epiſcepſis* ſe prenoit auſſi du temps des Chrétiens pour la *Providence* : comme dans une petite Inſcription qui ſe lit ſur les Murailles d'Andrinople.

ΕΠΙΣΚΕΨΙΣ ΕΠΙΣΚΕΨΑΙ. ΤΗΝ. ΠΟΛΙΝ. Σ8.

C'eſt à dire :
Providence ayez ſoin de vôtre Ville.

Les Procurateurs eſtoient des Receveurs de Tributs pour l'Empereur ; témoin ce paſſage de Capitolin dans la vie d'Antonin Pie. *Procuratores ſuos modeſtè ſuſcipere tributa juſſit ducenteſima.*

Septiéme Dissertation.

Le deux-centiéme denier estoit donc un tribut qu'on payoit à l'Empereur, & il y a apparence que les Receveurs appellez *Ducenarij* dans les Livres & dans les Marbres, estoient ceux qui recevoient ce Tribut.

On voit dans les Medailles quelques testes de Divinitez qu'on peut aussi appeller des testes *Panthées*. Ainsi dans un revers de Medaille d'Antonin Pie, est gravée une teste d'un Dieu, qui a un boisseau sur la teste, comme *Serapis*, une corne de Belier comme *Jupiter Ammon*, une couronne de Rayons comme *Apollon*, & derriere la tête un Serpent entortillé à un bâton comme *Esculape*; & enfin une tenaille comme *Vulcain*. Je l'aurois mise icy si elle n'estoit pas déja dans le Livre intitulé *Selecta Numismata*, de feu Monsieur l'Abbé Seguin Doyen de S. Germain.

Hesychius dit, que les Grecs appelloient *Theoxenia*, une feste commune qu'ils celebroient à l'honneur de tous les Dieux. Il est vray que le Scholiaste de Pindare dit, que cette feste ne se faisoit qu'à l'honneur de Mercure & d'Apollon. Quoy qu'il en soit, comme ils dédioient des Statuës, des Temples, & des Inscriptions à tous les Dieux, il ne faut pas douter qu'ils n'eussent aussi des jours particuliers pour leur rendre un culte solennel & general. Et voilà ce que nous avions à dire des Harpocrates & des Panthées.

S   HUITIE'

HUITIE'ME DISSERTATION.
Des Cymbales, Crotales & autres Instrumens des Anciens.

Es figures de cette Planche sont tirées de differens marbres, & bas reliefs qui se voyent à Rome copiés d'apres les desseins de feu M. de Bagarris. Les Instrumens dont ces trois danseuses joüent en les frapant l'un contre l'autre & en faisant diverses postures, sont ceux que les Anciens appelloient CYMBALES, & les figures que nous en voyons icy, conviennent parfaitement à la description que les Autheurs nous en font. Fulgence au premier de sa Mythologie
Chap.

Chap. des Muses dit, que les deux levres sont comme des Cymbales qui forment les sons, & que la langue est comme un archet qui coupe & partage ces sons. Isidore Pelusiote Ep. 457. apres avoir comparé à differentes parties du corps, le Psalterion, la Cythare, le Tambour, les Chordes & les Orgues, instrumens qui servoient aux jeux & aux ceremonies des Anciens, compare aussi les Cymbales aux levres, parce qu'elles ne forment leurs sons qu'en se pressant & se frapant l'une contre l'autre, de mesme que les Cymbales. Clement Alexandrin montre assez que la Cymbale estoit creuse quand il se sert de ces termes; *Je bus dans une Cymbale*, & ces Vers d'Ovide confirment cette opinion en substituant les Cymbales aux casques;

Cymbala pro galeis, pro scutis tympana pulsant:
Æra Deæ comites raucáque terga movent.

Le nom de Cymbales vient du mot Grec κύμβ۞, qui signifie creux, parce qu'elles estoient faites comme deux petites écuelles de bronze, ou de cuivre, ce qui fait qu'on les appelloit quelquefois simplement *Æra*. Elles estoient rondes, comme on le voit par nos figures & par ce Vers de Properce, Eleg. 7.

Quâ numerosa fides, quáque æra rotunda Cybelles.

Cassiodore en fait la description & leur donne le nom d'*Acetabula*, qui ne signifie autre chose qu'une piece concave, comme les cavitez des os qui reçoivent la teste d'un autre os, & qui s'appellent aussi *acetabula*. Saint Augustin sur le Pseaume CL. dit, qu'il faut que les Cymbales se touchent pour resonner, & que les Anciens les comparent souvent aux levres. Phurnutus depeignant le Dieu Comus dit, qu'on le represente les doigts serrez & un peu pliez, frapant de la main droite sur la gauche, pour les faire resonner comme des Cymbales. Ovide au troisiéme livre de l'Art d'Aimer leur donne un Epithete assez obscure.

Discite & duplici genialia nablia palmâ
 Vertere.

Il leur donne l'epithete de *Genialia*, parce que les Cymbales estoient employées aux nôces, aux danses, & à tous les divertissemens, les appellant *Nablia* du mot Generique, qui se prend pour tout instrument musical, & non pas pour l'orgue que ce mot signifie dans sa proprieté. Il ajoûte le mot de *Palmâ*; parce qu'il est besoin du creux de la main pour joüer des cymbales.

Comme cet instrument estoit composé de deux pieces separées, la pluspart des Auteurs luy donnent des noms au pluriel. Petrone dit, *Intrans cymbal stria & concrepans æra :* Catulle, *Leve tympanum remugit, cava cymbala recrepant.* Saint Paul dans sa premiere Epistre aux Corinthiens, luy donne pourtant un nom singulier, dans la comparaison d'un homme éloquent sans charité avec une Cymbale. *Si linguis hominum loquar & Angelorum, charitatem autem non habeam, factus sum velut æs sonans aut cymbalum tinniens.*

C'est

Huitiéme Dissertation.

Cet instrument estoit de cuivre pour l'ordinaire. Il y en avoit pourtant de bronze & mesme d'argent selon Cassiodore. Il semble que les Cymbales estoient particulierement consacrées à Cybele grand'Mere des Dieux, car l'on s'en servoit ordinairement dans toutes les ceremonies de cette Deesse, peut-estre à cause que leur rondeur ne representoit pas mal la terre, dont Cybele étoit la Deesse. Aussi voyons nous que dans les bas reliefs Cybele est toûjours representée accompagnée de Cymbaliers ou Joüeurs de Cymbales, ou du moins que cet instrument est dépeint auprés d'elle. Gruter pag. 27. donne la figure d'un marbre dédié à Cybele dans lequel sont dépeintes des Cymbales & non pas des Crotales, comme cet Autheur a crû, ce qui peut se justifier par le rapport de celles qui sont representées icy.

Apulée décrivant une Procession solemnelle où l'idole de cette Deesse estoit portée, dit qu'estant arrivée en un certain lieu, un homme de condition & de pieté averty par le son des Cymbales, par le retentissement des Tambours & par les concerts de la musique Phrygienne, vint au devant de la procession, receut toute l'assemblée dans sa maison, plaça la Deesse dans un lieu sacré de ce vaste bâtiment, & eut soin de se rendre cette Divinité propice par une profonde veneration & par les meilleures hosties qu'il luy pût offrir. Ovide dans ses Fastes parlant des festes de cette Deesse appellées *Megalesia*, n'oublie pas les Cymbales, *Ibunt*

l. 8. de ses Metamorphoses.

*Ibunt semimares & inania tympana tundent:
Æráque tinnitus ære repulsa dabunt.*

Comme ces ceremonies de Cybele estoient venuës de Phrygie & du mont Ida, où elle estoit en une veneration particuliere, il est à croire que les Cymbales en tirent aussi leur origine; d'autant plus qu'elles sont encore en usage dans plusieurs endroits du Levant, ce qui fait qu'Apulée leur donne le nom d'Instrument barbare.

Les CROTALES representez dans cette Planche estoient une espece de Castagnetes faites d'un roseau coupé en deux par sa longueur, & approprié de sorte qu'en frapant ces deux morceaux l'un contre l'autre avec les differens mouvemens des doigts, il en resultoit un son pareil à celuy que

que fait une Cigogne avec son bec : d'où vient que les Anciens donnoient à cet animal l'epithete de *Crotalistria*, comme qui diroit *une jöueuse de Crotales* ; Aristophane appelle aussi un grand parleur un Crotale.

Pausanias rapporte, que Pisander Camirensis disoit qu'Hercule n'avoit pas tué les oyseaux Stymphalides avec ses fléches, mais qu'il les avoit chassez & épouvantez par le bruit des Crotales : de sorte que si l'on en croit cet Auteur, les Crotales sont un instrument fort ancien, puisqu'il estoit en usage du temps d'Hercule. Ovide les joint avec les Cymbales.

Cymbala cum crotalis prurientiáque arma Priapo
 Ponit, & adductâ tympana pulsa manu.

On faisoit diferentes postures en joüant de ces Crotales, de mesme que dans nos Sarabandes en joüant des castagnetes, comme on le voit dans le Poëme intitulé *Copa* attribué à Virgile.

Crispum sub Crotalo doctâ movere latus.

Clement Alexandrin qui attribuë l'invention de cet instrument aux Siciliens, vouloit bannir les Crotales des banquets des Chrestiens, peut-estre à cause des postures indecentes qui accompagnoient leur son, *Tympana & Cymbala & crepitacula quæ dicuntur Crotala inventa à Siculis.*

152 *Recherches Curieuses d'Antiquité*,

On appelloit Crum'ata cette autre espece de castagnettes qui estoient faites de petits os, ou de coquilles, comme Scaliger le remarque sur le *Copa* de Virgile. Elles estoient beaucoup en usage chez les Espagnols, & principalement chez ceux qui habitoient dans la Province Bætique aux environs de Cadis, à quoy Martial fait allusion; *itane Gadibus improbis puellæ vibrabunt sine fine prurientes lascivos docili tremore lumbos;* & il dit ailleurs d'une femme bien instruite à joüer de ces castagnettes, & à faire des postures suivant la cadence,

Edere lascivos ad Bætica crumata gestus,
Et Gaditanis ludere docta modis.

Et dans les Satyres de Juvenal:

Forsitan

Huitiéme Dissertation.

Forsitan expectes ut Gaditana canoro
Incipiat prurire choro.

Aussi les peuples de ce païs-là ont conservé jusqu'à present cet instrument qu'ils appellent *Castagnetas*, & c'est d'eux que nous en est venu l'usage.

Ces sortes de Castagnettes n'estoient pas neanmoins inconnuës aux Anciens Grecs. Aristophane les appelle *Ostracoi*, comme qui diroit des coquilles d'huystre, & Martial leur donne le nom de *testæ* ou coquilles, *Audiat ille testarum crepitus*.

Les Anciens avoient encore une autre sorte de castagnetes dont ils joüoient avec les pieds, de la maniere qu'elles sont icy representées. On les appelloit Crupezia du mot Grec κρȣ́ειν, qui signifie fraper & πέζα, qui signifie la plante du pied, suivant l'étymologie qu'en donne le Grammairien Hesychius. Pollux dit, que ces *Crupezia*, font des souliers dont les joüeurs de Flûte se servoient. Arnobe livre septiéme contre les Gentils, les appelle *Scabilla*; & dit en se moquant de leur superstition, Eh! quoy, *les Dieux sont-ils touchez du retentissement des Cymbales & du bruit des Castagnettes!* (Scabillorum.) Le Sçavant M. de Saumaise qui a ramassé dans son Commentaire sur la Vie de Carinus, tout ce qu'on peut rapporter de cette espece de Castagnettes, dit qu'on les appelloit aussi *Scabella*, *Scamilla*, *& Scamella*, parce que c'estoit comme une petite escabelle, ou un marchepied qu'on frapoit diversement avec un soulier de bois ou de fer. Mais je croy qu'il y avoit de ces castagnettes de differentes manieres, puis que celle que nous voyons dépeinte icy est comme une sandale faite de deux semelles entre lesquelles est une castagnette attachée, comme on peut l'apprendre par ce dessein, mieux que par une description.

Si l'on veut davantage de literature sur ce sujet on peut lire l'endroit cité des ouvrages de Saumaise, *Albertus Rubenius de re vestiaria*, & Gaspar Bartolin dans son Traité *De tibiis veterum*, d'où j'ay pris ce petit dessein.

Huitiéme Dissertation. 155

Ces deux femmes tiennent des Instrumens qu'on appelloit TYMPANA, qui ressemblent à nos Tambours de Basque. On en voit la figure dans beaucoup de bas reliefs & de medailles antiques. C'estoit un cuir mince étendu sur un cercle de bois ou de fer, que l'on frapoit de la main, de la maniere que font encor à present nos Boëmiennes.

Quelques Auteurs disent que ce nom vient de Κτύπειν, qui signifie en Grec *Fraper* : mais Vossius dans son Etymologie de la langue Latine le fait venir d'un mot Hebreu, qui veut dire *un Tambour :* ce qui n'est pas sans fondement, puisque l'invention de ces Tambours vient de la Syrie, comme le remarque Juvenal.

Jampridem Syrus in Tyberim defluxit Orontes,
Et linguam & mores & cum tibicine chordas
Obliquas, nec non gentilia tympana secum
Vexit.

Ils estoient fort en usage dans les danses, dans les jeux publics, & dans les festes de Bacchus, & de Cybele, comme on voit dans ces Vers de Catulle :

   Cybelles Phrygiæ ad nemora Deæ,
   Ubi Cymbalum sonat vox, ubi tympana reboant.

Et dans ceux-cy d'Ovide au Livre 4. de ses Metamorphoses ;

   Et adhuc Minciä proles
   Urget opus spernitque Deum, festúmque profanat,
   Tympana cùm subitò non apparentia raucis
   Obstrepuere sonis & adunco tibia cornu,
   Tinnuláque æra sonant.

Herodien parlant d'Elagabale dit, qu'il luy prenoit souvent des boutades de faire joüer des Flûtes & des Tambours, comme s'il avoit celebré les Baccanales.

L'Instrument que tient cette femme est une CYTHARE, & il se touchoit avec cette espece d'archet

Huitiéme Dissertation. 157

d'archet qu'elle tient de la main droite. Il estoit de figure triangulaire, comme on le voit dans ce dessein, & comme il est décrit dans la lettre des Musiciens attribuée à S. Jerôme; *La Cythare dont il nous faut parler à present represente l'Eglise par sa forme triangulaire en maniere d'un Delta Grec.*

On peut juger par ce qu'en a dit Pausanias, que la Cythare & la Lyre estoient deux Instrumens differens, & que Mercure estoit l'inventeur de la Lyre & Apollon de la Cythare. Cependant la plus part des Poëtes confondent ces deux Instrumens, parce qu'ils sont à peu prés semblables, & mêmes que leur figure n'est pas fort differente, la Cythare estant triangulaire, & la Lyre ayant la figure de deux S S opposées. On voit même souvent des Statuës & des Medailles où Apollon est representé avec la Lyre à la main, aussi bien qu'avec la Cythare. Vossius tire l'Etymologie de Cythare d'un mot Hebreu, & l'on peut voir ce qu'il en dit.

Ce dernier Inftrument eft le SISTRE de la Deeffe Ifis adorée d'un culte particulier en Egypte. Sa forme étoit ovale en maniere de raquette avec trois bâtons qui traverfoient fa largeur, & qui avoient le mouvement libre, afin de pouvoir par leur agitation faire un fon auquel les Anciens trouvoient de la melodie. Le R. P. du Molinet Religieux de Sainte Geneviefve de Paris, curieux de Medailles & d'autres antiquitez, a un de ces petits Siftres tout de cuivre. C'eftoit leur matiere ordinaire, ainfi qu'on l'apprend d'Apulée qui en donne la defcription. Servius fur le huitiéme Livre de l'Eneide dit, qu'Ifis eftoit eftoit le genie protecteur de l'Egypte, qui reprefente l'accroiffement du Nil par le mouvement du Siftre, qu'elle porte de la main droite. Plufieurs Autheurs ont parlé de ce Siftre, entr'autres Jerôme Bofius, qui en a fait un Traité exprés intitulé *Ifiacus de Siftro*. Oyfelius en parle auffi amplement dans fon Trefor des Medailles: c'eft pourquoy je ne dis rien davantage fur cette matiere, ne voulant point faire icy des compilations inutiles.

NEUVIE'ME DISSERTATION,

Sur deux Edifices Anciens de Nismes & de Vienne.

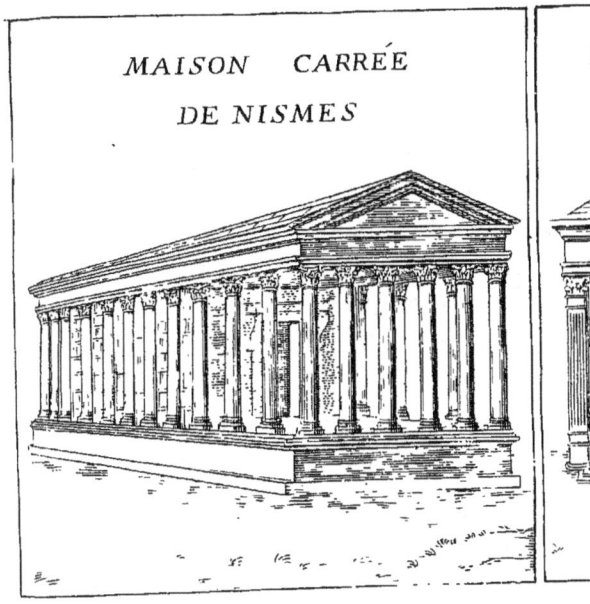

MAISON CARRÉE DE NISMES

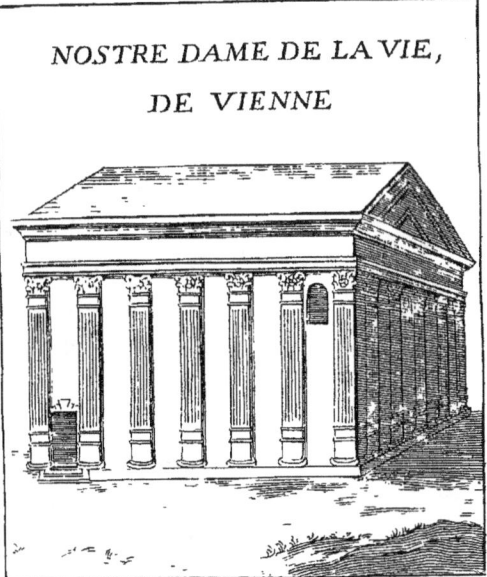

NOSTRE DAME DE LA VIE, DE VIENNE

JE veux tâcher de faire connoître aux Curieux ce que c'estoit, & à quel usage estoit destiné cet ancien edifice de Nismes, qu'on appelle vulgairement la Maison quarrée, quoy qu'il ne soit pas proprement quarré, mais quarré long ayant 74. pieds de long & 41. pieds six poulces de large, selon les dimensions que nous en donne Jean Poldo d'Albenas.

Quelques

Quelques-uns ont crû que c'estoit la Basilique qu'Hadrien avoit fait bâtir à Nismes à l'honneur de Plotine, selon le témoignage de Spartien : mais difficilement cela peut il estre, puis que cette Maison quarrée n'est pas un ouvrage si merveilleux que Spartien dépeint la Basilique. Voicy les termes dont il se sert : *In honorem Plotinæ Basilicam apud Nemausum mirabili opere extruxit* : & de plus les Basiliques, comme le remarque M. Perraut dans son Vitruve, avoient les colomnes par dedans, au lieu que les Temples les avoient par dehors, comme sont celles de la Maison quarrée. Casaubon mesme & d'autres Sçavans amateurs de l'antiquité, sont demeurez d'accord qu'il n'y avoit à Nismes aucun reste de ce superbe bâtiment.

Messieurs d'Albenas & Deiron dans leurs Traitez des antiquitez de Nismes, croyent avoir mieux rencontré disant que c'estoit un Capitole, c'est à dire, une maison Consulaire, où s'assembloient les Magistrats de la Ville, parce que le Peuple le nomme encore Capdueil, qui dans le langage du Païs signifie Capitole, & que dans les Documens anciens de 4. ou 5. cens ans elle est appellée Capitole, & l'Eglise voisine S. Estienne du Capitole. Mais on sçait qu'il n'y avoit des Consuls qu'à Rome, & on ne lit pas qu'il y ait eu un Capitole en d'autres villes. Les principales de l'Empire pouvoient à la verité avoir des maisons publiques pour les Proconsuls & pour les Preteurs qui venoient rendre

Neuviéme Dissertation.

rendre la justice par l'ordre de l'Empereur ou du peuple Romain. Les endroits où les Preteurs la rendoient s'appelloient des Pretoires, comme celuy où fut mené N. S. devant Pilate. Ainsi je ne me voudrois point servir du mot de Capitole, mais plutôt de celuy de Pretoire, s'il est vray que cet Edifice ait esté destiné à l'usage que croyent d'Albenas & Deiron.

Ils ajoûtent pour le mieux confirmer une tradition de Pere en Fils, qui certifie qu'il n'y a pas plus de trois à quatre cens ans que la Maison quarrée servoit de maison des Communes, où s'assembloient les Consuls de Nismes. Cela peut estre veritable sans qu'il soit pourtant vray que ce fust le Pretoitoire des Romains. Voicy mon sentiment.

Je dis sans balancer que cette Maison quarrée n'estoit autre chose qu'un Temple bâty par les anciens Romains à la maniere de leurs autres Temples quarrez longs, comme sont ceux d'Athenes, de Minerve & de Thesée, dont j'ay donné les desseins dans mon Voyage de Grece. En effet celuy de Thesée est presque de la mesme grandeur & de la mesme proportion, & il y a autant de colonnes qu'à celui-cy, six sur le devant & onze sur les côtez. Il y a cette difference que celuy de Thesée est d'ordre Dorique & de l'espece que Vitruve appelle *Periptere*, c'est à dire, environné d'aisles ou Portiques, qui laissent le passage libre entre les colonnes & le mur; au lieu que celui-cy est d'ordre Corinthien & de

V l'espece

l'espece que le mesme Autheur appelle *Pseudoperiptere*, ou faux *Periptere*, qui a beaucoup de rapport à cette Maison quarrée. On peut voir dans le Commentaire de M. Perrault le dessein qu'il en donne, qu'on diroit estre pris sur la Maison quarrée. On y remarque de mesme qu'à celuy de Nismes un porche ou vestibule qui tient presque le tiers de la longueur du Temple & sert de *Pronaos* ou *Parvis*, comme estoient les Temples des Payens, & entr'autres celuy de Minerve à Athenes. D'autres, dit Vitruve, en poussant les murs jusqu'à estre joints aux colonnes des aisles ont élargi le dedans du Temple, de l'épaisseur des murs qu'ils ont ôté, & sans rien changer des proportions des autres parties du Temple, ils luy ont donné une autre figure & un nom nouveau en composant le *Pseudoperiptere*. Ils ont introduit ces changemens pour la commodité des sacrifices; car on ne peut pas faire à tous les Dieux des Temples d'une mesme sorte, à cause de la diversité des ceremonies qui sont particulieres à chacun d'eux.

Ce qui marque plus precisement que c'est un Temple, c'est le fronton de la façade, qui est ce que les Grecs appelloient ἀετοι, les Aigles, & les Latins *Fastigium*. C'estoit un toit élevé par le milieu en Pyramide obtuse, propre & particulier aux Temples. Parmi les Romains, dit M. Perrault, les Maisons des particuliers estoient couvertes en plateforme, en sorte que Cesar fut le premier

Neuviéme Dissertation.

premier à qui l'on permit d'élever le toit de sa Maison en pointe à la maniere des Temples.

Les Architectes nomment le milieu & le plus haut du Frontispice le tympan, & c'est cet endroit qu'on enrichit de statuës ou de bas reliefs, comme est à Athenes le Temple de Minerve. Les piedestaux qu'on plaçoit au dessus du Fronton dans le milieu & dans les costez pour soutenir des statuës, s'appelloient les acroteres. Mais dans ce Temple qui est assez simple, il n'y a ni Acroteres, ni Statuës dans le Tympan. La frise qui regne tout autour du Temple est ornée d'un Acanthe ou feüillage naissant, d'une bonne main.

Il est tres difficile de sçavoir à quel Dieu estoit dedié ce Temple, puisque l'on n'y trouve ny inscriptions, ny bas reliefs, qui en puissent donner quelque juste marque. Je diray seulement que comme on donne aux Antiquitez de certains noms qui se sont conservez depuis long-temps, & qui font souvent connoître ce qu'elles ont esté, le nom que ce Temple porte depuis plusieurs Siecles de Capdueil ou Capitole peut faire juger que c'estoit un Temple de Jupiter surnommé Capitolin, comme celuy de Rome. Neanmoins si quelqu'un trouve plus probable que ce fust un Temple de Mars pour qui le public avoit grande devotion, je le veux bien. C'estoit du nom de ce Dieu qu'on appelloit ceux du Païs *Arecomici*, du mot *Ares*, qui signifie Mars en langue Grecque, & *Come*, qui signifie un Bourg. En effet, Nismes, selon le témoignage des anciens Autheurs, commandoit à 24. Bourgs ou Villages, comme dit Strabon, qui se sert du mot de *Come*, ou plutôt à 24. Villes, comme Pline l'exprime par le mot d'*Oppida*, quoy qu'il assure que c'estoient des Villes de mediocre consideration. Monsieur d'Albenas, que quelques-uns appellent mal Poldo, puisque c'est seulement son nom de baptesme, fait un chapitre particulier sur un passage de Stephanus de Byzance, où il parle de Nismes. Il tâche d'y justifier ces termes dont Stephanus se sert Νέμαυσος πόλις Ἰταλίας, Nismes ville d'Italie : mais sans donner un sens forcé à ces mots, j'aime mieux lire avec les plus correctes editions de Stephanus, Νέμαυσος πόλις Γαλλίας, Nismes ville des Gaules.

Les termes qui suivent de cet Autheur ἀπὸ τῦ Νεμαύσου Ἡρακλείδυ, *fondée par Nemausus Heraclide*, donnent sujet à d'Albenas de faire une longue & ennuyeuse Dissertation sur ce fondateur de Nismes qu'il dit estre fils d'Hercule, comme il prend le mot d'Heraclide, voulant justifier qu'Hercule avoit un Fils appellé Nemausus : sur quoy il dit avoir trouvé l'année de la fondation de Nismes. Mais comme ses raisons sont mal assurées, il n'y a qu'à dire en un mot qu'Heraclide ne signifie point proprement Fils d'Hercule, mais seulement un de sa race, comme il seroit aisé de le prouver par une infinité de témoignages. Ainsi l'on ne peut

peut sçavoir ni à quel degré ce Nemausus touchoit à Hercule, ni en quel temps il vivoit, & par consequent le temps de la fondation de Nismes est incertain. Ce qui est tres-vray, c'est que la ville est fort ancienne, & que ce fondateur estoit adoré comme un Dieu par les habitans de Nismes; ainsi qu'on le peut voir par les Inscriptions suivantes, & c'est ce que les Anciens avoient accoutumé, de faire des Dieux de leurs fondateurs & de leurs Princes.

A Nismes.

NEMAYCΩ

TON OYΛΠ. TPAIANON

KAICAPA CEBACTON

A Nismes.

DEO SILVANO ET LIBERO

PATRI ET NEMAVSO

...ARCHVS SIÑODI

La premiere estoit dédiée *au Dieu Nemausus pour la santé & prosperité de l'Empereur Trajan :* & la seconde, *à Silvain, Bacchus & Nemausus.*

On trouve une petite Medaille de cuivre, où est gravée d'un côté une tête armée d'un casque, & de l'autre la Deesse Salus, qui donne à manger à deux Serpens, & ces deux mots abregez

COL.

COL. NEM. c'est à dire, *Colonia Nemausus*. Quelques-uns assurent que cette tête est celle de ce Heros ou Dieu Nemausus, & d'autres celle de Mars qui avoit donné le nom au Païs.

Monsieur de Guyran Conseiller au Presidial de Nismes a expliqué la Medaille de Nismes, qui a d'un côté les têtes d'Auguste & d'Agrippa, & au revers le Crocodile pendu à une palme, & les mots COL. NEM. D'Albenas avoit crû que c'estoit les têtes de Marc-Aurele & de Lucius Verus, mais il estoit pardonnable, en ce que la Science des Medailles n'estoit pas cultivée de son temps avec tant de soin qu'elle l'est à present.

Comme l'on n'estoit pas fort sçavant en Medailles dans ce temps-là, on ne l'estoit gueres en Inscriptions, & lors que quelqu'un en publioit une, on la recevoit sans difficulté. Ainsi cet Autheur a rapporté une inscription qui parle de la Basilique dédiée par Hadrien à Plotine ; mais les Sçavans de ce Siecle, Scaliger, Gruter & Saumaise, en ont découvert la fausseté ; & en effet, outre qu'on n'en a point vû l'original, c'est qu'elle est tirée presque mot à mot de ce que Spartien & Dion en ont dit.

Les raisons qui nous ont prouvé que la Maison quarrée étoit un Temple, nous peuvent servir pour Nôtre Dame de la Vie de Vienne, que l'on prend pour un Pretoire des Romains : car elle a la disposition des colonnes, les dimensions & le fronton d'un Temple. Il y a seulement à remarquer

quer que la muraille qui est entre les colonnes estant moderne, on a lieu de dire que c'estoit un Temple des anciens Romains, de cette espece qu'on appelloit *Monopteres*, dont parle Vitruve, & son sçavant Traducteur & Commentateur Monsieur Perrault ; voicy comment ce dernier en parle. *Les Temples*, dit-il, *qui n'avoient que l'aisle, c'est à dire, dont le toit n'estoit posé que sur des colonnes sans avoir de murailles, estoient appellez* Monopteres. *Tous les interpretes ont entendu par* Monoptere, *un Temple qui n'a qu'une aisle, comme si Monoptere estoit opposé à Diptere, c'est à dire, qui a deux aisles, & que ce mot fust composé de l'adjectif* Monos, *qui signifie seul, & non pas de l'adverbe* Monon, *qui signifie seulement, ainsi qu'il fait dans le mot* Monogramme. *D'ailleurs si les Temples Monopteres estoient ainsi appellez à cause que leur aisle est unique, ils ne seroient point differens des Peripteres ronds, dont l'aisle est unique de même qu'aux Monopteres, mais qui outre l'aisle ont un mur rond en dedans qui n'est point aux Monopteres.*

Je ne pretens pas disputer contre l'opinion du peuple qui nomme cette Eglise le Pretoire de Pilate, comme s'il y avoit autrefois presidé ayant esté relegué à Vienne, où ils le disent estre né. Monsieur Chorier a fait voir assez fortement dans ses antiquitez de Vienne la fausseté de cette tradition du peuple, qui avoit engagé les Magistrats à faire écrire sur le fronton : *C'est icy la pomme du Sceptre de Pilate ;* car il n'y a aucune preuve que Pilate fust Viennois, ni qu'il fust jamais relegué

à

à Vienne, ce qui auroit efté trop agreable pour luy d'eftre relegué dans fa patrie. Il eft vray que le nom d'un Italien nommé Humbert Pilati Secretaire du dernier Dauphin Humbert a donné fujet à toutes ces reveries d'appeller une Tour qui eft à Vienne proche du Rhône, la *Tour de Pilate*; une maifon de campagne prés de Saint Valier, la *maifon de Pilate*; & l'Eglife de Nôtre Dame de la Vie, le *Pretoire de Pilate*; & peut-eftre quelque jour on nommera le mont Pila la montagne de Pilate, quelques-uns luy ayant déja donné la même étymologie : mais le fçavant Hiftorien du Dauphiné Monfieur Chorier en a détrompé le public dans le livre que j'ay cité. Cet Autheur croit à la verité que cette Eglife a fervi de Pretoire aux Romains, ce qui n'empéche pas que ce n'ait auffi efté un Temple, car les Romains rendoient fouvent la juftice dans les Temples, afin que leurs jugemens fuffent eftimez facrez & fouverains.

DIXIE'ME DISSERTATION:

Sur l'Inscription suivante d'une Bague Antique: TECLA VIVAT DEO CVM MARITO SEO: Dans une lettre de Monsieur de Peiresk à Monsieur Holstenius Bibliothecaire du Vatican, écrite du 6. Aoust 1619.

MONSIEUR,

En revenant de la Cour & passant par Arles, j'achetay une grosse bague d'or antique nouvellement deterrée, sur laquelle est representé un visage d'une maniere assez grossiere, avec cette Inscription tout autour ✠ TECLA SEGELLA, le tout dans une plaque d'or environnée de quelques enrichissemens de fueillages & goderons, dans le vuide desquels est écrit ✠ TECLA VIVAT DEO CVM MARITO SEO; & à l'opposite du cercle de cette bague, on y voit un petit ovale avec ces lettres dedans R A' T E, dont je serois bien aise d'avoir vôtre avis.

J'ay veu un cachet ou sceau de bronze antique en forme de Titre des anciens, attaché sur un Anneau de même matiere, dans lequel titre se lisent ces lettres en relief, mises à contresens pour estre imprimées à droit ◁ | SAVIV / IN DEO | ▷ VIVAS IN DEO.

J'ay

J'ay encore deux petites Cornalines quarrées, qui ont esté autrefois enchassées dans quelques Bagues semblables, sur lesquelles se lisent de relief ces Inscriptions en lettres du bas siecle. Dans l'une |BONAM| & dans l'autre |AMO TE| J'en ay une |VITAM| |AMA ME| troisiéme de figure hexagone sur laquelle on a gravé un croissant de Lune, & sur les facettes de l'hexagone il est écrit SERVA FIDEM. Dans toutes les trois, les lettres sont blanches menagées de relief sur le champ de la cornaline, pour representer le même effet de la Sardoine Indique de Pline, dont l'aspect divertit extremement la veuë. Ce qui semble n'avoir pas esté fait par la seule raison de la difference des couleurs qui s'est trouvée dans ces pierres, mais par quelque autre raison mysterieuse qui est fort usitée parmi les Anciens.

Il me semble que cette grosse Bague d'or qui pese environ une once, estoit un *Anneau Marital*, qu'ils appelloient *Annulus Pronubus*, ou *Annulus Genialis* : les lettres faisant connoître que c'est un vœu : TECLA VIVAT DEO CVM MARITO SEO : *Que Tecla vive en Dieu avec son Mary*, où vous remarquerez le mot de SEO pour SVO : depravation assez ordinaire d'orthographe dans le quatriéme & cinquiémé Siecle, & encore plus dans les suivans. Cette maniere de parler outre la croix qui la precede, fait assez connoître qu'elle estoit faite pour des Chrétiens : car les Payens avoient aussi les leurs, & nous en voyons souvent

Dixiéme Dissertation. 171

vent qui sont de cuivre ou de fer, avec de petites avances en maniere de clefs, pour dire que le Mary donnant cette Bague conjugale à son Epouse, la mettoit en possession des clefs de la Maison dont elle devoit avoir le soin.

Je crois que ces trois autres pieces pouvoient avoir esté employées pour le même usage, & que celle dans laquelle est écrit BONAM VITAM, doit estre rapportée au Christianisme, aussi bien que l'autre où se lit VIVAS IN DEO, encore qu'il n'y ait point de croix, ce qui me fait juger que l'une & l'autre est plus ancienne que celle de *Tecla*. Et je croy que dans toutes trois les mots de VIVAT, VIVAS & VITAM, se rapportent plûtost à la vie presente qu'à la future, puisque ce sont des Bagues d'épousailles, qui devoient estre des gages de la vie & societé conjugale, pour lier ensemble le Mary & la Femme.

Il y a dans Gruter une Inscription, qui semble se rapporter plûtost aux vœux aprés la mort & à la vie future, qu'à celle de ce monde, REGINA VIBAS IN DOMINO ZESU, où l'on voit aussi deux dépravations d'orthographe *vibas* pour *vivas*, & *zesu* pour *Jesu*. Elle est gravée sur un marbre blanc, qui estoit sans doute sur le Tombeau d'une Chrestienne appellée *Regina*. _{Page MLVIII. n. 6.}

Les lettres RA'FE qui sont dans l'ovale, ne sont pas aussi faciles à expliquer, quoy que d'abord j'eusse cru que c'estoit le nom du Mary, qui se pouvoit nommer *Raugenius*, ce qui pourtant m'a paru enfuite fort incertain : cependant puis qu'il s'agit de conjectures, il faut que je vous en propofe une qui vous paroîtra peut-être extravagante, pour vous donner occafion d'en fonder des meilleures.

Je foupçonne donc que ces lettres pourroient fignifier *Arra genialis*, *l'Anneau ou gage des époufailles*, & voicy de quelle maniere. Le changement de l'V en E, *SEO* pour *SVO*, montre que cette Infcription eftoit d'un Latin corrompu & commun, fi l'on peut ainfi parler, felon l'ufage du païs : comme nous difons encore en vieux Roman Provençal *fieve* pour *fienne* ou *fua*, duquel mot nous avons retenu l'intervention de l'E. Je ne fçay donc fi par une femblable corruption ufitée dans ce fiecle Gothique dans le commencement de la premiere race de nos Roys, pendant lequel temps je crois que cette Bague a efté faite, on n'auroit point abufivement retranché la premiere fyllabe du mot *Arra*, comme on dit populairement aujourd'huy *Toni* pour *Antoni*, & fi ce ne feroit point un vice des Nations Septentrionales qui rendent prefque tous les mots monofyllabes, ainfi que j'ay veu pratiquer en Angleterre, où l'on dit & prononce ce me femble PIT, NIC, FIRT, pour *Pierre*, *Nicolas*, *François*, & autres femblables. Il eft vray qu'ils y accumulent diverfes confonantes : mais ils omettent toutes les voyelles, hors une feule qui demeure comme principale, & plus fortement prononcée que toutes les

autres,

autres, comme lors que les Allemans difent *Hans* pour *Johannes*. Ainfi ce pourroit eftre un abus introduit ou par les Gots, ou par les Bourguignons, qui s'eftoient emparez de la Ville d'Arles, qui eft le lieu où cette Bague a efté trouvée, ou par les François qui chafferent les Bourguignons, ou enfin par les Gaulois reftez parmy les Romains habituez en ce pays icy : & il eft fi vray, que dans le *Livre I. de la Siete Partidas*, titre 28. part. 7. Les Efpagnols appelloient en vieil Caftillan RAFEZ, ce qu'ils appellent aujourd'huy l'ARREO Y ADVRNO *de una perfona y appoftura de cafa y criados*. Ils appellent auffi *Arrear*, pour *adornar y engalavar de arras las joyas que el defpofado da à la defpofada*, donner des arres ou gages à fon Epoufée. Ce qui derive du mot ancien *Arra* ou *Arrabo*, qui fe trouve fi approchant de l'Oriental ou Chaldée *Hharrab* Efpoufer. Il fe pourroit même qu'ils fuffent derivez l'un de l'autre, parmy ces Tranfmigrations de Peuples qui font paffez d'Orient en Ponent. Qui plus eft j'apprens des Gens plus verfez que moy en l'Hebreu, & en ces Langues Orientales, que la premiere fyllabe AR, n'avoit efté ajoûtée que par les Peuples Grecs & Latins, dont le langage eftoit plus adoucy. De forte que fi dans les Langues Septentrionales, il n'y avoit rien d'approchant à ce mot de RAV en ce fens-là, il pourroit bien avoir tiré fa fource de ces origines Orientales.

Tout ce que j'en voudrois inferer feroit l'ufage ancien d'Efpagne, qui peut tenir du Gothique,

auffi

aussi bien que ma Bague d'or, & qui supprime la premiere syllabe du mot *Arra* ou *Arrabo*, & que même il ne seroit pas incompatible, que cette syllabe R A' gravée en cette Bague fust mise pour ARRA, & par même moyen la suivante r̄ē pour *Genialis*, comme on disoit *Lectus* ou *Thorus genialis*, le lit nuptial. Je ne sçay même si on ne pourroit pas croire que de ce mot ARRABO, RABO ou RAV fût formé celuy dont se sert le même Peuple en Provençal moderne, *Raubo*, en Italien *Robba*, en François *Robbe*, & en Espagnol *Ropa* & *Rasez*, pour nommer proprement les vestemens, & en general toute sorte d'ameublemens : car je n'en ay point entendu tirer d'etymologie, qui ait tant soit peu de vray-semblance. J'estime que la connoissance que vous avez des Langues Septentrionales vous en fera parler plus positivement. On pourroit aussi examiner si toutes ces Inscriptions Chrestiennes, n'ont pas esté faites pour des vœux funeraires, aussi bien que pour des nuptiaux, & comment on en pourroit tirer un sens juste, aussi bien que de l'autre, qui semble plus plausible, & qui se raporte jusques au *Nubat in Domino* de Tertullien. Je suis un peu trop pressé maintenant pour lire des Livres sur ce sujet, & je ne sçay comment j'ay pû dérober assez de temps pour vous écrire toutes ces bagatelles, dont je vous supplie me vouloir excuser, & imputer cette liberté à la bonté que vous avez euë de me l'accorder. Je suis &c.

V. T. H. S.   DE PEIRESK.

A Aix ce 6. Aoust 1619.

ONZIE'ME DISSERTATION,

Sur quelques Bagues d'or & d'argent.

VOicy un autre Bague d'or à peu prés du même poids que la precedente, qui fut trouvée à Lyon l'année 1679. Un Maſſon la porta à un particulier, qui la vendit à un Orfevre; & comme on travailloit alors aux fondement du Couvent des Religieuſes de Saint Pierre, il y a apparence qu'elle y a eſté trouvée. L'Orfevre me la laiſſa fort long-temps entre les mains pour la conſiderer. Elle eſtoit d'or tres-fin, ſemblable à celuy des Medailles; il y avoit une petite onyce enchaſsée groſſierement, ſur laquelle eſtoit gravé un homme aſſis devant une palme, le tout mal travaillé; auſſi n'eſt-ce pas ce qui me la faiſoit eſtimer. Ce que j'y trouvay de remarquable ſont les trois choſes ſuivantes.

I. Sa groſſeur & ſon poids extraordinaire pour une bague, car elle peſoit plus de quatre piſtoles & demy d'or: ce qui me faiſoit ſouvenir de ce que dit agreablement Juvenal dans ſa premiere Satyre, *qu'on n'auroit pas donné deux cens piſtoles à un Orateur pour plaider une cauſe, euſt il eſté auſſi habile que Ciceron, à moins qu'on ne luy euſt vû briller au doigt une bague extraordinairement groſſe.*

Ciceroni nemo ducentos,
Nunc dederit nummos, niſi fulſerit annulus ingens.

Et dans un autre endroit, *nec sufferre queat majoris pondera gemmæ.*

l. 33.   Pline dit aussi, que de son temps l'excès estoit si grand qu'il sembloit que l'on se vouloit faire estimer au poids des bagues que l'on portoit. *Jam alij pondera eorum ostentant.* Les premiers Romains ne portoient que des Bagues de fer, plus propres à des gens de guerre, tels qu'ils estoient, & ils les preferoient à des Bagues de prix. Le vieux Tarquin fut le premier qui en porta d'or, & pendant long-temps les Senateurs mesme n'en eussent pas osé porter. La coûtume s'établit ensuite d'en donner une en public à tous ceux qui alloient en Ambassade dans les païs Etrangers : & neanmoins ils ne les portoient qu'en public, & se servoient de celles de fer dans la maison. Pline assure que de son temps les accordées envoyoient à leur fiancez une Bague de fer, sans aucune pierre enchassée : enfin pendant ces Siecles-là, les Bagues d'or étoient en telle consideration qu'il y en eut une qui fut cause d'une guerre sanglante : Cepio & Drusus s'estant querellez dans un inventaire à qui elle demeureroit, & leur querelle ayant produit de grands démeslez. Il faut pourtant que dans la seconde guerre Punique elles fussent devenuës fort communes, puis qu'Annibal en envoya trois boisseaux à Carthage, pour faire connoistre le grand nombre de Chevaliers & de Soldats de marque qui avoient esté tuez dans la bataille qu'il avoit gagnée contre les Romains : car auparavant il n'estoit pas permis

Onziéme Dissertation. 177

au peuple d'en porter, & le droit de porter une bague d'or estoit comme des lettres de noblesse. Il est vray que depuis Commode on en honora mesme des Affranchis, & il n'y eut pas jusques aux Femmes, aux Esclaves & aux simples Soldats qui n'en portassent.

II. Ce qui est remarquable en second lieu dans nôtre Bague, c'est le nom de celuy à qui elle appartient, qui y est gravé MEMORINI: afin que si elle venoit à se perdre elle luy fut renduë. Ce nom de *Memorinus* est un surnom, qui peut avoir esté en usage dans plusieurs Familles, comme nous voyons dans plusieurs ceux de *Memor*, & *Memorianus*.

III. J'ajoute une troisiéme consideration que cette Bague estant fort épaisse, & ayant deux angles en dehors, qui incommodoient fort les doigts si on la mettoit au troisiéme ou quatriéme doigt, elle ne peut gueres avoir esté portée qu'au pouce pour n'en estre pas incommodé, car l'on en portoit à tous les doigts.

Monsieur de Peiresk dont le Cabinet estoit le plus curieux qui fût au monde pour les Antiquitez, comme je le vois par l'inventaire que j'en ay, avoit plusieurs autres Bagues antiques de differentes manieres, & entr'autres un gros Anneau d'or, dans lequel estoit enchassée une Medaille d'or d'Antonin Pie, le tout pesant six pistoles. Une Bague d'argent avec un jaspe gravé qui representoit une Diane entre Mars & la Victoire.

Une Bague d'argent émaillé de noir, avec une Sardoine Arabique dans un chaton cerclé d'or. Une Bague de cuivre dans lequel estoit enchassée une Medaille de bronze de l'Empereur Julien, avec le revers Isis faria. Un Anneau de fer avec une petite fleur d'argent au lieu de pierre. Un Anneau de fer avec une onyce cerclée d'or. Une Bague de Sardoine avec une tête gravée. Une Bague de cryftal avec une teste de femme en camayeul ou relief. Un Anneau d'or avec quatre perles enchaſsées. Monſieur de Peiresk avoit outre cela une prodigieuſe quantité de pierres gravées qui avoient autrefois ſervy à des Bagues pour cacheter, ſelon l'uſage ancien. Les Autheurs remarquent que ſous l'Empire de Claude on ordonna de faire les cachets ſur le métal meſme, & non pas ſur les pierres precieuſes, ne voulant pas qu'elles fuſſent profanées à cet uſage. Ceux qui ont traité de ces graveures & qui en ont en même temps donné pluſieurs au public, ſont Du-Choul, dans ſon Livre de la Religion des Romains, Gorlæus dans ſa *Dactyliotheca*, Auguſtin Romain dans un Livre expres, & Chifflet dans ſon *Abraxas*, ou *Apiſtopiſtus de gemmis Baſilidianis*.

Il n'y a pas long-temps qu'un Orfevre de cette Ville me fit voir une Bague d'or antique, peſant environ une piſtole, qui avoit en place de pierre un quarré de même metal, ſur lequel eſtoient gravées une teſte d'homme, & une teſte de femme qui ſe regardoient. Au deſſus eſtoit un oyſeau,

&

& vers le bout de son bec une petite couronne, avec ces lettres autour VIVATIS. Si l'on me demande ce que tout cela signifioit, je répons que c'est un *Annulus genialis*, ou Anneau de nopces, sur lequel estoient gravez les Portraits du Mary & de la Femme, dont l'union conjugale estoit marquée par une tourterelle, & par une couronne, le bon-heur qu'on leur souhaitoit dans le Mariage estant exprimé par ce seul mot VIVATIS *vivés*.

DOUZIÉME DISSERTATION.

Sur une Medaille Antique de Severe & Julia Domna.

CEtte Medaille qui estoit dans mon Cabinet, est presentement dans celuy de Monsieur de Camps, Coadjuteur de Glandeves, qui est un des plus beaux Cabinets de Medailles de l'Europe, & dont le possesseur s'y connoit tres parfaitement. La Medaille est de moyen bronze, comme nous appellons vulgairement celles de cette grandeur, tres bien conservée & d'un excellent Ouvrier. Elle represente d'un costé le visage de l'Empereur Severe & celuy de sa Femme Julia Domna, qui se regardent. On appelle en terme de Medailles cette situation de visages *Capita adversa*, & les testes qui se tournent le derriere l'une à l'autre *Capita aversa*, & celles qui sont l'une sur l'autre, celle de derriere avançant un peu plus, *Capita jugata*.

Leurs

Douzième Dissertation.

Leurs noms sont écrits autour en abregé, ΑΥΤΟΚρατωρ ΚΑΙσαρ Λουκι☉ ϹΕΠΤΙμι☉ ϹΕΟΥΗΡΟϹ ΙΟΥΛΙΑ ΔΟΜΝΑ ϹΕΒΑϹΤΟΙ. C'est à dire, *l'Empereur & Cesar Lucius Septimius Severus, & Julia Domna Augustes*. Ceux qui ne se connoissent pas en Medailles ny en Inscriptions doivent remarquer que les C sont des *sigma* ronds fort usitez dans les monumens Grecs gravez du temps des Empereurs Romains, depuis Auguste jusques à Constantin. La femme de l'Empereur Severe est appellée quelquefois *Julia Pia*, & d'autrefois *Julia Domna* : & les Curieux remarquent, que les Medailles où est gravé ce dernier titre sont plus rares que les premieres.

Les Sçavans & entr'autres Monsieur de Saumaise ont observé que le surnom de *Domna* étoit commun dans l'Egypte, dans la Syrie & dans tout l'Orient, de mesme que celuy de *Dominus*. On sçait que cette Imperatrice estoit Syrienne, & ainsi la pensée d'Oppien, qui a crû que ce mot de *Domna* étoit une Syncope de celuy de *Domina*, n'est pas fort juste. Un Autheur Moderne a pourtant fait la même faute, & a crû que toutes les Meres des Empereurs estoient appellez *Domnæ* ou *Dominæ*. Ce qui est opposé aux monumens anciens que nous en avons. Il est vray que dans le Siecle de Constantin, on donnoit le titre de *Domina* aux Imperatrices, comme celuy de *Dominus* aux Empereurs. Ainsi dans les Inscriptions on lit *Dominæ nostræ Helenæ*, & *Domino nostro Constan-*

tino ou *Diocletiano :* mais pour celuy de *Domna*, il est particulier à Julia femme de Severe, & quand celuy de *Pia* est ajoûté, celuy de *Domna* n'y est pas. Voicy une tres-belle Inscription apportée de Barbarie, par les soins du Cardinal de Medicis, & qui se lit presentement dans la galerie du grand Duc.

A Florence.

IVLIAE DOMNAE AVG.
MATRI CASTRORVM
MATRI AVGVST....
IMP. CAES. L. SEPTIMI SEVERI PII
PERTINACIS AVG. CONIVGI
Q. SILICIVS VICTOR ET C. TADIVS FOR
TVNATVS OB HONOREM FLAM.
SVI PERPETVI STATVAM CVM BASE

N. nu-
mum.
EX HS. BINIS MILIB. N. LEGI
TIMIS ADIECTIS TERTIS EX DE
CRETO PAGANOR. PAGI MERCVRIALIS
VETERANORVM MEDILITANOR.
S. P. F. IDEMQVE DEDICAVERVNT

C'est à dire,

A la gloire de Julia Domna Imperatrice Mere des Armées

Armées & des Empereurs , & femme de l'Empereur Cesar Lucius Septimius Severus Pertinax Pieux & Auguste , Quintus Silicius Victor & Cajus Tadius Fortunatus , en reconnoissance de l'honneur qu'ils ont receu de leur Sacerdoce Perpetuel , luy ont fait élever une Statuë avec sa base , du prix de deux mille Sesterces de bon aloy, un tiers ayant esté ajoûté à cette somme par arrest des habitans du Bourg Mercurial peuplé des soldats Veterans , ou Licentiez (Medilitanorum) *ce qu'ils ont fait à leurs dépens , & ensuite l'ont dédiée.*

Le tiltre *de Mater Castrorum* , se trouve aussi dans les Medailles de *Julia Domna* , de mesme que dans celles de Faustine la jeune auquel est ajoûté celuy de *Mater Patriæ & Augustorum : Mere des Armées, Mere de la patrie & Mere des Empereurs*, car elle avoit deux fils Empereurs Caracalla & Geta : ce qui confirme le sentiment de ceux qui croyent qu'elle estoit aussi bien Mere de Caracalla que de Geta, contre les autres qui disent qu'elle n'estoit que Belle Mere du premier , comme l'assurent entr'autres Spartien , Eutrope & Aurelius Victor. Ils assurent mesme que Caracalle l'épousast apres la mort de son Pere, ce que les Auteurs contemporains n'ont pas écrit. Au contraire Dion dit que Julia estoit Mere de Caracalle, *Julia Tarantis mater cognitâ filij cæde :* Car *Tarantes* estoit un sobriquet de Caracalle. Et en parlant du temperament de cet Empereur, il dit qu'on remarquoit en luy l'esprit malicieux de sa Mere & des Syriens : *inerat ei malitia Matris , Syrorúmque.* Si bien que Julia estoit

sa

sa Mere: & lorsque les deux Freres Caracalla & Geta commencerent leurs démeslez, elle les traite également, & leur dit ces paroles qu'Herodien nous rapporte. *Vous avez, mes chers Fils, partagé entre vous deux la terre & la Mer, mais comment partagerez vous vostre Mere ?* Si elle n'eust esté que Belle Mere, la raison qu'elle apportoit pour les unir, n'auroit pas esté trop forte. Philostrate qui estoit fort bien à la Cour de Severe nomme aussi Caracalle fils de Julia.

Dans l'Inscription de Gruter pag. 266. où il faut corriger DONINÆ pour DOMNAE, elle est nommée *Mater Cæsaris Antonini*, & dans celle-cy quoy qu'à la fin de la troisiéme ligne il manque quelques lettres, il faut lire *Matri Augustorum*, suivant les Medailles & les autres Marbres : ou bien *Matri Augusti nostri*, c'est à dire, Mere de nôtre jeune Empereur, comme dans l'Inscription d'Albano que nous citerons cy-dessous. *Pagus Mercurialis* estoit sans doute prés du promontoire d'Afrique appellé *Hermæum* ou *Mercurij*, qui n'est pas loin de Tunis : & c'est de là qu'est venu ce Marbre. Pour le *Medilitanorum*, je ne sçay quel Païs ce peut-estre.

Le revers de la Medaille n'est pas moins considerable. L'Inscription en a esté faite par les *Seleuciens voisins du Fleuve Calycadnus*, ϹΕΛΥΚΕΩΝ ΤΩΝ ΠΡΟϹ ΚΑΛΥΚΑΔΝΩ. Car comme il y avoit plusieurs Villes qui portoient le nom de Seleucie, il estoit necessaire de les distinguer. Pline parle de
Seleucie

Douzième Dissertation. 185

Seleucie auprés de la riviere Belus en Cœlesyrie. Il y en avoit une autre dans la mesme Province, mais elle portoit le surnom *de Pieria*. Une troisiéme dans le Païs des Babyloniens prés de la riviere Hediphon. Une quatriéme, sur le Tigre surnommée Babylone, & à present Bagded : Une cinquiéme dans la Pisidie : & enfin celle-cy dans la Cilicie sur le rivage de la riviere Calycadnus, à laquelle Seleucus Nicator fit porter son nom : car elle s'appelloit auparavant *Holmia* & *Hyria*. C'est la mesme que Ptolomée appelle *Seleucia Trachea*, & Pline, *Seleucia Tracheotis*, à cause de la Cilicie Trachée où elle estoit située. Et le mot de *Trachée* en Grec signifie *Montagneuse* ou *Raboteuse*. On la nomme encore à present *Seleucia*.

La figure que ce revers represente est un Char tiré par deux Pantheres, sur lequel est monté un jeune-homme qui tient de la main gauche un pot, & sur les bras une peau de Tigre. C'est ce qui le fait connoistre pour Bacchus dompteur des Indes & autres païs Orientaux, puis qu'il est representé sur un Char de Triomphe, le dard à la main & son ennemy prosterné devant luy. Le pot qu'il tient à la main luy sert pour abreuver les Pantheres, & la peau de Tigre ou de Panthere qu'il porte sur le bras est le symbole qui l'accompagne ordinairement. Les Tigres & les Pantheres estoient comme l'on sçait, des animaux dédiez à Bacchus. *Les Anciens*, dit Athenée, *considerant* l. 2. *que le vin fait faire aux Yvrognes des actions violen-* ch. 2

Z *tes*

tes, comparent Bacchus tantôt à un taureau & tantôt à une Panthere : car il y en a quelques-uns que le vin rend furieux comme les Taureaux, & d'autres qui enragent de se battre comme les Pantheres. Les Pantheres sont une espece de Leopards, & on en fait la difference, parce quelles sont plus blanches & plus remplies de taches que les Tigres. Tous ces animaux servoient de victimes à Bacchus, comme dit Phurnutus : soit à cause de leurs taches, ou parce que les mœurs les plus sauvages sont adoucies par l'usage moderé du vin. Le Philosophe Albricus dit qu'on dépeignoit Bacchus, avec un visage de femme, la poitrine nuë, la tête avec des cornes, couronnée de fueilles de Vigne, & monté sur un Tigre, tenant de la main gauche un pot, & de la droite une grappe de raisin. Mais ces representations des Dieux n'estoient pas toûjours égales, & les monumens anciens nous le representent rarement avec des cornes. Ce qui nous fait remarquer que dans ce portrait il n'est pas representé comme le Dieu des yvrognes ; mais comme le vainqueur de l'Orient, à cause dequoy il ne paroit point couronné de fueilles de vigne, ni gras & potelé comme une femme, mais armé d'un dard & non pas d'un raisin.

Les Seleuciens ont voulu sans doute flatter l'Empereur Severe par cette allusion des victoires de ce Dieu, à celles qu'il avoit remportées sur les Arabes, les Adiabeniens, les Parthes, & Osrhoëniens, peuples Orientaux qu'il avoit domptez, comme
avoit

Douziéme Dissertation. 187

avoit fait le Dieu Bacchus. Cette flaterie ingenieuse ne pouvoit manquer de luy plaire, car il estoit extremement ambitieux, & il avoit une veneration particuliere pour Bacchus, comme on peut le juger par une de ses Medailles, où il le reconnoit avec Hercule pour un de ses Dieux tutelaires : ces deux Divinitez y estant representées debout avec ces mots DIIS AVSPICIBVS. Et comme Bacchus avoit subjugué l'Orient en peu de temps : de mesme Severe avoit défait avec une vîtesse presque incroyable dans le commencement de son regne, trois pretendans à l'Empire, Didius Julianus, Pescennius Niger, & Albin. Herodien remarque que dans la harangue qu'il fit à ses Soldats lors qu'il se preparoit à marcher contre Albin, il leur dit ces paroles : *Allons mes amis, sous les auspices des Dieux dont ce perfide s'est mocqué avec impieté.*

Le chariot sur lequel est tiré Bacchus confirme encore ce que nous venons de dire, car c'est un char de Triomphe, de la maniere de ceux sur lesquels les Empereurs entroient en triomphe à Rome. Il est certain que Severe avoit merité le triomphe pour ses conquestes sur ces peuples Orientaux, comme on le reconnoit par les Medailles & les Inscriptions, & mesme par l'arc de Triomphe qui luy fut élevé au pied du Capitole : mais il le refusa pour éviter l'envie du peuple comme s'il eust voulu triompher des Citoyens, car les Parthes, les Arabes & les Adiabeniens n'avoient esté engagez à se déclarer contre luy, qu'en prenant le party de Pescennius Niger qui pretendoit à l'Empire aussi bien que luy, & qui estoit reconnu par les legions des Romains, répanduës en Orient. Mais comment prendre le parti de Spartien, qui nous assure dans la vie de Severe, que cet Empereur refusa, pour ne pas irriter les Parthes, le surnom de Parthique qu'on luy vouloit donner; puisque ses Medailles & ses Inscriptions luy donnent tres-souvent ce titre? Outre les marbres qui sont dans Gruter, en voicy d'autres qui le confirment, & qui nous apprennent tous ses titres.

I

A Albano.

IMP. CAES. L. SEPT. SEVER. PII PERT. AVG.
PARTH. ET IMP. CAES. M. AVREL.
ANTONINI
PII FELIC. AVG. PARTH. MAX. BRITANN.
MAX. P.P. ET IVLIAE AVG. MATR. AVG.
N. ET SENAT. ET PATRIAE ET CASTR.
  MINERVAE AVG. SACRVM
D ASIMIVS FIRMAN. CORN. LEG.
 ET AVR.
VICTORIN. ACTAR. CVM IMM.
 LIB. ET
  EXACTIS VOT. M. F.

2.
A Sessula.

HERCVLI SANCTISS. INVICT. SACRVM.
PRO RED. IMP. CAES. L. SEPTIMII
SEVERI PII PERTINAC. AVG. P. S.
ET POP. SVESSVL. M. IVNIVS M. F.
STEL. SEVERIANVS II. VIR. D. T.

3.
A Palerme.

IMP. CAES. SEPTIMIO SEVERO
PIO PERTIN. AVG. ARAB. ADIABEN.
PART. MAX. PONT. MAX. TR. POT. VI
 IMP.
XI. COS. II. P.P. PROCOS. IMP. CAES. DIVI
M. ANTONINI PII GERM. SARMATIC. F.
DIVI COMMODI FRATRI DIVI ANTONI
NI PII NEPOTI DIVI HADRIANI PRONE
POTI DIVI TRAIANI PARTHICI ABN.
DIVI NERVAE ADNEPOTI INDVL
GENTISSIMO ET CLEMENTISSIMO
  PRINCIPI
DOMINO NOSTRO RES. P. PANHORM.
IJ VIR. SATYRI DONATI ET M. MAECI
   RVFINI D. D.

4.
A Anagnia.

IMP. CAES. L. SEPTIMII PII PERTINACIS AVG.

ARABICI ADIABENICI PARTHICI MAXIMI

FORTISSIMI FELICISSIMI P.P. FILIO M.
AVRELIO ANTONINO PIO FELICI AVG.
TRIBVNIC. POTEST. IIII COS. PROCOS.
S.P.Q. ANAGNINVS

5.
A Rome.

LVNAE AETERNAE SACR.
PRO SALVTE
IMPER. CAES. L. SEPTIMI
SEV. PII INVIC. PRIN.
PON. MAX. P.P.
IVL. BALBILLVS IVL. F.
ANVLLINVS
PRAEF. VIGIL. V. S. L. M.

Voicy

Voicy l'explication literale de chacune.

1. A l'honneur de l'Empereur Cesar Luce Septime Severe Pertinax Pieux, Auguste & Parthique : & de l'Empereur Cesar Marc-Aurele Antonin Pieux, Heureux, Auguste, Parthique tres-grand, & Britannique, Pere de la Patrie : & de Julie Auguste Mere de nôtre jeune Empereur, du Senat, de la Patrie, & des Armées, a esté consacré ce monument à Minerve Auguste, par Dasimius Firmanus Cornette d'une Legion, & Aurelius Victorinus avec les autres Citoyens privilegiez, qui se sont aquittez de leurs vœux.

2. Au Dieu Hercule tres-saint & invincible, pour l'heureux Retour de l'Empereur Luce Septime Severe Pertinax Cesar, Pieux, & Auguste, par le testament de Marcus Junius Severianus fils de Marcus de la tribu Stellatine, Duumvir, pour luy & pour le peuple de Sessula. C'est ce qui confirme ce que nous avons dit qu'Hercule estoit un des Dieux tutelaires de Severe.

3. A l'honneur de l'Empereur & Cesar Luce Septime Severe Pertinax, Pieux, Auguste, Arabique, Adiabenique, Parthique tres-grand, Souverain Pontife, joüissant de la sixiéme puissance de Tribun, General d'Armée pour la onziéme fois, Consul pour la seconde, Pere de la Patrie, Proconsul, fils du divin Marc-Antonin Pieux Germanique & Sarmatique, frere du divin Commode, petit fils du divin Antonin Pie, arriere fils du divin Hadrien, petit fils du petit fils du divin Trajan Parthique, arriere fils du petit fils de Nerva, tres-indulgent & tres-clement Prince, nostre Souverain Seigneur, don-

ré & dedié, par la Republique de Palerme, sous le Duumvirat de Publius Satyrius Donatus & Marcus Mæcius Rufus.

4. A l'honneur de l'Empereur & Cesar Marc-Aurele Antonin, Pieux, heureux, Auguste, jouissant du Tribunat pour la quatriéme fois, Consul & Proconsul, fils de Luce Septime Severe Pertinax, Pieux, Auguste, Arabique, Adiabenique, Parthique tres-grand tres-vaillant & tres-heureux Pere de la Patrie, par les soins du Senat & du Peuple d'Anagnia.

5. Consacré à la Lune Eternelle, pour la Santé de l'Empereur Cesar Luce Septime Severe, Prince pieux & invincible, grand Pontife & Pere de la Patrie, par les soins de Julius Balbillus Anullinus fils de Julius, Capitaine des Gardes, le vœu ayant esté executé volontairement & de la maniere qu'il avoit esté resolu.

Voicy enfin une belle Inscription de Severe, qui merite d'estre leuë des Curieux. C'est une Colonne Milliaire dont les Anciens se servoient pour marquer les Milles & les distances. Je l'ay trouvée dans les manuscrits de M. de Peiresk, & Monsieur l'Abbé Pecoil de Lyon, grand Voyageur & grand amateur de la langue Grecque, & de la belle literature, m'a assuré l'avoir vûë en visitant les Antiquitez du Levant: aussi bien que le fragment qui se trouve au mesme lieu.

A

A deux milles de Sidon, en allant du costé de Tyr.

```
IMPERATORES
CAESARES
L. SEPTIMIVS SE
VERVS PIVS PER
TINAX AVG. ARA
BICVS ADIABENIC.
PARTHICVS MAXI
MVS TRIBVNICIA
POTEST. VI. IMP. XI. COS. II.
PROCOS. P. P.
ET M. AVREL. ANTONI
NVS AVG. FILIVS EIVS
VIAS ET MILIARIA
PER Q. VENIDIVM RVFFVM
LEG. AVG. PR. PR. PRAE
SIDEM PROVINC. SYRIAE
PHOENIC. RENOVAVERVNT
II
```

Fragment de Colonne au mesme endroit.

```
::::::::::::::::::::::::::::
ET VIAS ET IMPERIVM
PROVINCIAE SYRIAE
    RENOVAVIT
.........................
VENIDEVM RVFFVM
.........................
```

L'Inscription cy-derriere signifie:

Les Empereurs Cesars Luce Septime Severe, Pieux, Pertinax, Auguste, Arabique, Adiabenique, Parthique tres-grand, joüyssant de la puissance des Tribuns pour la sixiéme fois, declaré General d'Armée pour la onziéme & Consul pour la seconde, Proconsul & Pere de la Patrie; & Marc-Aurele Antonin Auguste son fils, ont fait faire les reparations des chemins publics & des Milliaires, par les soins de Quintus Venidius Ruffus, Lieutenant Imperial du Preteur, & Gouverneur de la Province de Syrie Phenicienne.

Les deux II signifient que cette Colonne étoit le deuxiéme Milliaire, à compter depuis Sidon, où commençoient les grands chemins de ces quartiers là.

TREIZIÉME DISSERTATION,

Sur une peinture antique trouvée à Rome depuis quelques années, proche le Colisée.

a antiqua prope Amphitheatrum Romæ reperta, ex J. P. Bellori vestigiis veteris Romæ

res aliiq. ministri et milites præcedunt triumphantem Romam, quam coronat à tergo victoria

ON a dit des choses si surprenantes des Ouvrages des anciens Peintres, que l'on ne sçauroit douter de leur excellence. Peu de gens ignorent le défy de Zeuxis & de Parrasius, les deux plus fameux Peintres de leur siecle, dans le temps que les Arts fleurissoient en Grece. Le premier trompa les oyseaux par des fruits representez

A a 2 au

au naturel, & le dernier trompa son concurrent mesme par la peinture d'un rideau, derriere lequel Zeuxis chercha son ouvrage. Mais ce que j'admire encore beaucoup, c'est la durée de leur peinture, qui estoit sans doute l'effet de la juste proportion des couleurs qu'ils employoient. Pline dit, que la peinture du Temple de la Santé, faite en l'an de Rome 450. s'estoit conservée jusqu'à son temps, c'est à dire environ 250. ans; & si elle n'eust esté envelopée dans l'incendie du Temple de Claude, elle eust pu durer encore longtemps. Mais sans consulter là dessus les Auteurs, il ne faut que considerer ce qui reste à Rome de la peinture ancienne, dont les plus petits morceaux y sont conservez. Il y en a qui est du temps que regnoit encore le paganisme, & par consequent qui n'est pas moins ancienne de quatorze ou quinze siecles. On le juge par les ceremonies & les Divinitez des Payens qui y sont representées, & par la bonne maniere qui estoit alors en usage, & qui degenera ensuite avec la decadence de l'Empire & du Paganisme, aussi bien que tous les autres Arts & les belles Lettres, pour lesquelles la simplicité du Christianisme sembloit avoir de l'aversion.

On voit encore à Rome une de ces anciennes peintures que l'on conserve à la vigne Aldobrandine, où est representée la ceremonie d'une nopce, & M. Bellori, tres-habile Antiquaire, nous a donné l'explication d'une autre, trouvée il y a quelques

quelques années dans le sepulcre de la famille Nasonia. C'est à luy-mesme que nous devons le dessein de celle que je presente icy aux curieux.

C'est une peinture à fresque, trouvée sur la muraille d'une salle basse découverte sous terre proche le Colisée, ou Amphiteatre de Tite ; & comme l'on sçait que ces peintures à fresque sont bien moins durables, que les peintures à huyle, qui sont d'invention moderne, il est surprenant de voir que celle-cy se soit si bien & si longtemps conservée.

Cette peinture nous represente donc Rome triomphante, environnée de Soldats & d'Officiers de la Republique, dont je vais examiner chaque figure en particulier.

Rome qui est le principal personnage du Tableau est vétuë en Pallas, avec un air jeune, qui signifie que Rome estoit dans la vigueur de la jeunesse, & qu'elle ne vieillissoit point. Elle a le casque en teste & la pique à la main, avec un habit long, pour marquer qu'elle estoit également preste à la guerre & à la paix : puis qu'elle estoit habillée comme Pallas que l'on representoit avec la pique & le casque, & comme Minerve que l'on dépeignoit avec la robe longue. Dans les Medailles Consulaires, on trouve tres-souvent cette teste de Rome, de la maniere qu'elle est icy dépeinte, & mesme dans quelques Medailles Grecques on la voit jointe avec celle du Senat representé en vieillard, parce que le Senat estoit composé

posé de vieillards ou du moins de gens meurs & de bon conseil, tels que sont ordinairement les personnes à qui l'usage a donné de l'experience dans les affaires du monde. Les titres qui accompagnent ces deux testes de Rome & du Senat dans les Medailles Grecques, sont compris chacun en deux mots de grand poids pour s'attirer la veneration des peuples, ΘΕΑ ΡΩΜΗ, la *Deesse Rome*, & ΘΕΟΣ ΣΥΝΚΛΗΤΟΣ, ou ΙΕΡΑ ΣΥΝΚΛΗΤΟΣ, *le Dieu Senat*, ou *le sacré Senat*. Ainsi ils engageoient leurs sujets à obeïr aux ordres de Rome & du Senat, par un motif de respect pour leur Divinité & Sainteté. Ils avoient mesme élevé dans tout l'Empire des Temples à l'honneur de la Deesse Rome, & enfin les moindres titres de leur flaterie estoient ROMA VICTRIX, ROMA INVICTA, ROMA ÆTERNA, ROMA SACRA: *Rome victorieuse, Rome invincible, Rome eternelle, & Rome sacrée*. Les deux premiers eloges sont tacitement exprimez dans le type de cette peinture, puis que Rome y est assise sur un monceau d'armes, & proche d'un trophée élevé des dépoüilles des ennemis vaincus, avec un captif les mains liées derriere le dos, au pied de ce trophée.

Ce Captif est un barbare, c'est à dire, un étranger qui n'estoit point des Sujets ordinaires de la Republique de Rome: ce qui se reconnoît par sa barbe mal peignée, & par ses haut-de-chausses, qui luy vont jusques sur le pied; car cette sorte de vestement n'estoit pas en usage chez les Romains.

mains, qui alloient presque toûjours la jambe nuë, & comme l'on peut remarquer à ces figures, le plus souvent avec de simples sandales, qui joignoient par des courroyes sur le cou du pied, ou quelque fois avec des bottines à demy-jambe particulierement en temps de pluye.

A côté de Rome est un Soldat ou Officier Romain, qui porte d'une main un Bouclier sans épée, comme les autres figures, ce qui montre que c'est plutôt icy la peinture de Rome triomphante, & qui jouïssoit du fruit de son triomphe pendant la paix, que de Rome guerriere, les armes à la main, pour faire trembler ses ennemis. Aussi le triomphe ne s'accordoit qu'à la fin de la guerre, & la pique que Rome tient à la main, & celle du Soldat qui conduit un cheval sont des *hastæ puræ*, comme ils appelloient les piques sans fer, qui servoient de sceptre & de marque d'autorité, & non pas des piques armées, destinées pour la guerre.

Le cheval de main qui vient ensuite, n'est couvert que d'une simple housse, comme c'estoit l'usage des Romains, qui ne se servoient ni de selles, ni d'étrieus, ce qui fait que Galien remarque en quelque endroit que les Cavaliers Romains de son temps estoient sujets à des maladies sur les jambes, pour n'avoir pas eu les pieds appuyez à cheval. Et Hippocrate avoit observé avant luy que les Scythes qui alloient beaucoup à cheval, souffroient des fluxions sur les jambes, à cause qu'elles

les leur pendoient du cheval.

Le caractere le plus expressif de la majesté & de l'autorité de Rome, sont les deux Licteurs ou Porte-haches qui paroissent icy avec les marques de leur office, c'est à dire, avec les haches attachées à un manche long environné d'un faisseau de verges, ce qui leur donnoit le nom de *Fasces*, & de *Secures*. Romulus fut le premier qui les établit pour inspirer dans l'esprit des Peuples du respect pour les Magistrats. Les Dictateurs qui estoient des Souverains Magistrats éleus dans quelque necessité pressante de la Republique, avoient vingt-quatre Licteurs qui marchoient devant eux. Les Consuls en avoient douze; les Proconsuls & les Preteurs ou Gouverneurs des Provinces, six; les Preteurs ou Prevosts de ville, deux. Ainsi l'on reconnoissoit la qualité d'un Seigneur Romain, par le nombre de ses Portehaches.

Dés le premier commandement qu'un de ces Magistrats faisoit, les Portehaches lioient les mains aux coupables, ce qui leur donna le nom de Licteurs. Cette premiere sentence se prononçoit en trois mots *Lictor, colliga manus*. Ensuite le Magistrat ajoûtoit *Virg's cæde*, Frappez des verges, & ces Licteurs délioient leurs verges & foüettoient le criminel. Enfin si le crime estoit atroce, & que le Juge ajoutât *Plecte securi*, Frappez de la hache, ils coupoient la teste au criminel avec leur hache sans autre formalité. Ainsi les haches estoient non seule seulement la marque de l'autorité de la Justice, mais aussi les instrumens de ses executions.

A l'égard des autres Magistrats de Police, comme les Ediles & les Tribuns du Peuple, dont l'employ estoit plutôt de faire maintenir les loix que d'en donner eux-mesmes, ils n'avoient point de Licteurs, mais seulement des especes de Sergens appellez *Viatores*, parce qu'ils estoient souvent *en chemin* pour assigner les parties. Il est assez vray-semblable que les deux personnes qui sont dans cette Planche à côté du cheval, sont de ces Sergens, qui n'avoient aucune marque de leur charge, comme en avoient les Licteurs.

Au reste quand les Magistrats qui de droit estoient precedez par les Licteurs, vouloient avoir de la deference pour le Peuple ou pour quelque personne d'un merite particulier, ils renvoyoient leurs Licteurs, ce qu'on appelloit *submittere fasces*. C'est ainsi qu'en usa le politique Consul Publicola, qui devant haranguer le Peuple Romain renvoya auparavant ses Licteurs : *Fasces*, dit Tite Live, *Majestati populi Romani submisit*. Et le grand Pompée entrant dans la maison du Philosophe Possidonius congedia sur la porte ses Licteurs, pour faire honneur aux lettres qu'il cultivoit avec soin. Cela me fait souvenir de la noblesse Venitienne, qui dans les gouvernemens de Provinces peut avoir un nombreux Cortege de domestiques, mais qui estant à Venise, n'a pas la permission d'avoir un valet à sa suite.

Voilà

Voilà ce que j'avois à dire fur cette belle peinture qui fe fait affez admirer d'elle mefme, fans qu'il foit neceffaire d'en dire davantage, & dont le deffein feul ne pouvoit manquer d'eftre bien receu des Curieux, quand mefme je ne luy aurois prefté aucun Commentaire.

QUATORZIE'ME DISSERTATION:

Sur une Medaille de Commode.

CEtte Medaille qui eſtoit autrefois dans mon cabinet, & qui eſt preſentement dans celuy de Monſieur Decamps Coadjuteur de Glandeves, eſt rare & ſinguliere : car quoy que j'aye veu dans mes Voyages preſque tous les Cabinets de France, d'Italie & d'Allemagne, je n'en ay trouvé de ſemblable que dans celuy du Roy à Paris, où on l'avoit en moyen bronze, & dans celuy du feu Cardinal de Medicis, où elle eſtoit en grand bronze : mais beaucoup moins conſervées l'une & l'autre que celle-cy, qui outre qu'elle eſt d'un bon Maître, eſt couverte d'un beau vernis verd antique. Les Curieux n'ignorent pas que les Medailles de Commode ſont fort communes : mais le revers de celle-cy eſt ſi particulier, qu'il ne s'en trouve peut-eſtre aucun dans le grand nombre de Medailles Conſulaires & Imperiales qui nous reſtent, où ſoit repreſenté comme dans celuy-cy, un vaiſſeau à voiles ſeules ſans rames.

Cette sorte de Bastiment s'appelloit par les Romains *Navis oneraria*, Vaisseau de charge: parce qu'il estoit plutôt destiné à porter des marchandises, ou des provisions, que pour servir dans les combats: quoy qu'on les armât quelquefois en guerre, comme on fait à present des Barques, des Polacres, & des autres Bastimens destinez pour les voitures. Tite-Live parlant de la Bataille navale donnée contre ceux de Tarente, dit qu'il y eut de ces sortes de Vaisseaux, qui suivoient l'armée chargez de vivres, qui furent pris par les Ennemis. *Mox prædæ fuere Thurinis, Metapontinísque, ex onerariis quæ cum commeatu sequebantur, perpaucæ in potestatem hostium venere: aliæ ad incertos ventos hinc atque illinc obliqua transferentes vela in altum evectæ sunt.*

Plaute nomme cette sorte de Vaisseau *Navis geraria*, parce qu'on les employoit à porter des vivres, des munitions de guerre & des soldats: & Cesar dans ses Commentaires l'appelle *Navis frumentaria*, à cause du bled dont on les chargeoit. On appelloit aussi ces Vaisseaux de son temps dans les Gaules *Pontones*, des Pontons, dont le nom est encore en usage. Le passage est remarquable au troisiéme Livre de la guerre civile. *Pleráſque naves in Italiam emittit ad reliquos milites, equitéſque tranſportandos, Pontones, quod eſt genus navium Gallicarum Lyſſi reliquit.* Il envoya, *dit-il*, la plus grande partie des vaisseaux en Italie pour transporter le reste des Soldats & des Cavaliers; & laissa à Lysse

Quatorziéme Dissertation.

Lysse les *Pontons*, qui est une espece de navire des Gaules.

On leur donnoit le nom de *Corbita*, quand on y ajoûtoit une corbeille, c'est à dire, une hune au grand masts. *Corbita*, dit Nonius, *est une espece de vaisseau grand & pesant*. Cela a donné lieu au Proverbe de Plaute contre les paresseux qu'il compare à ces Vaisseaux; *Tardiores multò quàm Corbitæ in tranquillo mari:* car il n'y a rien de plus pesant qu'un navire de charge à simples voiles dans la bonace. Et le mesme Autheur applique plaisamment le mot de *Corbitare*, à ceux qui se remplissent le ventre, comme on feroit un vaisseau, de vivres.

Le Vaisseau de charge estoit souvent à trois voiles: c'est pourquoy on le nommoit *Triarmenos:* mais il n'en paroit icy que deux, l'un au grand masts, & l'autre pres de la proüe. Le Pilote est assis seul sur la poupe, sans aucuns matelots qui l'accompagnent, pour marquer que le gouvernement de l'Empire estoit dans la seule teste de Commode, comme celuy du vaisseau dans celle du Pilote. Si cela n'est pas trouvé fort juste, il est pourtant certain, qu'on le flatoit de mille Eloges plus impertinens, jusques à appeller son regne le siecle d'or, & à luy donner les Epithetes d'Hercule, d'Invincible, & de Pacificateur du genre humain. J'ay vû une Medaille singuliere de ce Prince ambitieux, frappée à Nicée, où ces paroles se lisent dans une couronne, ΒΑΣΙΛΕΥΩΝ-

ΤΟΣ ΚΟΜΟΔΟΤ Ο ΚΟΣΜΟΣ ΕΥΤΥΧΗΣ, c'eſt
à dire, que *tout le monde*, eſtoit *heureux ſous l'Empire
de Commode*.

Derriere le Pilote paroit une maniere d'ornement de navire fait en croc qu'on mettoit à l'extremité de la proüe, ou de la pouppe, comme il
eſt icy placé. C'eſt ce qu'ils appelloient *Acroſtolium*,
& les vaiſſeaux qui avoient ſervy à remporter
quelques victoires, portoient ceux qu'ils avoient
pris ſur les ennemis. On peut comparer à cela les
fers polis & tranchans, en maniere de col de canard, que les Venitiens mettent à la proüe de
leurs Gondoles. Ce pourroit eſtre auſſi cet ornement de la pouppe qu'ils appelloient Anſerculus,
petit Canard, & en Grec χίωισκ⊙, dont Bayfius
nous donne la figure, en teſte d'oye.

L'Inſcription qui ſe lit ſous le Vaiſſeau, P R O-
V I D. A V G. fait connoître que le Senat Romain a
voulu exprimer par cette Medaille, la *Prevoyance
de l'Empereur* pour tous les beſoins de ſon Eſtat;
en envoyant des Vaiſſeaux de tous côtez pour
procurer par tout l'abondance des choſes necef-
ſaires à la vie. Il y a meſme beaucoup d'apparence qu'il a voulu marquer quelque action particuliere de cette nature, faite dans une certaine
année de ſon regne. Cette année eſt deſignée par
ces lettres abregées, qui ſont autour du vaiſſeau,
P. M. TR. P. XI. IMP. VIII. COS. V. P. P. qui
ſignifient que la Medaille a eſté frappée, Commode eſtant *ſouverain Pontife*, *jouyſſant de la puiſſance*

sance des Tribuns du peuple pour la onziéme fois, declaré General d'Armée pour la huitiéme, Conful pour la cinquiéme fois, & honoré du titre de Pere de la Patrie. C'est exprimer beaucoup de choses en peu de lettres, & si les Romains ne marquoient pas l'année courante, comme ils auroient pu faire celle de la fondation de Rome, ils la distinguoient du moins fort souvent par des circonstances particulieres des Consulats, & du pouvoir de Tribun que l'on renouvelloit tous les ans au Prince regnant. Il est à remarquer que cette puissance leur estoit souvent conferée avant qu'ils fussent Empereurs, des lors qu'ils estoient declarez Cesars ou successeurs de l'Empereur vivant. Ainsi cette année de Commode, si l'on consulte les Fastes ou Tables Consulaires, répond à l'année de la fondation de Rome 939. & à celle de Nôtre Seigneur 187. qui estoit la sixiéme du regne de Commode : car il avoit eu la puissance de Tribun, cinq années avant la mort de Marc-Aurele son Pere conjointement avec luy.

Cette prevoyance particuliere qu'on a voulu icy designer est connuë par une autre Medaille rapportée & gravée dans Oyselius à la planche LXI. & dans quelques autres Autheurs. C'est dans un revers d'une Medaille d'or, & d'une de grand bronze de cet Empereur, où se lisent ces deux mots PROVIDENTIAE AVG. avec deux figures debout. L'une est Commode representé en Hercule; car il affectoit d'estre vétu avec la dé-
pouille

poüille de Lyon, se faisant mesme appeller Hercule Commodien, & exigeant des sacrifices comme un Dieu. Il pose son pied droit sur une proüe de navire, ce qui marque quelque belle action qu'il fit sur la mer. L'autre figure est une femme coiffée d'une dépoüille d'Elephant, avec un Serpent à ses pieds, qui est le type ordinaire avec lequel les Romains representoient l'Afrique fertile en Elephans. Elle tient d'une main le *Sistre* de la Deesse Isis, Divinité celebre parmy les Egyptiens. Elle presente à Commode une poignée d'espics de bleds: pour marquer la vigilance de ce Prince, à faire venir de l'Afrique & de l'Egypte les grains necessaires pour la subsistance de l'Italie & du reste de l'Empire. C'est pourquoy Lampridius dans la vie de Commode, dit *qu'il fit équipper une flotte destinée pour faire tous les ans le trajet en Afrique, afin que si les bleds d'Alexandrie venoient à manquer, on eust de ceux de l'Afrique.* Ainsi cet Autheur explique nôtre Medaille, & la Medaille confirme à son tour ce qu'avance cet Historien.

Classim Africanam instituit quæ subsidio esset, si forte Alexandrina frumētaria cessassent.

Ce n'est pas qu'avant le regne de Commode, on ne fist venir en Italie des bleds de l'Afrique: mais il n'y avoit point de compagnie de Marchands, ni de flotte destinée pour cela, comme il y en avoit pour Alexandrie depuis le temps d'Auguste. Voila tout ce que je puis dire de plus vray-semblable & de plus raisonnable sur cette Medaille, sans parler des titres de Commode qui se lisent autour de sa teste, puis qu'ils ne peuvent estre

estre ignorez de ceux qui sçavent tant soit peu l'Histoire, & qu'ils sont communs à tous les autres monumens antiques erigez à l'honneur de ce Prince.

QVINZIE'ME DISSERTATION,

Contenuë dans une lettre de Monsieur Antoine Galland, écrite à l'Autheur, sur un Medaillon de Trebonien.

VOus me demandez, Monsieur, une description du Medaillon de Trebonien, que j'apportay l'année passée de Smyrne pour le Cabinet du Roy. Je le fais avec plaisir, autant pour m'aquiter d'un devoir indispensable d'amitié, que pour contribuër quelque chose de ma part au recueil que vous voulez donner au public des Antiquitez. Je diray ma pensée en peu de mots, n'ayant pas icy tous les livres, qui me seroient necessaires, & je me contenteray de vous marquer ce que ma memoire me pourra fournir de plus propre au sujet.

Ce beau Medaillon Grec eſt d'une entiere conſervation. Il repreſente d'un côté l'Empereur *Trebonien*, & de l'autre la façade d'un Temple tetraſtyle, c'eſt à dire, à quatre colonnes. Sur le devant de la porte on voit un Apollon aſſis, aiſé à reconnoître par la lyre qu'il tient à la main, & ſous les degrez du Temple on lit ces characteres, ΤΟ ΚΟΙΝΟΝ ΙΩΝΩΝ, *La Communauté des Joniens*. Sous ces lettres on voit un bœuf aux pieds d'un Autel, & autour on remarque treize perſonnes diſposées en demy-cercle qui levent les mains en haut, avec cette Inſcription ſous les bords de la Medaille : ΕΠΙ ΚΛ. ΑΡΙCΤΙΩΝΟC ΙΕΡΕΩC ΙΩΝΩΝ ΚΟΛΟΦΟΝΙΩΝ: c'eſt à dire, *ſous Claudius Ariſtion Sacrificateur des Joniens Colophoniens.*

Ce dernier mot nous fait connoître que les Colophoniens ont fait battre ce Medaillon. Leur ville eſtoit une des plus celebres de l'Ionie, & il ſeroit inutile de rapporter icy ce que les Autheurs en ont dit. Ce qui la rendoit ſur tout fameuſe eſtoit ſon ancien Temple d'Apollon Clarien, lequel apres celuy d'Epheſe eſtoit le plus conſiderable de toute l'Ionie, quoy qu'il ne fuſt pas tout à fait achevé, comme nous l'apprend Pauſanias dans ſes Achaïques, mais fort celebre pour les oracles qu'y rendoit Apollon.

C'eſt ſans doute ce Temple qui eſt icy repreſenté, non ſeulement parce que les Villes de Grece

Quinziéme Differtation. 211

ce prenoient plaifir de graver fur leurs Medailles, leurs plus fameux Temples, mais auffi parce que l'on y voit diftinctement la Statuë d'Apollon placée à l'entrée. Il n'eftoit pas bâty dans Colophone même, mais dans Claros petite Ville du territoire de Colophone, où il y avoit auffi une montagne & un bois dédiez à Apollon Clarien.

Mon fentiment eft, que ce revers fingulier ne reprefente autre chofe que des vœux & des prieres faites à Apollon, au nom des villes d'Ionie pour la fanté & profperité de l'Empereur Trebonien, avec un facrifice d'un Bœuf, pour fe rendre cette Divinité propice. Les treize figures font les Deputez des douze villes d'Ionie avec le facrificateur Claudius Ariftion, qui levent les mains en haut pour attirer la benediction fur leur victime, & pour que leurs vœux foient exaucez: ou bien ce font les Deputez des treize Villes de cette Province, car *Smyrne* fut ajoûtée aux douze anciennes, qui eftoient *Ephefe, Milet, Myuns, Lebedos, Teos, Colophon, Priene, Phocée, Erythra, Clazomene, Chios & Samos*. C'eft pourquoy l'on trouve quelques Medaillons du tems des Antonins faits par la Communauté des treize villes, ΚΟΙΝΟΝ Γ. Ι. ΠΟΛΕΩΝ : & un qui eft au cabinet du Roy, où fe lifent ces mots: ΚΟΙΝΟΝ ΙΓ. ΠΟΛΕΩΝ ΠΡΟΔΙΚΟC ΚΑΙ ΦΡΟΝΤΩΝ ΑΡΧ. ΚΑΙ ΑCΙΑΡ. ΙΓ. ΠΟΛΕΩΝ: c'eft à dire, *la Communauté des treize villes, Prodicus & Fronton, Pontife & Afiarque des treize villes*.

Il eft vray que ceux de Myuns incommodez

Cc 2 d'une

d'une prodigieuse quantité de moucherons produits d'un marais qu'avoit fait le Mæandre, avoient abandonné leur ville pour se retirer à Milet, & Pausanias dit, qu'il n'y restoit de son temps qu'un Temple de Bacchus. Ainsi il peut estre que cette ville n'estoit point comptée du temps de Trebonien, pour une des douze villes d'Ionie, & que Smyrne tenoit sa place

Avant que de finir je veux vous faire part d'une Medaille rare de moyen bronze que je viens d'acheter. Elle est de l'Empereur Maximin, & represente au revers un jeune-homme nud prés d'un Autel, sur lequel il verse une tasse, estant appuyé de l'autre main sur une pique, avec ces characteres autour de luy, NYCAEΩN AΘYMBPOC. De trois villes de *Nyse*, il y en avoit une dans la Carie, & c'est elle qui avoit fait battre cette Medaille à l'honneur de son fondateur *Athymbros*: car elle avoit esté bâtie par ce Heros, comme dit Stephanus, c'est pourquoy elle portoit aussi le nom d'*Athymbra* : Ἀθυμβρα, dit-il, πόλις Καρίας Ἀθύμβρε κτίσμα.

SEIZIE'ME

SEIZIE'ME DISSERTATION,

Contenuë dans une lettre écrite à Monsieur Paul Falconieri par Monsieur François Redi Medecin de Florence, sur le sujet du temps auquel les Lunettes furent inventées.

MONSIEUR,

Cette mesme soirée que le Sieur Carlo Dati d'heureuse memoire, leut dans le Palais de Monsieur le Prieur Horace Rucellaï cette sçavante Dissertation touchant les Lunettes, en presence de Dom Francesco di Andrea Gentilhomme Napolitain grand homme de lettres, & de plusieurs autres Gentilshommes Florentins doctes & qualifiez; l'on y eut toute la liberté de dire son sentiment, & l'on y dit & repliqua plusieurs choses touchant l'incertitude du temps auquel avoit esté inventé cet instrument si utile pour les veuës foibles, & si digne d'estre mis au nombre des plus belles productions de l'esprit humain. Je me souviens qu'alors mon opinion fut, que l'invention des Lunettes estoit moderne, & entierement inconnuë aux anciens Hebreux, Grecs, Latins, & Arabes; & que s'il est vray, ce que je n'oserois me persuader, qu'elle leur fust connuë, cette connoissance avoit esté perduë, pendant un treslong-temps, & ensuite retrouvée & rétablie peu de temps avant l'an 1300. Il me souvient encor, Monsieur, que je promis alors de vous faire part de tout ce que j'en avois recueilli plutôt par hazard que par une étude premeditée. Les continuelles occupations que j'ay m'ont empéché jusques à present de satisfaire à mes promesses. Ainsi ayant contracté de jour en jour dette sur dette, j'apprehende avec raison que la bonté qui vous est si naturelle ne se change en chagrin contre moy, & ne me reproche le peu d'honnesteté que j'ay eu d'avoir demeuré si long-temps sans m'aquiter de ma parole. C'est pourquoy pour y satisfaire, je vous diray que dans la Bibliotheque des RR. PP. Dominicains du Convent de Sainte Catherine de Pise, l'on y trouve un manuscrit d'une ancienne Chronique Latine en parchemin, laquelle contient plusieurs choses arrivées dans ce venerable Convent. Elle commence ainsi, *Incipit Chronica Conventus* S. K. PL. O. P. *Prologus*, *in Togâ*, *&c*. Cette Chronique fut commencée par Frere Barthelemy de *San Concordio* fameux Predicateur, & Autheur du Livre intitulé *Ammaestramenti de gli Antichi*, lequel ayant esté corrigé il y a quelques années, fut mis sous la presse par le sçavant François Ridolphi Academicien de la Crusca. Frere Barthelemy estant mort en 1347. dans un âge décrepit, (car il fut Religieux Dominicain pendant prés de soixante dix années) cette Chronique fut continuée par frere *Ugolino di Sernovi* Pisan, de la famille des *Cavalasari*, lequel mourut de fievre

Seiziéme Dissertation.

fievre continuë à Florence, estant pour lors Visiteur de l'Ordre. Apres luy Frere Dominique *de Peccioli* Pisan, entreprit de la continuër, & apres avoir redit tout ce que ses predecesseurs avoient raconté, comme il le rapporte luy-même, il continua d'écrire jusques à sa mort, qui arriva en Decembre de l'an 1408. comme l'écrit Frere Simon de *Cascia*, Religieux du Convent de Sainte Catherine, qui entreprit apres luy d'en faire la continuation. Dans le commencement de cette Chronique, l'on y raconte la mort de Frere Alexandre *Spina* de Pise, arrivée en l'année 1313. où il est dit, que les Lunettes ayant esté inventées de son temps par un homme qui en faisoit un grand secret, il en fit luy-mesme, & en fit part à tout le monde. Voicy les termes de la Chronique : *Frater Alexander de Spina vir modestus & bonus, quæcunque vidit aut audivit facta scivit & facere : Ocularia ab aliquo primo facta & communicare nolente, ipse fecit & communicavit corde ylari & volente. Ingeniosus in corporalibus in Domo Regis Æterni fecit suo ingenio mansionem.*

D'où l'on peut tirer cette consequence que si Frere Alexandre Spina ne fut pas le premier inventeur des Lunettes, il fut du moins celuy qui par son esprit seul, sans ayde ni enseignement de personne, retrouva la maniere d'en faire; & que dans le temps qu'il vécut, cette découverte si utile & si agreable fut faite, comme il arriva à peu prés en semblable occasion au fameux Galilæus

læus Galilei, qui ayant oüy dire qu'un Flamand avoit inventé de certaines longues Lunettes, que l'on appelle d'un mot Grec *Telescopes*, entreprit & vint à bout d'en faire de semblables, par la seule doctrine des refractions, sans avoir jamais vû celles du Flamand. De plus, pour vous confirmer que ce fut au temps de Frere Alexandre Spina, que l'on inventa les Lunettes, en voicy une autre preuve. C'est que parmy les anciens manuscrits que j'ay, il y en a un intitulé, *Trattato di Governo della famiglia di Sandro di Pipozzo, di Sandro Cittadino Fiorentino, fatta nel* 1299. *assembrato da Vanni del Busca Cittadino suo Genero*. Dans le preambule de ce Livre, il est fait mention des Lunettes comme d'une chose inventée dans ce temps-là. En voicy les termes. *Mi truovo così gravoso di anni, che non arei valenza di leggiere e scrivere sanza vetri apellati Okiali truovati novellamente per commodità delli poveri veki quando affiebolano del vedere*. De plus dans les Sermons de Frere Jordan de Rivalto écrits à la main, & citez dans nôtre Dictionnaire de la Crusca, au mot *Occhiale*, il est dit clairement; *Il n'y a pas encor* 20. *ans qu'on trouva l'art de faire des Lunettes, qui font voir mieux qu'on ne pouvoit faire, & qui est une des meilleures & des plus necessaires inventions du monde*. Ce Frere Jordan fut homme de sainte vie, excellent Predicateur & grand Theologien, lequel aprés avoir esté l'espace de 31. ans Religieux de S. Dominique dans le Convent de Florence & de Pise, mourut au mois

mois d'Aouſt de l'année 1311. à Plaiſance, où il avoit eſté appellé par frere *Amico* de Plaiſance General de l'Ordre des Dominicains, pour l'envoyer enſeigner à Paris. On peut inferer delà que Frere Jordan n'eſtant mort qu'en 1311. il fleuriſſoit au meſme temps que Frere Alexandre Spina inventeur des Lunettes, qui mourut en 1313. Ainſi ils vécurent & habiterent enſemble dans le meſme Convent de ſainte Catherine de Piſe ; & c'eſt la raiſon par laquelle il pouvoit fortement aſſurer ce qu'il dit cy-deſſus du temps auquel furent inventées les Lunettes : comme auſſi Frere Barthelemy de San Concordio pouvoit écrire avec certitude que Frere Spina avoit trouvé ſans autre aide que celle de ſon genie, la maniere de faire des Lunettes, & enſeigné ſon ſecret à ceux qui le voulurent apprendre, puiſque Frere Barthelemy eſtoit contemporain de Frere Spina, & vivoit avec luy dans le meſme Convent de ſainte Catherine de Piſe. Par là je puis poſitivement affirmer, que l'art de faire des Lunettes eſt nouveau, & trouvé à Florence, dans l'eſpace des années 1280. juſqu'à 1311. à le prendre largement. On pourroit encor racourcir ce temps, ſi l'on ſçavoit ou que l'on put deviner en quelle année Frere Jordan fit cette Predication où il en eſt parlé, & meſme j'ay remarqué dans quelques manuſcrits de ſes Sermons que celuy-là eſt écrit entre ceux qu'il prononça à Florence environ l'an 1305. Vous remarquerez donc, s'il vous plait,

D d   Monſieur,

Monsieur, que depuis le temps auquel vivoit Frere Alexandre Spina, l'on a seulement parlé de Lunettes, & nommé ce mot clairement & intelligiblement : au lieu qu'auparavant il n'en est fait mention en aucune maniere, du moins n'en est-il rien venu à ma connoissance. Bernard Gordon, Professeur à Montpelier, dans le livre intitulé *Lilium Medicinæ*, commencé comme il l'avouë au mois de Juillet 1305. apres avoir enseigné au Chap. de la foiblesse de la veuë, un Collyre pour cette indisposition, s'écrie avec un peu trop de hardiesse, que la vertu en est si grande qu'il peut faire lire un vieillard sans Lunettes : *& est tantæ virtutis*, dit-il, *quòd decrepitum faceret legere literas minutas absque ocularibus.* Guy de Cauliac, Professeur de la mesme Université, dans son livre de la grande Chirurgie composé en 1363. rapporte quelques medicamens propres à soulager la debilité de la vuë, mais il ajoûte avec plus de sincerité que Gordon, *que si ces Remedes ou autres semblables ne servent de rien, il faut recourir aux Lunettes.*

Dans quelques actes du Parlement de Paris du 12. Novembre 1416. citez, quoy que sur un autre sujet, par le sçavant Monsieur Ménage, au livre intitulé *Amœnitates Juris Civilis :* Nicolas de Bage Sieur de Gié fait une requête au Parlement, dans laquelle il dit en termes exprés : *Car aussi estois-je aucunement debilité de ma vüë, & ne pouvois je pas bien enregistrer sans avoir Lunettes, &c.* Jean François Pic au dixiéme chap. de la vie de Frere

Frere Jerôme Savonarola, dit qu'il avoit accoûtumé de se servir de cette pensée dans ses exhortations, pour porter ses auditeurs à rechercher la verité, & dépoüiller tous les prejugez de l'envie & des autres passions. Que celuy qui vouloit voir les choses de la maniere qu'elles estoient veritablement, ne devoit pas se servir de Lunettes infectées de quelque couleur (*infecta oculorum conspicilia deponere oportet*) car si les Lunettes estoient claires & nettes, les especes estoient receuës dans la prunelle de la maniere qu'estoient les objets: mais que si elles estoient vertes, bleuës, violettes, jaunes, ou brunes, la representation en estoit alterée, & qu'on les voyoit telles qu'estoient les Lunettes dont on se servoit. Et Frere Timothée de Perouse dans la vie du mesme Savonarola parle d'un bon homme dont le métier estoit de faire des Lunettes, qui voulant reprendre le Peuple avec des paroles honnestes, fut frappé par un certain compagnon d'un coup de bâton sur la tête. *Occorse*, dit-il, *che un buon Uomo, il quale faceva l'arte de gli occhiali uscendo dalla Porta del Convento con le sue pianelle in mano, incomincio con buone & amorevoli parole à riprender la Plebe, il che sentito da uno de compagnacci, gli diede in sul capo, con un gran Bastone.*

Chap. 48.

Il seroit trop long & trop ennuyeux de vous rapporter une plus grande quantité de passages. Il suffit que je vous indique qu'il y en a un tresgrand nombre dans le *Morgante del Pulci*, dans les rimes

rimes de *Burchiello*, dans les Vers & les Profes d'Alexandre *Allegri*, & dans plufieurs autres agreables Poëfies & Comedies Tofcanes : en forte qu'il feroit fort furprenant, fuppofé que les Poëtes Comiques Grecs & Latins euffent eu connoiffance des Lunettes, qu'ils n'euffent jamais pris occafion de les nommer, & d'en plaifanter par la bouche de leurs Acteurs. Ce feroit auffi une merveille que le diligent Pline, au chapitre des Inventeurs des chofes, n'en euft fait aucune mention. Je fçay bien qu'il y a quelques Autheurs Modernes qui citent certains fragmens de Plaute, & je n'ignore pas le *Faber Ocularius*, & *Oculariarius*, des marbres fepulcraux, ni la figure gravée fur le marbre de Sulmone, que j'ay autrefois communiquée au Sieur Dati, ni enfin ce que Pline dit de l'Emeraude : mais vous fçavez, Monfieur, fi ces fortes de raifons font de quelque poids, & vous en avez pû comprendre la foibleffe par la Differtation du Sieur Dati digne d'eftre mife au jour, auffi bien que plufieurs autres qui nous font reftées manufcrites apres la mort de ce fçavant Gentilhomme, parmi fes autres papiers. Je vous baife treshumblement les mains, & fuis, &c.

Chap. 5. livr. 37.

DIX

DIX-SEPTIE'ME DISSERTATION.
LE JUGEMENT DE PARIS,
Dans une Medaille d'Antonin Pie expliquée par Monsieur Patin,

A l'Illustrissime & Excellentissime Procurateur de S. Marc, Angelo Maurosini.

MONSIEUR,

Il est juste que cette Medaille tirée de vôtre Cabinet y retourne, de mesme que les Rivieres ne manquent point de se rendre à la Mer d'où elles ont pris leur source. Le droit que vous avez d'en estre le possesseur, & celuy que vous avez sur moy-mesme, par les graces dont il vous a pleu de me combler, sont deux motifs assez pressans pour ne pas balancer à vous la renvoyer, avec cette Dissertation que j'ay meditée sur les mysteres qu'elle nous represente.

Cette Medaille est de cuivre, & de la grandeur que nous appellons grand Bronze, un peu plus épaisse, si bien qu'elle pourroit passer pour Medaillon. Elle est couverte d'un vernis verd ancien approchant de l'Emeraude. La Medaille est vierge : c'est à dire, n'a esté ni nettoyée, ni retouchée, comme l'on a accoûtumé de faire en Italie, par un attentat injurieux à la venerable Antiquité. Ainsi l'on void souvent des Othons que l'on a formez d'un Neron, des Pertinax, ou des Pescennius que l'on a faits d'un Severe, des Gordiens Pies dont on a fait des Affriquains, en y ajoûtant les lettres AFR. & des Philippes dont on a formé des Emiliens. Cela me fait souvenir des Saturnales des anciens, pendant lesquelles il estoit permis aux valets de s'habiller comme leurs Maîtres & d'en faire les fonctions.

La premiere face de cette Medaille nous represente le portrait d'Antonin Pie, dont les traits du visage & les mœurs approchoient de ceux de Numa. Les caracteres qui se lisent autour sont en abregé, & on y lit le nom & les titres de cet Empereur: Αυτοκράτωρ Καῖσαρ ΤΙΤΟϹ ΑΙΛΙΟϹ ΑΝΤΩΝΙΝΟϹ ϹΕΒΑστος, c'est à dire, *l'Empereur & Cesar Titus Ælius Antonin Auguste.* On ne distingue dans le revers, outre le type que nous expliquerons, que ces caracteres L. E. qui signifient l'année cinquiéme. Mais comme l'un des deux est Latin & le

second

second Grec, cette diverſité a fait juſques à preſent de la peine aux Antiquaires ; ne ſçachant pourquoy l'on a mis la lettre L. en Latin, au lieu de la lettre Greque ʌ. & pourquoy elle deſigne l'année. Pour moy je n'en trouve d'autre raiſon, ſi ce n'eſt que les Egyptiens avoient retenu des Anciens la lettre L, que les Grecs formoient dans les premiers Siecles de cette maniere, & que les Latins qui tiroient leur Alphabet des Grecs avoient imitée. Il eſt auſſi tres-conſtant que dans ces premiers temps les Grecs appelloient l'année *Lycabas*, comme nous l'apprenons d'Homere qui ſe ſert ſouvent de ce mot, & de Macrobe qui rend la raiſon de cette denomination. Ainſi la lettre L, ſignifie *Lycabantos*, c'eſt à dire l'année, & la lettre E, ajoûtée eſtant la cinquiéme de l'Alphabet ſert pour faire le nombre cinq, & marque l'année cinquiéme de l'Empire d'Antonin Pie, lequel n'y eſt point nommé Pere de la Patrie, l'ayant refuſé au commencement de ſon regne. La difficulté eſt de ſçavoir par qui a eſté frappée cette Medaille, puis que l'on n'y voit aucun nom de ville, ni de peuple marqué, comme dans les autres Greques, que l'on connoit avoir eſté faites par les Epheſiens, par ceux de Smyrne ou de Pergame. La beauté de la gravure & le Proconſulat qu'Antonin avoit exercé dans l'Aſie Mineure, pourroient faire ſoupçonner qu'elle y euſt eſté gravée, & il y auroit meſme quelque apparence de l'attribuër aux Troyens, l'hiſtoire des trois Deeſſes arrivée au

Mont

Mont Ida y estant dépeinte; mais la forme, les bords & la gravure de la Medaille, avec l'année marquée à la maniere des Egyptiens, nous convainquent qu'elle a esté coignée dans une des principales villes d'Egypte, comme pourroit estre Alexandrie.

Pour expliquer le Type representé dans ce revers, on y voit Mercure tenant en main son Caducée, qui conduit Pâris aux trois Deesses pour estre juge de leur beauté. On le connoit par le bonnet Phrygien recourbé sur le devant selon la coûtume des peuples de Phrygie, & par la Pomme qu'il tient à la main, prêt à la presenter selon l'ordre de Jupiter, à la plus belle. Au sommet de la Montagne, qui est sans doute le Mont Ida de Phrygie, Junon est assise, qui tient d'une main une pique sans fer que les Anciens appelloient *hasta pura*, & qui dans les premiers temps servoit de sceptre. Pallas armée de son casque & de sa pique, & Venus toute nuë sont à ses côtez, comme on avoit accoûtumé de les peindre. Au pied de la montagne entre les arbrisseaux, on y a gravé un Taureau & un autre animal.

Personne n'ignore la Fable du jugement de Paris, & si on n'en est pas suffisamment informé, l'on peut lire dans Hyginus la Fable 92. intitulée *Le jugement de Paris*, & Lucien dans son Dialogue intitulé *le jugement des Deesses*.

Je n'examineray pas à fonds les caracteres de ces personnages. Mercure avec son chapeau, ses talons

Dix-septiéme Dissertation. 225

talons aîlez & son Caducée est assez bien representé. Le Caducée estoit un bâton d'or entortillé de deux Serpens qu'il portoit ordinairement, & sur tout dans cette fameuse action dont Ovide parle dans la lettre de Pâris à Helene.

Inque Dei digitis aurea virga fuit.

On diroit qu'il parle à Pâris, comme Ovide l'introduit.

—— Pone metum, nuncius ales ait,
Arbiter es formæ, certamina siste Dearum,
Vincere quæ formâ digna sit una duas.

Le Graveur contre le sentiment commun a representé Pâris venant au devant des Deesses, au lieu de peindre les Deesses venant au devant de Pâris: peut-estre pour disposer les figures avec plus de grace, ou bien pour épargner la pudeur des Deesses.

L'habillement du Berger Pâris n'est pas assez distinct dans la Medaille. Cependant le bonnet recourbé par devant le fait suffisamment connoître. Ce bonnet estoit l'ornement de tête ordinaire à plusieurs peuples Orientaux ; & on voit dans leurs Medailles le jeune Julus fils d'Enée, Ganymede, le Dieu Lunus adoré par les Orientaux, & la Province de Phrygie avec le mesme bonnet; ce qui m'oblige à remarquer la ressemblance de ce bonnet avec celuy des Serenissimes Doges de Venise que l'on appelle la Corne Ducale, car il a une pointe qui recourbe tant soit peu sur le devant, & c'est peut estre à cause que les

E e　　Veni

Venitiens ayant esté autrefois Maistres de ces païs Orientaux, & particulierement de Constantinople, en ont retenu quelques habillemens & quelques coûtumes. Darés le Phrygien qui avoit veu *Páris* nous en fait le Portrait dans son livre de la destruction de Troye. Il dit qu'il estoit d'une taille avantageuse, qu'il avoit le teint blanc, les yeux tres-beaux & la voix douce, qu'il estoit hardi, courageux, prompt & ambitieux, ce qui est confirmé par Dion Chrysostome & par Cornelius Nepos dans la traduction en vers de Darés. Sa beauté mesme luy est reprochée par Hector, comme s'il eût esté plus propre à l'amour qu'à la guerre. Homere luy donne le titre de vaillant, & il nomme entr'autres Diomede & Machaon qu'il blessa : Darés y ajoûte Menelaüs & Palamede, Antilochus & Achille qu'il tua. Hyginus rapporte le combat qu'il fit pendant qu'il estoit berger contre ses freres qu'il vainquit. Ainsi s'il se bâtit mal contre Menelaüs, lors que Venus le retira de la bataille, & contre Philoctete qui le tua, ce fut plutôt un effet de sa mauvaise fortune que de son peu de valeur.

Pour ce qui regarde les trois Deesses, Darés dans son Poëme de la destruction de Troye, recite les paroles qu'elles dirent à Páris, pour l'obliger à juger en leur faveur : mais c'estoit, dit Dion Chrysostome, une chose qui repugnoit à la gravité de Junon femme de Jupiter, de se soûmettre au jugement d'un berger. Pallas est à sa gauche

armée

armée d'une lance & d'un bouclier de la maniere que nous la dépeint Fulgence dans le livre second de sa Mythologie, & il semble qu'elle s'addresse à Pâris avec ces Vers de Darés.

Macte Paris, mea bella viri, mea pensa puellæ,
Et mea laurigeri meditantur carmina vates.

Venus qui est à la droite de Junon paroit nuë, parce que, comme disent quelques Autheurs, elle rend nus ceux qui se soûmettent à son Empire. Elle ne manqua pas de raisons pour gagner l'esprit de l'amoureux Pâris, & l'obliger de prononcer en sa faveur : car elle luy promit pour recompense une des plus belles femmes du monde, qui estoit Helene femme de Menelaüs, & elle luy tint si bien sa parole, qu'elle le favorisa dans le rapt qu'il en fit, ce qui causa la funeste guerre des Grecs contre les Troyens.

Dans la Medaille le Mont Ida couvert d'arbres & d'arbrisseaux, comme le dépeint Ovide, y est assez bien exprimé.

Est locus in mediæ nemorosis vallibus Idæ,
Devius & Piceis, Ilicibusque frequens.

On y distingue aussi les Rochers dont Lucien fait mention, faisant adresser ce discours à Junon par le Dieu Mercure : *Ne voyez vous pas*, dit-il, *des vaches qui sortent des entre-deux des rochers, & un homme qui descend à la haste la houlette à la main?* Celuy qui a frappé la Medaille n'a pas voulu oublier d'autres circonstances qui marquoient la Fable. Le Taureau que l'on voit est peut estre celuy que Paris aimoit & pour lequel il se battit contre ses freres.

On voit plus bas un autre animal que l'on distingue avec peine, & si on estoit assuré que ce fust un Rat, il auroit sans doute du rapport à la veneration que les Phrygiens avoient pour les Rats : car voicy ce qu'en dit Clement Alexandrin : Polemon rapporte que les Troyens rendent un culte religieux aux Rats, qu'ils appellent *Sminthous*, parce qu'ils avoient une fois rongé les cordes des Arcs de leurs Ennemis, & c'est pour cela que l'on avoit donné l'epithete de Sminthien à Apollon, & Strabon parlant de la Statuë de ce Dieu, dit qu'il avoit un Rat à ses pieds. Le culte des Rats paroit encor plus ancien dans les Autheurs. Herodote rapporte que Senacharib, Roy des Assyriens, ayant conquis l'Asie fit la guerre aux Egyptiens, & que Sethon Roy d'Egypte & Prêtre de Vulcain n'ayant pas assez de Troupes pour se defendre, s'estant confié aux Dieux s'avança jusqu'à Peluse où il campa, & qu'une troupe effroyable de Rats sauvages se rendit la nuit au Camp des Ennemis & rongea leurs Arcs, leurs Fleches & les courroyes de leurs Ecus, en sorte que le lendemain se voyant sans armes, ils se retirerent en diligence avec grande perte de leurs soldats. Herodote ajoûte qu'il a vû la Statuë de pierre du Roy Sethon placée dans le Temple de Vulcain, tenant un Rat à la main & cette Inscription : QVE CELVY QVI ME REGAR

Dix-septiéme Dissertation.

REGARDE, APPRENNE A REVERER LES DIEVX.

Peut-estre que l'intention des Egyptiens estoit de signifier par le Rat la prise de Troye, car pour marquer la destruction de quelque chose, ils avoient accoûtumé dans leurs hieroglyphiques de representer un Rat qui mange, & qui détruit tout ce qu'il peut, comme on l'apprend dans le premier livre d'Horus Apollo. Toutefois comme l'on ne peut facilement distinguer l'animal, peut-estre que c'en est un du troupeau de Pâris. Quelques Commentateurs d'Homere entre lesquels est Spondanus, croyent que ce pretendu jugement de Pâris n'a pas esté connu par Homere. Plutarque mesme favorise leur conjecture, lors qu'il soûtient que les trois Vers du 24. de l'Iliade où il en parle, sont des Vers supposez qu'on y a inserez, & que c'est une chose indecente, de croire que les Dieux ayent esté jugez par les hommes, & qu'Homere n'en faisant mention en aucun autre endroit, on avoit raison de croire ces Vers supposez : mais n'en déplaise à Plutarque, quoy que sçavant, il nous sera bien permis de suivre l'authorité de nôtre Medaille, qui nous fait connoître que cette action estoit crüe veritable chez les Anciens. Et nous pouvons outre cela opposer à Plutarque l'ancienne Statuë de Pâris de la main d'Euphranor où l'on reconnoissoit, comme dit Pline, qu'il avoit esté *le juge des Deesses, l'Amant d'Helene, & celuy qui avoit tué Achille.*

230 *Recherches Curieuses d'Antiquité*,

D'autres anciens ont crû que ce jugement des Deesses avoit esté songé par Pâris, qui avoit fait le contraire d'Hercule lequel renonça au vice en faveur de la vertu toute difficile qu'elle luy parut, puis que Pâris méprisa les richesses & les dignitez que Junon luy promettoit, & les sciences que Minerve luy offroit, & s'abandonna à ses plaisirs. Eusebe traite cecy d'Histoire & non pas de Fable : car il écrit que la ville de Troye fut détruite à cause du ravissement d'Helene, l'une des trois femmes de la Grece qui disputoient entr'elles de la beauté. Enfin, Monsieur, comme vous estimez infiniment la Langue Françoise, je finis par un Rondeau d'un de nos illustres Poëtes sur ce fameux Jugement.

A la beauté c'est trop que tout pretende ;
Trois Deitez de la Celeste bande,
Furent trouver autrefois sur cela
Le beau Pâris : chacune luy parla,
Comme son droit au juge on recommande.

Chacune espere & chacune apprehende,
Pour obtenir le prix qu'elle demande.
Chacune joint les beaux talens qu'elle a
A la beauté.

Moy, dit Junon, je suis riche, & suis grande ;

Moy,

Moy, dit Pallas, des Sçavans j'ay l'offrande;
Moy, dit Venus, je suis belle & par là,
Je dois avoir la pomme que voila.
Aussi l'eut elle : il faut que tout se rende
A la Beauté.

DIX-HUITIE'ME DISSERTATION:
Des Dieux Manes.

Comme les Tombeaux & les Epitaphes des anciens Romains sont presque tous dédiez aux Dieux Manes, ainsi qu'on l'a pû remarquer en ceux que nous avons rapportez dans ces Recherches, il est juste d'expliquer quelles Divinitez c'estoient à qui ils donnoient ce nom-là. Cela ne sera pas une chose fort aisée, puis que les anciens mesmes paroissoient là dessus fort incertains : mais nous pourrons du moins satisfaire les Lecteurs, qui n'ignorent peut-estre pas de combien de nuages estoit envelopée la Theologie des Payens.

Servius dans son Commentaire sur le troisiéme livre de l'Eneïde nous apprend la diversité de leurs sentimens sur cette matiere. Les Manes,,, dit-il, sont les Ames separées des corps humains,,, qui ne sont pas encore entrées dans d'autres corps,,, & qui se plaisent de faire du mal aux hommes,,, estant ainsi appellées par antiphrase, car *Manum*,, en vieux Latin signifie *Bon* : de mesme que les Par-,, ques sont nommées *Parcæ, quòd nemini parcant*, de,,

„ ce qu'elles ne pardonnent à personne, & que la
„ guerre est appellée *Bellum*, parce qu'elle n'est point
„ du tout *Belle*. Quelques-uns veulent que ce mot
„ de Manes vient de *Manare*, decouler, ou sortir:
„ parce que tout l'air entre la terre & le cercle Lu-
„ naire est plein de ces Manes, qui sortent de leurs
„ postes pour venir tourmenter les hommes. Il y en
„ a qui distinguent les Manes d'avec les Dieux in-
„ fernaux : D'autres qui disent que les Dieux cele-
„ stes sont les Dieux des vivans, & les Manes les
„ Dieux des morts : & enfin quelques-uns qui
„ croyent que les Manes sont des Dieux nocturnes
„ qui regnent entre le Ciel & la Terre, & qui pre-
„ sident sur l'humidité de la nuit, ce qui a donné
„ lieu d'appeller le matin *Mane*.

Apulée dans son livre du Dieu de Socrate, ex-
„ plique ainsi les Manes. L'ame de l'homme, dit-il,
„ détachée des liens du corps, & délivrée de ses fon-
„ ctions, devient une espece de Demon ou de Ge-
„ nie qu'on appelloit autrefois *Lemures*. De ces Le-
„ mures ceux qui estoient bienfaisans à leurs famil-
„ les, & qui entretenoient leurs anciennes maisons
„ dans la tranquillité, estoient appellez *Lares fami-*
„ *liares*, Lares domestiques : mais ceux qui pour
„ les crimes qu'ils avoient commis pendant leur vie,
„ estoient condamnés à errer continuellement, sans
„ trouver aucun lieu de repos, & qui épouvan-
„ toient les bons, & faisoient du mal aux méchans,
„ estoient vulgairement appellez *Larvæ*. Or com-
„ me il estoit incertain, si ces Ames separées des
corps

corps font du nombre des Lares ou des Larves, on les appelle du nom de Manes & par honneur on leur donne le titre de Dieux.

Ces Lares appellez aussi Penates, estoient adorez dans les maisons des particuliers, sous la figure de certains petits Marmousets d'argent, de bronze, ou de terre cuite : d'où vient qu'on en tire l'etymologie ; de ce que *penes nos nati sunt*, ou du mot de *Penus*, qui signifie le dedans de la maison. Il y avoit de ces Lares qui presidoient aux chemins & estoient appellez *Lares viales* : c'est pourquoy Plaute introduit Charinus se preparant à un voyage : Cic. r. de nat. Deor.

Act. 5. sc. 2.

Invoco vos
Lares viales, ut me bene tutetis.

Du mot de Lares ou *Lar* au singulier, que Vossius dit signifier *Prince*, ou *Seigneur*, dans l'ancien Toscan, vient celuy de *Lararium*, qui estoit un petit Oratoire où l'on tenoit les Idoles de ces Lares : celuy de *Larva*, qui se prenoit aussi pour un masque, parce qu'il épouvante les enfans, comme les Larves ou les mauvais Genies : & enfin celuy de *Larunda*, qui estoit la Mere ou la Gouvernante des Lares.

Pour ce qui est du mot *Manus*, *Mana*, *Manum*, que nous avons vû signifier Bon, il faut que ce fût dans le plus ancien Latin, ou mesme dans l'ancien Toscan : car on n'en trouve gueres d'authoritez chez les plus vieux Autheurs. On cite pourtant là-dessus certains Vers des Saliens où ces

F f   deux

deux mots *Cerus manus*, sont mis pour *Creator bonus*. Varron dans le cinquiéme livre de la langue Latine, en parlant de l'etymologie du mot *Manè*, le confirme : *Diei principium manè, quòd tum manet dies ab oriente : nisi potiùs quòd bonum antiqui manum dicebant*. Delà vient le mot *Immanis* cruel, comme si l'on disoit, qui n'est pas bon. C'est encore de la mesme source que derive celuy de la Deesse *Mana Geneta*, qui presidoit à l'accouchement, & qui estoit peut-estre la mesme que *Bona Dea*, la bonne Deesse adorée particulierement par les Femmes. Et enfin celuy de *Summanus* Epithete de *Pluton*, *quasi summus Manium* : mais quelques-uns donnent d'autres origines à ce mot, que l'on peut voir dans l'Etymologique de la langue Latine de Vossius.

Martianus Capella l. 2.

„ Festus dit, que les Manes sont invoquez par
„ les Augures du Peuple Romain, parce qu'on
„ croyoit qu'ils favorisoient les hommes & qu'on les
„ appelloit aussi Dieux Superieurs & Inferieurs, &
„ il semble qu'il en tire l'etymologie du Verbe *Ma-*
„ *nare*, (*quòd ij per omnia ætherea terrenáque manare cre-*
„ *debantur*) Ainsi comme les *Manes* estoient des Dieux bienfaisans, & qu'on leur donnoit ce nom par honneur, si on en croit Apulée, on peut dire avec Vossius & d'autres Sçavans, que ce mot vient simplement de l'ancien *Manus*, qui signifie bon, sans qu'il soit necessaire de recourir à l'antiphrase pretenduë de Servius : c'est ainsi qu'Orphée dans ses Hymnes appelle les Dieux infernaux μειλιχίυς, doux & benins, & que les defunts

chez

Dix-huitiéme Dissertation.

chez les Grecs estoient appellez ΧΡΗΣΤΟΙ *tresbons:* d'où vient que Plutarque dans ses Questions Grecques & Romaines, explique cette phrase du traité d'alliance entre les Lacedemoniens & les Arcadiens, μὴ ἐξεῖναι χρηστὸς ποιεῖν, *qu'il ne seroit pas permis de faire mourir personne:* au lieu qu'il faudroit interpreter à la lettre *qu'il ne seroit pas permis de faire de bons hommes.* Voicy quelques exemples d'Epitaphes Grecques où les morts sont honorez de ce titre.

A Venise,
Apportée de la Grece.

ΜΗΝΟΔΟΤΗ

ΧΡΗΣΤΗ ΧΑΙΡΕ

C'est à dire:

Menodote, bonne femme, bon jour.

Dans l'Isle de Paros.

ΕΙΡΗΝΗ ΕΥΩΝΥΜΟΥ

ΧΡΗΣΤΗ ΧΑΙΡΕ

Irene fille d'Evonymus, bonne femme, bon jour.

Là mesme.

ΝΙΚΩΝ ΞΗΝΩΝΟΣ

ΧΡΗΣΤΕ ΧΑΙΡΕ

Nicon fils de Zenon, bon homme, bon jour.

En Chypre.

ΟΛΥΜΠΙΑΣ

ΧΡΗΣΤΗ

ΧΑΙΡΕ

Olympie Bonne femme, bon jour.

Là mesme.

ΚΑΛΛΙΤΥΧΗ ΧΡΗΣΤΗ

ΧΑΙΡΕ

Callityche, bonne femme, bon jour.

A Venise,

Apportée de la Grece.

ΔΗΜΗΤΡΙΟΣ

ΚΤΗΤΟΥ

ΧΡΗΣΤΕ ΧΑΙΡΕ

C'est à dire:

Demetrius fils de Ctetes, bon homme, bon jour.

A Constantinople,

Apportée de l'Archipel par M. de Nointel Ambassadeur de France.

ΔΙΟΝΥΣΙΕ

ΒΔΑΙΟΥ ΦΙΛΟΜΗΤΩΡ

ΧΡΗΣΤΕ ΧΑΙΡΕ

Denis fils de Bdaius, Philometor, bon homme, bon jour.

A Rhodes.

ΤΕΧΝΗ ΛΥΔΑ ΓΥΝΑ ΔΕ

ΧΡΗΣΙΠΟΥ ΧΡΗΣΤΑ

ΧΑΙΡΕ

Techne Lydienne femme de Chrisipus, bonne femme, bon jour.

A Coos.

ΕΡΩΤΙΣ ΧΡΗΣΤΕ

ΧΑΙΡΕ

Erotis, bon homme, bon jour.

Pausanias remarque, que les Sicyoniens n'avoient accoûtumé de mettre sur les tombeaux, que le nom des personnes avec le mot de salutation ΧΑΙΡΕ: mais nous voyons par ces Epitaphes que plusieurs autres Grecs n'y faisoient pas plus de façon, si ce n'est qu'ils ajoûtoient souvent le mot

Dix-huitiéme Dissertation.

mot de ΧΡΗΣΤΟΣ, & aussi celuy de ΗΡΩΣ, quoy que tous ceux pour qui ils le mettoient ne fussent pas des Heros comme ce mot le signifioit. On en trouvera des exemples dans les Inscriptions du troisiéme Tome de mon voyage de Grece. C'est ainsi qu'en France du côté de Picardie en parlant des vieillards, on dit *le bon homme*, & en Allemagne d'un Pere ou d'une Mere defunts, on dit *mon bienheureux Pere, ma bienheureuse Mere*.

Pour en revenir au mot de Manes, on peut voir qu'il se prenoit chez les Anciens en divers sens. Premierement en general pour les Ames des defuncts, comme dans une Inscription qui commence MANIBVS GENTIS SVAE, dediée par quelque Romain aux Manes de sa famille, & dans Virgile :

Manésque vocabat
Hectoreum ad tumulum.

Et en un autre endroit :

Id cinerem aut Manes credis curare sepultos ?

Ce que nos Poëtes François ont encore retenu dans leurs ouvrages. Despreaux dans son Lutrin :

Et mes Manes contens au bord de l'onde noire,
Se feront de ta peur une agreable histoire.

Secondement le mot de Manes se prend par metonymie pour les Enfers, c'est à dire, pour ces lieux souterrains, où se devoient rendre les Ames des hommes soit bonnes soit mauvaises, d'où les bonnes estoient envoyées aux Champs Elysées, & les méchantes aux lieux des supplices appellez *Tartara*, le mot d'Enfers qu'ils exprimoient par celuy d'*Inferi*, d'*Orcus* & d'*Erebus* comprenant l'un & l'autre. Le mesme *Virgile* :

Hæc Manes veniat mihi fama sub imos.

Ce qui ne peut pas s'appliquer aux Ames mêmes, mais aux lieux où elles estoient : d'où vient qu'il leur donne ailleurs l'Epithete de profonds :

Manésque profundi :

C'est de là qu'est resté dans nôtre vieux François le mot de *Manoirs*, pour dire des Tombeaux. *Scarron.*

N'es-tu pas un felon de sçavoir mon Manoir,
Et de n'y pas venir.

J'iray te dire en ton sombre Manoir
Cent grand-mercis.

Enfin les Manes se prennent pour les Divinitez infernales & souterraines, & generalement pour toutes les Divinitez quelles qu'elles fussent, qui presidoient aux Tombeaux & au soin des Morts, auquel sens dans les Glossaires anciens, Manes est interpreté en Grec Δαίμονες, Θεοὶ καταχθόνιοι, & Δαίμονες καταχθόνιοι : Demons ou Genies, Dieux souterrains, Genies souterrains. C'est dans ce sens que les Epitaphes leur sont dediées par ces deux mots DIIS MANIBVS, qui sont quelquefois exprimez à demy seulement DIS MAN. & le plus souvent en deux lettres D. M. & parmy les originaires Romains qui faisoient leurs Epitaphes en Grec, Θ. Κ.

c'est

Dix-huitiéme Dissertation.

c'est à dire, ΘΕΟΙΣ ΚΑΤΑΧΘΟΝΙΟΙΣ, comme dans les Inscriptions suivantes, que j'ay copiées dans mes voyages.

A Rome, dans la vigne Justiniani.

1.

Θ. Κ.

ΙΟΥΛΙΑΙ ΑΜΜΙ
ΑΙ ΘΥΓΑΤΡΙ
ΓΛΥΚΥΤΑΤΗ
ΙΟΥΛΙΟC ΘΕΟ
ΦΡΑCΤΑC ΚΑΙ
ΑΠΑΜΑ ΓΟΝΕΙC

C'est à dire :

Aux Dieux Manes, à Julie Ammia leur tres-chere fille, Julius Theophrastas & Apama ses Pere & Mere.

2.

Θ. Κ.

ΙΟΥΛΙΩΙ ΑΛ
ΚΑΙΩΙ ΠΑΤΡΙ
ΕΥCΕΒΕCΤΑΤ
ΩΙ ΙΟΥΛΙΟC
ΛΑΜΠΡΟΚΛΗC

C'est à dire :

Aux Dieux Manes, à Julius Alcæus son Pere tres-pieux, Julius Lamprocles, a dedié ce monument.

3.

Θ. Κ.
ΚΑΤΑ ΚΕΛΕΥ
CΙΝ ΤΗC ΔΕC
ΠΟΙΝΗC Γ. ΑΠΡΙ
ΚΙΟC ΘΡΕΠΤΟC
ΖΗCΑΝΤΙ ΕΤΗ
ΙΜ...ΚΑ.....

C'est à dire :

Aux Dieux Manes, par le commandement de sa Maistresse, Gaius Apricius Threptus
....

On

On en pourra voir plusieurs autres exemples dans Gruter, & dans mes *Miscellanea :* mais je remarque que tous ces Epitaphes, sont des Romains habituez en Grece, ou des Grecs demeurans à Rome: & je ne sçay si des veritables Grecs, & particulierement de ceux qui vivoient, avant qu'ils fussent soûmis à la domination Romaine, on trouve que leurs Tombeaux soient dediez à ces Dieux. Du moins n'en ay-je point trouvé dans la Grece, dont j'ay parcouru une partie. Ceux des Atheniens, comme on peut le voir dans le troisiéme Tome de mon Voyage, mettoient simplement le nom du Mort, celuy de son Pere, & celuy de sa Tribu: ΘΟΥΚΥΔΙΔΗΣ ΟΛΟΡΟΥ ΑΛΙΜΟΤΣΙΟΣ: *Thucydide fils d'Olorus, d'Halimusium.*

Les Romains avoient une veneration extreme pour les Dieux Manes, & on croyoit de pouvoir arrester les mains sacrileges d'un Passant, en le faisant souvenir de ces Dieux dans l'Epitaphe exposé à la vûë de tout le monde. En voicy un bel exemple dans l'Inscription d'une Urne qui contenoit les cendres d'un defunt.

A Rome, au Palais du Duc d'Altemps.

NE TANGITO
O MORTALIS
REVERERE
MANES DEOS

C'est à dire : *Garde-toy, ô Mortel, de me toucher, & aye de la veneration pour les Dieux Manes.* Et dans la suivante qui se lit au jardin du grand Duc :

A Florence.
C. IVLIVS C.L.
BARNAEVS
OLLA EIVS SI QVI
OVVIOLAVIT AD
Inferos. IFEROS NON RECIPIATVR

C'est à dire: *Caius Julius Barnæus Affranchi de Caius repose icy. Si quelqu'un viole son urne, qu'il ne soit pas receu dans les Enfers* ; où il faut remarquer, que *Olla*, signifie une Urne, aussi bien que *urna* & *cinerarium*. Le mot de *ouviolavit*, est considerable, cette faute du Sculpteur nous faisant connoître le peu de distinction que l'on faisoit dans la prononciation du *b* & de l'*u*; car il y devroit avoir *violabit*: & de plus la syllabe *ou* qui luy est preposée, apparemment parce qu'on prononçoit *ouiolabit*, fait soupçonner avec raison que la lettre *u* s'exprimoit à la maniere des Allemans & des Italiens, comme nôtre diphthongue *ou* : & en effet il y a plusieurs exemples dans les Medailles, & dans les Marbres où l'on remarque qu'ils confondoient ces deux sons, comme lors qu'ils écrivoient *Furius* & *Fourius*.

Cette imprecation de n'estre pas receu dans les Enfers

Enfers estoit des plus terribles selon les sentimens de la Theologie Payenne : parce qu'alors l'ame devenant errante estoit du nombre des Larves ou mauvais Genies dont nous avons parlé. C'est pourquoy de peur que le vieux Caron batelier des Fleuves infernaux, qui faisoit passer dans sa barque les ames des Trépassez dans les Enfers, n'en renvoyât quelqu'une qui n'auroit pas dequoy luy payer son droit, on mettoit une Medaille ou monnoye dans la bouche du Mort, quand on le mettoit dans la biere, ou parmy ses cendres quand on le brûloit, afin qu'il eust dequoy satisfaire ce chagrin vieillard ; & c'est ce *Naulum*, comme les Romains appelloient le prix du naulage, que l'on trouve souvent dans les sepulcres anciens. On le choisissoit ordinairement de la monnoye courante de l'Empereur regnant, ce qui faisoit connoître en quel temps un tel estoit mort.

On avoit donc beaucoup de soin de la sepulture des defunts, parce qu'ils disoient que ceux qui n'en avoient point euë erroient des centaines d'années le long des rivages, avant que de pouvoir estre receus dans la barque infernale. On avoit aussi soin de ne pas remuër ses cendres, de peur de troubler les Manes : ce qui faisoit que les Morts supplioient souvent les vivans qui lisoient leurs Epitaphes, de n'y point toucher, comme dans la suivante.

A Florence.

OSSA HIC SITA
SVNT AVCTAE S
APVSTIAE RVFAE QVAE
FVIT ROGO PER SVPEROS
QVI ESTIS MEA OSSA TVEATIS

C'eſt à dire, *Icy repoſent les os d'Apuſtia Rufa qui a eſté. Je vous prie par les Dieux ſupremes vous qui étes, de garder mes os.*

Cette Epitaphe eſt aſſez jolie, quoy que le mot *Tueatis* ſoit une faute de Grammaire pour *Tueamini*. Apuſtia Rufa conjure ceux qui ſont en vie d'avoir ſoin de ſes os, les avertiſſant tacitement qu'ils auront un jour beſoin de demander cette grace à leurs deſcendans, puis qu'elle a eſté en vie auſſi bien qu'eux, & qu'ils mourront comme elle. C'eſt ce qui ſe liſoit autrefois dans une Epitaphe ancienne de Genéve: *Vixi ut vivis, morieris ut ſum mortuus, vale viator & abi in rem tuam.*

A Rome.

HERIAE THISBE
MONODIARIAE
T. CLAVDI GLAPHYRI
CHORAVLAE
ACTIONICAE ET
SEBASTIONICAE
TERRENVM SACRVM
LONGVM P. X. LAT. P. X.
IN QVO CONDITA EST
FODERE NOLI NE
SACRILEGIVM COMMITTAS

C'est l'Epitaphe d'une certaine *Heria Thisbe* Muſicienne, femme de *Titus Claudius Glaphyrus Maître organiſte*, dont le terrein du ſepulchre avoit dix pieds de long & autant de large, qu'il eſtoit defendu aux paſſans de fouyr de peur de commettre un ſacrilege. Il y a deux mots ACTIONICÆ ET SEBASTIONICÆ, que je n'explique pas, parce que je ne ſçay point ce qu'ils ſignifient. Quelqu'un mieux inſtruit que moy dans la Muſique des Anciens, en pourra eſtre informé.

A Rome, dans la vigne Justiniani.

D. M.
CVSPIA AEGLA
LIS HOC SARCO
PHAG. APERIRI.
N. LIC.

C'est à dire, *Aux Dieux Manes. Cuspia Æglalis repose icy. Il n'est pas permis d'ouvrir ce cercueil.* On lit dans les Inscriptions *Sarcophagus* & *Sarcophagum.* C'estoit un tombeau de pierre où l'on mettoit les Morts que l'on ne vouloit pas brûler. C'est de là que nous est venu le mot de *Cercüeil*, qu'on écrivoit autrefois selon son origine *Sarcüeil*. Ce mot de Sarcophagus qui vient du Grec, signifie à la lettre, *qui mange la chair*, parce qu'on se servoit au commencement pour creuser des Tombes, de certaines pierres qui consumoient promptement les corps. Les carrieres dont on les tiroit estoient dans une ville de la Troade appellée *Assum*. Dans quarante jours un corps y estoit entierement consumé à l'exception des dents. Cette pierre estoit semblable à une pierre ponce rougeatre, & avoit un goût salé. On en faisoit des vases dont on se servoit pour guerir de la goutte en y mettant les pieds dedans, & ne les y laissant pas trop long-temps. Et on remarquoit que ceux qui travail-

Pline l. 36. c. 17.

Galien.

Celse.

loient à ces carrieres estoient gueris de tous leurs maux de jambes, au contraire des Mines de Metaux où l'on y prend du mal. Elle avoit encore plusieurs proprietez que l'on peut voir dans Pline.

De tout ce que nous avons dit, on peut recueillir que les Anciens Payens se faisoient une idée des Ames, comme de certaines substances, legeres à la maniere des ombres, neanmoins visibles, & ayant les mesmes organes & les mesmes fonctions que les corps qu'elles avoient animez, puis qu'elles voyoient, qu'elles parloient, qu'elles entendoient, & qu'elles avoient besoin de barques pour passer les rivieres infernales. De sorte que selon leur raisonnement, ce n'estoient que des corps plus subtils : & cette erreur estoit passé parmy les premiers Chrêtiens, malgré les lumieres de l'Evangile; tant il est vray que nous avons de la peine à concevoir les choses spirituelles. C'est ce qui a donné occasion à l'Heresie des Anthropomorphites, qui donnoit une forme & un corps à Dieu, à la maniere des hommes. Je doute même fort si dans ce siecle si éclairé, il n'y a pas encore une infinité de gens, qui ne conçoivent pas les ames autrement que les Payens, de sorte qu'on se doit moins étonner, de ce que plusieurs Peuples portent des viandes dans les cimetieres, pour donner à manger aux morts. Ce qui nous doit faire connoistre nôtre ignorance, puis qu'il est bien vray-semblable, qu'une ame qui n'a point

d'idée

d'idée claire de foy-mefme, ne fçauroit en avoir que de fort confufes des chofes qui fe paffent hors d'elle.

Je finis cette Differtation par une belle Epitaphe, qui fait mention de ces Divinitez foûterraines. Elle eft d'un homme qui pleure la perte de fa femme & de fon fils, & à qui la douleur fait apoftropher Caron, & fe plaindre de la cruauté des impitoyables Parques.

A Rome,

Dans le jardin du Palais Barberin ou Paleftrine.

HEV CRVDELE NIMIS FATVM DVA [Duo.]
FVNERA MAERENS

PLANGO VIR ET GENITOR FLEBILE MERSA DEO

SAT FVERAT PORTHMNEV CVMBA [Porthmneu. i.e. Caron.]
VEXSISSE MARITAM

ABREPTAMQVE MIHI SEDE IACERE TVA

ADIECIT CLOTHO ITERATVM RVMPERE FILVM

VT NATVM RAPERET TRISTIS VT ANTE MIHI

ME DECVIT MORTI PRIVS OCCVBVISSE SVPPREMAE

TVQVE

TVQVE MIHI TALES NATE DARE
OBSEQVIAS

At. AD T,V NE PROPERA SIMILI QVI SORTE
TENERIS

Donec. DVNC ANNOS TITVLO NOMINA
VT IPSE LEGAS

ILLA BIS VNDENOS VIXIT NATVS
QVOQVE SENOS

NOMEN HVIC PRORVS EST HVIC
QVIDEM ATHENAIDIS

QVAS EGO QVAS GENITOR PRO TE
DABO NATE QVERELLAS

RAPTVMQVE STYGIO DETINET
VNDA LACV

QVAM BENE BIS SENOS FLOREBAS
NATE PERANNOS

CREDEBANTQVE DEIS VOTA PLACERE MEA

STAMINA RVPERVNT SVBITO TVA
CANDIDA PARCAE

ABSTVLERVNTQVE SIMVL VOTA
PRECESQVE MIHI

CVM TE NATE FLEO PLANCTVS
DABIT ATTICA AEDO

ET COMES LACRIMIS VENIET PRO
CONIVGE SIREN

Hal- SEMPER VT ALCIONT FLEBIT TE
cyon. VOCE SVPREMA

ET TRISTIS MECVM RESONABIT
CARMEN ET ECHO

OEBALIVSQVE DABIT MECVM TIBI
MVRMVRA CYCNVS.

DIX

DIX-NEUVIE'ME DISSERTATION:

Sur une Urne Antique, qui estoit autrefois dans le cabinet de l'Autheur, & presentement dans celuy de Monsieur Gaillard Gentilhomme Anglois.

A Monsieur GRAVEROL, Avocat au Presidial de Nîmes, & Académicien de la mesme Ville.

MONSIEUR,

Il y a peu d'années qu'un rare monument de l'antiquité me vint entre les mains, & je crus d'abord que je ne meriterois pas de le posseder, si je ne témoignois de l'impatience d'en faire part aux curieux, tel que vous l'étes. J'en donnay dés lors ma pensée au public, & vous me fistes l'honneur de l'approuver, ce qui m'oblige d'y redonner à present une nouvelle façon. Les Anciens disoient, que la peinture étoit une poësie muëtte & que la poësie étoit une peinture parlante, parce qu'un Peintre enseigne par les yeux, ce qu'un Poëte s'étudie de faire par la cadence des paroles. Je ne sçaurois vous faire mieux connoître cette belle piece, au défaut de l'original, qu'en vous en envoyant un dessein tres-fidelle : Mais comme ce qui s'introduit par plus d'un de nos sens dans nôtre esprit, y est retenu plus fortement, je veux ajoûter à cette planche la description, de cét ancien ouvrage, & à cette Description, quelques reflexions. Elles pourront peut-estre divertir, si elles ne peuvent entierement satisfaire, & si vous continuez de les approuver, ayant le goût aussi délicat que vous l'avez, je me tiendray asseuré d'une approbation universelle.

Je m'étendray un peu sur les Urnes en general, pour orner mon sujet, & pour faire part de plusieurs remarques que j'ay fait là-dessus dans mes voyages, & dans mon cabinet en lisant les Autheurs qui en ont traité. Je commence par la Description de nôtre Urne.

<small>I. Description de la piece.</small> C'est un vase de bronze pesant environ dix-huit livres, deux fois plus haut qu'il n'est representé dans l'estampe. Toutes les proportions y sont suivies exactement selon l'original : & à côté on a tiré une vüe du dedans. Elle est composée d'un fonds ou d'un ventre, d'un couvercle, & d'une statuë au dessus. Ce fonds est appuyé & soûtenu par trois figures de Termes femelles, dont les six pieds supportent toute la piece. Entre ces trois statuës qui sont tout-à-fait hors du vase, il y a trois têtes en façon de mufles gravées en bas relief, & au dedans un tuyau de même metal que la piece, posé sur le milieu, haut de quatre travers de doigt, & percé au dessous par un trou qui le traverse.

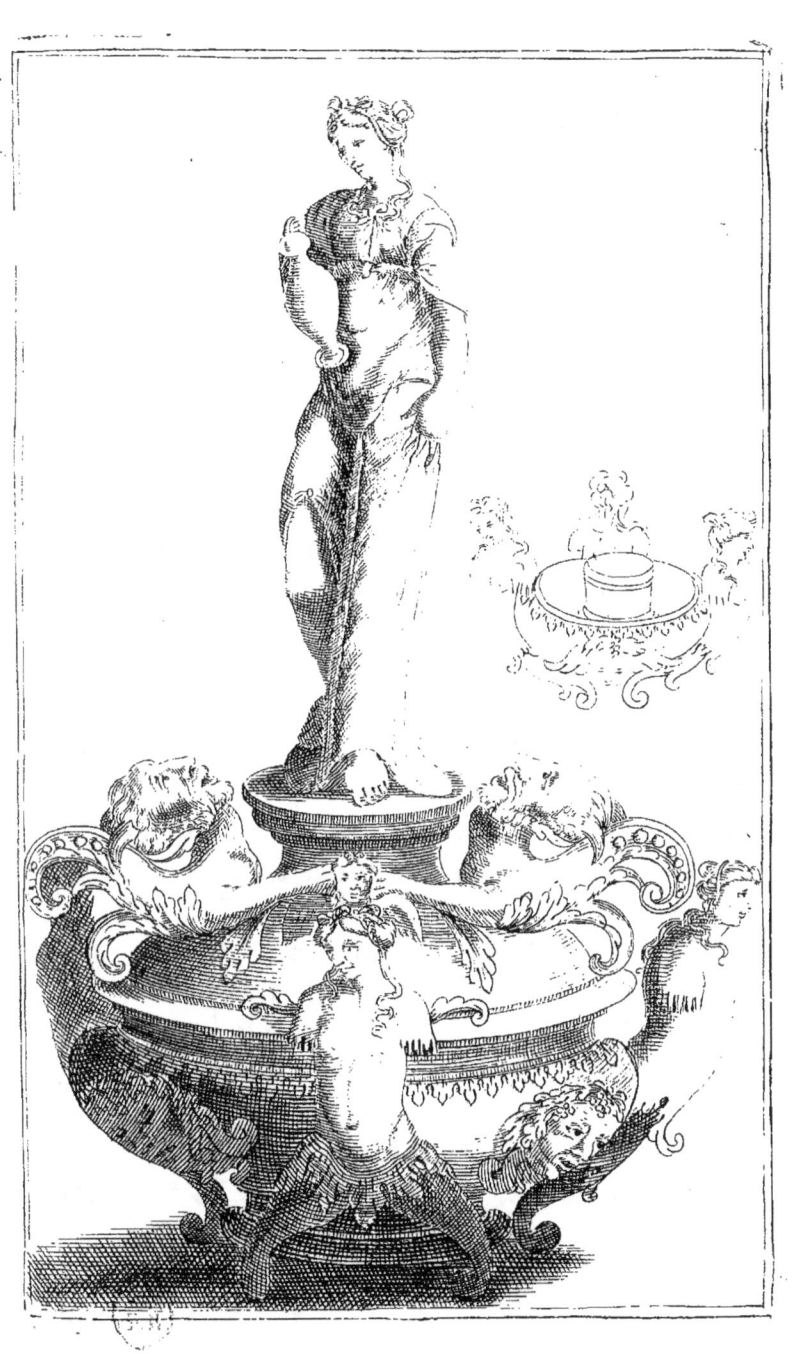

Ces Termes, c'est à dire ces figures sans bras, qui soûtiennent l'Urne sont fort galamment dessinées. Elles sont coëffées de la mesme maniere que la statuë de dessus, & du nombril en bas le Sculpteur les a terminées en fueillages, pour leur donner plus de grace. Quand ces sortes de figures soûtenoient les corniches des bastimens, les Anciens les appelloient *Cariatides*, *Atlas* & *Telamones*, dont on peut voir l'etymologie dans l'Architecture de Vitruve. Ils les appelloient aussi *Persiques*, quand elles estoient habillées à la Persane. Je ne ferois pas difficulté de donner à celles cy quelqu'un de ces noms, & particulierement celuy de Cariatides, quoy qu'elles ne soûtiennent rien de la teste, mais seulement des reins & des jambes. Les trois têtes de muffle qui sont gravées à côté sur le corps de l'Urne, sont pareillement ornées de fueillages & & de grappes de raisins. Le couvercle qui s'emboëte au dessus des fueillages gravez tout au tour du fonds, est composé de trois Sirenes à tête de femme, d'autant de monstres à tête de Satyre qui regardent en haut, & d'un pied d'estal rond soûtenant la statuë, qui tient par le moyen d'une vis qui entre dedans. Elle est merveilleusement bien dessinée, & c'est ce que les Peintres ont le plus admiré, & la gravûre quoy qu'assez soigneuse, n'en donne pas des idées qui répondent dignement à l'original. Elle est coiffée à l'antique avec un nœud de cheveux lié derriere, & une tresse qui luy pend negligemment sur l'épaule. La maniere en est tres-galante. Sa robe la couvre jusqu'au

Dix-neuviéme Dissertation. 253

qu'au pied, & elle est rattachée à la Romaine, sur le coude & sur le genoû. De la main droite elle porte un vase, qui estant si petit devoit estre solide comme il est, pour pouvoir resister aux injures de plusieurs siecles; & elle appuye son pied droit sur un globe.

Asseurément, *Monsieur*, vous avoüerez avec moy, qu'une piece si extraordinaire, & si enrichie de differentes figures ne pouvoit pas manquer de partager les jugemens des Curieux, pour determiner à quoy elle a servy.

II. Jugemens divers sur cette piece.

Quelques-uns ont cru que c'étoit un écritoire, à cause du tuyau qui est dedans, & un de ceux à qui elle appartenoit avant moy, y avoit fait mettre une boëte de plomb, pour empescher que l'encre s'en écoulât par ce trou qui perce la base si l'on vouloit la destiner à cét usage. Je ne veux pas perdre du tems à détruire cette opinion, n'y ayant pas apparence, qu'on eût fait une piece si achevée pour une chose de si peu de consequence, & parce que le couvercle eut esté inutile, & qu'enfin l'encre dont nous nous servons presentement, n'est pas d'une invention fort ancienne.

D'autres se sont persuadez que ce pouvoit estre le modele d'une fontaine. Mais ils me permettront de n'estre pas de leur opinion. Car outre que dans toutes les figures qui y sont, il n'y a point de canal par où l'eau eût pû sortir, & de quelque côté qu'on les tourne on n'y en trouvera pas de marque; si ce n'est qu'on suppose que l'eau seroit sortie par le vase, qu'on auroit pu faire creux:

mais

mais elle n'auroit nullement paru quand on auroit esté derriere la statuë, & mesme ce vase, comme il est disposé, n'auroit pû servir, ni à un jet, ni à une chute d'eau, n'étant ni assez droit, ni assez panché; & d'ailleurs il n'y a point de bassin, & si on pretendoit que toute cette piece fut logée sur un pied d'estal au milieu d'un bassin, le ventre de cette masse feroit à mon avis un mauvais effet, & ne seroit pas un objet agreable.

Quelques autres de mes Amis en ont fait d'autres jugemens: mais je ne me suis pas aperceu, qu'ils ayent rien dit de solide pour les soûtenir: aussi je n'en diray rien de plus particulier. En effet, la plûpart de ceux, qui ont consideré attentivement cét ouvrage, en ont ce me semble mieux jugé, & sont persuadés comme je le suis, que c'est une Urne mortuaire, dans laquelle les Anciens Payens conservoient les cendres de leurs morts qu'ils brûloient. Monsieur *Chorier* l'ayant vûë à reconnu cette verité. Vous sçavez que le nombre est petit de ceux qui ont autant de connoissance de l'antiquité que luy. Ce qui confirme cette opinion, est que cette Urne est d'une grandeur capable de contenir les cendres d'un corps brûlé; qu'elle est faite en façon de coupe avec un couvercle, (ce qui s'accorde avec le nom de *calpé* que les Grecs leur donnent, qui signifie aussi une coupe. On en trouve souvent qui n'en ont pas, parce qu'ils se peuvent estre égarez & separez du corps de l'Urne:) joint que toutes ces mysterieuses figures se rapportent à la mort & aux destinées,

&

Dix-neuviéme Dissertation. 255

& qu'on y remarque quelque reste de cendres, qui y ont esté : mais si endurcies qu'elles semblent petrifiées, tant elles y sont fortement attachées.

Ce n'est pas sans raison qu'un Pere de l'Eglise disoit, que les actions des Payens qui paroissoient les plus vertueuses, estoient plutôt des vices éclatans, que de veritables vertus : puisque ces grandes actions n'estoient fondées pour la plûpart, que sur l'interêt de leur gloire & de leur vanité. Ils estoient si idolatres de cette ombre, qu'ils avoient par tout erigé des Autels à la gloire, à l'honneur, à la victoire, & à la renommée : & quand Rome auroit manqué de ces sortes de divinitez, elle auroit pourtant assez donné de marques de son ambition, en se faisant elle même adorer comme une souveraine Deesse.

III. Vanité des Payens dans leurs sepultures

Ce n'estoit pas assez que les plus fameux des Payens eussent témoigné par leur conduite, que la vanité estoit le grand mobile de leurs actions, s'ils ne l'eussent encore fait revivre apres leur mort. Les Mausolées, les obelisques, & les monumens superbes, qu'ils se faisoient dresser en sont des preuves éternelles. C'est une belle chose, disoit une Reyne dans l'histoire *d'Herodote*, d'estre honorée apres sa mort d'un magnifique monument, qui soit un témoignage de nôtre gloire à la posterité. *Varron* parle d'un Barbier nommé *Licinus*, qui eut l'ambition d'avoir un tombeau de marbre :

Marmoreo Licinus tumulo jacet, at Cato parvo,
 Pompeius nullo: credimus esse Deos ?

C'estoit

C'eſtoit pour ſe conſoler de leur mortalité, que les Egyptiens ſe bâtiſſoient des maiſons éternelles, comme ils avoient accoûtumé d'appeller les tombeaux; au lieu qu'ils n'honoroient leurs Palais & leurs maiſons, que du tître d'hôtelleries, pour le peu de temps que nous demeurons en cette vie, en comparaiſon du ſejour que nous faiſons dans le ſepulchre.

Perpetuas ſine fine domos mors incolit atra,
Æternóſque levis poſſidet umbra lares.

Cette Pyramide de Ceſtius, qui ſubſiſte encor à Rome, & qui avoit au dedans une chambre peinte par un tres-bon Maître ancien, n'eſt que le tombeau d'un particulier, qui ſans cela auroit peut-eſtre eſté enſevely dans un oubly eternel.

IV. *Coutume de brûler les corps.* S'ils avoient tant de ſoin de rendre leurs noms immortels, ils ne chercherent pas moins de procurer à leurs corps une eſpece d'immortalité. Les Indiens mangeoient leurs morts pour leur donner une ſeconde vie, en les changeant en leur propre ſubſtance. Les Egyptiens les embaumoient pour les preſerver de corruption, & les Grecs les brûloient pour en conſerver les cendres, qui ne ſont pas ſujettes comme les autres corps à s'alterer & à ſe corrompre, & quoy que les Romains ſe contentaſſent dans le commencement de les enterrer, ils prirent peu à peu la coûtume des Grecs, & bien que l'enterrement ſe pratiquât de meſme, celle de les brûler devint la plus commune & la plus honorable: ſoit que ce fût pour cette raiſon d'une d'une immortalité imaginaire que les reliques de leurs corps aqueroient, ou bien comme ils étoient fort politiques pour éviter l'infection que les corps enterrez pouvoient causer dans des climats aussi chauds que l'Italie. Cette mesme raison avoit produit cet article de la Loy des XII. tables : *In urbe ne sepelito, neve urito.*

Peut-estre enfin les brûloient-ils pour pouvoir conserver dans leurs maisons les cendres des grands Hommes, & entretenir dans l'esprit de leur jeunesse, le souvenir des grandes actions de leurs ancestres, comme si dans ces cendres eussent esté cachées des étincelles de leur valeur. *Agrippine* excita le peuple Romain à venger la mort de *Germanicus*, en leur faisant voir l'Urne qui renfermoit les cendres de son mary, qu'elle rapportoit en Italie. Le seul spectacle du corps de *Jules Cesar*, que l'on brûloit, anima le mesme peuple à exterminer ses Assassins, & les tisons de son bucher servirent en mesme temps à porter le feu & la flame dans leurs Palais.

Il est donc constant que cette coûtume de brûler les corps estoit commune chez les anciens Romains ; leurs Histoires nous le disent, les inscriptions de leurs Tombeaux nous le confirment, & leurs Urnes remplies de cendres que l'on deterre tous les jours nous en convainquent : mais il est assez incertain de quelle maniere ils pouvoient recueillir les cendres, & empescher qu'elles ne se mêlassent avec celles du bois, des drogues, des ani-

V. Maniere de recueillir les cendres.

maux & des choses precieuses, que les Defunts avoient aimées, & que l'on brûloit avec eux.

Voicy ce que l'on dit là-dessus. *Pline* fait mention d'un lin Indique, nommé par les Grecs *Asbeste*, c'est à dire incombustible, dont on faisoit des toiles qui ne brûloient point, quoy que l'on les mît dans un grand feu, & l'on en pouvoit enveloper les corps des defunts, qui se brûloient à travers de cette toile, & dont on trouvoit apres les cendres dedans : mais ce mesme Autheur dit, qu'on la gardoit pour les Roys du pays, à cause de sa rareté. De plus le mesme *Pline*, *Strabon*, *Plutarque*, & d'autres anciens Autheurs dignes de foy, rapportent que l'on faisoit aussi une semblable toile, de la pierre d'Amianthe, que l'on avoit alors le secret de filer, ce qui n'est pas incroyable, comme plusieurs se le persuadent, puisque c'est une pierre qui s'en va toute en filets & qui n'est pas inconnuë aux Curieux. Que cette toile ne faisoit que se nettoyer & se blanchir au feu. Monsieur *Guenebault* Docteur Medecin qui a décrit le tombeau de *Chyndonax*, assure aussi qu'il a vû dans le Cabinet d'un Noble Venitien environ un quart d'aune de cette toile. *Plutarque* dit, que de son temps une carriere fort abondante de cette pierre dans l'Isle de Negrepont, vint à manquer ; mais il s'en trouve en plusieurs autres endroits, comme dans l'Isle de Chypre, dans celle de Tines & ailleurs.

Ils avoient donc, outre cela quelqu'autre manière

Dix-neuviéme Dissertation. 259

niere qu'il seroit assez difficile de determiner, puisque les Autheurs ont negligé de le dire. En voicy une qui est assez facile à concevoir, & à executer. Il est certain que de tout un corps, il n'y a que les os qui fassent des cendres, tout le reste s'en va en fumée, & mesme les os sont remplis de moüelle, qui n'en fait pas aussi. Quand un corps étoit à demy brûlé, & que les os estoient découvers on pouvoit bien les retirer & les brûler à part dans quelque vaisseau de fer, ou de terre, à l'épreuve du feu, ou le calciner dans un four: quelquefois mesme, ils ne les mettoient qu'à demy brûlés dans l'Urne, d'où vient que Virgile dit:

Ossáque lecta cado texit Chorineus aheno. Æneid. lib. 6.

Et ce ne seroit pas parler fort justement, si les os eussent esté reduits entierement en cendres dans cette rencontre. Je dis de plus qu'ils n'y regardoient pas de si prés, & qu'on ne les discernoit pas fort exactement des cendres du bucher, puis qu'on trouve souvent dans les Urnes, des charbons mélez avec le reste.

Quoy qu'il en soit & de quelque maniere qu'ils recueillissent ces cendres, ils prenoient grand soin de les conserver dans des vases de differente matiere selon la qualité des personnes. Ces vases étoient appellez *Ollæ*, & *Cineraria*, comme on le Gruter. void dans les anciennes Epitaphes: mais le nom le plus ordinaire estoit celuy d'*Urnæ*: quoy que ce mot d'Urne se prit aussi pour une cruche, & pour ces vases dont on se servoit pour tirer les noms de ceux qui devoient combattre les premiers aux jeux publics, ou pour jetter les billettes dont on se servoit pour les jugemens des criminels, celles qui estoient marquées C signifiant *Condemno*, & celles où il y avoit un L *Libero*, comme on le void dans les medailles. Apres les ceremonies accoûtumées, ils mettoient ces Urnes, ou sous les pierres qui portoient leur Epitaphe, ou dans des monumens particuliers, ou mesme ils les gardoient dans leur maison.

VI. Matiere des Urnes. Trajan voulut que l'on mit ses cendres dans une Urne d'or, & qu'elle fût mise sur cette belle colomne, qu'il avoit fait faire, qui representoit en relief tous ses combats, & qui subsiste encor à Rome, comme un des plus illustres monumens de l'antiquité pour lequel le temps mesme semble avoir du respect. Celle du Roy Demetrius au rapport de *Plutarque* estoit aussi d'or: Et le grand Marcellus qui prit la ville de Syracuse en avoit une d'argent, selon le témoignage du même Autheur. *Virgile* dit, que celle de Mysenus étoit de bronze, dans le vers que nous avons cité cy-dessus. J'en ay vû du mesme metal en differens endroits, & j'en ay eu une dans mon cabinet qui n'estoit pas plus grosse que le poing. Pour celle de l'Empereur Severe, il seroit necessaire qu'on la pût trouver, pour accorder les Autheurs qui en parlent. *Spartien* dit, que ses cendres furent apportées à Rome dans une Urne d'or. *Dion* qui est plus sincere dit, que son Urne n'estoit que de porphyre,

porphyre, & *Herodien* assure qu'elle estoit d'Albastre. Les Urnes de verre sont un peu plus communes, que celles qui sont faites de ces matieres precieuses. Celle de *Chyndonax* qui fut trouvée à Dijon en estoit, & j'en ay quelquefois vû de semblables dans les Cabinets de curiosité. *Strabon* dit, que de son temps ceux d'Alexandrie montroient les restes d'Alexandre le grand, dans une biere de verre, au lieu de celle d'or dont Ptolemée l'avoit honoré. Marc Varron voulut estre mis dans un vaisseau de poterie, avec des feüilles de Myrte, d'Olivier & de Peuplier, ce que *Pline* appelle à la Pythagorique, parce que c'estoient les plus simples & les plus ordinaires, en effet elles sont tres-communes, & il est peu de villes anciennes, où l'on n'en ayt quelquefois trouvé. Dans la Maison de ville de Genéve on en conserve un bon nombre, & dans cette ville ou à Vienne en Dauphiné, il s'y en déterre tous les jours de semblables. J'en ay vû une infinité de pierre & de marbre à à Rome, dans les maisons de plaisance, & dans les Palais. J'ay donné au frontispice de ce livre, le dessein d'une qui se voit à Aix en Provence, & qui est travaillée avec beaucoup d'art sur un marbre blanc.

On en trouva une en cette Ville l'an 1676. qui estoit mise autrefois sur une base de pierre qui fut deterrée au mesme lieu. On connoissoit qu'elle avoit esté placée dessus, parce que le fonds de l'Urne étoit rond, & de la même grandeur qu'une place taillée en rond fur cette bafe. Cette Urne eftoit de pierre avec un couvercle de plomb, & ne fervoit qu'à conferver une autre Urne de verre qui contenoit des cendres, & un lacrymatoire de verre à côté. Je vis tout cela chez Monfieur Combet dans fon jardin au fauxbourg de Veze, où fe fit cette découverte. La bafe qui luy fervoit de pied d'eftal a cette Infcription :

```
DIS MANIBVS
C. AVCI GAL.
CELERIS IIIIII VIR.
AVG.
C. AVCIVS MACRINVS
PATRI
```

C'eft à dire, *Aux Dieux Manes de Caius Aucius Celer de la tribu Galeria, Sextumvir*, ou l'un des fix Magiftrats établis par *Augufte*, a efté dédié ce monument par *Caius Aucius Macrinus à l'honneur de fon Pere*.

VII. Grand.ur des Vrnes. Les Urnes de terre, qui eftoient pour les perfonnes du commun, eftoient ordinairement plus grandes que celles dont nous avons parlé, parce que comme l'on prenoit moins de foin pour les reduire tout à fait en cendre, les os qui n'eftoient qu'à qu'à moitié brûlez tenoient aussi plus de place : ou bien c'est qu'elles servoient souvent pour les cendres d'une famille entiere, du moins pour celles de mary & femme, comme l'apprend le premier Vers de cette Inscription antique,

VRNA BREVIS GEMINVM QVAMVIS
TENET ISTA CADAVER.

En effet les cendres d'un homme se montent à tres-peu de chose, & quand je diray qu'à peine rempliront-elles les deux creux des mains, je n'avanceray rien dont on ne deût estre persuadé : de là vient que *Spartien* parlant de l'Urne de Severe, l'appelle *Vrnula*, une petite Urne, & mesme si elle avoit esté grosse, estant d'or ou de porphyre, quelle apparence que Severe l'eût prise en ses mains avant que de mourir, en faisant un aveu de sa vanité qui luy avoit fait porter la guerre en Angleterre, comme pour y chercher un autre monde ? *Tu virum capies*, dit-il, *quem totus orbis non capit*.

Pour ce qui concerne la figure des Urnes, celles de terre dont nous venons de parler, sont faites à peu pres comme nos pots de terre ordinaires, si ce n'est qu'elles sont plus hautes & plus retrecies vers le col, & je ne sçaurois mieux les representer que par le vase que tient la figure de dessus nôtre Urne, & que je crois aussi ne representer autre chose qu'une Urne, puisqu'il n'a point de bec ou d'avance, comme ont nos aiguieres & les vases des sacrifices appellez par les Anciens *prefericules*. Il est vray qu'il y en a aussi plusieurs dont le pied

VIII.
Figure des Vrnes.

pied se termine en pointe, & quelques unes ont des anses, & d'autres n'en ont point. Elles sont sans façon & sans bas relief, excepté qu'il y en a de figurées en tête d'hommes ou d'animaux, comme il s'en est trouvé dans nôtre terroir. Mais pour celles de bronze ou d'autre metal, comme elles estoient pour des personnes de qualité, il y en a peu qui n'ayent à l'entour quelque sculpture & bas relief, comme l'on peut voir dans plusieurs Autheurs qui en ont donné des figures. Monsieur *Patin* à qui la Republique des lettres n'a pas peu d'obligation, en a publié une fort belle, où l'on void en bas relief des combats d'Athletes, peut-estre parce que c'estoit l'Urne de quelque fameux Atlete. Un de mes Amis de cette Ville, qui fait souvent venir des curiositez du Levant, en a receu deux d'Egypte, qui sont de terre cuite, chargées de hieroglyphes, & remplies de mumie, ce qui est bien particulier, puis que les Egyptiens ayant accoûtumé d'embaumer les corps entiers, les Urnes ne pouvoient pas suffire à les contenir: mais que sçavons nous si dans cette rencontre, ce n'estoit point quelques parties qu'ils embaumoient separément : les characteres qui y sont gravez pourroient donner sujet à quelqu'un de nous en dire sa pensée. Parmy le grand nombre de celles qui se voyent à Rome, il y en a de rondes, de quarrées, de grandes, de petites, les unes toutes nuës, les autres gravées en bas relief. Il y en a qui sont accompagnées d'Epitaphes, d'autres qui

M. Dufour.

qui ont seulement le nom de ceux à qui elles appartenoient. Quelques-unes n'ont autres caracteres que les deux lettres D. M. ou seulement le nom du potier qui les avoit faites écrit sur le manche ou sur le fonds.

Je puis dire avec verité que tous ceux qui ont vû la mienne, Peintres, Graveurs, Sculpteurs, Curieux ou autres personnes qui ont des yeux & un peu de discernement, l'ont trouvée tresbelle & de la main d'un tres-bon Maître, & ceux qui se connoissent en pieces antiques, n'ont point fait de doute que celle-cy ne le fût. Neanmoins comme tout le monde n'a pas cette habitude de connoître ce charactere d'antiquité par la seule vûe, il n'est pas juste de les renvoyer sans raisons. La premiere preuve de l'antiquité de cette piece est tirée du metal, qui est un bronze massif, sonnant comme le metal de cloche & tout noir en dehors par un leger vernis que le temps y a produit. Je prens ensuite pour preuves la beauté du dessein, l'excellence de la sculpture, le vétement, les coëffures & les airs de tête, que ceux qui ont un peu de teinture d'antiquité reconnoissent bien en estre des productions.

IX. *Antiquité de cette Urne.*

On me dira peut-estre, que nous avons de tres-habiles Sculpteurs, qui sçavent parfaitement imiter le genie & le charactere de l'antiquité. N'y en aura-t'il pas aussi quelqu'un qui assurera que nous les surpassons en cette partie? Ce n'est pas la premiere fois que des ignorans ont

K k soûte

soûtenu des opinions encore plus ridicules ; mais les plus habiles dans ces Arts, avoüeront eux-mêmes qu'ils n'en approchent pas, & l'étude qu'ils en font avec tant d'empressement, montre assez qu'ils font gloire d'aller à l'école des Anciens : (c'est ce qui a rendu *Michel Ange* & *Raphaël* si celebres : & on dit qu'ils ont souvent copié des figures entieres de la Colomne Trajane, pour marque de la passion & de l'estime qu'ils avoient pour les ouvrages antiques, & du fruit qu'ils y avoient fait.) Neanmoins comme ils ne peuvent pas tout apprendre par la vûe de ces ouvrages, mais qu'il est aussi necessaire qu'ils soient sçavans & versez dans l'Histoire, pour faire quelque chose de bien juste, dans la representation d'une histoire ancienne, ou dans l'imitation de quelque piece antique, ne voyons nous pas que nos Peintres & nos Sculpteurs modernes tombent tous les jours dans des fautes & des manieres qui n'auroient pas l'approbation des Anciens. Saint Jerôme se connoîtroit il bien avec sa grande barbe & sa ceinture de corde, comme il plait aux plus habiles Peintres de le representer, quoy que ce saint Homme ait declamé contre l'une & l'autre, & qu'il n'eut garde de s'habiller d'une maniere qu'il condamnoit ? Ne voit-on pas que les plus sçavans Peintres & Graveurs representant la Cene de Nôtre Seigneur, le font asseoir avec ses Disciples sur des bancs : quoy que ce fût la coûtume chez tous les peuples du Levant de prendre leurs repas à demy

demy couchez sur de petits lits ? Je croyois pouvoir excepter Raphaël : mais j'y trouve la même faute dans ses loges. Et dans ce mesme ouvrage aussi bien que dans les figures de la Bible du *petit Bernard*, qui estoit un des habiles hommes du siecle passé, n'y trouve t'on pas les toits des maisons, faits à dos d'âne, à la maniere de Tours, quoy que dans tout l'Orient on bâtit le dessus des maisons en maniere de plateformes, d'où vient que N. Seigneur dit, que ce qui se faisoit en cachette se précheroit sur les toits.

Je ne dis rien des armes à la Romaine, dont ils habillent les enfans d'Israël, de la fumée que vous verrez dans des batailles anciennes gravées par *Tempeste*, comme si l'on avoit eu alors des armes à feu, des mousquets & des canons. Je me serois mesme abstenu d'en parler, n'eut esté que la matiere est assez divertissante de soy-mesme. Je conclus de là, que la beauté du dessein, & la conformité avec ce que nous avons des Anciens, sont de forts prejugez de l'Antiquité d'une piece, quand il y a outre cela d'autres indices.

Je reviens à nôtre Urne, en laquelle je trouve encore une marque d'antiquité, qui est à mon sens assez forte : ce sont les prunelles des yeux de toutes nos figures qui sont creuses, comme nous les remarquons ordinairement dans les medailles & dans les statuës antiques, particulierement dans celles de cette taille.

On pourroit ajoûter à tout cela l'usage à quoy

cette piece a servy, car s'il est vray comme je l'ay montré, que c'est une Urne, la coûtume de brûler les corps & d'en conserver les cendres s'estant abolie avec le Paganisme, il faut qu'elle soit du temps des Payens, & mesme alors que la Sculpture étoit dans son lustre.

X.
Explication des figures.

Il est temps que j'explique les figures dont cette piece est enrichie, & particulierement celle de dessus, qui n'est pas mise sans dessein; car pour celles d'alentour, on pourroit dire qu'elles n'y sont qu'un ornement : & à dire vray nous nous tourmentons bien souvent à chercher du mystere, où il n'y en a point, & à faire dire aux Anciens ce qu'ils n'ont peut-estre jamais pensé. Neanmoins cette recherche n'est pas inutile : elle nous fait souvent découvrir des particularitez historiques & des circonstances ausquelles nous n'aurions pas appliqué nôtre esprit, & au fonds je ne pretens icy donner que des conjectures, que l'on peut ou recevoir, si on les trouve assez fortes, ou méprifer si l'on en a de plus folides.

Un des sujets qui exerçoit les plus beaux esprits de l'antiquité, estoit celuy de la mort & de la destinée commune de tous les hommes. Leurs Epitaphes sont remplies de moralitez, & ils les accompagnoient souvent de belles pieces de sculpture & d'architecture, qui ne servoient pas seulement d'embellissement à leurs tombeaux, mais aussi d'enseignement à la posterité, par les actions illustres qu'elles representoient & par les pensées

de

morale qu'elles exprimoient. Celles-cy ne font-elles pas extremement fages?

DECIPIMVR VOTIS ET TEMPORE FALLIMVR ET MORS
DERIDET CVRAS. ANXIA VITA NIHIL.
IMMORTALES CAMOENAS MORTALIBVS IMMORTALE AEVVM LARGIRI NON POSSE
TYRRHENI HETRVSCI IMMATVRA MORS DOCEAT.

Ce qui nous doit faire connoître que la ftatuë qui eft au deſſus de nôtre Urne, doit eftre tiré de ce qu'elle a un globe fous le pied droit & un vafe à la main droite, & ces deux marques jointes enſemble eftant aſſez extraordinaires, cela nous fera auſſi plus de difficulté. En effet, il ne fe trouve ordinairement dans les medailles & dans les bas reliefs antiques, que la victoire & la fortune qui foient repreſentées avec un globe à leurs pieds, & pour la premiere, on luy donne des aîles & une couronne à la main, pour exprimer que l'on va à la victoire par la diligence: & la fortune a pour l'ordinaire un timon à la main, pour apprendre qu'elle gouverne le globe du monde, que l'on place à fes pieds: mais de luy donner un vaſe, c'eſt ce qui feroit inoüy juſqu'à prefent.

La prevoyance de l'Empereur eftoit auſſi figurée par une Deeſſe qui avoit un Sceptre à la main & un globe à fes pieds. L'Eternité eftoit quelquefois aſſiſe ſur un globe, ou bien elle en tenoit un dans sa main. Ce qui a donné sujet à un de mes amis curieux & sçavant, de croire que cette Deesse placée sur nôtre Urne, ne peut estre autre que l'Eternité, puisqu'on ne sçauroit la rapporter à aucune de ces divinitez dont nous avons fait mention, à quoy il ajoûte que l'Urne qu'elle tient à la main signifie peut-estre que l'eternité de l'homme ne vient qu'apres la mort, ou que cette Urne étoit faite pour la demeure eternelle de la personne dont elle enfermoit les cendres.

Et se bastien Fesch de Bâle.

Mais la situation du globe qui est comme foulé aux pieds de la figure, m'a donné une autre pensée que plusieurs particularitez m'ont confirmée, & qui me semble plus naturelle & plus probable.

C'est donc mon opinion que cette Deesse represente la *Destinée*, qui tient le globe du monde sous ses pieds, & que les Anciens estimoient estre la maîtresse de tout l'Univers. Elle a le monde sous ses pieds, parce que tout ce qu'il renferme est soûmis à ses Loix. Et le vase qu'elle tient à la main n'est autre chose que cette Urne fatale, où les Poëtes feignoient que tous les noms des mortels étoient renfermez : & quel sujet plus propre pouvoit-on choisir pour l'Urne d'un particulier, que le destin general des hommes ? Il n'est rien de si commun dans les Epitaphes des Payens que les plaintes qu'ils faisoient de la malice, de l'envie & de la cruauté des destins, qui ne se laissent point flechir à nos larmes.

Nil

Dix-neuviéme Dissertation.

Nil profunt lacrymæ, nec possunt fata moveri. Grut. inscript.

Et de peur que quelqu'un ne doute que le destin ayt esté representé sous la forme d'une Deesse, puis que son nom Latin de *Fatum* n'est pas feminin, en voicy des preuves. Je dis premierement que pour ce qui est du sexe cela ne prouve rien. Nous avons fait voir ailleurs, que plusieurs Divinitez, comme Venus, la Lune, & Bacchus estoient crus mâles & femelles. Ce qui sembloit estre tiré du sentiment des Stoiciens, qui disoient que les Dieux estoient de l'un & de l'autre sexe.

Je puis dire en second lieu, que les Grecs de qui les Romains avoient emprunté presque toutes leurs superstitions, nommoient la destinée Εἱμαρμένη, d'un nom feminin, comme *Phurnutus* dans son livre de la nature des Dieux. La destinée, *dit-il*, est ce qui fait que toutes les choses qui arrivent sont disposées & conduites selon l'ordre d'un principe eternel.

Enfin, il se trouve une medaille d'or de Diocletien, gravée dans les notes de *Pignorius* sur les images des Dieux, où les destinées sont representées au revers, sous le type de trois femmes habillées comme la nôtre, mais au lieu de globe & d'Urne, elles tiennent un timon de navire à la main, avec l'inscription FATIS VICTRICIBVS, c'est à dire *aux destinées victorieuses.*

Procope dit, que le Temple de Ianus estoit à Rome dans la place du marché auprés des *trois Destins*; que les Romains appellent les *Parques*, où vous voyez qu'il confond les Parques avec les Destinées, comme fait aussi *Apulée*, & puis que dans cette medaille elles tiennent d'une main un gouvernail de navire de mesme que la fortune, cela sert encore à éclaircir nôtre pensée : car s'ils avoient accoûtumé de peindre la fortune tantôt avec un timon, & tantôt avec un globe à ses pieds & souvent avec l'un & l'autre, il ne faut pas s'étonner s'ils ont exprimé la Destinée indifferemment ou avec un gouvernail à la main, ou avec un globe sous son pied, puis que la pensée & le hieroglyphe en est toûjours de mesme, & que l'un & l'autre signifie le gouvernement du monde par les ordres de la Destinée.

 Les Anciens les mettoient au nombre de trois, parce, *disoient-ils*, que tout ce qui est sous le ciel a son commencement, son progrez & sa fin. C'est peut-estre la cause pour laquelle ces mêmes Destinées sont encore icy figurées sous un embléme different de trois Termes femelles : ce que je ne dis pas par une simple conjecture, mais je me fonde sur une inscription antique, que *Gruterus* dit estre à Valence en Espagne, en une pierre quarrée, dont les trois faces sont occupées par trois figures de femmes representées seulement à demy corps, c'est à dire en maniere de Termes, & afin que l'on ne doute pas que ce ne soient les trois Destinées, l'inscription qui est faite en leur honneur dans la quatriéme face nous en assure.

Phurn. κατ' ἄλλοι δὲ τρόπον, τρεῖς μοῖραι παρισάγεσθαι, κατὰ τὴν τρίασδον τῦ χρόνυ.

Dix-neuviéme Dissertation. 273

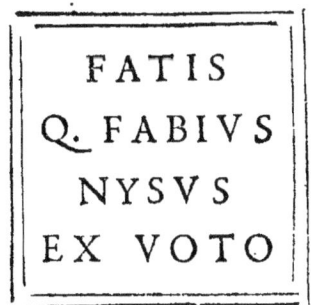

Gruter.
pagina
XCVIII. I.

Ce qui me persuade de plus que ces trois Termes sont ajoûtez pour exprimer le mesme mystere que la figure de dessus, c'est que la tête & la coëffure en sont absolument semblables, & que les Termes estans les Dieux des bornes, ce sont aussi les destins qui bornent nôtre vie & terminent tous nos desseins. Ou si vous en voulez faire la distinction, il faut dire que la Deesse qui tient l'Urne, est la souveraine Destinée, qui preside sur tout l'Univers, sur les Dieux & sur les hommes : mais que les trois Termes qui supportent l'Urne, sont les trois Parques ou les trois Destinées, attachées à la conduite de leur vie & au genre de leur mort.

Je ne doute pas, *Monsieur*, qu'un esprit qui voudroit subtiliser, ne pût trouver dans toutes les autres figures quelque mystere, qui sembleroit avoir du rapport avec les Loix inviolables de la destinée : par exemple ne pourroit-on pas dire que ces monstres qui sont sur le couvercle & qui regardent en haut, signifient que tous les animaux,

L l aussi

aussi-bien que l'homme sont soûmis à l'Empire du destin ? car il semble que le Sculpteur ayt pris plaisir de faire dans ces monstres, un composé des principales especes d'animaux, un visage d'homme avec un corps de chien & une queuë de serpent, & de plus, des cornes, des aîles ou des nageoires de poisson. Les Anciens prenoient plaisir a ces fictions, qui ont enfanté les Tritons, les Sphynx, les Chimeres & les Minotaures. *Strabon* parle de certains monstres appellez Cebus, dont le visage est de Satyre & le reste du corps participe du chien & de l'ours: comme ceux-cy participent du chien & du serpent.

Cebus facie Satyro similis, cætera inter canum & ursum.

A côté, il y a un autre monstre avec un visage de femme & des aîles, au lieu de bras, & il finit en poisson.

Desinit in piscem mulier formosa supernè.

Horace.

C'est sans difficulté une Sirene, à qui les Poëtes donnoient quelquefois des pieds d'oyseaux, mais comme elles estoient habitantes de la mer, il est bien plus raisonnable de leur donner la moitié du corps de poisson, comme la plûpart les representent.

Dulce malum Pelago Sirenæ, volucréfque puellæ
Scyllæos inter fremitus, avidámque Charybdim,
Musica saxa fretis, habitabant dulcia monstra.

Claudiin.

Ceux qui sont un peu intelligens dans la fable, sçavent que c'estoient des monstres marins qui charmoient & endormoient le monde par leur agreable musique. C'est pourquoy on en mit une sur le tombeau d'*Isocrate*, pour figurer son eloquence ; estant certain qu'un Orateur éloquent charme l'esprit de ses Auditeurs, & en fait ce qu'il veut.

Plut. lb. de decem Rhetorib.

Nôtre planche ne nous en peut faire voir qu'une, quoy qu'il y en ayt trois dans l'original mises en triangle comme les autres figures, soit pour la regularité du dessein, ou bien parce qu'elles estoient trois sœurs, filles du fleuve Acheloüs & de la Muse Calliope, dont l'une s'appelloit *Parthenope*, l'autre *Leucosia*, & la troisiéme *Ligia*.

Ovide dit qu'elles estoient compagnes de Proserpine, lors qu'elle fut enlevée; & ainsi puisqu'elles estoient alliées des Dieux infernaux, ce n'est pas merveille qu'on les joignît, pour l'ornement d'une Urne avec le Destin & les Parques.

Les trois autres testes qui sont gravées dessous l'Urne, ne sont si vous voulez que des masques ou mascarons, comme il vous plaira de les appeller, qui ne servent que d'enrichissement : neanmoins un de mes Amis croit qu'elles representent les *Larves* ou *Lemures* que les Anciens croyoient habiter dans les tombeaux, dont nous avons parlé dans la Dissertation precedente.

J'ay fait graver separément & en racourcy l'interieur de l'Urne, pour faire voir un tuyau posé au milieu, & fortement cimenté sur le fonds, qui peut avoir servy pour un lacrymatoire. C'estoit un petit vase de verre de la longueur d'un doigt, où les Anciens conservoient les larmes des Amis du deffunt, afin que la posterité sçût que leur enterrement ne s'estoit pas pasfé fans beaucoup de larmes : & fi fa parenté ne fuffifoit pas, ils payoient des pleureufes, qu'ils appelloient *Præficæ*, qui accompagnoient les funerailles & s'acquittoient le mieux qu'elles pouvoient de cét employ.

Tibulle dans une de fes Elegies recommandant à fa femme les obfeques qu'elle luy devoit faire, la conjure entr'autres qu'on n'oublie pas les larmes, apres qu'on fe fera acquitté des ceremonies accoûtumées, & qu'on aura arrosé fes os de vin vieux & de lait, que l'on les aura deffeché d'une toile de lin & ferré dans un tombeau de marbre.

Pars quæ fola mei fuperabit corporis, offa
 Incinctæ nigrâ candida vefte legant,
Et primùm annofo fpargant collecta Lyæo,
 Mox etiam niveo fundere lacte parent :
Poft hæc carbafeis humorem tollere velis,
 Atque in marmoreâ ponere ficca domo.
Et noftri memores lacrymæ fundantur eodem,
 Sic ego componi verfus in offa velim.

On trouve fouvent dans les tombeaux & dans les Urnes, ces petits vafes de terre ou de verre deftinez pour conferver ces larmes, & ils font à peu prés de la hauteur du tuyau de nôtre Urne, ce qui me confirme qu'il a fervy à en renfermer un.

Ce tuyau perce en dehors, & ce trou peut avoir fervy, comme quelques Sculpteurs l'ont jugé, pour tenir l'Urne attachée par un crampon de fer à quelque pied d'eftal ; car il eft aifé de concevoir

voir qu'une piece si galante, n'avoit pas esté faite pour estre mise dans la terre à la mercy de la roüille qui luy auroit ôté ses plus beaux traits.

Et sur ce sujet j'ay quelque chose à dire de curieux, sur les moyens dont les Anciens s'étoient avisez de les conserver, afin que leurs cendres ne se mélassent pas avec la terre, & qu'elles ne vinssent pas facilement dans la puissance de leurs ennemis.

Premierement ils mettoient souvent l'Urne dessous ces petites colomnes quarrées qui portoient leurs Epitaphes, & que nous appellons *cippes*, à cause de leur figure. Les trous que l'on y remarque quelquefois dessous, servoient sans doute pour mettre mieux à couvert l'Urne. On les logeoit aussi dans des cercueils de pierre ou de marbre. Cette inscription marque l'une ou l'autre de ces coûtumes :

XI. *Maniere de conserver les Urnes.*

Te lapis obtestor leviter super ossa quiesce,
   Et nostro cineri ne gravis esse velis.

Ainsi il ne faut pas juger que les tombeaux de pierre ayent toûjours servy pour les corps que l'on enterroit simplement, & non pas pour ceux que l'on brûloit, si ce n'est lors que ces cercueils sont proportionnez à la longueur & à la largeur d'un cadavre.

Les gens de qualité avoient en second lieu, des voutes sepulchrales, où ils plaçoient les cendres de leurs Anceftres, & on en a trouvé autrefois à Nîmes une semblable, avec un riche pavé de marquetterie, qui avoit tout à l'entour des niches dans le mur, où estoient rangées à chacune des Urnes de verre doré remplies de cendres. La conjecture de Monsieur *Chorier*, qui m'a assuré en avoir vû quelques unes qui y avoient esté trouvées, est que c'estoit le monument de la maison des Antonins originaires de Nîmes, avant qu'ils parvinssent à l'Empire, puisqu'apparemment cette voute qui n'avoit rien que de riche & de superbe, étoit destinée pour une famille de haute qualité. Monsieur Blanchet m'a dit qu'il en a vû à Rome de mesme façon, horsmis que les Urnes estoient de terre, où il y avoit des cendres & des ossemens mêlez, & mesme autour de la voute des combats d'Athletes en bas relief.

On a autrefois découvert dans cette ville de ces voutes Souterraines, du côté de Fourviere, mais le peu de soin qu'on a eu de les conserver, ou d'en garder des memoires, fait que je n'en puis rien dire de particulier.

J'ay aussi appris depuis peu une découverte assez curieuse qu'on a faite dans le Limosin, qui nous aprend une des manieres dont ils se servoient pour conserver les cendres & les Urnes des personnes de merite. Voicy ce qu'en écrit Monsieur *Furgaud* Avocat au Parlement de Paris, homme sçavant & curieux, dans une lettre au R. P. *Lacarry* Professeur en Theologie au College des Jesuites de Clermont, qui m'a fait la grace de me le communiquer.

Un

„ Un de mes Amis, *dit-il*, m'a promis de m'en-
„ voyer des memoires de la Tour d'Auſtrille en
„ la Marche du Limoſin : il m'a dit par avance
„ que la tradition & creance des Habitans de ce
„ lieu eſt, qu'anciennement c'eſtoit une grande
„ ville, dont il reſte des anciens veſtiges : qu'on
„ voit là deux petites montagnes de terre tranſpor-
„ tée, dont la plus grande eſt de dix ou douze toi-
„ ſes de circuit, & de vingt-cinq de hauteur,
„ qu'elles ne ſont éloignées l'une de l'autre que de
„ huit ou dix toiſes. J'en ay vû deux ſemblables
„ dans la Chatellenie de Droulles, à trois lieües de
„ Gueret, *Garactum*, en la Marche du Limoſin,
„ dans des lieux fort deſerts en un pré, toutes cou-
„ vertes d'herbe, & j'ay eſté aſſuré par une per-
„ ſonne digne de foy, que proche du Château
„ de Dognon, à une lieuë & demy de Droulles,
„ *Drollæ*, on en voyoit une de meſme forme, &
„ que le Seigneur du lieu conduiſant une allée de
„ ſa maiſon au grand chemin de Gueret à Bour-
„ ganeuf, *Burgum novum*, fit raſer cette grande mot-
„ te de terre, & que dedans il y trouva des pier-
„ res creuſes à divers étages, couvertes d'autres
„ pierres & dans les creux de ces pierres, en forme
„ de ſepulchres, on trouva des Urnes de terre ſi-
„ gillée & de verre, & dedans ces Urnes des
„ cendres, & quelques petits chainons d'or qu'on
„ croit eſtre des anciens Gaulois.

On voit une pareille motte, ſur le chemin de
Lyon à Vienne, à une lieuë de cette derniere
ville.

ville. Elle est dans un lieu où il n'y a pas des maisons. Les païsans l'appellent encore la motte. Peut-estre est ce un sepulchre, comme l'estoient celles-là: mais on n'a pas eu la curiosité de l'ouvrir.

Ces grandes mottes de terre sont appellées en Latin *cespites* & *aggeres*, & à ces élevations de terre se rapporte ce qu'écrit *Sidonius* à *Secundus* son parent. Que venant de Lyon à Clermont en Auvergne, il vit pres de Lyon des larrons qui creusoient & fouilloient le sepulchre de son ayeul *Apollinaris*, qui fut Prefect du Pretoire l'an de N. Seigneur 409. lesquels larrons il traita mal à l'heure mesme, les ayant surpris sur le fait. Il raconte que le temps & l'eau avoit presque applany la motte de terre qui couvroit le tombeau du defunt, & que cela l'obligea de composer une Epitaphe rapportée en cette Epître, qu'il envoya à *Secundus* pour la faire graver en un Mausolée, qu'il le prie de faire élever en ce champ au lieu de la sepulture.

L.3.ep.fi. 12.

> *Serum post patruos, patrémque carmen*
> *Haud indignus avo nepos dicavi :*
> *Ne fors tempore postumo viator,*
> *Ignorans reverentiam sepulti*
> *Tellurem tereres inaggeratam.*
> *Præfectus jacet hîc Apollinaris*, &c.

Virgile fait aussi mention de ces petites montagnes de terre qu'on élevoit, sur les lieux où estoient les cendres des defunts, & le nom qu'il leur donne sont ceux-cy,

Terreno

Terreno ex aggere bustum.
& *Agger tumuli compositus.*

Æneid. l. 11.
Æneid. lib. 7.

Un autre Poëte ancien dit, *Coacervatum bustum excelso aggere.* Le Code *Theodosien* prononce que c'est une action impie & approchante du sacrilege, d'enlever & remuer la terre de ces tombeaux. *Terram sollicitare & cespitem vellere proximum sacrilegio.*

Catull. in Argonaut.

Je croy, *Monsieur*, qu'en voilà assez pour vous satisfaire, à quoy je pourrois ajoûter quelque chose touchant le temps que cette Urne peut avoir esté faite, & pour qui: mais comme il n'y a pas d'inscription qui nous en puisse rendre sçavant, on ne peut pas l'asseurer positivement, sans temerité: je me contente de dire en general qu'elle est asseurément du temps auquel la Sculpture estoit en sa fleur, sous les premiers Empereurs. Je ne serois peut-estre pas trop hardy d'avancer que l'air de tête & la coëffure de Faustine la jeune, femme de Marc Aurele qui vivoit à la fin du second siecle, que l'on remarque dans nos figures me portent à croire qu'elle est un ouvrage d'environ ce temps là: & les figures de femme que le Sculpteur a preferées aux autres, me feroient aussi croire, qu'elle estoit pour les cendres de quelque Dame de la plus haute qualité.

XII. *De quel temps peut estre cette Urne.*

Si j'en disois davantage & si je voulois donner plus de liberté à mes conjectures, j'avouë qu'outre la géne que je donnerois à mon esprit,

M m ij

il se trouveroit peut-estre au bout du compte qu'à force de vouloir persuader ce que je dirois, je ne persuaderois le Lecteur que de mon ignorance. Pour vous, *Monsieur*, il me suffit que vous m'en donniez vôtre sentiment, pour confirmer ou retracter le mien, & luy servir de guide; puisque je suis tres-parfaitement vôtre, &c.

VINGTIE'ME DISSERTATION :

Par Monsieur François Graverol, Avocat & Academicien de Nismes.

Sur l'Inscription du Tombeau de Pons, fils d'Ildefonse, de la famille des Raymonds, Comtes de Toulouse :

A Monsieur Jean Graverol son frere.

✠ ANNO. DOMINI. JESV. CHRISTI. MILLESIMO. DVCENTESIMO. TERTIO. DIE. 15. APRILIS. RETRO. HVNC. LAPIDEM. FVIT. SEPVLTVM. CORPVS. DOMINI. PONCII. FILII. ILLVSTRIS. ILDEFONSI. DVCIS. NARBONÆ. DE STIRPE. PIÆ. MEMORIÆ. ILLVSTRIS. DOMINI RAYMONDI. COMITIS. TOLOSÆ. MARCHIONIS. PROVINCIÆ. AC. DVCIS. NARBONÆ. ALMI. FVNDATORIS. HVIVS. SANCTÆ. SEDIS. NEMAVSENSIS. ECCLESIÆ. AD. HONOREM. VIRGINIS. MARIÆ. CONSECRATÆ. IN. QVA. DEO. FAMVLENTVR. VIRI. VNANIMITER SVB. REGVLA. BEATI. DOCTORIS. AVGVSTINI. VIVENTES. QVORVM. ET. OMNIVM. FIDELIVM. DEFVNCTORVM. ANIMABVS. QVÆSVMVS. DOMINE

DEVS. MISERICORDIAM. CONCEDE.
PERPETVAM. VT. EIS. PROFICIAT. IN
ÆTERNVM. QVOD. IN. TE. SPERAVE-
RVNT. ET. CREDIDERVNT. PER. JE-
SVM. CHRISTVM. DOMINVM.
NOSTRVM. Amen.

IL est juste, *Monsieur mon frere*, que je vous satisfasse au sujet de l'Inscription dont je vous parlay la derniere fois que vous fûtes en cette ville, & que vôtre départ un peu precipité ne vous permit pas d'aller voir. Elle est sur une pierre qui fut trouvée dans la maison d'un particulier sur la fin du mois de Juillet de l'année 1663. & qui fust ensuite portée dans l'Evesché, & de là dans l'Eglise Cathedrale, d'où vray-semblablement elle avoit esté tirée durant les desordres des guerres Civiles. C'est là où l'on la voit presentement derriere le Chœur, & un peu à côté de cette magnifique Chapelle, où repose le corps de Messire *Anthyme Denys Cohon*, qui a esté le dernier Evêque de nôtre ville, & dont Messire *Jacques Seguier* remplit aujourd'huy si dignement la place.

Les caracteres de cette inscription sont dorez & en relief; & quoy qu'ils passent pour Gothiques suivant la commune façon de parler, ils n'ont pourtant aucun rapport avec les veritables lettres Gothiques, telles qu'on les voit à la fin de *Jornandes*, dans un petit Commentaire, qui traite de la langue des Goths, ou dans l'*Histoire de l'origine*

gine des Langues du Préſident Duret. Ce ſont plutôt de vieux caracteres Gaulois, ſemblables à ceux qui ſont ſur les anciennes monnoyes de nos Roys. On y découvre meſme quelques lettres qui approchent aſſez de celles des anciens Saxons, de la maniere qu'on les peut voir dans la Grammaire de l'Abbé *Ælfricus*, qui mourut vers le commencement de l'onziéme Siecle.

La figure de la Croix paroit à la teſte de l'Inſcription, ſuivant la coûtume du temps auquel elle fut faite. Car alors ces figures n'eſtoient pas moins frequentes ſur les tombeaux des Chrêtiens, qu'elles l'eſtoient dans les anciennes donations, & preſque dans toutes les ſouſcriptions des actes publics, qui ſans cela n'euſſent pas eſté bien autentiques. On en peut voir les exemples & les raiſons dans la *Roma ſubterranea* de Boſius, dans Gretſerus *Tract. de Cruce*, & plus particulierement dans Spondanus *de Cœmeter. Sacr. lib. 1. part. 3. tot. cap. 19.* qui a pour titre, *de Crucibus ad ſepulchra appoſitis.*

Au reſte cela ſe pratiquoit ainſi dans le temps que l'Inſcription fut faite, ſans choquer la conſtitution que les Empereurs Theodoſe & Valentinien avoient publiée l'an du ſalut 427. ſous le Conſulat d'Hierius & d'Ardaburius, & qui ſe trouve inſerée dans le premier livre du Code de l'Empereur Juſtinien ſous cette rubrique, *nemini licere ſignum Salvatoris Chriſti, humi, vel in ſilice, vel in marmore, aut ſculpere, aut pingere.* Les Annales du Cardinal Baronius, & l'hiſtoire de Paulus

Diaconus vous sont trop connuës pour m'arrêter à vous dire quels furent les motifs de cette constitution: Mais comme ces motifs avoient cessé lorsque la Province de Languedoc estoit sous la domination des Comtes de Toulouse, il ne doit pas estre inutile de remarquer; qu'outre cette raison generale, que la figure de la Croix distinguoit les tombeaux des Chrêtiens de ceux des Payens; & outre encore que l'on peut dire, que comme autrefois, quand on faisoit les funerailles des Grands, on élevoit des Croix dans tous les endroits, où s'arrestoient ceux qui portoient la biere, *ut à transeuntibus pro anima mortui deprecaretur* (pour me servir des termes de *Thomas Vvalsinghamus* parlant de ce qui se pratiqua aux funerailles d'une Reyne d'Angleterre en l'an 1291.) on pouvoit bien aussi affecter dans la mesme vûe de graver des Croix sur les tombeaux de ceux qui avoient fait profession du Christianisme. D'ailleurs on avoit cela de particulier dans la famille des Comtes de Toulouse, qu'ils faisoient graver sur leurs tombeaux quelque chose qui designât qu'ils avoient fait profession de la Religion Chrêtienne. Je ne parle pas sans authorité, quand je tiens ce langage, puisque, s'il faut ajoûter foy à ce que dit *Noguier en son Histoire Tolosaine pag.* 170. *aux tombeaux des Comtes de Toulouse estoit gravé un chiffre, ayant dans un rond un B, enlassé d'un X,* (ce qui n'estoit que la representation de cette figure ⚜ qui se voyoit dans le *Labarum* du grand Constantin)

Vingtiéme Dissertation.

& hors le rond un α d'un côté, & de l'autre un ω, ce qui vaut autant à dire, que CHRISTVS PRINCIPIVM ET FINIS. En quoy visiblement on faisoit allusion à ce passage du Chapitre premier de l'Apocalypse; ἐγώ εἰμι τὸ Α καὶ τὸ Ω, ἀρχὴ καὶ τέλος, λέγει ὁ Κύριος.

Pour ce qui regarde le corps de l'Inscription, il faut avoüer que l'explication en est extremement difficile; soit que l'on considere le nom & la genealogie de celuy à la memoire duquel ce tombeau fut dressé; soit que l'on considere le temps de sa mort, du moins si on veut concilier la teneur de l'inscription avec ce qu'on apprend dans l'histoire, sur la disposition de laquelle on peut tracer la figure suivante.

{ Raymond de St Gilles I V.
{ Elvira.

Bertrand....... Guillaume...... { Alphonce ou Ildefonce.
{ Faydide.

Raymond. V.......Alphonce II.
Constance.

Il paroit par cette figure que Raymond II. du nom des Comtes de Toulouse, & quatriéme des Comtes de S^T Gilles, fut marié avec Elvira (ou *Elvia*) fille naturelle d'Alphonce Roy de Castille, & de Semena, sa Concubine. C'est le mesme qui mourut à Château-Pelerin en l'année 1105.

apres avoir eu trois enfans mâles de ce mariage ; sçavoir, BERTRAND, qui fust marié avec Helene, dont la genealogie n'est pas bien connuë, & qui est qualifié fils naturel de Raymond par Andoque *en son hist. du Languedoc liv.* 10. *pag.* 278 soûtenant que *Garibay* & *Surita*, Autheurs Espagnols, se sont trompez, lors qu'ils l'ont pris pour un fils legitime d'Elvira.

GVILHAVME, que plusieurs appellent Raymond, qui fut marié avec la Veuve de Gautier, Prince de Galatie, & de laquelle il n'eut point d'enfans.

Et ALPHONCE, ou ILDEPHONCE, qui nâquit au voyage que Raymond son pere & Elvira sa mere firent en la terre Sainte, & qui fut surnommé *Jordanus*, à cause qu'il fut baptisé au fleuve du Jordain ; quoy que quelques Historiens ayent par mégarde attribué ce surnom à Guillaume son frere.

Cet Alphonce, qui mourut de poison dans la ville de Cesarée l'année 1147. fust marié à Faydide (ou *Faydete*) fille de Gilbert (ou *Gebert*) Comte de Provence, & de Tiburge (ou *Tiburbe*) Comtesse de Gevaudan. De ce mariage nâquirent deux enfans mâles ; sçavoir Raymond V. qui fut marié à Constance, fille du Roy Loüis le Gros, & qui mourut l'année 1194. apres avoir esté Comte de Toulouse pendant 46. ans ; & Alphonse, que je nommeray Alphonce II. pour le distinguer de son pere.

Suivant

Vingtiéme Dissertation.

Suivant cette genealogie qui est tres-fidelement établie, il est impossible de sçavoir precisément & avec certitude, qui estoit ce Pons, ou Ponce, dont il est parlé dans l'inscription, où il est qualifié fils d'Ildefonce. En effet, on ne peut pas dire qu'il fût fils d'Ildefonce, ou d'Alphonce II. parce qu'il est constant que cet Alphonce mourut sans enfans, & mesme en fort bas âge, comme en font foy les Vers suivans, qu'on lit dans son Epitaphe.

Parvulus ætate, vitæ puer immaculatæ,
 Jungitur Angelicis, virgineisque choris.

Où ces mots, *puer, parvulus ætate*, & *virgineis choris*, sont remarquables, pour en inferer qu'il ne fut jamais marié.

On ne peut pas non plus dire, que ce Pons fût l'un des deux du môme nom, qui sont mis au rang des Comtes de Toulouse par les Historiens de cette Province. Car outre qu'ils ont esté tous deux enterrez dans la ville de Toulouse, comme cela se justifie par leurs tombeaux, que l'on voit prés de la porte de l'Eglise de saint Sernin, & dont les Inscriptions sont rapportées sans aucune date par Alphonce Delbene, Evesque d'Alby, *en son Traité de gente & familia Marchionum Gothiæ, dans les années* 936. *&* 954. D'ailleurs l'un estoit fils de Guillaume Comte de Toulouse, & frere d'Aymeric (ou son pere selon quelques Historiens) & l'autre estoit fils du mesme Pons, fils de Guillaume: pour ne pas dire encore qu'ils estoient tous deux morts avant l'année 996. & par conſéquent plus de deux Siecles avant nôtre Pons.

Enfin, on ne peut pas dire que ce ſoit Pons Pere de Raymond I. Comte de Tripoly, & mary de Cécile, fille naturelle du Roy Philippe I. & Veuve de Tancréde Neveu de Bohemond Prince d'Antioche, parce qu'il eſtoit fils de ce Bertrand, dont il a eſté déja parlé, & de Héla ſa ſeconde femme.

Tout ce qu'on peut dire vray-ſemblablement parmy de ſi grandes obſcuritez eſt, qu'il faut qu'Alphonce I. eût eu plus de deux Enfans mâles. En effet, Andoque remarque *en la page 281. de ſon Hiſtoire*, qu'il eût quelques autres enfans outre Raymond qui luy ſucceda.

Il eſt vray qu'il ajoûte, que Raymond fut le ſeul qui luy ſurvéquit. De ſorte que ſur ce fondement on ne ſçauroit conclurre que Pons, qui mourut l'an 1203. ſuivant l'Inſcription, fût ſon fils, puis qu'il eſtoit mort à Céſarée l'année 1147. ainſi qu'il a déja eſté remarqué.

Comme pourtant il eſt impoſſible, ſuivant les principes qui ont eſté poſez, & qui s'accordent parfaitement bien avec l'Hiſtoire, que ce Pons puiſſe eſtre autre que le fils d'Alphonce I. Il me ſemble que l'on peut établir cette verité, nonobſtant ce que dit Andoque touchant la ſurvie d'Alphonce à tous ſes enfans, à l'exception de Raymond V. Car enfin il n'eſt pas incompatible qu'il ait erré en cette circonſtance, luy qu'on accuſe

Vingtiéme Dissertation.

accuse d'avoir erré une infinité de fois dans son Histoire. Et aprés tout, cette consideration même cessant, l'Inscription d'un ancien tombeau, qui est un monument public, doit estre d'un plus grand poids, que l'authorité d'un Historien éloigné de plus de 400. ans du temps dont il parle. *Monumenta, maximè si sint antiqua, probant, nec possunt per Historiographos oppugnari*, suivant la decision de *Florianus Dulphus Tract. de sepultur. & defunctor. monument. cap.* 16. *num.* 12. *&* 13. ou comme disoit *Prudentius*, qui sera sans doute mieux de vôtre goût que nos Jurisconsultes.

Ipsa patrum monumenta probant: Diis Manibus illic
Marmora secta lego, quæcunque Latina vetustos
custodit cineres, &c.

A quoy l'on peut ajoûter ces trois reflexions: 1. Que lors que les Historiens parlent d'Alphonce I. ils le designent presque toûjours en mesme temps par le nom d'Ildefonse, que luy donne l'inscription (quoy qu'au fonds il soit le mesme que celuy d'Alphonce, dont il ne differe que dans la prononciation & dans le nombre des syllabes *Ibi* (sc. in Syria) *filium Alphonsum, sive Ildefonsum, peperit* (sc. Elvia) *cui Alphonso, sive Ildefonso, Jordano nomen fuit, quòd in Jordano flumine aquis salutaribus esset lustratus*; dit Delbene dans le Traité qui a esté déja cité *pag.* 50. *&* 51. 2. Que la seule qualité de Duc de Narbonne, que l'inscription donne à Ildefonce pere de Pons, insinuë en quelque maniere qu'elle doit estre rapportée à Alphonce I. car il semble que les Autheurs de l'inscription ont affecté de le qualifier seulement Duc de Narbonne, pour marquer d'autant mieux le droit qu'il avoit sur le Duché de Narbonne; à cause qu'en ayant esté chassé par le Comte de Poitiers, il y fut remis à main armée environ l'an 1133. par les habitans de Toulouse, qui en chasserent ses usurpateurs, pour le maintenir en la jouïssance de ce Duché, que ses predecesseurs avoient possedé. Sur quoy l'on peut voir *le Chapitre cinquiéme de la Chronique de Guillaume de Puylaurens*, qui fut Chapelain de Raymond le jeune, Comte de Toulouse.

3. Que ces mots (*de stirpe Raymundi, Marchionis Provinciæ*) sont comme toucher au doigt, que Pons estoit un des petit fils de Raymond, pere d'Alphonce I. En effet outre que le second de ces mots ne designe qu'un descendant dans sa propre & dans sa plus naturelle signification, ce qu'il seroit facile de prouver par mille authoritez, soit des loix, soit des Docteurs, si la chose n'estoit pas, comme elle est, hors de toute dispute. D'ailleurs il faut observer, que le titre de Marquis de Provence (*Marchionis Provinciæ*) ne se peut gueres bien rapporter qu'à ce mesme Raymond, pere d'Alphonce I. l'Histoire remarquant expressement qu'il affectoit de prendre ce titre, à cause de quelques villes qu'il avoit au delà du Rhône. Il n'est personne pour peu qu'il soit versé dans l'Histoire des Comtes de Toulouse, qui ne convienne de cette verité. Je ne crois pas mesme que pour

l'établir

l'établir je doive me mettre en peine de chercher d'autres authoritez, que celles d'Andoque *en la pag.* 281. *de son histoire*, & de Catel *en son Histoire des Comtes de Toulouse liv.* 2. *chap.*1.

Mais avant que d'aller plus loin, je ne sçaurois, mon frere, me dispenser de vous dire, que si la qualité de Marquis de Provence eût esté donnée dans l'inscription à Ildefonce, comme elle l'a esté à Raymond, il n'y auroit pas lieu de douter que Pons, qui fait le sujet de cette Dissertation, ne fût le veritable fils d'Alphonce I. auquel, en qualité de mary de Faydide, la moitié de la Provence appartenoit dés l'année 1125. à cause du partage qu'il fit de cette Province avec Raymond Arnoul, Comte de Barcelonne, comme mary de Douce, sœur de Faydide; & toutes deux filles, & seules heritieres de Gilbert, Comte de Provence, qui estoit mort sans heritiers mâles. La forme de ce partage se peut voir dans Surita: *In Indice rerum ab Arragoniæ Regib. gestar. lib.* 1. *ad Ann. Nat. Chr.* MCXXV. *pag.* 56.

Au reste, je ne dois pas oublier de vous dire, que l'abregé de nôtre inscription se voit dans l'inventaire des Archives du Roy, qui sont en cette ville, fol. 168. & dans un manuscrit en papier, qui se trouve au Sac de Nismes en ces termes. *Memoire de la sepulture du corps de Monsieur Pons, fils du Duc de Narbonne, tirée de son Epitaphe de cette teneur,* MCCIII. *Retrò hunc lapidem fuit sepultum corpus Domini Poncij, filij illustris Ildefonci, Ducis Narbonæ,*

bonæ, de stirpe piæ memoriæ Illustris Domini Raymondi, Comitis Tolosæ, olim fundatoris hujus sanctæ sedis Nemausensis Ecclesiæ ad honorem Virginis Mariæ constructæ, & ceux qui y demeureront vivront sous la regle de S. *Augustin.*

Au sujet de laquelle inscription il est necessaire de remarquer, que Jean-Poldo Dalbenas (que quelques Autheurs citent mal à propos sous le nom de Jean Poldo simplement, croyans que le nom Dalbenas, qui est le nom d'une famille noble de cette ville, de laquelle il estoit issu, fût celuy du lieu de sa naissance, comme s'il eût esté natif d'Aubenas, qui est une ville du bas Vivarés) Jean-Poldo Dalbenas, dis-je, est un peu sujet à caution, lors qu'apres avoir dit, *au Chapitre douziéme de ses Antiquit. de Nismes*, que l'Epitaphe d'Ildefonce Duc de Narbonne étoit dans le Cloître de l'Eglise Cathedrale de cette mesme ville, sous l'inscription suivante. *Ildefoncus, Dux Narbonæ, de stirpe Raymondi, Comitis Tolosæ, Marchionis Provinciæ, fundatoris sanctæ sedis Nemausensis;* & qu'il avoit vû plusieurs *Documens* anciens, qui en faisoient mention, il ne fait pas scrupule de donner la date de cette Epitaphe du 15. d'Avril 1203.

Car à moins que cet Alphonce, ou Ildefonce, fût Alphonce II. frere de Raymond V. & qu'il fût mort en la mesme année en laquelle nôtre Pons mourut (ce qui est contraire à l'Histoire qui nous apprend que cet Alphonse mourut fort jeune quelque temps avant son aisné) ou à moins que

Vingtiéme Dissertation.

le corps d'Alphonce I. qui mourut à Cesarée en l'an 1147. eût esté porté, cinquante six ans apres sa mort, dans la ville de Nismes, pour y estre mis prés du corps de son fils Raymond, qui y avoit esté enterré l'an 1194. dans le Cloître de l'Eglise Cathedrale ; on ne peut pas concilier ce que dit Dalbenas avec la verité de l'Histoire, si ce n'est en supposant deux Comtes de Toulouse, qui s'appelloient tous deux Alfonce, comme le Sieur Deyron s'est imaginé qu'on le pouvoit faire au *Chapitre 27. de ses Antiquit. de Nismes.* Mais pour vous dire ce que j'en pense, je crois, & peut-estre n'est-ce pas sans raison, que l'Epitaphe que Dalbenas rapporte, n'est qu'un fragment de l'inscription qui se trouve dans nos archives, comme celle-cy n'est qu'un abregé de l'inscription qui est derriere le Chœur de l'Eglise Cathedrale de cette ville, puis qu'en effet elles ont toutes une même date, & en ce cas là Dalbenas n'a pas dû dire que cette Epitaphe fut d'Alphonce.

En voilà sans doute assez, mon frere, pour vous faire connoître qui pouvoit estre ce Pons, fils d'Ildefonce, dont il est parlé dans l'inscription que je vous envoye. Il me reste seulement à vous dire, pour vous en donner l'entiere explication, que ce Raymond, qui y est qualifié fondateur de l'Eglise Cathedrale de cette ville, est Raymond II. des Comtes de Toulouse, & quatriéme des Comtes de saint Gilles, ayeul de nôtre Pons. Ce fut luy qui dota cette Eglise, & qui luy fit cette donation

donation confiderable, qui fe trouve dans les Archives du Roy, & dont il est fait mention au folio 69. de l'Inventaire dont je viens de parler cotté A, au Sac de faint Gilles, que je rapporte icy en fommaire. *Anno Domini* 1096. 4. *Idus Julij, Regnante Philippo Rege, Raymondus de sancto Ægidio, Comes Tholosanorum & Rhutenensium, Dux Narbonæ, & Marchio Provinciæ, timens periculum animæ suæ & successorum suorum, in manu & præsentia Vrbani II. Pontificis, & totius sacri Concilij apud Nemausum tunc celebrati, desponsat Ecclesiam Nemausensem, eique donat & concedit omne quod habebat in Villa Fontiscopertæ, &c. pro emendatione suorum præteritorum criminum, & adeptione futurorum bonorum, &c.*

Je ne vous diray pas prefentement fi par *Villa Fontifcopertæ*, (ou *Fontifcooperta*,) qui fut comme le fonds & le capital de cette donation, il faut entendre le lieu de Fontcouverte, qui eft dans le Diocefe d'Ufés; ou un autre lieu du mefme nom, fitué dans le Diocefe de Narbonne, dans lequel fut tenu un Concile en l'an 911. je renvoye même à quelqu'autre occafion à examiner fi outre le Concile tenu à Nifmes fous Urbain II. & dont il eft parlé en cette donation, on peut dire qu'on y ait tenu trois autres Conciles; & ce qu'il faut entendre par *Pagus Nemausensis, qui Portus cognominatur*, où en l'an 897. fut tenu un Concile, que le fçavant Monfieur Baluze met fous le nom de Concile de Nifmes, à la tefte des Conciles de la Gaule Narbonnoife, qu'il publia en l'année

née 1668. je vous diray pourtant, qu'en quelques termes que soit conçuë cette donation, cela n'empesche pas que suivant la plus commune opinion, la consecration de l'Eglise de Nismes n'ait esté faite en l'année 1095. c'est à dire, un an avant cette donation.

J'ajoûteray encore, que ceux qui servoient cette Eglise, & qui sont designez dans l'inscription par *Viri unanimiter sub regula Beati Doctoris Augustini viventes*, avoient esté instituez dans cette ville, comme l'on croit, sur la fin de l'onziéme Siecle, & environ l'an 1080. car on trouve dans un vieux Breviaire manuscrit d'Aldebert, l'un des Evesques de Nismes, qui fût composé l'an 1170. comme *Petrus Ermengandi cœpit habere Canonicos Regulares ad annum* MLXXX. *Item Bertrandus, ejus successor, cujus tempore consecrata est Ecclesia Nemausensis, & dotata à Raymondo*. Cependant il est bon que vous remarquiez en passant, qu'il ne faut pas entendre ce Breviaire, comme s'il vouloit dire, que Bertrand fût le successeur immediat de Pierre Ermengaudi (ou *Ermengandi*) puis qu'il est constant que l'Eglise de Nismes eut un Evesque entr'eux deux, sçavoir Froterius (ou *Proterius*) à qui le Pape Gregoire VII. écrivit une lettre qui est rapportée par Baronius dans ses Annales.

Quoy qu'il en soit & pour revenir aux Chanoines, qui servoient cette Eglise dans le temps qu'elle fut dotée par le Comte Raymond, il y a encore cette remarque à faire à leur égard, qu'ils étoient reguliers en ce temps-là, & que leur nombre n'étoit point limité; au lieu que dans la suite du temps ils furent faits seculiers, & reduits à un nombre certain par la Bulle du Pape Paul III. du 12. Decembre 1539. l'execution de laquelle ayant esté ordonnée par lettres patentes du Roy Henry II. de l'an 1551. en Aoust, il intervint ensuite Arrest du grand Conseil du 12. ou 22. Septembre de l'année suivante 1552. par lequel elle fut homologuée.

 Je crois, mon frere, que cela suffit pour vous faire oublier le déplaisir que vous eûtes de partir de Nismes sans voir l'inscription que je viens de vous expliquer. Vous me ferez plaisir de me dire vôtre sentiment sur ce que je viens de vous écrire. Je suis assez docile pour estre toûjours d'humeur à profiter des avis qu'on me veut donner; sur tout en des matieres de la nature de celle-cy, que je traite ordinairement sans beaucoup d'application, & comme par divertissement. Ce qui doit faire excuser les fautes que je puis avoir commises.

VINGT

VINGT-UNIE'ME DISSERTATION.

Nouvelle Découverte d'une des plus singulieres & des plus curieuses Antiquitez de la Ville de Paris ;

Par le R. P. du Molinet Religieux de sainte Geneviefve.

Comme Monsieur Berrier faisoit travailler il y a quelques années en sa Maison auprés de S. Eustache, à l'endroit où est son Jardin, on trouva les fondemens des Murailles d'une enceinte de la Ville de Paris, qui probablement avoient déja servi à quelque Edifice plus ancien, & plus considerable, comme seroit un Temple ou un Palais, puis qu'en foüissant en terre, environ à deux toises de profondeur, on y trouva parmy des Gravois, dans une Tour ruinée, une Teste de Femme, de Bronze, fort bien faite, un peu plus grosse que le naturel, qui avoit une Tour sur la tête, & dont les yeux avoient esté ôtez, peut-estre à cause qu'ils estoient d'argent, comme c'estoit une chose assez ordinaire aux anciennes Figures. L'ayant veuë dans la Bibliotheque de Monsieur l'Abbé Berrier, je jugeay par la connoissance des Medailles, que ce pouvoit estre la Teste de la Deesse qui estoit Tutelaire de la Ville de Paris durant le Paganisme, puis qu'on voit plusieurs Medailles Grecques Antiques, qui ont pour revers des Testes de Femmes avec des Tours, & le nom de la Ville, comme ΑΝΤΙΟΧΕΩΝ, ΛΑΟΔΙΚΑΙΩΝ.

Ayant eu la curiosité de rechercher quelle pouvoit estre cette Divinité qui avoit esté autrefois l'objet du culte des Parisiens, j'ay crû, avec assez de fondement ce semble, que c'estoit la Déesse Isis, tant à cause de la Tour qui est sur sa Teste, qu'à raison qu'on trouve qu'elle a esté adorée en ce Païs-cy.

Il est certain par le témoignage de plusieurs Autheurs, que celle que les Grecs ont appellée IO, & les Egyptiens ISIS, est la mesme que les Romains ont honorée sous le nom de Cybele, sçavoir la Terre ou la Nature mesme, que les Egyptiens ont mariée avec Osiris, qui estoit le Soleil, pour la rendre feconde, & la Mere de toutes les productions qui se forment dans son sein. C'est la pensée de Plutarque & d'Apulée, qui fait dire ces mots à Isis. *Rerum Natura Parens, sum omnium Elementorum Domina.* Macrobe dit aussi, qu'Osiris n'est autre que le Soleil, & Isis la Terre & la Nature.

Apul. lib. 6. Metam.

Neque aliud esse Osirim quã Solem, & Isim quam Terram diximus. Naturãque rerum. Macrob. l.1. Sat. cap.11.

Il y a en effet tant de ressemblance entre les Portraits & les Figures que les Anciens nous ont donnez de ces deux Divinitez, sçavoir d'Isis chez les Egyptiens, & de Cybele chez les Romains, qu'il est aisé de juger que c'estoit la mesme. Cybele, comme on le voit au revers de plusieurs Medailles,

Vingt-uniéme Dissertation. 301

Medailles, portoit une Tour sur la tête, estoit accompagnée de Lions, tenoit en main un Instrument comme un Tambour de Basque, & estoit dénommée *Mater magna*, la Mere universelle, qui est la Nature. Isis avoit une Tour sur la tête, ainsi qu'il paroît en plusieurs de ses Figures, & particulierement en celle qui fut trouvée à Rome sous Leon X. dont les Autheurs font mention : Elle a aussi des Lions en sa compagnie, comme on le remarque dans la Table d'Isis, si fameuse, du Cardinal Bembus que Kircher a fait graver : Elle tient un Sistre en sa main, qui est un Instrument Musical : Et elle est enfin appellée la Terre & la Nature mesme ; c'est pourquoy on la dépeint souvent avec plusieurs Mamelles, telle qu'est celle qui se voit au Cabinet du Roy.

Cette Divinité, au rapport d'Apulée, étoit en veneration par tout le monde, quoy que sous differens noms & differentes Figures ; & il ne s'en faut pas étonner, puis qu'on dit qu'elle avoit fait du bien à tout le monde. Car il est remarqué qu'Isis estoit une Reine d'Egypte, qui y regnoit avec le Roy Osiris son Mary, au temps des premiers Israëlites, puisque Tacite a écrit ces mots. *Regnante Iside exundantem per Ægyptum multitudinem Judæorum in proximas terras exoneratam ferunt.* Comme c'estoit une femme d'un grand Esprit & d'un grand courage pour entreprendre les choses les plus difficiles, elle fit bâtir & équiper un Vaisseau pour voyager : Elle alla en effet jusques dans les Païs

Cujus nomen circum, multiformi specie, ritu vario, nomine multijugo, totus veneratur orbis.

les

les plus éloignez & les plus barbares, tels qu'étoient alors les Gaules & l'Alemagne dans le Païs de Suaube, où Tacite dit qu'elle penetra ; & n'y ayant rencontré que des Peuples fort grossiers & fort sauvages, elle leur apprit à honorer la Divinité, à cultiver la Terre, & à y semer du Bled. Elle s'acquit par là une si haute estime parmy ces Peuples, qu'ils crûrent que c'estoit la Deesse méme de la Terre, à qui ils estoient redevables de leur avoir appris l'Art de l'Agriculture, & le culte de la Religion, qu'ils avoient jusqu'alors ignorez.

Pars Suevorū Isidi sacrificat, unde causa & origo peregrino sacro pa. rum cōperi, nisi quòd signū ipsum in modum liburnæ figuratum docet advectam Religionem.

Tacite remarque encore dans ce Passage, que ces Allemans de la Suaube l'adorerent sous la forme d'un Vaisseau, en memoire sans doute de celuy qui avoit porté cette Reine en leur Païs pour leur rendre un si bon office. Nous avons des Medailles Egyptiennes de Julien l'Apostat, où on la voit dans un Vaisseau ; & il se trouve dans Kircher & ailleurs de ses figures qui portent un Vaisseau sur la main. En effet, Diodore & Apulée témoignent qu'elle presidoit sur la Mer ; & ce dernier la faisant parler, luy met ces Paroles en la Bouche, *Navigabili jam pelago facto, rudem dedicantes carinam, primitias commeatus libant mei Sacerdotes.* Comme si elle avoit esté la premiere qui avoit trouvé l'Art de Naviger, ou au moins de se servir de Voiles à cet effet.

Quelques Autheurs ne pouvant découvrir d'où viennent les Armes de Paris, qui est un Navire, en vont rechercher la source jusqu'en celle d'Isis, aussi

aussi bien que le nom de cette illustre Ville : car plusieurs ont crû que le nom de Paris estoit Grec, & venoit de παρὰ ισις auprés du fameux Temple de la Deesse Isis. Il faut donc supposer, comme l'on a toûjours crû, qu'il y avoit un Temple dedié à cette Déesse, dans l'étenduë du Territoire qui appartient aujourd'huy à l'Abbaye de S. Germain des Prez. Sçavoir s'il estoit bâti au mesme endroit où est aujourd'huy l'Eglise de l'Abbaye ; si dans le Village d'Issy, qui en a tiré son nom ; si en quelqu'autre endroit des environs ; il est difficile de le determiner. Quoy qu'il en soit, ce Temple a subsisté jusqu'à l'établissement du Christianisme en France ; & quand il fut détruit, on garda par curiosité l'Idole d'Isis, qui y avoit esté adorée, qui fut mise dans un coin de l'Eglise de saint Germain des Prez quand elle fût bâtie par Childebert, & dédiée à S. Vincent, pour servir de Trophée de l'Idolatrie vaincuë & abatuë par la Religion Chrêtienne. Elle y a esté conservée jusqu'en l'an 1514. que le Cardinal Briçonnet, qui en estoit Abbé, ayant sçeu que quelque Femme par simplicité & superstition luy avoit presenté des Chandelles, la fit retirer, & mettre en pieces. Du Breüil qui estoit Religieux de cette Abbaye, & qui rapporte cecy dans ses Antiquitez de Paris, assûre qu'il l'a appris de ses Confreres qui avoient vû rompre cette Figure. Il est dit dans le Titre de la Fondation de la mesme Abbaye de S. Germain, faite par Childebert en

l'honneur

l'honneur de S. Vincent, qu'elle fut bâtie *in urbe Parisiaca prope muros civitatis, in terra quæ aspicit ad Fiscum Isiacensem*: Auprés des Murailles de la Cité de Paris, (qui estoit alors renfermée dans l'étenduë de l'Isle) du côté du Fief d'Issy.

Cette Ville, comme je l'ay déja dit, porta premierement le nom de Paris, qu'elle tira de la proximité du Temple d'Isis, παρὰ Ισις, & le communiqua depuis à tout le Païs, dont elle estoit la Capitale, prenant celuy de *Leucotecia* ou *Lutecia*, du mot Grec λευκοτης, qui signifie la blancheur, à cause de la blancheur du Plastre dont les maisons estoient enduites. Et il ne faut pas s'étonner, si les noms de la Ville de Paris sont tirez du Grec, veu l'affinité de nôtre Langue avec la Grecque, dont plusieurs Autheurs ont traité. Le mot de Paris s'étendit donc par toute la Contrée, qui s'appella, comme elle fait encore *le Parisis*, & la Ville *Lutetia*, ou *Leucotecia*, ou *Locutitia Parisiorum*. Ce sont les noms qui se trouvent dans les Commentaires de Jules Cesar, dans Strabon, dans Ptolomée, & autres.

Ce Temple d'Isis si fameux, qu'il a donné le Nom à tout le Païs, & particulierement à la Capitale de ce Royaume, estoit desservi par un College de Prestres & de Sacrificateurs, qui demeuroient comme l'on croit à Issy, en un Château dont les ruines se voyoient encore au commencement de ce Siecle, ainsi que du Breüil qui les a veu le témoigne en ses Antiquitez de Paris.

Plutarque

Vingt-uniéme Dissertation. 305

Plutarque parle de ces Prestres d'Isis. Ils observoient la Chasteté, avoient la teste raze & les pieds nuds, & estoient toûjours vétus de Lin ou de Toile, d'où vient qu'on les appelloit *Linigeri*, comme il se voit dans Juvenal.

Nunc Dea Linigerâ colitur celeberrima turbâ.

Et plus bas.

Qui grege Linigero circumdatus & grege calvo.

On attribua à ces Prestres pour leur subsistance tout le Terroir & le Fief d'Issy, & des environs, jusqu'à Paris; sçavoir d'Issy, de Vanves, & celuy qui fut depuis nommé de Vaugirard & de Grenelles, dont ils joüirent jusqu'à ce que la Religion Chrêtienne, apres avoir renversé leur Temple, les supprima, & donna leurs biens aux Ministres de l'Eglise : Clovis en ayant attaché une portion à l'Abbaye de Sainte Geneviefve en la fondant; sçavoir Vanves, Grenelles, & une partie de Vaugirard.

Il y a bien de l'apparence que cela se fit à la sollicitation de S. Remy Archevéque de Reims, lors qu'il dédia l'Eglise de cette Abbaye; & lors que Catechisant ce premier Roy Chrétien il luy dit ces mots ;

Incende quod adorasti :

Brûlez ce que vous avez adoré.

Ainsi c'étoit probablement pour l'exciter à détruire ce Temple d'Isis qui estoit en si grande veneration

tion dans tout le Païs; & ce fut ce semble aussi en reconnoissance de la donation des biens de ces Prêtres Idolatres faite à cette Abbaye de Sainte Geneviefve à l'instance de ce S. Archevesque, que l'Eglise de la Paroisse de Vanves qui fut rétablie apres sa Conversion au Christianisme, luy fut dediée, d'où vient qu'elle a encore aujourd'huy saint Remy pour Patron.

Childebert fils de Clovis bâtissant quelque temps apres l'Abbaye de S Germain, luy assigna tout le reste du Territoire des environs, comme celuy d'Issy & de Vaugirard. Ce sont là sans doute ces possessions qui avoient appartenu aux Prestres des Idoles, & qui avoient esté appliquées au culte du vray Dieu, que le Roy Hugues Capet vint jurer sur l'Autel de S. Pierre & de S. Paul en l'Eglise de Sainte Geneviefve, qu'il conservoit inviolablement, ainsi que le Titre qui a esté trouvé parmy les Recueils du Pere Simond, écrit de sa propre main, le dit en ces termes. *Vt Charta gloriosæ Memoriæ Caroli Francorum Regis de possessionibus Diis gentium quondam dicatis, & divino cultui applicandis, in omnibus observetur.* Ce titre en suppose un precedent du Roy Charles Martel, ou Charlemagne, ou quelqu'autre des Charles ses Predecesseurs, qui n'estoit encore qu'une confirmation, & non une donation de ces biens qui avoient appartenu aux Prestres des Idoles, abolis longtemps auparavant, aussi bien que la Religion Payenne.

Voila quelque éclaircissement sur la découverte

Vingt-deuxiéme Dissertation. 307

te de cette Teste antique qui s'est trouvée depuis peu d'années dans Paris, dont il y a une Copie, tirée sur l'Original, dans la Bibliotheque de sainte Geneviefve.

VINGT-DEUXIEME DISSERTATION:

Contenuë dans une lettre de Monsieur Sebastien Fesch Professeur à Basle, à Monsieur Hollander Tresorier de Schaffouse:

Sur une Medaille du Roy Pylæmenes.

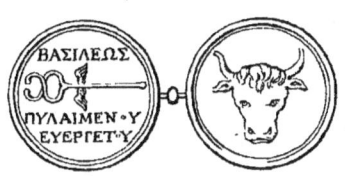

VOus sçavez, *Monsieur*, qu'il y a une année que je fis un voyage en Italie, à la sollicitation de nôtre illustre amy Monsieur Patin, & que je satisfis la passion que j'avois depuis longtemps d'aller admirer les Antiquitez de Rome. Dans le nombre des belles Medailles que j'y vis, & particulierement parmy les Grecques que je recherche avec plus de soin à cause de leur varieté & de leur belle erudition, il m'en tomba entre les mains quelques-unes assez singulieres. Je mis à part cel-

P p 2   les

les qui me parurent les plus difficiles à déchiffrer pour les examiner à loisir à mon retour. Parmy ces Medailles choisies estoit cette petite de cuivre dont je vous envoye le dessein, & que j'ay jugée digne de vos reflexions. Quelques Antiquaires celebres d'Italie la croyoient estre d'un certain *Pyllimenes*, & d'autres ignorant ce nom se persuadoient qu'elle estoit de quelqu'un des *Ptolemées*, dont le nom eust esté corrompu par le Maître des monnoyes: le veritable nom de PYLÆMENES ne leur venant pas en la pensée, parce qu'il est rare dans les Auteurs, & que jusqu'à present il estoit inconnu dans les Medailles. Mais vous ayant écrit ces jours passez & ayant compté cette Medaille parmy celles des anciens Roys, vous avez non seulement approuvé mon sentiment qu'elle estoit de Pylæmenes, mais vous l'avez si bien appuyé par des argumens tres solides tirez du fonds de l'Histoire, que l'on n'en sçauroit plus douter. C'est cette penetration d'esprit à démêler ce qui vous est proposé, qui vous attire avec justice l'amitié des particuliers, & la faveur des Grands, & particulierement celle du Serenissime Electeur Palatin, qui fait ses delices de la curiosité des Medailles. Ainsi Pylæmenes vous est redevable comme à un autre Pompée de l'avoir rétably sur le Trône de ses Ancestres.

Cependant je me suis engagé de mettre au jour ce precieux monument de l'Antiquité, tout inconnu qu'il ait esté jusqu'à present, & d'éclaircir

claircir l'Histoire des Paphlagoniens negligée par les Auteurs & envelop'e de beaucoup de tenebres, me faisant un sensible plaisir de soûmettre mes sentimens à l'examen d'un esprit aussi éclairé que le vôtre.

Pour remonter aussi haut qu'il se peut, Homere Prince des Poëtes, fait mention au second livre de l'Iliade d'un certain *Pylæmenes*, qui dans la fameuse guerre de Troye étoit le chef des Paphlagoniens:

Παφλαγόνων δ' ηγατο ΠΥΛΑΙΜΕΝΕΟΣ λάσιον Κῆρ.

C'est à dire :

L'intrepide Pylæmenes estoit le chef des Paphlagoniens.

Dans le cinquiéme livre, il parle encor de luy, & dit qu'il fut tué d'un coup de pique par Menelaüs. Tite-Live & Strabon sur l'authorité d'Homere le font originaire des Henetes peuples de la Paphlagonie, & disent qu'il mourut sous les murs de Troye. Dictys de Crete l'appelle Roy de Paphlagonie, fils de Melius & de la parenté de Priam, se vantant d'estre de la race d'Agenor, dont la fille Amalixo avoit épousé Dardanus, de qui estoient descendus les Roys de Troye. Il ajoûte que ce *Pylæmenes* fut tué d'un coup de dard par Achille, dans un combat qui fut donné pendant le siege de cette ville. Or quoy que par l'injure des temps & par la negligence des Ecrivains la memoire en soit presque perduë, on ne sçauroit douter qu'il n'y ait eu plusieurs Roys de ce nom chez les

Paphlagoniens. Justin nous l'apprend clairement en parlant de l'alliance traitée entre Mithridate & Nicomede pour la conqueste de la Paphlagonie qu'ils partagerent entr'eux. *Les Romains, dit-il, ayant appris cette nouvelle, envoyerent des Ambassadeurs à ces deux Roys, pour leur commander de remettre ce pays en son premier état. Mithridate sans s'étonner de leurs menaces se rendit encor maistre de la Galatie. Nicomede ne pouvant soutenir sa cause sous aucun pretexte de justice, répondit qu'il rendroit le pays à son Roy, & en mesme temps il changea le nom de son fils, & le fit appeller du nom des Rois de Paphlagonie, Pylæmenes* (car c'est ainsi qu'il faut lire & non pas Philiamenes) *Ainsi il retint ce Royaume à l'ombre de ce nom supposé, comme s'il l'eust rendu à un rejetton de la race Royale.*

De là nous pouvons justement conclurre que ce nom estoit commun aux Rois de Paphlagonie, depuis le premier Pylæmene d'Homere, jusqu'au dernier dont nous parlerons cy-apres : comme l'estoit chez les Cappadociens celuy d'Ariarathes: ce qui obligea de mesme Mithridate de le donner à son fils, afin qu'il semblât posseder de droit la Cappadoce occupée par son Pere. Ainsi chez les Egyptiens le nom de Ptolemée estoit comme consacré à leurs Rois, chez les Parthes celuy d'Arsaces, chez les Osrhoeniens celuy d'Abgarus, chez ceux du Pont celuy de Mithridate, chez ceux d'Albelongue celuy de Sylvius, & enfin chez les Romains celuy de Cesar & d'Auguste.

Ce

Vingt-deuxiéme Dissertation. 311

Ce fut donc sans doute la raison pour laquelle selon le témoignage de Pline, la Paphlagonie fut appellée Pylæmenie. Neanmoins je n'oserois pas assurer que ce nom de Pylæmene ait esté donné à tous les Rois de Paphlagonie, depuis le premier jusqu'au dernier sans interruption. Car Xenophon dans l'expedition du jeune Cyrus fait mention d'un certain Corylas qui commandoit en ce Païs-là, & ce mesme Auteur dit qu'Agesilaüs fit alliance avec Otys Roy des Paphlagoniens, appellé Cotys par Plutarque dans la vie d'Agesilaüs. Il est vray qu'on pourroit dire qu'alors ce Royaume estoit partagé entre plusieurs Seigneurs, ou bien que ce nom ou surnom de Corylas, & d'Otys n'empeschent pas que ces Rois n'eussent aussi le nom familier aux Princes de cette Nation. Ainsi Plutarque dans le livre des Oracles de la Pythie, dit que plusieurs noms chez les Grecs ont esté cachez par les surnoms. De plus c'estoit une chose assez ordinaire aux Rois de l'Asie. Zonare & Josephe parlent d'un Zenon surnommé *Cotylas* Tyran de Philadelphie, & Tacite d'un autre Zenon surnommé *Artaxias*, que Germanicus établit Roy d'Armenie. Dans la Syrie il y eut deux Alexandres, l'un surnommé Bala & l'autre Zebina, pour ne point parler des autres. Parmy les Parthes, Orodes, Pacorus, Phraates & d'autres, ont encor retenu le surnom d'Arsaces Fondateur de leur Empire & le premier de leur race, qui a donné à ce Païs-là le titre d'Empire des Arsacides. Tout
cela

cela s'apprend non seulement par les Auteurs anciens, mais aussi par les Medailles, & par les Inscriptions, comme est entr'autres celle qui se lit dans Gruter de Phraates Arsaces.

Pour ne pas s'engager dans une plus longue discussion, on peut dire en un mot que les Rois de Paphlagonie ont eu differens noms, principalement depuis que ce Païs eut esté partagé entre plusieurs Maistres : que neanmoins le nom de Pylæmene, comme on peut le recüeillir de l'Histoire, a toûjours esté le plus usité en l'honneur du premier, à qui Homere donne de si grands éloges, jusqu'à l'appeller semblable à Mars. Ainsi ce nom estant commun à plusieurs Monarques de cette Nation, & estant passé de pere en fils, on les distingua par des surnoms tirez des vertus, des passions, de la beauté & proportion du corps, & d'autres semblables avantages du cœur ou de l'esprit, comme le pratiquoient les Roys d'Egypte, de Syrie, de Pont, & de Cappadoce : ce qui a fait donner à celuy pour qui cette Medaille a esté frappée, le surnom d'*Evergetes*, c'est à dire, *Bienfaisant*. Quoy qu'il soit donc hors de doute qu'avant la venuë des Romains en Asie, il y a eu plusieurs Pylæmenes Rois de Paphlagonie : neanmoins leurs actions celebres n'ayant presque pas esté publiées par les Historiens qui sont venus jusqu'à nous, il ne s'en trouve aucune mention avant la guerre des Romains contre Aristonicus frere d'Attalus, conduite par le Consul Publius Licinius

Licinius Craſſus dont Oroſe parle en ces termes. *L'an de la fondation de Rome* DCLXXII. *Publius Licinius Craſſus Conſul & ſouverain Pontife fut envoyé avec une puiſſante armée contre Ariſtonicus, qui s'eſtoit emparé de l'Aſie écheuë aux Romains par teſtament. Il fut outre cela aſſiſté par pluſieurs Rois puiſſans; ſçavoir par Nicomede de Bithynie, Mithridate de Pont & d'Armenie, Ariarathe de Cappadoce & Pylæmenes de Paphlagonie: mais quoy qu'il euſt des troupes ſi belles & ſi nombreuſes, il fut neanmoins défait en bataille rangée.* Eutrope qui eſt ſuivi par Paul Diacre fait ce recit preſqu'en meſmes termes.

Ce Pylæmene fut dépoüillé de ſon Royaume par Mithridate & Nicomede, comme nous l'avons dit. Eutrope & Oroſe aſſurent que ce fut le ſeul Mithridate qui chaſſa de la Paphlagonie & de la Bithynie, les Rois Pylæmene & Nicomede amis du peuple Romain : mais ce Nicomede eſtant fils du precedent Nicomede allié de Mithridate, comme on l'apprend de Juſtin, on doit conclurre que Pylæmene fut chaſſé pluſieurs fois de ſon Royaume, ce que Sextus Rufus nous enſeigne diſtinctement. *Le Roy Pylæmene amy du peuple Romain a poſſedé la Paphlagonie, & en ayant ſouvent eſté dépoüillé, il a eſté remis ſur le thrône par les Romains, & apres ſa mort la Paphlagonie fut reduite en Province.* Paul Diacre dit qu'il fut rétably par Pompée : De ſorte que tout ce que nous avons rapporté de Pylæmene ſur la foy des Hiſtoriens, doit étre entendu de deux ou trois Rois du meſme nom, puis qu'entre l'expedition de Crassus contre Aristonicus, & l'année du Consulat d'Æmilius Lepidus & Volcatius Tullus, dans laquelle Pompée fit la guerre à Mithridate & rétablit Pylæmene, il se passa soixante-trois ans d'intervalle.

Les Autheurs ne sont pas bien d'accord touchant le rétablissement de Pylæmene & la fin du Royaume de Paphlagonie. Paul & Rufus disent que le Royaume luy fut rendu apres que Mithridate eut esté vaincu & chassé, & qu'apres sa mort il fut reduit en Province. Jornandes ne paroît pas estre d'une opinion differente. *Pylæmene*, dit-il, *Roy de Paphlagonie ami du peuple Romain étant inquieté par plusieurs ennemis, demanda du secours aux Romains, apres quoy s'estant vangé de ses ennemis, il laissa les Romains heritiers de son Royaume.*

Appien ne s'accorde pas avec cela, car il écrit que Pompée ayant achevé la guerre contre Mithridate, établit Attalus Roy de Paphlagonie. D'un autre côté Strabon Autheur digne de foy & peu éloigné de ce temps-là, rapporte que le dernier Roy de Paphlagonie a esté Deiotarus fils d'un nommé Castor Philadelphe : & il paroit par une Oraison de Ciceron que ce Castor estoit petit fils d'un Deiotarus dont il plaida la cause contre l'injuste usurpation de Castor, qui avoit depossedé son grand Pere Deiotarus du Tetrarchat de Galatie.

Orat. pro Rege Deiotaro.

Justin semble estre different de tous ces Autheurs: car il recite que Nicomede & Mithridate, plaidans devant le Senat pour leurs Pretensions fions fur la Cappadoce, cette augufte affemblée découvrant l'adreffe de ces Rois qui fous de faux noms s'emparoient des Royaumes où il n'avoient aucun droit legitime, ôta la Cappadoce à Mithridate & la Paphlagonie à Nicomede : & afin qu'ils n'euffent pas à fe plaindre en les donnant à d'autres, ces deux peuples furent remis en pleine liberté : par où il donne à entendre que deflors la Paphlagonie ceffa d'avoir des Rois.

Il feroit difficile de diffiper l'obfcurité de cette hiftoire, fi Strabon ne nous fourniffoit des lumieres pour cela dans la defcription qu'il nous donne de la Paphlagonie. *Celle cy*, dit-il, en parlant de celle qui eft éloignée de la mer, *a obey avant nôtre temps à plufieurs Maiftres, mais elle eft prefentement tenuë par les Romains, depuis que la tige Royale a manqué*: ajoûtant enfuite que Deiotarus fils de Caftor avoit en dernier lieu regné fur une partie du pays. Et parlant de la Paphlagonie maritime, il dit que Mithridate s'en empara & l'ajoûta à fon Royaume de Pont, auffi bien qu'une partie de celle qui eftoit éloignée de la mer. Que Pompée ayant vaincu Mithridate partagea l'Armenie & la Colchide à quelques petits Rois, qui luy avoient donné du fecours contre Mithridate. Qu'il avoit divifé la Paphlagonie que tenoit auparavant Mithridate, en onze villes qu'il joignit à la Province de Bithynie, mais qu'il donna quelques-unes de ces villes éloignées de la mer aux Defcendans de l'ancien Pylæmene.

Ainſi on peut comprendre que la Paphlagonie eſtant diviſée en pluſieurs Seigneuries a obey à differens Princes, & qu'une partie ſeulement eſt demeurée en liberté. Eutrope confirme fortement cela, puiſqu'il aſſure que Pompée ayant mis fin à la guerre, donna la petite Armenie à Deiotarus, rendit la Paphlagonie à Attale & à Pylæmene, & mit ſur la teſte d'Ariſtarchus la couronne de la Colchide.

Voila pour ce qui eſt du nom de Pylæmene, dont Homere fait l'inflexion du genitif en *eos*, *Pylæmeneos* pour la commodité du Vers, & Strabon en *ous*, *Pylæmenous*: mais nôtre Medaille l'exprime plus correctement en *ou*, *Pylæmenou*, comme les autres noms des Rois Orientaux, *Mithradatou*, *Ariarathou*, *Tigranou*, *Ariobarſanou*, & *Arſacou*.

Pour ce qui regarde l'Epithete d'*Evergete* donné à ce Pylæmene de qui eſt la Medaille, il n'eſt pas bien aiſé dans une ſi grande obſcurité des affaires de cette nation, d'en conjecturer quelque choſe. Plutarque reprend l'ambition de ces Rois, qui n'ayant rien fait ou du moins tres-peu de choſe, ſe font donner des ſurnoms des Dieux, comme ceux de Neptunes, de Foudres, d'Evergetes, de Calliniques, de Sauveurs & de Grands. Mais il témoigne particulierement de l'indignation contre ceux qui ſe font nommer Dieux ou fils des Dieux, comme a eſté un Antiochus le Dieu Roy de Syrie, trouvant qu'ils ſont bien moins pardonnables que ceux qui ſe font ſimple plement nommer Philadelphe, Philometor, Evergete ou Theophile, qui font des titres bien moins orgueilleux.

Il est constant que cette Epithete d'*Evergete*, ou de Bienfaiteur selon la propre signification du mot, a esté donnée par les Anciens à leurs Princes pour quelque bienfait insigne dont ils avoient comblé les hommes ou leurs Dieux. Pour ne rien dire des Arimaspes, qui pour la courtoisie avec laquelle ils reçurent Cyrus, ou comme dit Stephanus, les Argonautes, furent appellez *Evergetes* : Les marbres d'Oxford apportez de Grece font mention d'un certain Dionysius, qui y est appellé Evergete & Bienfaiteur des Dieux de sa Patrie, & de Clinodemus Bienfaiteur du Temple & des habitans de Delos.

Les Perses appelloient en leur langue les Bienfaiteurs *Orosanges*, & on écrivoit leurs bienfaits dans les registres publics, comme on l'apprend non seulement par l'Histoire d'Esther, mais encor par le témoignage de plusieurs Historiens profanes. De là vient que Josephe remarque que le Roy Artaxerxes commanda par un Edit d'appeller Mardochée Evergete & Sauveur, en memoire de la conspiration des Ennuques qu'il avoit découverte.

Parmy les Grecs il estoit assez ordinaire d'appeller Sauveurs & Bienfaiteurs, ceux qui avoient rendu quelque service considerable au public ou aux particuliers. Car dans les premiers temps, comme dit Diodore, les Royaumes ne se donnoient pas aux fils ou aux parens des Rois, mais à ceux qui s'eſtoient rendus recommandables par leur vertu & par les bienfaits envers les peuples. Delà vient que tant de Roys furent mis au nombre des Dieux & adorez par la poſterité : car c'eſt principalement par la liberalité & par les bienfaits que les hommes ſemblent participer de la Nature divine. Ce qui fait comprendre pourquoy les Rois ambitionnoient ſi fort cette Epithete d'Evergetes. Ainſi il ne faut pas s'étonner ſi les Grecs naturellement portez à la flatterie ou à la ſatyre, ſelon le bien ou le mal qu'on leur faiſoit, avoient accoûtumé de donner ce titre à leurs Rois. Demoſthene dit, qu'eſtant trompez par la vertu apparente de Philippe de Macedoine, ils l'appellerent Amy, Bienfaiteur & Sauveur. Antigonus ſurnommé le Tuteur & le Donneur, parce qu'il promettoit toûjours & ne donnoit rien, fut appellé par le conſentement de tous les Grecs *Evergete* à tres-juſte titre, puis qu'ayant vaincu Cleomene Roy de Sparte, & pris la ville d'aſſaut, par un exemple ſingulier de Clemence, il permit aux habitans de vivre en liberté ſelon leurs loix, ce qui fit qu'encore apres on luy donna l'Epithete de *Soter* ou Sauveur, comme le rapportent Polybe & Suidas.

Avant Antigonus, les Atheniens ayant introduit dans leur ville Demetrius Poliorcetes, ou le Preneur de villes, qui ſe diſoit eſtre venu à Athenes pour la délivrer, fut appellé par eux Sauveur

&

& Bienfaiteur. Les Samaritains donnerent les mêmes titres à Antiochus Epiphanes, de peur qu'apres avoir subjugué la Judée, il ne tournât ses armes contr'eux. On donna mesme autrefois au Nil, dit l'Empereur Julien, les titres de Sauveur & Bienfaiteur du pays, à cause de la fertilité qu'il procure à l'Egypte par son inondation annuelle. Et quand Osiris vint au monde on entendit, dit Plutarque, une voix qui crioit que le grand & bienfaisant Roy Osiris estoit né.

De sorte que cet éloge d'Evergete flattant l'ambition des Princes, dévint comme un surnom affecté à plusieurs, pour les distinguer de ceux qui avoient porté le mesme nom. Les Rois d'Egypte portoient presque tous le nom de Ptolemée : mais le troisiéme pour se distinguer de son Pere & de son Ayeul, adopta le nom d'Evergete. La raison de cela dit S. Jerôme, fut que ce Prince ayant fait une expedition militaire en Syrie, & à Babylone, il rapporta en Egypte parmi les dépoüilles de ses ennemis, les vases sacrez, & les Idoles des Dieux que Cambyses avoit emportez d'Egypte en Perse. A son exemple son petit fils septiéme Roy d'Egypte appellé par derision *Physcon*, c'est à dire, *Ventru*; quoy qu'il fust le plus méchant de tous les Rois qui eût esté en Egypte, & plus semblable à une beste qu'à un homme, voulut neanmoins estre appellé *Evergete* second : mais ceux d'Alexandrie l'appellerent au contraire *Kakergete*, c'est à dire, *Malfaiteur*, à cause de ses horribles cruautez.

Les

Les Rois de Syrie entr'autres ont fort affecté cette Epithete, comme on le voit par leurs Medailles, Alexandre Eupator Evergete, Demetrius Philometor Evergete, Philippe Evergete Philadelphe, Antiochus Evergete. Mithridate Roy de Pont pere du grand Mithridate furnommé Eupator, eft auffi appellé Evergete dans Strabon & dans Appien, dans les Medailles & dans les Infcriptions. Les Rois des Parthes ont fuivy leur exemple, témoin la Medaille d'Arxanes, qui y eft nommé Roy des Roys, jufte, Evergete & Phil-hellene ou amateur des Grecs, & celle d'Arfaces Evergete, Jufte, Epiphane ou Illuftre, & autres femblables.

Quand les Romains fe furent rendus maiftres de la Grece, les Grecs donnerent les mefmes titres aux Empereurs. C'eft ainfi que Philon Juif à leur imitation traite l'Empereur Augufte de Sauveur & d'Evergete, auffi bien que Caligula. Les Romains en firent autant à l'égard de Vefpafien à fon retour de Judée, & à l'égard de Conftantin apres la victoire qu'il remporta fur le Tyran Maxence.

Pour revenir à nôtre Pylæmene, il eft difficile de conjecturer par quel infigne bienfait, il avoit aquis l'Epithete d'Evergete. Il fe peut mefme faire qu'il n'ait fait que fuivre en cela l'exemple des Rois Mithridate, Ptolemée fecond, Alexandre Bala, qui vivoient du temps que les Romains firent la guerre à Ariftonicus: ce qui me porte

auffi

Vingt-deuxiéme Dissertation. 321

aussi à croire que ce Pylæmene, est celuy-là même qui leur donna du secours contre luy. Car pour ce qui est du dernier Pylæmene que les Auteurs appellent souvent *Ami du peuple Romain.*, on peut fort probablement croire qu'on luy donnoit l'Epithete de Philoromæos, c'est à dire, *Ami des Romains*, de mesme que les Rois de Cappadoce Ariobarzanes &. Ariarathes ses voisins prenoient ce titre, comme on l'apprend non seulement par le témoignage de Ciceron, mais aussi par celuy de leurs Medailles: & de mesme que Castor pere de Deiotarus dernier Roy de Paphlagonie, auquel selon le rapport de Suidas on donnoit aussi ce titre de Philoromæos.

De l'explication du nom & de l'Epithete de Pylæmene Evergete, je viens au type representé dans la Medaille, où il n'y a pas moins de difficultez à resoudre. D'un côté l'on voit le caducée de Mercure. C'estoit comme dit le Scholiaste de Thucydide, un bâton autour duquel estoient entortillez deux serpens qui se regardoient, symbole ordinaire de la paix & de la concorde, & de la felicité publique qui en resulte, d'où vient qu'Homere l'appelle:

ὄλβȣ καὶ πλȣ́τȣ περικαλλέα ῥάβδον.

Car qu'y a-t'il, dit Ciceron, de plus aimable que la paix, qui semble réjouïr non seulement les choses animées, mais les maisons & les champs mêmes? De sorte qu'on peut conjecturer avec assez de vray-semblance, que ce caducée fait allusion au titre d'Evergete, comme pour dire que ce Roy ayant procuré à ses peuples la paix & la tranquillité, il les avoit par ce moyen mis en possession d'une vie heureuse & abondante en toutes choses.

Neanmoins ce caducée de Mercure pourroit aussi avoir du rapport au culte de Mercure & d'Io, ce qui s'accorderoit mieux avec le type du revers. C'est une teste de bœuf ou de vache, dont il est mal aisé de rendre raison, dans le peu de connoissance que nous avons de l'histoire de Paphlagonie. A la verité les Bœotiens & les Eubœns se servoient de ce type dans leurs Medailles, mais je ne voy pas ce que peuvent avoir de commun avec eux les Paphlagoniens.

Voicy donc ce qu'on peut dire de plus vraysemblable. Les Grecs avoient accoûtumé d'exprimer dans les Medailles leur origine ou leur pieté envers leurs Dieux & leur religion. Or les Paphlagoniens selon le témoignage de Josephe, descendus premierement de Riphus fils de Gomer, furent ensuite augmentez par une Colonie d'Egyptiens, & estimez leurs descendans. Les Paphlagoniens dit Constantin Porphyrogenete apres Stephanus, sont d'origine Egyptiens, depuis Phineus qui conduisit le premier une Colonie en ce pays-là, lequel ayant eu un fils nommé Paphlagon, le pays prit le nom de Paphlagonie. Au reste si nous n'avions pas perdu le Commentaire d'Istrus sur les Colonies des Egyptiens, nous aurions

Vingt-deuxiéme Dissertation. 323

rions peut-estre moins de peine à expliquer nôtre Medaille.

Mais puisque nous n'avons pas assez de lumieres pour découvrir clairement la verité, voyons si nous trouverons le moyen de sortir de ce labyrinthe comme en tastonnant. On sçait assez la fable d'Io fille d'Inachus, qui apres avoir esté caressée par Jupiter fut transformée en Vache, & commise par Junon au soin du vigilant Argus, qui n'avoit pas moins que cent yeux, & qui ne put pas neanmoins empescher que Mercure ne l'enlevât, ayant endormy Argus avec son caducée & sa flûte: de quoy Junon irritée fit devenir Io comme enragée, de sorte qu'elle traversa plusieurs pays, & passa le Bosphore de Thrace qu'on dit en avoir pris son nom: Delà elle vint en Egypte, où Jupiter touché de sa disgrace luy ayant redonné sa premiere forme, elle se maria au Roy Osiris. Deslors elle fut fort honorée par les Egyptiens, & apres sa mort elle fut mise au nombre des Deesses & fut adorée sous le nom d'Isis. Herodote écrit donc que les Vaches, & les femelles de tout le bétail luy estoient consacrées par les Egyptiens, & Diodore aussi bien que Philostrate disent qu'on la representoit avec des cornes de bœuf, comme les Grecs le faisoient d'Io. Plutarque écrit qu'Orus en colere ayant ôté l'ornement Royal de la teste de sa mere Isis, Mercure luy en remit un, fait de la teste d'un bœuf en forme de casque. Eusebe nous apprend aussi qu'Astarté la grande

Deeſſe des Pheniciens, portoit pour ornement Royal une teſte de bœuf ſur la ſienne.

Il ne faut donc pas s'étonner que les Paphlagoniens ayent icy repreſenté une teſte de bœuf, pour marquer leur culte d'Iſis & leur origine des Egyptiens, puis que c'eſtoit une coûtume receuë par les Colonies de retenir les Divinitez & les ceremonies de ceux dont elles eſtoient ſorties. C'eſt ainſi qu'en uſoient les Eubœens qui ſe ſervoient pour ſymbole d'une teſte de Bœuf en memoire de ce qu'Io avoit accouché d'Epaphus dans un antre de cette Iſle appellé à cauſe de cela *Boos Aule*, l'Antre du bœuf.

Mais il y a encore deux autres choſes qui peuvent confirmer ce ſentiment; l'une eſt l'origine du premier Pylæmene qui eſtoit de la race d'Agenor. Or Agenor Roy des Pheniciens eſtoit fils de Neptune & Lybia, ou comme d'autres diſent de Belus fils de Neptune & de Lybia, & cette Lybia eſtoit fille d'Epaphus fils d'Io. L'autre eſt que Phineus le premier qui avoit conduit la Colonie des Egyptiens en Paphlagonie eſtoit fils d'Agenor. De ſorte que les Rois de Paphlagonie pouvoient compter non ſeulement Agenor, Phineus & Paphlagon, mais auſſi Io pour leurs illuſtres Anceſtres. Ainſi ſe juſtifie ce qu'avance Plutarque, qu'Io n'avoit pas ſeulement receu des honneurs divins des Peuples barbares, mais qu'elle avoit eſté la tige de pluſieurs familles nobles & Royales.

Vingt-deuxiéme Dissertation.

Qui ne voit enfin que le caducée peut se rapporter à ce mesme culte d'Io & d'Isis & à l'origine des Paphlagoniens, puis que ce fut avec ce mysterieux bâton, que Mercure endormit Argus & délivra Io, & qu'il entretint une amitié sincere entre Osiris & Isis pendant toute leur vie, comme nous l'enseignent plusieurs Auteurs ? J'ajoûte pour conclusion que selon Macrobe, le caducée tel qu'il est icy représenté avec des aisles & deux Serpens, estoit de l'invention des Egyptiens. Je n'en diray pas davantage de peur que ce caducée qui avoit la vertu d'assoupir, ne vous endorme, ou du moins ne vous fasse trouver ma lettre trop longue. Mais je croy que vous pardonnerez facilement à ma passion pour les mysteres de l'Antiquité. J'ay peut-estre fait comme les Voyageurs, qui ne voyant pas de grands chemins s'abandonnent aux sentiers & aux detours, pour arriver de quelque maniere que ce soit au lieu où ils ont dessein d'aller. Que si quelqu'un trouve un chemin plus asfuré que celuy que j'ay tenu, je feray gloire de suivre ses traces & de me ranger à ses sentimens. Je suis, vostre, &c.

VINGT-TROISIE'ME DISSERTATION:

Sur une Inscription antique au jardin du Palais Palestrine, à Rome;

Contenant les Statuts d'un College d'Esculape & de la Santé.

1. SALVIA. C. F. MARCELLINA OB MEMORIAM FL. APOLLONI PROC. AVG. QVI FVIT A PINACOTHECIS ET CAPITONIS AVG. L. ADIVTOR. EIVS MARITI OPTIMI PIISSIMI DONVM DEDIT 2. COLLEGIO AESCVLAPI ET HYGIAE LOCVM AEDICVLAE CVM 3. PERGVLA ET 4. SOLARIVM TECTVM IVNCTVM IN QVO POPVLVS COLLEGI SS. EPVLETVR QVOD EST VIA APPIA 5. AD MARTIS INTRA MILLIARIVM Ī ET ĪĪ AB VRBE EVNTIBVS PARTE LAEVA INTER ADFINES VIBIVM CALOCAERVM ET POPVLVM ITEM EADEM MARCELLINA COLLEGIO SS. DEDIT DONAVITQVE HS L̄. M. N̄. HOMINIBVS N̄. LX. SVB HAC CONDITIONE VT NE PLVRES ADLEGANTVR QVAM NVMERVS SS. ET VT IN LOCVM DEFVNCTORVM LOCA VENIANT ET LIBERI ADLE

ADLEGANTVR VEL SI QVIS LOCVM
SVVM LEGARE VOLET FILIO VEL
FRATRI VEL LIBERTO DVMTAXAT
VT INFERAT ARKAE N̄. PARTEM
DIMIDIAM [6] FVNERATICI ET NE
EAM PECVNIAM SS VELINT IN
ALIOS VSVS CONVERTERE SED VT
EX VSVRIS EIVS SVMMAE DIEBVS
INFRASCRIPTIS LOCVM CONFRE-
QVENTARE EX REDITV EIVS SVM-
MAE SI QVOD COMPARAVERINT
[7] SPORTVLAS HOMINIB. N. LX EX
DECRETO VNIVERSORVM QVOD
GESTVM EST IN [8] TEMPLO DIVORVM
IN AEDE DIVI TITI CONVENTV
PLENO QVI DIES FVIT V. ID. MART.
BRVTTIO PRAESENTE ET IVNIO RV-
FINO COS. VTI [9] XIII. K. OCT. DIE
FELICISSIMO N̄ ANTONINI AVG. N.
PII P. P. SPORTVLAS DIVIDERENT IN
TEMPLO DIVORVM IN AEDE DIVI
TITI C. OFILLIO HERMETE Q. Q. P. P.
VEL QVI TVNC ERIT [10] * III. AELIO
ZENONI PATRI COLLEGI * III. SAL-
VIAE MARCELLINAE MATRI COLLE-
GI * III. IMM. SING. * II. CVR. SING.

* II

* II. POPVLO SING. * I. ITEM PL. PR.
NON NOV." N̄. COLLEGI DIVIDE-
RENT EX REDITV SS. AD MARTIS
IN SCHOLAM PRAESENTIBVS Q̄Q̄.
* VI PATRI COLLEGI * VI MATRI
COLLEGI * VI IMM. SING. * IIII CVR.
SING. * IIII PANES IIII VINVM MENSV-
RAS Q̄Q̄ ¹². ƒ VIIII PATR. COLL. ƒ VIIII
IMM. SING. ƒ VI CVR. SING. ƒ VI PO-
PVLO SING. ƒ III ITEM PR. NON. IAN.
¹³ STRENVAS DIVIDERENT SICVT SS.
EST XIII K. OCT. ITEM VIII K. MART.
DIE ¹⁴ KARAE COGNATIONIS AD
MARTIS EODEM LOCO DIVIDERENT
SPORTVLAS PANE ET VINV SICVT
SS EST PR. NON. NOV. ITEM PRID.
MART. EODEM LOCO CENAM QVAM
OFILLIVS HERMES Q̄Q̄ OMNIBVS AN-
NIS DANDAM PRAESENTIBVS PRO-
MISIT VEL SPORTVLAS SICVT SOLI-
TVS EST DARE ITEM XI. K. APR.
¹⁵ DIE VIOLARI EODEM LOCO PRAE-
SENTIBVS DIVIDERENTVR SPORTV-
LAE VINV PANE SICVT DIEBVS SS.
ITEM V. ID. MAI ¹⁶ DIE ROSAE EO-
DEM LOCO PRAESENTIBVS DIVIDE-
RENTVR

RENTVR SPORTVLAE VINV. ET PANE
SICVT DIEBVS SSS. EA CONDICIONE
QVA IN CONVENTV PLACVIT VNI-
VERSIS ET DIEBVS SS. II QVI AD EPV-
LANDVM NON CONVENISSENT
SPORTVLAE ET PANE ET VINV EO-
RVM VENIRENT ET PRAESENTIBVS
DIVIDERENTVR EXCEPTO EORVM
QVI TRANS MARE ERVNT VEL
QVI PERPETVA VALETVDINE DETI-
NETVR ITEM. P. AELIVS AVG. LIB.
ZENON EIDEM COLLEGIO SS. OB
MEMORIAM M. VLPI AVG. LIB. CAPI-
TONIS FRATRIS SVI PIISSIMI DEDIT
DONAVITQVE HS. X. M. N. VTI EX
REDITV EIVS SVMMAE IN CONTRI-
BVTIONE SPORTVLARVM DIVIDE-
RENTVR QVOD SI EA PECVNIA OM-
NIS QVAE SS. EST QVAM DEDIT DO-
NAVIT COLLEGIO SS. SALVIA C. F.
MARCELLINA ET P. AELIVS AVG. LIB.
ZENO IN ALIOS VSVS CONVERTERE
VOLVERINT QVAM IN EOS VSVS QVI
SSS. QVOS ORDO COLLEGI NON DE-
CREVIT ET VTI HAEC OMNIA QVAE
SSS SVIS DIEBVS VT ITA ET ANT.
DIVIDANTQVE QVOD SI ADVERSVS
EA QVID EGERINT SIVE QVID ITA
NON FECERINT TVNC Q. Q. VEL

S f   CVRA

CVRATORES EIVSDEM COLLEGI QVI TVNC ERVNT SI ADVERSVS EA QVID FECERINT Q.Q. ET CVRATORES SS. VTI POENAE NOMINE ARKAE N̄. INFERANT HS X̄X̄. M. N̄. HOC DECRETVM ORDINI N̄. PLACVIT IN CONVENTV PLENO QVOD GESTVM EST IN TEMPLO DIVORVM IN AEDE DIVI TITI V. ID. MART. [17.] C. BRVTTIO PRAESENTE A. IVNIO RVFINO COS. Q. Q. C. OFILIO HERMETE CVRATORIB. P. AEL. AVG. LIB. ONESIMO ET C. SALVIO SELEVCO.

Explication litterale.

Salvia Marcellina fille de Caius Salvius, en memoire de Flavius Apollonius Procureur & Secretaire Imperial, & de son Adjoint Capito son tres bon & tres-pieux Mary Affranchy de l'Empereur, a fait un don au College d'Esculape & de la Santé, d'une Place avec un petit Temple, un toit avancé & une promenade couverte jointe au reste, pour que le peuple aggregé au susdit College, puisse s'y rendre pour les festins. La situation de ce lieu estant sur le chemin d'Appius proche du Temple de Mars entre le premier & le second Mille hors de Rome à main gauche, attenant les fonds de Vibius Calocærus & ceux du peuple. Item la susdite Marcellina a fait donation & present au susdit College de cinquante mille grands Sesterces, aux soixante personnes qui composent

le

le College, à la charge & condition que l'on n'en aggrege point au delà de ce nombre, & que à la place de ceux qui mourront on y reçoive leurs fils, ou si quelqu'un veut leguer par testament sa place à son fils, à son frere, ou à son affranchy, qu'il donne à la bourse commune de nôtre College la moitié des dépenses funeraires : à la charge que ledit College n'employera la somme cy-dessus à d'autres usages : & que les interests de cette somme soient destinez pour les assemblées aux jours marquez cy-apres, & que s'ils font quelque aquisition de la rente de cette somme elle soit employée aux petits presens appellez Sportulæ, que l'on distribuera aux soixante, suivant le Statut de tout le Corps : ce qui a esté deliberé dans le Temple des divins Empereurs, dans le petit Temple à l'autel de Titus, en pleine assemblée le XI. Mars sous le Consulat de Bruttius Præsens & Junius Rufinus : sçavoir que le 19. Septembre jour tres-heureux de la naissance d'Antonin Pie, nôtre Empereur Pere de la patrie, on distribuë des petits presens dans les Temples des Empereurs à l'autel de Tite, à Caius Ofillius Hermes Prefect quinquennal ou à celuy qui le sera alors, trois deniers d'argent, à Ælius Zenon Pere du College trois deniers, à Salvia Marcellina Mere du College trois deniers, à chacun des particuliers un denier. Item que le 4. Novembre jour natal du College, on distribuë des rentes susdites dans l'Ecole proche le Temple de Mars, aux Quinquennaux qui seront presens six deniers, au Pere du College six deniers, à la Mere du College six deniers, à tous les Exempts quatre deniers, à tous les Curateurs quatre deniers, quatre pains à chacun : & pour ce qui est des mesures de vin, aux *Quinquennaux neuf septiers*, au *Pere du College neuf septiers*, à tous les *Exempts six septiers*, à tous les *Curateurs six septiers*, à chaque particulier du *College trois septiers*. Item que le 4. *Janvier on distribüe des Estrenes comme cy-dessus le* 13. *Octobre*. Item le 28. *Fevrier le jour du cher parentage proche du Temple de Mars au même lieu, on partage les presens de pain & de vin comme il est ordonné cy-dessus pour le* 4. *Novembre*. Item que le 22. *de Mars le jour des violettes, on distribüe au même lieu les portions de pain & de vin, comme aux jours cy-dessus. Sous cette condition qui a esté approuvée de chacun en pleine assemblée, aussi bien que pour les jours marquez cy-dessus, que si quelqu'un ne se rend pas aux repas, la portion des absens, de pain & de vin soit distribuée à ceux qui seront presens, si ce n'est celle de ceux qui seront de là la mer ou qui sont affligez d'une maladie incurable*. Item *Publius Ælius Zenon Affranchi de l'Empereur en memoire de son tres-bon frere Marcus Vlpius Capito Affranchi de l'Empereur a donné au College susdit dix milles grands sesterces, afin que l'interest de ladite somme soit employé à la distribution des presens. Que si toute cette somme cy-dessus marquée que Salvia Marcellina fille de Caius &* Publius Ælius Zenon *ont donnée au College susdit vient à estre employée à d'autres usages qu'à ceux qui ont esté marquez, & autres que l'ordre du College n'a resolu & que l'on n'observe pas toutes les choses aux susdits jours & aux distributions, & qu'on fasse quelque chose au contraire, ou d'un autre maniere, alors les Quinquennaux, ou les Curateurs dudit College qui seront en charge s'ils ont*

manqué

Vingt-troisiéme Dissertation.

manqué à la constitution payeront d'amande à nôtre bour-
se commune xx. milles sesterces. Le decret a esté porté
par tout nôtre Ordre en pleine assemblée. Fait au Tem-
ple des Empereurs à l'autel de Tite le x i. *Mars C. Brut-*
tius Præsens & Aulus Junius Rufinus estant Consuls,
Caius Ofilius Hermes estant Quinquennal, Publius Ælius
Onesimus Affranchy de l'Empereur & Caius Salvius
Seleucus estant Curateurs.

1. Salvia Marcellina riche & illustre Matrone Romaine en memoire de Flavius Apollonius Procurateur ou Receveur du Fisc imperial, & en memoire de Marcus Ulpius Capito son mary Adjoint de Flavius Apollonius, avoit donné la place d'un petit Temple & une somme considerable au College d'Esculape & de la Santé, sçavoir, cinquante milles Sesterces, qui font deux mille cinq cens écus de nostre monnoye, comme on peut l'apprendre par ceux qui ont traité du Sesterce & de la monnoye des Anciens, entre lesquels Budé & Gronovius en ont fait chacun un Volume. L'on voit dans ce beau marbre à quel usage elle destinoit les revenus de cette somme. C'estoit à plusieurs petits presens qu'elle vouloit qui se fissent certaines festes de l'année. Cette donation luy fait donner le titre de mere du College, comme à Publius Zenon son beau frere celuy de Pere du College pour avoir aussi donné dix mille sesterces.

2. Ce College d'Esculape comme ce marbre

nous l'enseigne estoit une societé ou confrerie de soixante personnes, qui à certains jours de l'année se rendoient dans un lieu destiné pour y faire des sacrifices en faveur de ceux qui vouloient implorer le secours d'Esculape & de la Santé, & pour s'y festiner les uns & les autres.

3. Le mot de *Pergula*, qui est dans l'inscription est proprement un toit avancé au de là du mur, comme sont à Genéve les ruës basses qui ont de grandes avances de toit soûtenuës de piliers de bois, & en d'autres villes les halles publiques. Les Anciens y faisoient vendre leurs tableaux : Pline parlant d'Apelles dit, qu'il faisoit porter dans un de ces endroits ses ouvrages & qu'il se cachoit derriere les tableaux pour entendre le jugement du peuple & corriger leurs défauts : *perfecta opera proponebat in pergula transeuntibus*, &c.

4. *Solarium*, c'estoit une montre au Soleil : mais il signifioit aussi une esplanade ou un lieu élevé à découvert au Soleil où l'on se promenoit, comme on l'apprend d'Isidore & du Glossaire de Cyrille, & comme il se prend icy.

5. *Ad Martis*, il faut sous-entendre *Ædem*. Le Temple de Mars estoit hors de la porte Capene dans la voye Appienne, c'est pourquoy on l'appelloit le Temple de *Mars hors des murs*, *Martis extramuranei*. Tite-Live. *Cum omnes extra portam Capenam ad Martis ædem convenire juniores armatos jussisset.*

6. *Funeraticum*, c'est la dépence qui se faisoit pour

Vingt-troisiéme Dissertation. 335

pour les funerailles, laquelle se montoit quelquefois à une somme excessive lorsque le luxe des Romains s'augmenta. Neron fit employer pour les funerailles de Poppée plus de canelle & de cassia que toute l'Arabie n'en pouvoit produire dans un an. Et Suetone dit, qu'on dépensa pour celles de Neron deux cent milles Sesterces que Meursius dit se monter à dix millions.

7. *Sportulæ* estoient de petits presens d'argent que l'on distribuoit avec du pain & du vin à certaines festes ou autres jours solemnels de l'année. Ces presens estoient souvent des Medailles d'argent qui servoient de deniers vallans environ 7. sols ½ de nôtre monnoye : mais quand les Empereurs ou autres personnes de qualité faisoient ces liberalitez, on donnoit des medailles d'or. Aussi Trebellius Pollio parlant des petits presens que l'Empereur Gallien fit à son Consulat, dit qu'il donna une Sportule à chaque Senateur & à chaque Dame Romaine, une de ses Medailles d'or, *Senatui Sportulam sedens erogavit, Matronas ad Consulatum suum rogavit, iis denique manum sibi osculantibus, quaternos aureos sui nominis dedit.* C'estoit aussi la coûtume que ceux qui entroient dans la charge de Consuls envoyoient à leurs amis ces presens. Symmachus livr. 9. Epist. derniere, *Sportulam Consulatus mei & amicitiæ nostræ & honori tuo debeo, hanc in solido misi.*

Le nom de *Sportulæ* qui signifie des petites corbeilles estoit donné à ces presens, parce qu'on les envoyoit

envoyoit dans des corbeilles, ces Vers de Corippus liv. 4. parlant du Consulat de l'Empereur Justin nous le confirment,

Dona Calendarum quorum est ea cura parabant
Officia & turmis implent felicibus aulam:
Convectant rutilum sportis capacibus aurum.

C'est pourquoy les gloses Grecques qui expliquent le mot de *Sportula*, disent que ce sont des presens qu'on envoyoit dans des corbeilles. Avec ces Sportules les Consuls donnoient de petites tablettes de poche d'argent ou d'yvoire, dans lesquelles estoient écrits leurs noms, qui est ce qu'on appelloit des *Fasts*. Sidonius liv. 8. Epist. 6. à Namatius, parlant du Consulat d'Asterius, parle des *Sportules* & des *Fastes*, qui furent distribuez, *ut primum brevi peracta nec brevis Sportula datique Fasti*. Les autres Magistrats entrant en charge envoyoient aussi des presens à leurs amis, mais de moindre valeur.

8. *Templum Divorum*, c'estoit sans doute un Temple dedié aux Manes des Empereurs defunts, & particulierement de ceux qui estoient mis au nombre des Dieux. Je croy que c'est le mesme qui estoit dedié dans le commencement à Rome & à Auguste, & qui le fut ensuite à tous les Cesars dont on reveroit la memoire. Tite y avoit aussi une Chapelle ou petit Temple, où s'assembloit ce College d'Esculape & de la Santé.

9. Le 19. Septembre ou comme parloient les Romains le 13. des Calendes d'Octobre, c'estoit
le

Vingt-troisiéme Dissertation.

le jour de la naissance d'Antonin Pie comme il paroit non seulement par ce marbre, mais aussi par le Calendrier antique fait du temps de Constantin publié par Lambecius dans la Description de la Bibliotheque Imperiale. L'on trouve dans ce Calendrier les nativitez de plusieurs Empereurs & particulierement des bons, dont on conservoit la memoire par quelque solemnité. Capitolin dans la vie d'Antonin Pie fixe aussi sa naissance au même jour.

10. ✶ Cecy est la marque du denier Romain: & ces deniers qui se distribuoient dans ces solemnitez n'étoient pas apparemment differens de leurs medailles d'argent sur lesquelles & particulierement sur les Consulaires on voit souvent cette mesme marque du denier, sans doute mesme que l'on choisissoit selon les solemnitez pendant lesquelles se distribuoient ces presens, des medailles avec des types differens, par exemple pour les jeux du Cirque, c'etoient des medailles frappées avec des chariots à deux ou à quatre chevaux que l'on nommoit *biga* & *quadriga :* ce qui donnoit le nom à ces medailles de *nummi bigati* & *quadrigati :* ou bien avec d'autres types qui avoient quelque relation avec ces jeux, comme les medailles que l'on nomme ordinairement *Contorniates,* où sont representez des Athletes, lesquelles semblent n'avoir esté faites que pour les vainqueurs, & qui representoient des Heros anciens que l'on proposoit pour modelles aux Athletes & autres person-

nes qui avoient interest dans ces jeux. L'on donnoit aussi de celles qui representoient les Empereurs regnans, qui sont nos medailles imperiales comme sont nos medaillons, lesquels selon mon sentiment ne passoient pas pour une monnoye comme les medailles ordinaires.

11. Le jour de l'institution ou le jour natal du College, c'est à dire, le jour de sa fondation, en memoire duquel l'on doubloit les presens.

12. *ſ.* J'ay expliqué cette marque un Septier (*Sextarium*) plûtot qu'un Sesterce, parce que dans les paroles precedentes il s'agit de mesures de vin, outre que cette marque comprend les deux premieres lettres des deux premieres syllabes de *Sextarius* S. & T.

13. Le mot de *Strenua* pour *Strena* est remarquable. Dans le commencement de la Republique Romaine l'on donnoit des estrenes *strenuis*, c'est à dire, à ceux qui avoient fait paroistre beaucoup de courage & c'est d'où l'on a donné le nom de *Strenuæ*, ou *Strenæ*, à ces presens, & à la Deesse *Strenua*, à laquelle on dedia un petit Temple dans la quatriéme region de Rome, comme on le lit dans Publius Victor.

On s'avisa ensuite d'en donner aux personnes de qualité & aux amis le premier jour de l'année, & non seulement le premier jour, mais encor quelques jours suivans, comme on peut le remarquer par cette inscription.

14. *Die caræ cognationis*, que j'explique le jour
du

du cher parentage. Cette feste est marquée au mois de Fevrier dans le Calendrier Rustique qui se voit à Rome sur un ancien marbre, mais dans celuy de Constantin que nous avons cité cy-dessus, cette feste est appellée Charistia, ce qui signifie la mesme chose. Valere Maxime livre 2. nous enseigne ce que c'estoit. *Nos ancestres*, dit-il, *établirent un festin solemnel, qu'ils appellerent Charistia, auquel l'on ne convioit que des parens & des alliez, afin que s'il y avoit quelque different entr'eux il fust terminé plus facilement dans la joye du festin.*

15. *Ce jour des violettes* n'est pas marqué dans les anciens Calendriers, mais nous apprenons par ce marbre qu'il se celebroit le 22. de Mars, auquel temps la violette commence à paroître & annoncer le Printemps

16. *Ce jour de la rose* n'est pas non plus marqué dans les Calendriers qui nous restent des anciens Romains; peut-estre parce qu'il estoit compris sous la feste appellée *Floralia*, comme si l'on disoit la feste des Fleurs. Le Calendrier du temps de Constantin marque bien une feste des roses, par ces mots *Macellus rosa fumat*, c'est à dire, *Macellum rosis ornetur*, qui estoit sans doute quelque feste que faisoient les bouchers qui ornoient leurs boutiques de fleurs : mais elle se faisoit douze jours aprés celle qui est nommée dans ce marbre, qui estoit le 23. May.

17. Le Consulat de *Caius Bruttius Præsens & Aulus Junius Rufinus*, estoit dans l'année de N. S. 154.

& cette inscription corrige une faute qui s'est glissée dans les tables du Capitole, où ce dernier Consul est nommé Antonius Rufinus au lieu d'Aulus Junius Rufinus. Elle corrige aussi Cassiodore qui l'appelle *Rufus*. Il faut remarquer que Bruttius Præsens n'est pas icy nommé Consul pour la seconde fois non plus que dans Cassiodore, & je crois que c'est un autre Bruttius qui fut deux fois Consul avec Antonin.

Par occasion nous rapporterons quelques autres Colleges que nous avons trouvez dans les anciennes Inscriptions.

College des Dendrophores.

A Pouzzols.

EX S. C. DENDROPHORI CREATI QVI
SVNT SVB CVRA XVVIR ST. CC. VV.
PATRON. L. AMPIVS STEPHANVS SAC.
M DEI QQ. DEND. DEDICATIONI HVIVS
PANEM VINVM ET SPORTVLAS DEDIT

C. VALERIVS PICENTINVS	C. LISIVS CRESCENTINVS
C. IVLIVS HERCVLANVS	L. DECIMIVS FELINVS
LONGINIVS IVSTINVS	CVPIENNIVS PRIMITIVVS
A. FIRMIVS POLYBIVS	T. MINICIVS SABINVS
	M. IVNIVS AGRIPPINVS

A.

A. CAMELIVS PROTO-
CENSIS
A. AGNANIVS FELICIS-
SIMVS
C. LITRIVS FORTV-
NATVS
TI. IVLIVS CALLINICVS
Q. CVRTIVS SCEMA-
NVS
L. OPPIVS LESIGINVS
M. HERENNIVS ZERAX
C. LISIVS PVDENTINVS
A. FIRMIVS FELICIA-
NVS
M. BABBIVS SODALVS
L. MODESTIVS HILA-
RVS
L. ORFIVS MAXIMINVS
C. IVLIVS GAVDITV-
NVS
L. LOLLIVS VIATOR
M. CVRIVS NIANVS
C. MARTIVS VITALIS
AERELIVS LVCIVS
C. IVLIVS DIANENSIS
C. ANTONIVS LVCI-
LIANVS
C. MAGIVS CRESCEN-
TIANVS
C. IVLIVS COGITATVS
C. IVLIVS CERIALIS
C. HERENNIVS SABI-
NVS
L. ORFIVS MAXIMVS
N. POLLIVS PRIMVS
SEN.
C. LITRIVS MAIOR

L. DECIMIVS FAVSTVS
C. IVLIVS SEVERVS
C. NAVTIVS PYNTPO-
PVS
N. VIBIVS SPERATVS
L. PACIVS MAXIMINVS
Q. GRANIVS GEMEL-
LVS
M GRANIVS MVRCIA-
NVS
Q. SERVIVS NICETIA-
NVS
C. LISIVS SECVNDI-
NVS
C. PVBLILIVS GENIALIS
L. CONNIVS CASTREN-
SIS
Q. GRANIVS CHORIN-
TVS
TI. IVLIVS ATAINOPO
Q. GRANIVS IANVA-
RIVS
C. TVRRANIVS PRIS-
CVS
L. PLAVTIVS VICTOR
A. FIRMIVS SEVERVS
C. EVLLONIVS TER-
TIVS
T. FLAVIVS ARCHI-
LAVS
M. VALERIVS SYN-
TROPVS
M. VALERIVS IANVA-
RIVS
N. LVCIVS CYRI-
CIVS
C. IVLIVS CARITO

M. MALLONOVS SEVE-
RIANVS
C. CARTILIVS IRENI-
CVS
N. POLLIVS PRIMVS
IVN.
C. TITILIVS PRIVATVS
L. MARCIVS MARV-
LEIVS   [LVS
Q. GRANIVS GEMEL-
C. CLODIVS MERCV-
RIVS
N. VIBIVS SVPER
C. TVSCENIVS COM-
MVNIO
M. STENNIVS MAR-
CELLINVS
M. VALERIVS EYTY-
CHES
C. RVFIVS SELEVCVS
L. GENTIVS NICO
L. PEDANIVS FAVSTI-
NVS
NAEVIVS POLLIVS
PRISCVS

IVLIVS DECIVS FELI-
CIVS
M. SAGARIVS SEDA-
TVS
C. TOSCENIVS PRIMI-
TIVS
M. SAMIANTVS CRES-
CENS
P. CARSICIVS FLORIA-
NVS
C. STATRIVS FELICIS-
SIMVS
T. MINITIVS VERA-
TINVS
M. PLAVTIVS HILA-
RVS
M. SAMILARIS FORTV-
NIVS
C. IVNIVS MERCV-
RIVS
C. IVLIVS CRESCENS
C. AVRVNCVLEIVS
L. FLAVIVS CELER
SAMIARIVS SILVA-
NVS

DEDICATA VII. ID. OCT. III. ET SEMEL COS.

Il est souvent parlé dans les marbres anciens du College des Dendrophores, cependant l'on ne laisse pas d'estre en peine de sçavoir quelles sortes de Gens estoient ces Dendrophores; les sçavans sont partagez sur cette question. M. de Saumais dans ses Commentaires sur la vie de Caracall

écrite

Vingt-troisiéme Dissertation. 343

écrite par Spartien, dit que c'eſtoient ceux qui dans les proceſſions qui ſe faiſoient à l'honneur des Dieux, portoient des branches d'arbres, ſelon l'etymologie du mot *Dendrophoros*, qui ſignifie en Grec *celuy qui porte un arbre*. Ce qui a fait donner l'Epithete de *Dendrophore* à Silvain dans une inſcription antique citée dans Gruter, parce que ce Dieu eſt repreſenté ordinairement portant une branche de Pin ou de quelqu'autre arbre, comme nous avons remarqué dans le pavé de Moſaique que nous avons expliqué au ſecond article de ce Recueil. Artemidore dans ſes preſages des ſonges dit, que *ceux qui ſongent d'eſtre de la danſe du Dieu Bacchus, ou de porter un Thyrſe, ou un arbre, ou de faire quelqu'autre choſe à l'honneur de ce Dieu, que ce ſont de dangereux preſages, ſi ce n'eſt quand ce ſont des eſclaves qui font ces ſonges.* D'où l'on peut tirer la conſequence que c'eſtoit particulierement dans les proceſſions faites à l'honneur de Bacchus que l'on portoit ces arbres. Auſſi voit-on ſouvent dans des bas reliefs où ſont repreſentées ces Bacchanales, des gens qui portent de petits arbres ou des rameaux.

Le Titre du Code Theodoſien des Payens & de leurs Temples ſemble favoriſer ce ſentiment, dans la Loy xx. *Il eſt juſte*, dit ce Texte, *que tous les lieux, que les Frediens & les Dendrophores, & les autres profeſſions payennes ont occupez & qui eſtoient deſtinez aux banquets & aux diſtributions de deniers, ſoient appliqués aux revenus de noſtre maiſon en banniſſant*

l'erreur

l'erreur qui les avoient instituez. Ainsi suivant cette opinion les Dendrophores n'estoient point un nom de mestier, mais de religion ou de superstition.

Neanmoins le sentiment contraire de la pluspart des Sçavans n'est pas moins vray-semblable; ils veulent que les Dendrophores fussent ceux qui faisoient trafic de bois, & principalement pour l'usage de la guerre, & pour les machines. D'où vient qu'ils sont ordinairement joints dans le même College avec ceux qui avoient le soin des machines & de la charpente necessaire dans le Camp appellez *Fabri*, & avec ceux mesme que l'on appelloit *Centonarij*, qui estoit une profession pour la guerre dont nous parlerons ensuite. Ces derniers sont aussi reünis avec eux dans le titre 8. liv. 14. du Code Theodosien où l'Empereur Constantin commande que par toutes les villes où il y aura des Dendrophores, ils soient aggregez & reünis aux corps des Centonaires & des maîtres de charpente appellez *Fabri*. D'où l'on ne peut pas à la verité reconnoître quelle profession c'estoit, mais seulement qu'il y a apparence que c'estoit une societé d'ouvriers qui avoient du rapport avec ceux qui fournissoient les choses necessaires au camp. Ainsi il ne faudroit pas s'étonner qu'ils fussent creés par le Senat, comme on le remarque dans le marbre precedent, ni qu'ils fussent sous la direction d'un *Quindecemvir: sous les auspices duquel ils avoient dedié quelques statuës & avoient distribué du du pain, du vin, & des petits presens de deniers*, le 7. des Ides d'Octobre. Les noms des Consuls qui sont ajoûtez sont sans doute corrompus, car Capacius Autheur de l'Histoire de Naples de qui nous l'avons tirée, n'est pas fort correct dans ses inscriptions.

Je dois ajoûter à ce que j'ay dit cy-dessus, que dans l'inscription que je vais rapporter sur la foy des manuscripts du Cardinal Barberin, les Dendrophores y sont appellez *Fabri*, car il n'y a pas comme dans les autres marbres *Colleg. Fabror. & Dendrophororum*, mais seulement *Colleg. Fabrûm Dendrophor.* ce qui fait connoître qu'ils estoient censez estre de la mesme profession.

A Rome, à sainte Marie in Transtevere.

M. VLPIVS AVG. L.
PHILETVS
M. VLP. ARVATI NEP.
ANNI PRIMI MAG. QVIN
QVEN. COLLEG. FABRVM
DENDROPHOR. NOMINE
M. VLPI ARVATIANI NEP.
SVI ALLECTI IN ORDIN.
DECVRION. IIII. H. H. DEI SOLI

V u   IN

INVIC. MITRAE SIG
NVM. AENEVM PON. LXXXXV.
DONVM DEDIT

C'est à dire :

Marcus Vlpius Philetus Affranchi de l'Empereur petit fils de Marcus Vlpius Arvatus Prefect la premiere année de cinq ans qu'il doit estre en charge, du College des maistres de Charpente Dendrophores, au nom de Marcus Vlpius Arvatianus son petit fils, aggregé dans l'ordre des Decurions..... a donné & dedié au Soleil invincible Mitra une statuë de cuivre, du poids de 95. livres.

En voicy un autre qui parle d'un Procurateur du College des Dendrophores Romains.

A Rome.

M. ANNIVS M. F. PAL. AVFVSTIANVS
PROCVRATOR COLL. DENDROPH.
ROMANORVM H. V. IN.
Q. Q. EPVLVM D. D. ET ✱ D. DIVIS.
PER GRADVS.

Il y est parlé d'un Marcus Annius Aufustianus de la tribu Palatine, Procureur du College des Dendrophores Romains, qui avoit donné un festin & des presens. Je ne conçois pas les dernieres lignes.

College

College des Centonaires.

Inscription citée par Joffredus, à Nice.

P. PETREIO P. F. QVADRATO ET P. EVARISTO. LAIS. MATER. STATVAM. POSVIT OB CVIVS DEDICAT. COLL. CENT. EPVLVM EX MORE EX IP...... HS XII... VT QVODANN. IN PERPET. DIE NATAL. QVADR. V. ID. APR. QVA RELIQVIAE. EIVS. CONDITAE SVNT. SACRIFICIVM. FACERENT. AN. FARE ET LIBO ET IN. TEMPLO. EX MORE. EPVLARENTVR ET. ROSAS. SVO. TEMPORE. DEDVCERENT. ET. STATVAM. DECERNT. ET CORO. NARN. QVOD. SE FACTVROS. RECEPERVNT

Avant que d'expliquer cette inscription il faut justifier la correction remarquable que j'y fais dans la quatriéme ligne, car au lieu que l'Autheur de Nice y lit Coligent, j'y lis Coll. Cent. ce qui en change bien le sens. Je dis donc qu'il ne peut y avoir Coligent qui n'est point un mot Latin, ni mesme ce que l'on pourroit s'imaginer, qu'il y eut Colligent; parce que *Colligere epulum* n'est point une phrase Latine, & on ne sçauroit dire ce qu'elle signifie : au lieu qu'en mettant Coll. Cent. le sens est clair de mesme que dans

d'autres

d'autres inscriptions COLLEGIO CENTONARIORUM, c'est à dire, que le *College des Centonaires*, promet d'executer la condition que Lais Mere de Quadratus & d'Evaristus leur impose. Cela supposé voicy l'explication de ce marbre.

A la memoire de Publius Petreius Quadratus fils de Publius & à celle de Publius Evaristus, Lais leur Mere, a fait élever une Statuë, pour la dedicace de laquelle elle a donné au College des Centonaires un festin à l'accoûtumée & une somme considerable, *afin que tous les ans à perpetuité le jour de la naissance de Quadratus, le cinquième des Ides d'Avril, auquel jour ses cendres ont esté renfermées, ils fassent un sacrifice anniversaire avec du froment & un gâteau, & un festin selon la coûtume dans le Temple, & qu'ils apportent des roses dans leur saison, & en embellissent & couronnent la statuë ce qu'ils ont promis d'executer.*

Les Centonaires estoit une profession militaire, & c'estoit ceux qui fournissoient les tentes & autre attirail de guerre, appellez par les Romains *Centones*, ou mesme ceux qui avoient le soin d'éteindre les embrasemens que les machines des ennemis portoient dans le camp. Vegece l. 4. parlant de la machine qui servoit dans le camp à faire des galeries couvertes ou des logemens, dit que *par dehors de peur qu'on n'y porte le feu, on la couvre de cuirs cruds & recents, ou de Centons* (centonibus) c'est à dire, de quelques vielles étofes propres à resister au feu & aux fleches : Car Jules Cesar au troisiéme livre de ses Commentaires de la guerre civile,

civile, dit que les soldats se servoient quelquefois de ces centons pour se garantir des traits des ennemis. Les Colleges des Centonaires estoient souvent joints à celuy des Dendrophores & à celuy des maistres de Charpente & machines de guerre appellez Fabri, comme on void par l'inscription suivante d'un Decurion de ce College.

A Spalatro en Dalmatie.

AVR. QVINTIANVS DEC. COLL. FAB. ET CENT.

QVI VIXIT ANN. P. M. LI MENS. V. D....

VIVVS SIBI POSVIT ET AVR. IAENVARIAE

CONIVGI SVAE COT. SI QVIS AEAM ARCAM

POST MORTEM EORVM APERIRE VOLVERIT

INFER. DECVRIAE MEAE * XXV.

C'est à dire :

Aurelius Quintianus Decurion du College des Maîtres de machine & des Centonaires, qui à vécu environ 51. *ans cinq mois & quelques jours, a esté construit ce monument pendant sa vie & à Aurelia Januaria sa femme. Que si quelqu'un apres leur mort vouloit ouvrir le cercueil, il donnera à ma compagnie* 25. *Sesterces.* C'est à dire, 25. grands Sesterces, chaque grand sesterce estant

estant de mille petits Sesterces, dont la valeur de chacun estoit environ sept sols & demy.

La depravation d'ortographe qui est dans la pierre mesme AEAM pour EAM & COT pour QUOD, & l'expression P. M. *plus minùs* font connoître que l'inscription n'est pas des premiers siecles, mais environ du quatriéme de la venuë de Nôtre Seigneur.

College des Maistres de Charpente & machines de guerre, appellez
Fabri Tignuarij.

A Rome.

L. CINCIVS L. F. SVC. MARTIALIS V̄. VIR POSSESSOR. HVIVS. MONVMENTI. EX TESTAMENO. L. MAMILI. FELICIS. DECVRIAE. X̄. COLLEGIO. FABRVM. TIGNVARIORVM. PARIETEM. DEXTRVM INTROITVS. OLLAS X̄X̄X̄ĪĪ. DONAVIT. EIS. QVI. INFRASCRIPTI. SVNT. SINGVLIS. SINGVLAS.

P. SVLPICIO. FELICI. DECVR.	T. STATILIO. ISOCHRYSO
L. CINCIO. L. F. PAL. MARTIALI F.	T. STATILIO. HIERONI F.
M. AMATIO. CRESCENTI	C. PROCILIO SATVRNINO
T. POMPLINO. DRACONI	C. PETRONIO. CELADO

Vingt-troisième Dissertation.

SEX. IVLIO APRILI
T. STATILIO. ONESI-
MO
TI. IVLIO. TAVRISCO
TI. IVLIO. SPERATO F.
P. BAEBIO. EPAPHRO-
DITO
TI. IVLIO. HYMNO.
L. FABIO APOLLI-
NARI
C. VIBIO FAVSTILLO
C. IVLIO CELERI
C. HERENNIO CRES-
CENTI
P. LICINIO AGATHOPO
C. VIBIO PRIMIGENIO
M. VERGILIO EVCAR-
PO
M. ANTONIO PHI-
LOSTERG.

RELIQVAS. OLLAS. X̄. QVI IN HAC DECVRIA. ALLECTI. ERINT. SINGVLIS. SINGVLAS. DO. LEGO RELIQVM. OMNEM. IVS. MEVM. QVOD. EST. IN. HOC. MONVMENTO. AMA-TIAE. EVNIAE. VXORI. MEAE. ET. L. CINCIO. L F. PAL. MARTIALI. F. ET. M. AMATIO. CRESCENTI. DO. POSSIDE-REQV. EOS. IVBEO

Ce College estoit un corps d'ouvriers qui travailloient aux poutres & à la charpente necessaire pour l'armée de terre & navale : Car *Tignus* est un poutre, & *tignarius*, ou *tignuarius Faber*, l'ouvrier qui travaille dessus. Dans une inscription de Gruter ils sont joints avec les *Fabri Ferrarij*, Forgerons, & avec les Dendrophores & Centonaires, à cause de la ressemblance de leurs professions & du besoin qu'elles avoient l'une de l'autre.

Le mot de *Faber* en Latin estoit un mot assez general; qui signifioit ce que nous exprimons par le mot d'ouvrier : ainsi l'on voit dans les monumens antiques *Faber argentarius*, un orfevre, *Faber Ferrarius*, un forgeron, *Faber eburarius*, un qui travaille en yvoire, *Faber navalis*, un qui travaille aux vaisseaux, *Faber balneator*, un baigneur, ou faiseur de bains, & Plaute taxant un homme d'estre faux monnoyeur dit agreablement, *Tace tu Faber qui plumbeos nummos cudere soles*. Le mot Grec *Tecton*, répondoit au Latin *Faber* ; c'est pourquoy ceux qui ont cru que saint Joseph estoit plutôt Forgeron que Charpentier, contre l'opinion commune, ne prennent pas garde que le mot de *Tectôn*, qui est employé dans l'original ne determine pas à l'entendre plutôt d'un forgeron que d'un Charpentier : puis qu'Hesychius expliquant ce mot, dit qu'il signifie *toute sorte d'ouvrier*. Aussi la version vulgate traduit ainsi en Latin le passage de S. Mathieu, *Nonne hic est Fabri filius*. Hippocrate qui est un des plus anciens Autheurs Grecs, parlant des charpentiers qui scient le bois, ne les appelle pas autrement que *Tectones*. De ce mot Latin *Faber*, viennent nos noms François si frequens de *Favre*, de *Fabry*, & *de le Febvre*. Voicy le sens de l'inscription cy-dessus.

l. 1. de victu rat.

L. Cincius Martialis fils de Lucius de la tribu Succussane, Quintumvir & possesseur de ce monument, par le Testament de Lucius Mamilius Felix a fait donation à la dixiéme Decurie du College des Charpentiers, de la muraille qui est du côté droit de l'entrée & de trente-deux urnes, une à chacun de ceux qui sont écrits cy-dessous fous. Ensuite dequoy il met le nom de vingt-deux personnes. *Et les dix autres urnes seront données aux dix personnes qui seront aggregées à la Decurie, une à chacun. Laissant tout le droit que j'ay en ce monument à ma femme Amatia Eunia & à Lucius Cincius Martialis mon fils, & à Marcus Amatius Crescens, leur en ordonnant l'entiere possession.*

Il faut remarquer le mot d'*omnem*, pour *omne*, qui est un solecisme, & qui fait voir qu'il s'y en commettoit quelquefois, par la negligence ou l'ignorance des Sculpteurs.

VINGT-QUATRIE'ME DISSERTATION.

De l'utilité des Medailles pour l'étude de la Physionomie.

L'Utilité des Medailles est si reconnuë de tous les Sçavans, qu'on n'en a jamais trouvé qui ayent osé blâmer cette étude : de crainte de passer dans la Republique des lettres pour des temeraires qui condamneroient ce que tous les gens d'esprit approuvent, ou pour des ignorans qui mépriseroient ce qu'ils ne connoissent pas. Les Historiens sur tout & les Geographes en ont fait depuis longtemps une si haute estime, que les plus exacts & les plus fidelles se sont servis fort à propos des lumieres que la Medaille & la Statuë leur ont fournies sur l'Antiquité. Dion dans son Hi-

stoire

ſtoire Romaine, parlant de Brutus qui pretendoit avoir mis ſa patrie en liberté par la mort de Ceſar, produit la Medaille qu'il fit frapper avec un bonnet qui eſtoit le ſymbole de la liberté, & les deux poignards, celuy de Caſſius & le ſien qui avoient procuré cet avantage au peuple Romain. Suetone de meſme croit qu'on ne peut trouver une preuve plus convainquante qu'Auguſte avoit lors qu'il eſtoit jeune le ſurnom de Thurinus, qu'en produiſant une petite Statuë de bronze de ce Prince, qu'il avoit euë en ſon pouvoir, & ſur laquelle on liſoit ce ſurnom de *Thurinus*.

Cette étude de l'Antiquité fut cultivée par les Romains de la premiere qualité. Varron avoit recherché dans les Antiques les portraits de tous les illuſtres Romains qui l'avoient precedé. Ciceron & Atticus comme nous avons veu dans la Diſſertation des Hermes & des Hermathenes, les recherchoient auſſi avec empreſſement. Jules Ceſar qui avoit de l'inclination pour les ſciences & pour les Arts liberaux, autant que pour le metier des armes, & qui eſtoit auſſi eloquent que brave, eſtoit curieux de Medailles, de bas reliefs, de ſtatuës, de Moſaïques, & d'autres bijoux de l'Antiquité, comme le remarque Suetone. L'Empereur Alexandre Severe en eſtoit ſi paſſionné, qu'il ramaſſoit tout autant qu'il pouvoit les Buſtes & les portraits des perſonnes Illuſtres qui avoient eſté mis au rang des Dieux par les Payens, ou qui s'eſtoient rendus celebres parmy les hommes :

juſques

Vingt-quatriéme Dissertation.

jusques-là qu'il avoit mis dans son cabinet ceux du Philosophe Apollonius, de JESUS-CHRIST, d'Abraham & d'Orphée.

Mais sans m'arrester sur l'utilité generale des Medailles que l'on peut apprendre dans les livres que plusieurs curieux de ce Siecle ont donnez au jour, & entr'autres dans celuy du sçavant Monsieur Spanheim ; je veux parler de celle que l'on peut tirer pour l'étude de la Physionomie, dont nos Auteurs n'ont rien dit : & je tâcheray de le faire avec toute la clarté possible.

Il faut premierement considerer qu'on ne peut mieux étudier la Physionomie que dans les visages des Princes & des grands hommes : soit parce que dans le poste qu'ils occupent, & dans le rang qu'ils tiennent dans le monde, rien ne les empesche de suivre leurs inclinations : soit parce que leur actions sont, pour ainsi dire, connuës de toute la terre : au lieu que celles des particuliers s'accommodent à leur fortune & s'enseveliffent dans l'oubly. Ainsi un homme peut avoir du panchant à la liberalité : mais cette vertu sera étouffée par la pauvreté. Un autre sera naturellement vaillant : mais son application à quelque art mecanique luy dérobera l'occasion de se signaler. Un autre enfin sera né cruel & imperieux, mais la bassesse de sa fortune, qui le reduit à obeïr à un Maistre severe, cachera ses defauts qui auroient paru s'il eust esté dans une condition plus libre. Abdolominus n'eust pas esté connu de tout le monde pour un homme d'une vertu singuliere, s'il fuſt toûjours demeuré jardinier, & qu'il n'euſt point eſté élevé ſur le thrône. Au contraire, Socrate n'euſt pas eſté jugé le plus ſage de tous les Grecs, s'il n'euſt point corrigé par la Philoſophie les mauvaiſes inclinations avec leſquelles il avoüa qu'il eſtoit né, & que ſa Phyſionomie peignoit ſur ſon viſage, & s'il n'euſt ſuivy que ſa premiere profeſſion de Sculpteur.

Secondement, il faut demeurer d'accord que rien n'eſt plus propre à nous repreſenter les portraits fidelles des Princes, & des grands hommes de l'antiquité, que les Medailles Car comme elles ont eſté faites de leur temps, & par d'excellens graveurs, elles nous les dépeignent bien plus fidellement que les Hiſtoriens, qui d'ailleurs negligent aſſez ſouvent les particularitez des traits du viſage de ceux dont ils écrivent l'hiſtoire. Elles nous les repreſentent meſme plus ſûrement que les ſtatuës & les gravures antiques, qui ſont ordinairement ſans nom, & qui ne ſe reconnoîtroient pas meſme ſans le rapport qu'elles ont aux Medailles.

J'ajoûte que pour ſe ſervir utilement des medailles dans l'étude de la phyſionomie des Empereurs Romains, il faut s'attacher particulierement aux Latines, & à celles qui ſont frappées par de bons ouvriers. J'entens par les Latines celles qui eſtoient fabriquées en Italie, & particulierement à Rome où demeuroient les meilleurs graveurs :

car

Vingt-quatriéme Dissertation.

car celles qui estoient faites dans les Gaules ou dans l'Espagne, ne faisoient jamais si bien ressembler que celles d'Italie. Les Grecques estoient encore moins ressemblantes, à cause que les ouvriers de Grece n'estoient pas si habiles que ceux qui suivoient la Cour, & qu'ils n'estoient pas comme ceux-cy ordinairement à la suite des Empereurs. Ceux qui ont une parfaite connoissance des Medailles n'ont aucune peine à discerner les unes des autres : car outre que les Grecques & celles des Colonies & des villes des Provinces, ont ordinairement quelque nom ou quelque Hieroglyphique qui fait connoître le pays où elles ont esté frappées, elles sont aussi presque toûjours d'une fabrique differente. Ainsi l'on reconnoit facilement les Egyptiennes à leurs bords particuliers, les Syriennes à leur épaisseur, & les Espagnoles à leur peu de relief. De plus, les Etrangers n'avoient pas la permission de battre des Medailles d'or de l'Empereur, si bien que celles d'or sont d'Italie, de mesme que la plûpart de celles d'argent, & de celles de grand-bronze qui ont les deux lettres S. C. c'est à dire, *Senatus consulto*, par ordre du Senat.

Je ne veux pas m'attacher à prouver la verité des regles de la Physionomie, qui quelquefois peuvent estre trompeuses. J'en laisse le soin aux sçavans de cette profession. Je pretens seulement établir cette regle generale, que la nature tire souvent le portrait de nôtre ame sur nôtre visage,

& que certains airs & certaines conformations ont accoûtumé de suivre le temperament & marquer les inclinations de l'homme. Ainsi l'on remarque que ceux qui ont quelque ressemblance au Lion ou à l'Aigle, sont vaillans & genereux : que ceux qui ont quelque rapport au Singe ou au Renard sont adroits & rusez, que ceux qui donnent de l'air à un cheval, à un oiseau, ou à quelqu'autre beste, en ont aussi la plûpart les inclinations.

De mesme on observe que ceux qui naturellement ont l'air d'un homme qui rit, qui pleure, qui gronde, qui pense, ou qui est en colere, sont ordinairement sujets aux passions dont ils portent les caracteres sur le visage. C'est de cette maniere que le fameux Campanella, comme l'a remarqué Monsieur Chorier dans la vie de Boissat, connoissoit les inclinations des personnes. Il se composoit le visage, les gestes & le reste du corps, le plus approchant de ceux qu'il vouloit examiner, & alors il remarquoit à quoy son esprit estoit porté, & à quelle passion il sembloit estre adonné pour juger par là ce que ces personnes avoien dans le cœur, comme s'il eust esté transformé e elles-mesmes. Aussi avoit-il l'imagination si fort qu'ayant esté mis à la question par le tribunal de l'Inquisition, il eut assez de force d'esprit pour s'appliquer à quelqu'autre pensée, qui luy ôtât presque le sentiment de la douleur, & l'empeschât de rien avoüer. Sur ce fondement general on concevra

cevra facilement que ceux qui ont les mesmes traits ont à peu pres les mesmes inclinations. Janus Nicius Erythræus remarque sur cela que Bernardin Stephonius tres-habile Poëte, avoit les mêmes traits de visage qu'on observoit dans la statuë de Virgile. Les curieux remarquent aussi que Numa Pompilius & Antonin Pie, se ressembloient & du visage & des mœurs, & que le Chancelier de l'Hôpital grand politique & grand Philosophe, avoit entierement l'air d'Aristote, comme on le trouve representé dans les Antiques.

Les remarques que je feray sur la Physionomie par les Medailles, serviront de prejugez avantageux à cette science, dont les principes ne paroissent pas fort certains. Je n'établiray rien sur les Medailles où sont gravez les portraits des Consuls Romains ou des Heros de l'Antiquité : parce que comme les Consuls n'avoient pas la permission de representer leur teste sur la monnoye, celles que l'on voit d'eux n'ont esté faites que par leurs descendans, & les Heros anciens étant respectez par les peuples, plutôt à cause de leur vertu, que pour leur authorité, n'ont esté aussi representez sur les Medailles qu'apres leur mort, & quelquefois mesme plusieurs siecles apres, & par consequent il est difficile qu'on ait eu leurs veritables portraits.

Je

360   *Recherches Curieuses d'Antiquité,*

Je commence par *Alexandre le Grand*, dont on ne sçauroit voir le visage fort avancé au de là du cou & ses yeux à fleur de teste, bien fendus & regardans en haut, sans le prendre pour un homme ambitieux, courageux & étourdy. Plutarque a remarqué le cou panché que nous observons dans ses Medailles, & qu'il dit estre le signe d'un esprit hautain selon les Physionomistes. il estoit d'une taille mediocre & plutôt petit que grand, comme la Medaille le represente en son revers, & les Historiens qui ont parlé de luy : ce qui a donné lieu à ce Vers :

Magnus Alexander corpore parvus erat.

Les personnes de petite taille ont ordinairement plus de feu que les grandes, les esprits estant plus serrez & le sang circulant plus viste : aussi n'en peut-on gueres avoir plus qu'en avoit Alexandre. Les premieres marques qu'il en donna, c'est lors qu'il sceut dompter Bucephale que personne ne pouvoit manier. C'est ce que la Communauté des Macedoniens a voulu faire connoître dans le revers de la Medaille, où il est representé cou-

rant

Vingt-quatriéme Dissertation. 361

rant à toute bride sur ce fameux cheval. Je ne diray rien sur les portraits des Roys de Syrie ses successeurs, puisque M. Vaillant en a donné depuis peu l'Histoire, & qu'il a mieux distingué que personne n'avoit encore fait, leurs visages, que les noms d'Antiochus dont ils se faisoient souvent nommer, avoient confondus.

Pompée, que les Historiens comparent à Alexandre, a quelque chose de sa ressemblance, du moins la teste avancée : mais il a les yeux plus enfoncez, ce qui marque plus de retenuë, & les cheveux de dessus le front herissez & frisez selon Plutarque & les Medailles. Les Physionomistes disent que c'est une marque de force & de hardiesse, comme on le juge par rapport aux Ours & aux Lions, qui ont le poil de dessus le dos & de dessus la teste herissé. J'ay preferé cette Medaille quoy que Grecque aux Latines, parce que celles-cy ont esté frappées par ses enfans apres sa mort, au lieu que celle que je donne l'a esté pendant sa vie & par une ville qu'il avoit subjuguée, qui avoit pris de luy le nom de Pompeiopolis, ayant

Y y   porté

porté auparavant celuy d'*Eupatoria*, à cause de Mithridate Eupator qui l'avoit fondée. Dion remarque que cette ville aussi bien que plusieurs autres qu'il prit ayant éprouvé la douceur & les bienfaits de Pompée, se soûmirent avec plaisir à toutes ses volontez. Cet Auteur l'accuse d'une ambition démesurée & d'une envie mélée de legereté, puis qu'il envioit à Cesar des honneurs que luy-mesme luy avoit procurez.

Jules Cesar avoit une Physionomie qui répondoit parfaitement bien à son temperament & à ses inclinations. Voicy ce que m'en écrit le Docteur Andreas Italien disciple du fameux Argoli, sur le portrait que je luy en ay envoyé, tiré de la Medaille & de Suetone. Il me semble, dit-il, que Jules Cesar ayant la taille haute, **la couleur blanche, & les yeux vifs**, devoit estre d'un temperament bilieux, avec un peu de phlegme. Le nez grand un peu élevé à l'endroit où il se joint avec le front, les narines un peu retirées en haut, & la pointe baissant, font un nez approchant de l'aquilin; qui signifie grand courage, aimant la gloire & la domination. Les yeux vifs & noirs, le front un
peu

Vingt-quatriéme Dissertation.

peu enfoncé au milieu avec le nez aquilin, montrent qu'il estoit homme de grands desseins & constant en ses entreprises. La teste bien formée avec ses deux eminences devant & derriere bien proportionnées, le col assez long qui se joint au milieu de la teste, avec les yeux vifs, le front decharné & mediocrement enfoncé au milieu; tout cela joint ensemble le rendoit habile aux études & à l'eloquence. Pour ce qui est du visage assez plein que Suetone luy attribuë, outre que l'âge & les fatigues continuelles de la guerre le pouvoient avoir amaigry, on peut encor penser que cet Auteur entend qu'il avoit le visage moyen entre les longs & les ronds, ou entre les grands & les petits, ou si vous voulez qu'il estoit plutôt charnu que gras. A tout ce que j'ay dit on peut ajoûter que le devant de la teste qu'il avoit chauve, marquoit son inclination à l'amour, d'où vint le vaudeville de ses soldats, qui chantoient à son retour du Levant, *Romains nous amenons un adultere chauve*. Pour cacher ce defaut il demanda au Senat permission de porter toûjours une couronne de laurier, comme l'on voit dans ses Medailles. Pour ce qui est de la clemence qu'on luy attribuë je n'en trouve pas de signes dans son visage, & l'on peut dire qu'elle estoit en luy plutôt une vertu de choix que de nature dans le dessein de se procurer l'amitié du peuple Romain, comme l'asseuroit Curion.

Marc Antoine paroit dans le revers de la Medail-

Ore paulò plenio- re.

le de son amy Cesar, avec un visage long & plein, & le menton double qui marque un homme aimant les plaisirs & la bonne chere. Il a pourtant le nez aquilin qui est un signe de courage: mais l'amour qu'il avoit pour la belle Cleopatre Reine d'Egypte l'emporta sur la gloire & fut cause de sa perte.

Juba Roy de Mauritanie a le bas du visage fort avancé & l'air arrogant & cruel, tel que les Autheurs nous l'ont dépeint. Ses cheveux sont frisez & rangez par degrez. C'estoit la maniere des Rois de ce pays là. Ils avoient accoûtumé de friser leurs cheveux fort proprement, & de les poudrer avec de la poussiere d'or, & ils prenoient garde qu'on ne s'approchât trop d'eux, pour se conserver dans cette propreté affectée.

Auguste, qui avoit la taille avantageuse, le visage

Vingt-quatriéme Dissertation. 365

sage bien fait, le regard modeste, le nez un peu éminent auprés du front, les cheveux legerement frisez, avoit aussi l'ame bien placée & l'esprit doux. Il estoit prudent & avoit du courage sans ostentation. Ses sourcils s'unissant sur le nez, marquent selon quelques Physionomistes, de l'inclination à la vertu & une amitié solide, ce qui convient tres-justement à Auguste. D'autres veulent que ce soit la marque du panchant à l'étude, parce que les sourcils de cette nature denotent la melancholie, & il en faut un peu pour l'étude. Aussi ce Prince aimoit les sciences & écrivoit agreablement en prose & en vers : d'où vient qu'il y a eu de son temps de si habiles gens. Les dents petites & peu serrées, selon Suetone, luy presageoient une courte vie. C'est la sentence d'Hippocrate & le sentiment de quelques Physiciens celebres ; car ceux qui les ont de cette maniere, ne peuvent pas bien mâcher les alimens, & par consequent la digestion ne s'en fait pas si bien : mais sa sobrieté peut avoir reparé ce defaut, puis qu'il a vécu jusqu'à l'âge de 76. ans : quoy que souvent incommodé de rhumes, de goute, de sciatique & de gravier. Suetone mesme remarque qu'il tomboit ordinairement malade vers le jour de sa naissance, ce qui n'est pas facile à expliquer.

Agrippa favory & Admiral d'Auguste a le bas du visage avancé, les yeux enfoncez, & le front un peu ridé : ce qui fait un visage severe & propre à commander à des gens de mer. Aussi voyons nous qu'un homme qui se fache & qui est chagrin, avance le menton, couvre ses yeux & ride son front. De plus on observe dans son portrait qu'il a le visage bien musclé, le cou gros & charnu : ce qui est selon Aristote un signe de force : & en effet on voit que les bœufs en ont beaucoup au cou & à la teste.

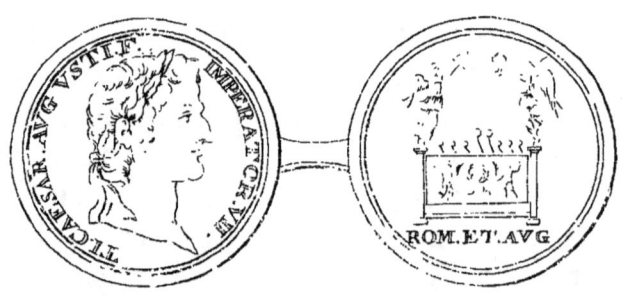

Tibere avoit le corps gros & grand, & les épaules larges, ce qui denote ordinairement de la force & du courage. Il avoit aussi de grands yeux, qui sont de bonnes marques quand les autres parties sont bien proportionnées. Homere donne souvent à ses Deesses l'Epithete de *Boopis*, c'est à dire, qui a des yeux de bœuf : mais ce qui estoit en ce temps-là un eloge, seroit une injure en celuy-cy. Suetone remarque une particularité fort rare aux yeux de ce Prince, c'est qu'il voyoit aussi bien dans l'obscurité lors qu'il s'éveilloit, qu'en plein jour : cela marquoit beaucoup de feu & de subtilité dans les esprits, & le rendoit propre aux études & à la guerre. Le mesme Autheur dit qu'il
avoit

avoit outre cela le regard fixe, qu'il tenoit le cou tendu en marchant, & qu'il estoit souvent si rêveur que l'on avoit peine à luy faire dire une parole, ce qui le devoit faire connoître pour un homme peu sociable & aimant la solitude, comme les choüettes & les autres oiseaux nocturnes, ausquels il avoit du rapport pour les yeux. Auguste ayant remarqué son air & ses manieres, le jugea presomptueux : quoy qu'il tachât de l'excuser, disant que c'estoit plutôt un vice de la nature qu'un défaut de l'esprit. Il avoit le menton petit & un peu relevé marque de cruauté ; ce que l'on suppose, parce que ceux qui menacent & meditent de se vanger, pressent les levres & relevent le menton. Aussi fit-il connoître l'inclination qu'il y avoit par quantité d'actions de cruauté : car il ne faut pas toûjours juger de l'inclination d'une personne par ses actions, si elles ne sont reiterées. Nous en avons un bel exemple dans Sejan favory de Tibere. Il sauva la vie à ce Prince en soûtenant de son corps une voute qui l'alloit écraser, ce qui luy acquit entierement la confiance de son Maistre. Mais ce fut plutôt une action de politique que d'amitié ou de vertu : car quoy qu'il souhaitât la mort de cet Empereur, contre qui il tramoit deslors une conspiration, son interest particulier ne vouloit pas qu'il mourût si tôt, parce que Germanicus étoit regardé comme son legitime successeur fort chery du peuple Romain, & que Sejan avoit dessein de se défaire au-

para-

paravant de luy, afin qu'il pût luy-mesme pretendre à l'Empire.

Caligula ce monstre de nature avoit aussi le menton relevé qui marquoit sa cruauté, & un visage composé qui n'estoit, comme dit Tacite, qu'une fausse couverture à ses desseins criminels. Il affectoit quelquefois, dit Suetone, un regard terrible, pour imprimer de la crainte dans le cœur de ceux qui l'approchoient: ce qui estoit un signe d'un peu de folie, marquée d'ailleurs par le cou délié, le front grand, le corps mal proportionné, & les jambes minces. Il estoit chauve pres du sommet de la teste, c'est pourquoy il estoit luxurieux. Aristote est de ce sentiment: ce qu'il faut particulierement entendre de ceux qui deviennent chauves dans leur jeunesse, dont on pourroit rendre des raisons Physiques.

Vingt-quatriéme Dissertation. 369

Si je voulois faire la peinture du corps & de l'esprit de l'Empereur *Claude*, telle que Seneque l'a donnée dans son Apocoloquintose par la complaisance qu'il avoit pour Neron, je ferois remarquer en luy tous les defauts imaginables. Mais Suetone assure qu'il n'estoit point mal fait. Il est vray qu'il avoit les jambes chancelantes & la teste tremblante. Ces infirmitez estoient causées par un poison qu'on luy avoit donné dans sa jeunesse, qui l'avoit rendu simple, sans memoire & timide, au point qu'il se laissoit gouverner par ses Affranchis, & qu'il estoit esclave de ses passions. Le cou gras & les levres toûjours humectées de salive, que quelques uns ont cru avoir remarquées dans ses Medailles aussi bien que dans les Historiens, avec les autres signes de foiblesse de corps, marquoient la foiblesse de son esprit : car les mœurs & l'esprit suivent ordinairement le temperament & les dispositions du corps. Il semble neanmoins qu'il ait voulu reparer ce défaut par l'étude, s'estant appliqué à la langue Grecque, à l'Histoire & à la

Z z   Gram

Grammaire. Il compofa mefme avant que de regner un livre de la neceffité d'ajoûter trois lettres à l'Alphabet Latin. Il n'eut pas de peine à les établir lors qu'il fut parvenu à l'Empire : mais elles perirent avec luy, car on ne les trouve que dans les Infcriptions faites de fon temps.

Les inclinations de *Neron* eftoient naturellement peintes fur fon vifage : car il avoit les yeux petits & couverts de graiffe, le gofier & le menton joints enfemble, le cou gras, le ventre gros, les jambes minces. Le tout enfemble le faifoit parfaitement reffembler à un pourceau, qu'il n'imitoit pas mal par fes infames plaifirs. Il avoit auffi le menton un peu relevé, qui eftoit comme j'ay dit un indice de cruauté. Ses cheveux blonds & fes jambes menuës, comme le remarque Suetone, & fon vifage plutôt beau que majeftueux, le faifoient reconnoiftre pour un effeminé. Ainfi s'il fit paroître au commencement de fon regne, beaucoup de moderation & de clemence, jufques à dire qu'il euft fouhaité ne pas fçavoir écrire

pour

Vingt-quatriéme Dissertation. 371

pour ne pas signer la condamnation d'un criminel qu'on luy presentoit : ce n'estoit qu'une modestie affectée, que la politique & le respect qu'il avoit pour ses Precepteurs luy inspiroient. Seneque dans sa satyre contre Claude, par une flatterie indigne de ce Philosophe, fait parler Apollon trouvant Neron semblable à luy en beauté & en majesté :

> *Ille mihi similis vultu, similisque decore.*
> *Nec cantu, nec voce minor,* &c.
> *Talis Cæsar adest, talis jam Roma Neronem*
> *Adspiciet, flagrat nitidus fulgore remisso*
> *Vultus, & effuso cervix formosa capillo.*

C'est sans doute pour cela que l'on voit souvent dans les Medailles, Neron representé en Apollon. Dans la verité il n'estoit pas mal fait de visage, mais il ne pouvoit pas neanmoins passer pour fort beau : puis qu'il avoit les yeux trop petits, le cou fort gras, & les jambes trop minces & mal proportionnées à la grosseur de sa taille. Il est vray que dans le temps que Seneque écrivoit, il estoit mieux fait qu'il ne fut dans la suite, parce qu'il estoit encore jeune & qu'il n'estoit point si chargé d'embonpoint, comme on peut le remarquer dans les Medailles frappées quand il n'estoit que Cesar.

Galba avoit le visage bien musclé & le front ridé, ce qui marquoit un homme robuste & severe; la teste chauve & par consequent il estoit luxurieux: C'est aussi la remarque qu'en fait Suetone. Ses débauches l'avoient rendu gouteux, & il avoit les jointures des pieds & des mains noüées, au point qu'il ne pouvoit tenir un livre, ni souffrir un soulier. Mais ce qui est de plus remarquable dans sa Physionomie, c'est son nez veritablement Aquilin, qui luy donnoit l'air de l'Aigle le Roy des oyseaux. Sur cette remarque Auguste l'examinant dans ses premieres années, presagea qu'il auroit un jour le commandement souverain, mais qu'il ne feroit pour ainsi dire que goûter de l'Empire, apparemment parce qu'il jugeoit qu'il n'y parviendroit que dans un âge avancé. Ce presage s'est trouvé remply, puis qu'il a regné du moins quelques mois. Porta dans ses livres de Physionomie a rapporté plusieurs exemples de vaillans hommes, qui avoient le nez Aquilin, comme Cyrus, Artaxerxe, Demetrius surnommé Grypus,

Vingt-quatriéme Dissertation. 373

Grypus, à cause de son nez crochu, Scanderberg, le grand Sforce, Mahomet II. Empereur des Turcs, Usuncassan, Ismaël Sophi Roy de Perse, Selim & Soliman. Il ne seroit pas difficile d'en trouver beaucoup d'autres, comme Constantin, Charlemagne & François I. Galba portoit enfin des marques de liberalité sur son front élevé, joint au nez Aquilin & à la taille haute : & si avant son élevation à l'Empire il avoit passé pour avare, par des impofts assez rigoureux qu'il avoit mis sur les Villes des Gaules & de l'Espagne, lesquels impofts il avoit sans doute jugez necessaires pour fournir aux frais de la guerre: si tost qu'il fut Empereur il effaça cette mauvaise opinion qu'on avoit de luy par ses liberalitez, & par les privileges qu'il accorda à ses sujets.

Othon avoit quelque ressemblance avec Neron, ce qui fut cause de l'acclamation du peuple *Othoni Neroni*. Il estoit pourtant moins chargé de graisse, quoy que d'ailleurs il eust les manieres & la delicatesse d'une femme. Il se rasoit tous les jours, & portoit une petite perruque, parce qu'il avoit tres-peu de cheveux. On remarque distinctement sa perruque dans ſes Medailles d'or & d'argent, & c'eſt luy qui en a introduit l'uſage en Italie. Les Medailles de cuivre de ce Prince, qui ſont toutes Egyptiennes ou Syriennes, ne le repreſentent point avec ſa perruque, peut-eſtre parce qu'on en ignoroit l'uſage dans ce pays-là. Auſſi n'ont elles point ſon air veritable comme l'ont les Latines frappées en Italie. Il avoit les inclinations conformes à celles de Neron, & cette conformité leur avoit fait contracter une amitié ſi étroite que tout leur eſtoit commun, juſques à leurs femmes, ſans qu'ils en conceuſſent la moindre jalouſie. Neanmoins Othon eſtant Empereur, paroiſſoit avoir les inclinations bonnes, & peut-eſtre ſe contraignoit-il pour aquerir l'amitié du peuple. Il témoigna du courage & de la bravoure contre Vitellius ſon concurrent à l'Empire, qu'il battit trois fois. Mais à la fin ayant eſté duppé dans des propoſitions de paix, il fut défait. Ce malheur luy fit prendre la reſolution de ſe tuër, plutôt, ſi l'on en croit Suetone, par un ſentiment de pitié pour tant de monde qu'il expoſeroit à la mort en ſe voulant maintenir, que par un effet de deſeſpoir. Et comme la reſolution de ſe tuër ſoy-même paſſoit pour une grande action chez les Romains, Suetone ne peut s'empeſcher de l'admirer, diſant que puis qu'il avoit l'air d'une femme eſtant chauve, ayant le corps blanc & ſans poil, la taille mediocre & les pieds petits, ce qui marquoit une perſonne effeminée, ſon corps ne répondoit

Vingt-quatriéme Dissertation. 375

pondoit point à tant de force d'esprit qu'il fit voir en sa mort.

Vitellius a la mine d'un débauché engraissé de la bonne chere, à peu pres comme Neron. Jean Baptiste Porta dans son traité de Physionomie, remarque qu'il ressembloit de visage à un Hibou. Son cou gros & court, son visage rubicond, & son gros ventre, comme Suetone nous la dépeint, le menaçoient d'Apoplexie, si une mort violente n'eust pas avancé la fin de ses jours, aussi bien que ses débauches continuelles. Entre les plus superbes festins dont il fut regalé, l'on cite celuy que son frere Lucius luy donna. On servit deux mille poissons & sept mille oyseaux dans ce repas. Il en fit un, où il y eut moins de profusion, mais plus de delicatesse. Ce fut celuy où fut servie une entrée de table composée de foyes de certains poissons rares appellez *Scari*, de cerveaux de Phaisans & de Paons, de langues de Phenicopteres, qui est une espece d'oyseau fort rare, & de laitances de Murenes. Toutes ces delicatesses avoient esté apportées de la mer Carpathienne,

du

du détroit de Gibraltar & d'autres pays éloignez. Enfin tout son regne ne fut qu'une débauche continuelle, qui fit mourir les principaux de sa Cour: ce qui fit dire à Vibius Crispus qui eut le bonheur de tomber malade en ce temps-là, & d'éviter par ce moyen ces excez *que sans sa maladie il seroit infailliblement mort.*

Vespasien avoit la taille quarrée, le corps ferme & bien musclé, ce qui marquoit de la force, & avec cela une grande santé dont il joüit toute sa vie. Les traits du visage que Suetone a observez en cet Empereur, sont tres-bien exprimez dans ses Medailles: car il avoit la mine d'un homme constipé & qui s'efforce. C'estoit un Prince vaillant, bon, d'agreable humeur, qui n'eut d'autre vice que l'avarice qu'il fit paroître par les rudes impôts dont il chargeoit ses sujets. Quelques-uns neanmoins l'excusoient disant qu'il mettoit ses impôts pour dégager le tresor Imperial, qui se trouvoit fort endetté lors qu'il fut nommé Empereur. Il fit mesme de grandes liberalitez aux Senateurs pauvres, aux gens de lettres, & aux villes ruinées. Il estoit

Vingt-quatriéme Dissertation. 377

estoit railleur & le fut jusqu'à la mort: car étant prest d'expirer, il dit à ceux qui estoient auprez de luy, *je sens que je commence à devenir Dieu*, se moquant de la coûtume des Romains qui deifioient leurs Empereurs dés qu'ils estoient morts.

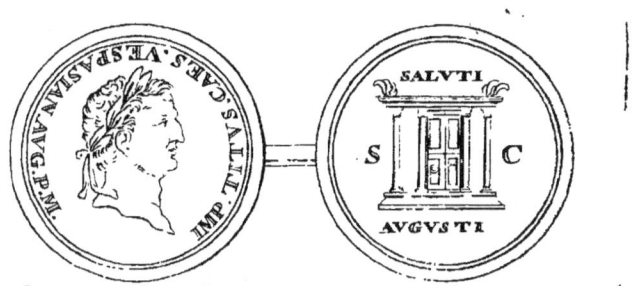

Tite qui a beaucoup de l'air de son Pere Vespasien, estoit un jeune Prince si bien fait & d'un port si majestueux, que cela fut peut estre cause qu'un Physionomiste du temps de Claude, étant appellé par Narcisse, pour predire la fortune du jeune Britannicus, assura que Britannicus ne seroit point Empereur, & que ce seroit Tite, qui se trouva alors aupres de luy, & avec lequel il estoit fort familier. Il avoit le cou charnu, les épaules larges, le visage mâle, la teste ronde & un peu plate par dessus, & le front carré, qui estoient des indices de force, de constance & de prudence, dont il donna beaucoup de témoignages. Il fit le contraire des autres Princes Romains, qui estoient plus méchans estant Empereurs qu'ils n'avoient parus avant qu'ils le fussent: car Tite devint meilleur & effaça par sa sage conduite

A A a   toutes

toutes les méchantes impreſſions qu'on avoit conceuës de luy : juſques-là qu'il fut ſurnommé l'amour & les delices du genre humain, étant doux, liberal & bienfaiſant à tout le monde. C'eſt ce qui luy fit dire cette belle parole à ſes domeſtiques qui l'avertiſſoient de ne pas promettre plus qu'il ne pouvoit tenir : *Il ne faut pas*, dit-il, *que perſonne s'en retourne mécontent de ſon Prince.*

Domitien ſon frere qui fut cruel dans les dernieres années de ſon regne, apres avoir eſté doux dans le commencement avoit la Phyſionomie trompeuſe : car il eſtoit bien fait, & d'une taille avantageuſe. Beaucoup de modeſtie paroiſſoit ſur ſon viſage, qui eſtant un peu rouge marquoit ſa pudeur, comme on l'obſerve dans ceux que la honte fait rougir. Il devint chauve tres-jeune, ce qui fut attribué à ſes débauches. Cependant cela ne ſe remarque pas dans ſes Medailles, ce qui peut faire ſoupçonner en cette rencontre leur peu de fidelité dans le portrait qu'elles en donnent. Mais en voicy la raiſon. Son peu de
cheveux

Vingt-quatriéme Dissertation. 379

cheveux luy tenoit si fort à cœur, que si par hazard on eust en sa presence raillé quelqu'un sur cela, il eust cru que c'estoit à cause de luy, & il s'en seroit vangé. Ainsi les Maistres des monnoyes n'avoient garde d'exprimer ce défaut dans les Medailles qu'ils fabriquoient, puis qu'ils se seroient attirez par là la colere de cet esprit soupçonneux & vindicatif.

Nerva est representé dans ses Monnoyes avec un visage sec & ridé, des yeux enfoncez & le menton pointu. Il estoit fort âgé quand il parvint à l'Empire, & tourmenté d'une grande debilité d'estomac, qui contribuoit à l'amaigrir par le defaut de digestion: ce qui changeoit son visage, & cachoit ses inclinations. Quoy qu'il eust le nez grand & Aquilin, il n'estoit pourtant pas vaillant. C'estoit plutôt en luy une marque de grande bonté; car Nerva estoit un Prince extremement timide, mais fort bon. Aussi sa Physionomie tient plutôt du mouton, qui est un animal doux, que de l'Aigle qui est un oyseau courageux. Il avoit le visage assez long & le nez comme celuy d'un mouton. On trouve cependant plusieurs signes d'inclination à la colere dans ses traits & dans l'habitude de tout son corps : entr'autres le visage maigre & menu, la teste pointuë, la taille haute, le nez crochu, les sourcils voutez, & le menton sec & aigu. En effet il mourut pour s'estre mis un peu trop en colere contre un certain Regulus.

Trajan Espagnol de nation, & le premier Empereur étranger qui ait occupé le Trone Romain, a la teste faite en maillet, plate par dessus, avec les éminences devant & derriere assez considerables, le front large & le cou charnu, marques infaillibles plutôt d'un homme prudent, vigoureux & ferme dans ses desseins, que d'un esprit vif & brillant. Aussi fit-il de grandes choses, & étendit les limites de l'Empire Romain beaucoup plus qu'aucun de ses predecesseurs, L'ARMENIE ET LA MESOPOTAMIE ESTANT TOMBE'ES EN LA PVISSANCE DV PEVPLE ROMAIN, comme le dit l'inscription du revers de sa Medaille. Il avoit
la

Vingt-quatrième Dissertation. 381

la teste assez grosse, le cou court, la taille mediocre & un peu materielle: ce qui sembloit le menacer d'Apoplexie. Il en eut effectivement une attaque, qui degenera en Paralysie sur quelques parties de son corps: mais il mourut d'Hydropisie âgé de soixante quatre ans, apres en avoir regné vingt entiers, & avoir aquis justement le titre de TRES BON.

Hadrien estoit un grand homme bien fait qui avoit la taille degagée, la teste mediocre un peu pointuë, & les cheveux bouclez, ce qui le rendoit propre aux Sciences & aux Arts liberaux qu'il aimoit passionnément. Il s'attachoit entr'autres avec soin à la Poësie, à l'Histoire, aux Mathematiques, à la Comedie, à la chasse, aux voyages & à l'amour. On peut observer que sa teste avoit un peu plus d'éminence derriere que devant, & c'est pour cela qu'il avoit la memoire tres-heureuse. Aurelius Victor rapporte qu'il se souvenoit de tous les lieux où il avoit passé, de toutes les affaires qui avoient esté rapportées devant luy, & du nom de tous ses soldats. Ce qui paroit prodigieux, puis qu'il avoit veu tant de pays, qu'il avoit tant d'affaires sur les bras, & tant de troupes sur pied. Il estoit d'un temperament si bon & si robuste, qu'il n'avoit jamais la teste couverte, & qu'il fit à pied tous ses voyages dans toutes les Provinces de l'Empire. Il y a apparence que Sabine sa femme en fit une partie avec luy, puis qu'ils sont representez l'un & l'autre dans cette medaille qui fut frappée à son *retour d'Alexandrie.* Comme il estoit religieux jusqu'à la superstition, il apporta à Rome le culte de *Serapis* & *d'Isis*, divinitez celebres chez les Egyptiens, de qui il avoit sans doute promis de faire fumer les Autels, quand il seroit à Rome, comme il paroit qu'il le fait dans ce revers singulier. En revanche Serapis luy tend la main & luy promet sa protection, & Isis luy jure par le sistre qu'elle porte, l'accomplissement de ses desirs. Dion nous represente outre cela ce Prince aimant la gloire avec trop d'ardeur, puis qu'il faisoit mourir plusieurs personnes qui excelloient dans quelque science ou dans quelque art, & qu'il se piquoit d'estre plus habile qu'eux : c'est pourquoy le sçavant Favorin ayant eu avec luy quelque dispute sur un mot, trouva plus à propos de luy ceder le champ de bataille, que de s'opiniâtrer contre un homme qui avoit trente legions prestes à obeïr à ses ordres. Il estoit extremement curieux, & il ne lisoit rien dans les relations des païs éloignez qu'il ne souhaitât de le voir luy-même.

Vingt-quatriéme Dissertation. 383

me. Ceux qui ont le visage maigre comme l'avoit Hadrien sont plus propres à la curiosité & à la fatigue, que ceux qui sont embarrassez d'un embonpoint inutile. C'est le premier des Empereurs Romains qui aît porté de la barbe, & quand les Autheurs ne l'auroient pas dit, les Medailles nous l'apprendroient. Il prit cette mode pour cacher des porreaux qu'il avoit au menton : mais ses successeurs s'en firent un ornement, comme aujourd'huy nous nous en faisons un des Perruques, qui ont esté inventées pour cacher & reparer le defaut des cheveux. Son temperament sanguin bilieux, & peut-estre les fatigues & les rayons du Soleil qu'il avoit essuyez dans ses voyages, l'avoient rendu sujet aux saignemens de nez, qui luy estoient salutaires : mais enfin il luy en prit un si violent qu'il en fut tout à fait affoibly & tomba dans l'Hydropisie, selon le presage des grandes hemorrhagies qu'Hippocrate nous donne. Il languit assez longtemps dans cette maladie, sans pouvoir mourir, quoy que ses douleurs & ses inquietudes l'obligeassent souvent à souhaiter la mort avec empressement.

Antonin

Antonin fut furnommé Pie ou debonnaire pour ses bonnes mœurs & sa debonnaireté, à quoy fait allusion le revers de ce beau Medaillon, qui represente Enée emportant de Troye sur ses épaules son Pere Anchise. C'estoit le symbole de la pieté & de l'amour entre les Parens chez les Anciens. La Truye avec les petits cochons, est celle qu'Enée sacrifia avec ses 30. petits au lieu où il bâtit Lavinium, dont la porte & les murailles sont icy representées. Antonin a le visage long, que les Physionomistes disent estre un signe de bonté & d'amitié. A quoy si l'on ajoûte l'air doux, modeste, majestueux, & la proportion dans les parties de son visage & au reste du corps, qui estoit d'une riche taille, on le reconnoîtra pour un Prince bon, clement, honneste, liberal, sobre & eloquent, digne veritablement d'estre maître de l'Empire. Cet Empereur fut comparé à Numa. Aussi eurent-ils beaucoup de rapport l'un à l'autre dans les traits du visage, comme on le peut aisément voir dans
leurs

Vingt-quatriéme Dissertation. 385

leurs Medailles. Il mourut âgé de 70. ans autant regretté que s'il eust esté fort jeune, & on remarqua qu'il rendit l'ame comme en s'endormant, le Ciel voulant recompenser la douceur de sa vie, par la douceur de sa mort.

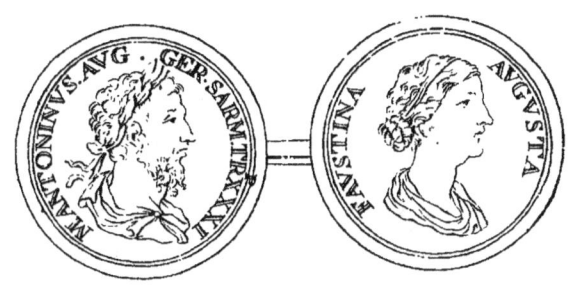

Marc-Aurele adopté par Antonin a l'air grave & modeste, comme l'affectoient les Philosophes. Il imita jusqu'à leur longue barbe, & on le surnomma le Philosophe pour luy faire honneur de l'inclination qu'il avoit pour leur science & pour leur genre de vie. Ce n'est pas que l'on trouve dans les Medailles ou dans les Inscriptions ce titre ajoûté à son nom : mais il semble qu'il luy ait esté donné par les Historiens pour le distinguer des autres Antonins, car on le nommoit aussi Marc-Antonin, & quelquefois simplement Antonin. Le titre de la Harangue d'Athenagoras deputé auprés de ce Prince pour faire l'Apologie de la Religion Chrêtienne, est conceu en ces termes: *Aux Empereurs Marc-Aurele Antonin & Lucius Aurele Commode Armeniaques, Sarmatiques, & qui plus est Philosophes.* Et le commencement de la vie de Marc-

Bbb Aurele

Aurele écrite par Capitolin est en ces termes: *Marco Antonino in omni vita Philosophanti viro.* Aussi il repetoit ordinairement cette sentence de Platon, *Que les Estats sont florissans, si les Philosophes y commandent, ou si les commandans y philosophent.* C'estoit un Prince clement, sage, prudent, sobre, liberal & doüé de mille bonnes qualitez: mais valetudinaire à cause de son application aux études.

Faustin la jeune, femme de Marc-Aurele, abusant de la bonté de son mary, s'abandonna à une vie libertine. Sa physionomie fait assez connoître son panchant. Elle estoit jolie, avoit l'œil frippon, & la mine d'une étourdie dont la teste alloit plus viste que les pieds. Elle a mesme l'air d'un oyseau, & particulierement de ces oyseaux de chant, qui ne s'occupent qu'à voler, chanter & badiner: car cette petite teste, ces petits yeux, ce petit visage avancé & ce cou long, ont assez de rapport avec une linotte, ou à quelqu'autre oyseau de cette nature.

Verus, qui regnoit avec Marc-Aurele affectoit aussi de paroître Philosophe, quoy qu'il n'eust ni l'inclina l'inclination ni la difpofition aux belles lettres. Son vice & fon panchant eſtoit le vin, les jeux, & les plaiſirs de l'amour. Auſſi ce qu'il y a de plus remarquable dans fa Phyſionomie, c'eſt qu'il reſſemble aux portraits que les Anciens faiſoient des Satyres qu'ils diſoient eſtre extremement luxurieux. Perſonne n'ignore que les Anciens étoient admirables dans leurs ouvrages de peinture & de ſculpture, car ils ne repreſentoient pas ſeulement les corps, mais les ames, c'eſt à dire, qu'ils exprimoient les paſſions ſur les viſages. C'eſt de cette maniere qu'ils depeignoient les Satyres, le front relevé, le nez pointu, les yeux petits à fleur de teſte, & le deſſus des joües élevé : ce qui a un grand rapport avec les traits du viſage de Verus. Les Autheurs diſent qu'il eſtoit boutonné & couperoſé, par où l'on juge aiſément qu'il aimoit le vin. Il y faiſoit de ſi grands excés qu'à ſon retour de Syrie, il établit chez luy un appartement, qu'on appelloit le cabaret du Prince. Ainſi quoy qu'il ne fuſt point gros, & qu'il n'euſt point le cou court, il ne faut pas s'étonner s'il mourut d'Apoplexie à l'âge de quarante-deux ans.

Commode avoit l'esprit plus mal tourné que le corps, car il n'avoit rien de la douceur de Marc-Aurele, quoy qu'il en portât quelques traits. Sa cruauté & ses débauches, si opposées à la clemence & à la sobrieté du sage Marc-Aurele, firent croire qu'il n'estoit pas son fils legitime, & que sa femme l'avoit eu d'un Gladiateur qu'elle aimoit. Aussi se piquoit-il d'estre habile Gladiateur, bon Cocher & bon Comedien. On apprend par ce qu'en écrivent les Autheurs qu'il avoit le regard égaré, les yeux étincelans, & le discours mal composé, comme un yvrogne, dont il imitoit les actions. Marc Aurele reconnut son mauvais naturel, & tâcha de le corriger par le nombre d'habiles Maistres qu'il luy donna : mais la nature prevalut sur l'education. Il imita le libertinage de sa mere Faustine, & dés que son Pere fut mort, il écarta tous les honnestes gens dont la presence & le soin luy faisoient de la peine, & genoient ses mauvaises habitudes. Il vint mesme à tel point de vanité que de se faire appeller Jupiter

Vingt-quatriéme Dissertation. 389

ter le jeune, & l'Hercule Romain, affectant avec une ridiculité sans exemple de se vestir souvent d'une dépoüille de Lion & d'une massuë comme Hercule. Enfin Commode estant devenu incommode à tout le genre humain, fut étoufé par ses domestiques, qui ne pouvoient plus souffrir ses extravagances. Le Senat & le peuple en témoignerent une joye incroyable, estant défaits d'un monstre ennemy de tout le monde. Le revers de cette medaille a esté amplement expliqué dans la quatorziéme Dissertation.

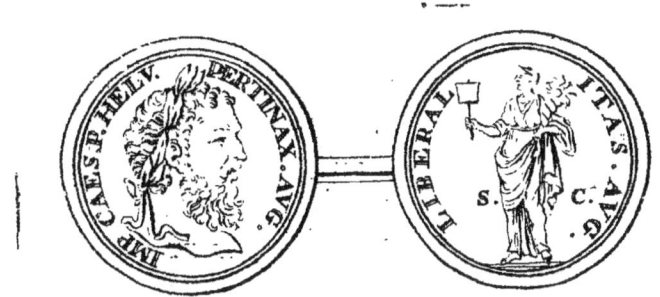

Pertinax a la physionomie aussi heureuse qu'on la peut souhaiter, la teste belle, le front grand, les cheveux bouclez, la barbe longue & venerable, l'air majestueux, la taille haute, assez d'embonpoint, & le ventre un peu gros, comme on l'apprend par les Medailles & par la peinture qu'en fait Capitolin. Tout cela luy promettoit une santé forte & beaucoup d'esprit, avec le respect des peuples que son air venerable luy devoit attirer. Mais son Empire fut si court, qu'il n'eut pas bien

BBb 3 l'occa

l'occasion de faire connoître ses inclinations. Il estoit accablé d'années quand il parvint au Thróne, & sa vieillesse fut méprisée. Il témoigna pourtant beaucoup d'intrepidité dans la sedition où il perdit la vie : car voyant les soldats mutinez entrer jusques dans son Palais, il leur alla au devant, & sans se troubler leur parla avec beaucoup de force & de gravité : de maniere qu'ils estoient tous appaisez, excepté un seul, qui irrita de nouveau les soldats contre luy, & qui luy ayant presenté la pique à l'estomac, porta ses malheureux compagnons à se défaire d'un si bon Prince.

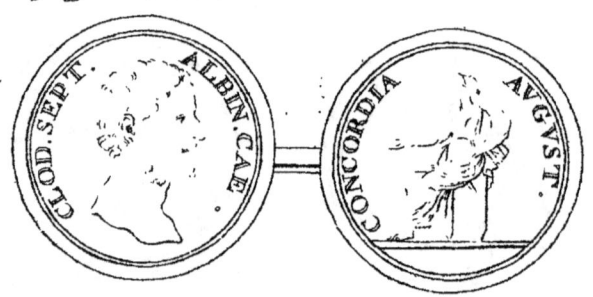

Albin né en Afrique avoit la mine Africaine. Il estoit d'une famille noble sortie de Rome. Il avoit la blancheur des Europeens, & la barbe frisée comme ceux du pays où il estoit né, la taille haute & épaisse à proportion. Il estoit d'un temperament melancolique & avoit la bouche grande, aussi étoit il grand mangeur. Un ancien Autheur nommé Cordus écrivit sur cela des choses incroyables, disant qu'il mangeoit en un déjeuner cinq cens figues, cent pesches, dix melons,

vingt

Vingt-quatriéme Dissertation. 391

vingt livres de raisins, cent becquefigues & quatre cens huistres. En sorte qu'un Autheur moderne ne pouvant souffrir ces hyperboles, a mis cela au nombre des *Forfanteries des anciens Historiens*, puis qu'à peine cela pourroit-il estre, quand il auroit eu l'estomac aussi grand, que quatre geants ensemble.

Severe estoit Africain, & son air aussi bien que ses actions ne répondoient pas mal à son nom : car il estoit fier & severe, ce que son front ridé & son menton avancé indiquoient. Il fut cruel au dernier point contre ses Concurrens à l'Empire, contre la noblesse, & contre tous ceux qui malheureusement estoient engagez dans les interests de ses ennemis. Il maltraita la fameuse ville de Byzance, & la soûmit à celle d'Heraclée à cause qu'elle avoit suivy le party de Pescennius Niger. Il traita aussi avec inhumanité la ville de Lyon qu'il mit à feu & à sang, pour avoir esté dans les interests d'Albin. On loüe sa sobrieté, sa frugalité & sa modestie en habits, qui sont des vertus assez communes aux Africains. Il estoit d'ailleurs cou-

rageux,

rageux, vaillant, infatigable & tres-neceſſaire à la Republique, en ſorte que le Senat connoiſſant ce que ce Prince avoit de bon & de mauvais, jugea qu'il euſt eſté avantageux pour l'Empire, ou qu'il ne fût jamais né, ou qu'il ne fuſt jamais mort. *Julia* ſa femme qui paſſoit pour belle, & pour facile, eſt repreſentée avec luy dans cette belle Medaille des Seleuciens que nous avons expliquée cy-deſſus, & qui quoy que Grecque eſt d'auſſi bonne maniere qu'une Latine.

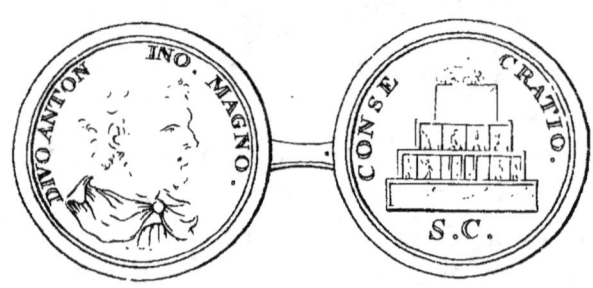

Caracalle a je ne ſçay quoy dans ſon air qui ne me plait point, quoy que j'aye de la peine à en trouver le defaut: auſſi rencontrons nous ſouvent des perſonnes dans le monde, dont la veuë & l'abord nous choquent, quoy que nous ne ſçachions ce que nous trouvons en eux de choquant: de ſorte que nous pourrions ſeulement leur dire, comme le Poëte à ſa Lesbie, qu'il n'aimoit pas, les memes paroles en y mettant leur nom:

Lesbia,

Lesbia, non amo te, nec possum dicere quare.
Hoc solùm possum dicere, non amo te.

Pour en dire neanmoins quelque chose, il me semble que l'entre-deux des sourcils froncé, les yeux enfoncez, & la narine un peu retirée en haut, qu'on observe dans cette medaille de Caracalle, luy font le visage d'un homme pensif, dissimulé & méchant. Aussi fut-il un des plus cruels hommes du monde, jusques là qu'il tira l'espée contre son Pere, & qu'il tua sa propre femme, & son frere Geta. Avec cela il estoit adonné au vin, & aux femmes, fier, insolent, hay de la Milice, & de ses domestiques mesmes : de sorte qu'à la fin il fut tué par un de ses Centurions nommé Martial, la quarante-troisiéme année de sa vie, & la siziéme de son regne. Il est surprenant qu'un si méchant Prince ait esté mis au nombre des Dieux, comme on l'apprend par le titre de DIVIN, & par la CONSECRATION, que nous voyons dans sa Medaille ; si ce n'est que nous disions que Macrin qui luy succeda, & qui estoit l'Autheur de sa mort, voulut par cet honneur qu'il luy fit rendre, se laver du soupçon de ce meurtre.

Geta ne paroit rien avoir de mauvais dans sa Physionomie. Aussi ne promettoit-il rien que de bon. La barbe luy crut de bonne-heure: car quoy qu'il soit mort à 23. ans, il en est assez considerablement fourny: d'où l'on pouvoit esperer une sagesse qui n'attendroit pas le nombre des années. C'est du moins un grand prejugé, si on est sage lors que la barbe sort, qu'on le sera encor plus, quand on viendra sur l'âge. Il estoit en effet sage, doux & aimé du peuple, ce qui fut la cause de sa perte: car son frere envieux & méchant, ne pouvant souffrir qu'il fust plus aimé que luy, le sacrifia à sa passion, & eut l'impudence de solliciter le Jurisconsulte Papinien à defendre son crime: mais il luy répondit sagement, qu'un parricide estoit plus aisé à commettre qu'à soûtenir. Sa liberalité paroit dans cette medaille rare, que j'ay autrefois euë dans mon cabinet. Il y distribuë un Congiaire au peuple avec son frere Caracalle. C'est ainsi qu'on appelloit les distributions de bled qui se faisoient à la populace.

Vingt-quatriéme Dissertation. 395

Maximin estoit un homme d'une taille gigantesque, ayant huit pieds & demy de haut, en sorte que le bracelet de sa femme servoit de bague à son pouce. Il estoit fort & robuste comme un autre Milon, ce qui le faisoit redouter de tout le monde, jusques là que Balbin trembloit, quand il entendoit seulement prononcer son nom. Il avoit le menton fort avancé & fort pointu, qui est une marque presque infaillible de fierté & de cruauté, comme nous l'avons dit cy-dessus. Aussi étoit-il violent, superbe & cruel au dernier point, tenant pour maxime, qu'on ne peuvoit se conserver l'Empire que par la cruauté. Au reste comme il estoit extraordinairement grand & qu'i avoit la bouche grande, comme l'ont les grands mangeurs, il y a moins à s'étonner, de ce que racontent les Historiens, qu'il mangeoit quelquefois dans un jour les quarante livres de viande, & beuvoit autant de pintes de vin. Fuchsius dans sa Metoposcopie trouve que Maximin avoit la ligne solaire, marque d'une grande fortune.

C'est une ligne en travers & au milieu du front.

Je pourrois examiner les portraits des autres Empereurs, si je me sentois assez bon Physionomiste pour juger des traits de chacun, & assez bon Historien pour discerner si les principales actions de leur vie, ont suivy leurs inclinations dominantes. Il suffit que j'en aye montré le chemin à d'autres, qui auront plus de loisir & plus de capacité que moy.

VINGT

VINGT-CINQUIE'ME DISSERTATION.

Sur le Bâton de Moyse, à Monsieur Graverol Avocat & Academicien de Nismes.

JE m'acquitte un peu tard, Monsieur, de la promesse que je vous avois faite, de vous envoyer le Bâton de Moyse. Si ma paresse merite quelque punition, je ne pretens pas de l'excuser; vous vous en vangerez comme vous le jugerez à propos; je vous mets le bâton à la main. C'est un bâton qui comme vous sçavez, a fait autrefois bien du ravage. Mais quand Moyse ne seroit pas mort, & quand ce bâton seroit encore capable de tous ces prodiges qui le rendent si celebre; vous êtes si fort mon ami, qu'il n'auroit pour moy qu'une vertu bien-faisante. Vous ne le voulez que comme un ornement de vôtre cabinet, & comme une piece qui doit tenir quelque rang, parmi les choses curieuses qui le rendent recommandable. Le voicy donc enfin; & vous le pourrez considerer aussi distinctement que si vous aviez employé *les Raziels* des Juifs qui sont des livres de leur Kabale & de leur Magie, qui entr'autres choses apprennent à ceux qui les lisent, le moyen de le voir, & le leur representent marqué de ces caracteres avec lesquels, à ce qu'ils disent, il fit tant de choses prodigieuses. Vous allez voir, Monsieur, quel a esté l'esprit des plus excellens Docteurs de ce peuple;

Mais qui s'étonnera qu'ils soient capables de ces extravagances, puisqu'ils ont erré si extraordinairement dans le principal?

Voicy le sentiment de la pluspart de ces Docteurs. Ils assurent que les miracles que Moyse fit autrefois en Egypte & ailleurs, ce fut par le moyen de son bâton, qui selon leurs sentimens, avoit esté creé de Dieu entre les deux Vespres du Sabbath, c'est à dire, le soir du sixiéme jour de la Creation du monde, & sur lequel d'une maniere merveilleuse estoit marqué le Saint, le Grand, & le glorieux Nom de Dieu, qu'ils appellent le *Tetragrammaton*. C'est pourquoy dans le [a] Zoar sur l'Exode, il est dit, que les miracles y estoient gravez dessus, & que le tres-saint Nom de Dieu y estoit marqué. Et [b] Jonathan fils d'Uziel dans son *Targum*, c'est à dire, sa paraphrase sur l'Exode, rapporte la mesme chose, & voicy ce qu'il en dit.

Rehuel (qui estoit Jetro mesme, ou son pere, comme Jonathan semble l'avoir entendu, au 18. de ce Chapitre) ayant appris que Moyse s'étoit sauvé de chez Pharao, le fit mettre dans une basse fosse, où Séfora sa petite fille le nourrit pendant l'espace de vingt années, apres lequel temps elle l'en retira. Un jour Moyse estant entré dans le jardin de Rehuel, se mit en prieres & rendit graces à Dieu de l'avoir garanti & sauvé par sa puissance, & de ce qu'il avoit fait beaucoup de miracles pour l'amour de luy. Ayant apperceu dans ce jardin une Verge, ou un Bâton, qui avoit esté creé

a Zoar, ou Zohar, est un Commentaire sur les 5. livres de Moyse tout de Kabale.

b Il y a deux Targums: c'est à dire, deux paraphrases Chaldaïques sur la Bible, l'une de Jonathan, l'autre d'Onkelos. Jonathan vivoit

entre

Vingt-cinquiéme Dissertation. 399

entre les deux Soleils, c'est à dire, dans le Vépre du Sabbath, ou du sixiéme jour de la Creation du Monde, sur lequel estoit gravé le grand & glorieux Nom de Dieu, par la vertu duquel il devoit faire un jour de grands miracles dans l'Egypte, fendre la Mer rouge, & tirer des eaux du rocher, il presenta sa main dans le moment, l'arracha de la terre où il avoit esté enfoncé, & comme planté, le prit & l'emporta.

Le sentiment de l'Autheur de cette paraphrase, paroit dans ce qu'on lit de la Verge d'Aaron, dans ͨ *le Pirke Eliezer :* Et dans le ͩ *Schalseleth hakabala.* Mais cela se voit plus particulierement dans un Commentaire fort ancien & fort rare, intitulé *Medrasch Vaioscha*, imprimé à Constantinople, qui éclaircit ce que raconte la paraphrase Chaldaique, & les autres Autheurs dont nous avons parlé : car Moyse y est representé racontant fort au long l'histoire de sa vie, & il y est introduit parlant à peu prés de cette maniere.

" Lors que je sortis de l'Egypte, j'avois envi-
" ron quarante-ans. Un jour me trouvant proche
" d'un puits, Séfora qui estoit l'une des filles de
" Jetro y survint ; l'ayant trouvée modeste & fort
" honneste, je luy dis que si elle l'agreoit je me
" marierois avec elle. Sa réponce fut le recit
" qu'elle me fit de la maniere avec laquelle son pe-
" re agissoit envers ceux qui luy demandoient ses
" filles en mariage, qui étoit en les menant devant d'un arbre planté au milieu de son jardin,

quelque temps avant Nôtre Seigneur Jesus-Christ, Onkelos un peu aprés, mesmes au rapport de quelques uns ils se virēt & se connurent.

c Pirke Eliezer est un livre qui contient l'Histoire du Monde, jusques au tēps de Gamaliel II. qui étoit fils de ce Gamaliel auprés duquel S. Paul avoit esté élevé.
d Schalseleth Hakabala, ou Catena Cabalæ est un livre d'histoire ou de Chronologie, depuis

qui

le commencement du monde, jusques au têps de l'Autheur, qui vivoit dãs le Siecle passé.

qui avoit une qualité si particuliere & si cruelle, qu'il donnoit la mort dans le moment à ceux qui en approchoient : ce qu'ayant appris, je luy demanday d'où estoit venu cet arbre, elle me répondit que Dieu le mesme soir du premier Sabbath de la creation du monde, crea un Bâton lequel il donna à Adam, Adam le laissa à Enoch, Enoch à Noé, Noé à Sem, Sem à Abraham, Abraham à Isaac, Isaac à Jacob, Jacob l'emporta en Egypte, & le donna à son fils Joseph, & Joseph étant mort, les Egyptiens pillerent sa maison, & ayant trouvé ce bâton parmi ses dépoüilles, ils le porterent au Palais de Pharaon; & Jethro qui estoit l'un des principaux Magiciens de l'Egypte, ne l'eut pas plutôt apperceu qu'il desira de l'avoir, & l'ayant dérobé, le porta chez luy. Le grand Nom de Dieu *Tetragrammaton*, y estoit gravé avec ses explications, & les dix playes dont Dieu affligea l'Egypte; & comme il estoit tout rempli de merveilles, il fut conservé fort long-temps dans la maison de Jetro mon beau pere, jusques au temps qu'estant entré dans son jardin, le tenant en sa main, il l'enfonça dans la terre, & quelques momens apres l'en ayant voulu retirer il trouva qu'il avoit pris racine, qu'il estoit fleuri, & qu'outre les fleurs il avoit aussi des amendes meures. Il le laissa là; & par le moyen de ce bâton qui estoit devenu un arbre, il éprouvoit tous ceux qui avoient le dessein d'épouser ses filles.

Estant

Vingt-cinquiéme Dissertation.

" Estant informé de toutes ces particularitez, &
" ayant apperceu que les Bergers empeschoient
" les filles de Jetro de prendre de l'eau, je tiray
" d'entre les mains de ces insolens, Séfora & sa
" Sœur, je pris de l'eau, & je fis boire leurs bé-
" tail; aprés quoy elles prirent le chemin de la
" maison de leur pere, & je leur fis compagnie.
" Estant arrivées à la maison elles y entrerent, &
" je m'arrétay sur la porte. Comme ce jour-là elles
" étoient arrivées plutôt qu'à l'ordinaire; Jetro leur
" demanda pourquoy elles estoient si tôt de retour;
" Elles luy répondirent qu'un honneste homme
" d'Egypte les avoit garanties de la violence des
" Bergers. J'entendis de la porte qu'elles disoient que
" j'estois un homme d'Egypte, je ne voulus rien
" dire, & parce que je n'entray pas dans la maison
" dans le même moment qu'elles parloient de moy,
" & qu'elles disoient que j'estois d'Egypte; & que
" je ne dis pas que j'étois un homme Juif, par cette
" raison je n'entreray pas dans la terre d'Israël.

" Comme ces filles eurent raconté leur avan-
" ture à leur pere; & qu'elles luy eurent dit que
" celuy qui les avoit délivrées estoit un Egyptien;
" il leur demanda si elles ne l'avoient pas remercié
" de cette faveur, & leur commanda de m'appel-
" ler, en leur disant faites-le entrer, & qu'il dîne
" avec nous. S'estans acquitées de cet ordre j'en-
" tray, je mangeay & beus avec luy : Apres quoy
" je priay bien humblement Jetro qu'il me don-
" nât en mariage Séfora sa fille; ce qu'il promit

" de faire pourveu que je luy apportaſſe un bâton
" qui eſtoit dans ſon jardin. J'obeïs, je cherchay
" le Bâton, & l'ayant trouvé, je l'arrachay, & le
" luy portay. Jethro ſurpris de cette avanture,
" ayant fait reflexion ſur ce que je venois de faire,
" s'écria, & dit, c'eſt aſſurement ce Prophete, du-
" quel tous les Sages d'Iſraël ont parlé, qui doit
" deſoler toute l'Egypte & ſes habitans; & dans
" cette penſée tout en colere, il me prit, & me
" jetta dans une baſſe foſſe qui eſtoit dans ſon
" jardin.
"   Si cette avanture me cauſa du chagrin, elle
" en donna beaucoup à Séfora, & luy fit penſer
" en meſme temps aux moyens de garantir de
" la mort un homme à qui elle avoit obligation.
" En effet en meſme temps elle pria ſon pere qu'il
" luy fiſt la grace de l'entendre, & elle luy parla
" en ces termes que comme il n'avoit point de
" femme, & qu'elles eſtoient ſept filles, il falloit ou
" que ces ſix Sœurs demeuraſſent à la maiſon pour
" avoir ſoin du ménage & qu'elle iroit aux champs
" avec le bétail; ou que ces Sœurs allaſſent avec
" les troupeaux à la campagne & qu'elle reſteroit
" à la maiſon pour y faire les choſes neceſſaires.
" Le pere répondit, je le veux bien ma fille; que
" tes Sœurs aillent avec les troupeaux, & toy de-
" meure icy, & prens tout le ſoin de la famille.
" Ainſi Séfora ſe trouvant ſeule elle me don-
" noit tous les jours à manger des viandes les
" plus exquiſes qu'elle donnoit à ſon pere Jetro,

pendant

Vingt-cinquiéme Dissertation. 403

" pendant sept années que je demeuray enfermé
" dans cette fosse.
" Au bout de sept ans Séfora parla à son pere
" en ces termes. Mon pere, vous fistes mettre il y
" a long temps dans la fosse cet Egyptien qui vous
" apporta vôtre Bâton du jardin où vous l'aviez
" mis; permettez qu'aujourd'huy l'on ouvre cette
" fosse, & que l'on voye ce qu'il sera devenu ; car
" s'il est mort, souffrez qu'on tire son cadavre
" pour empescher que vôtre maison ne soit impu-
" re & souillée; & s'il est encore en vie, il faut
" que ce soit un saint Personnage. Jetro luy dit,
" ma fille, vous avez bien parlé, vous souvenez-
" vous bien encore quel est son nom ? Oüy, mon
" pere, dit-elle, son nom est Moyse fils d'Amran;
" dans le mesme moment Jetro commanda que
" l'on ouvrit la fosse, & m'appella par deux fois,
" Moyse, Moyse, je répondis; & d'abord il m'en
" tira, me baisa; & me dit, Benit soit Dieu, qui
" t'a conservé dans cette fosse pendant sept années;
" je luy rends ce témoignage aujourd'huy, qu'il
" a la puissance de faire mourir & de faire revi-
" vre. Je témoigneray hautement & par tout,
" que tu es un veritable homme de bien, que tu
" seras un jour celuy qui doit desoler l'Egypte,
" que ce sera toy qui feras submerger les Egyptiens
" dans la Mer, & par toy Pharao & son armée
" auront même destinée, & en mesme temps il me
" donna de l'argent, & Sefora sa fille en mariage.
Voilà Monsieur la relation de cet Autheur.

DDd 2 Abar

Abarbinel qui est un Docteur Juif dont les écrits sont en grande veneration parmi ce peuple, écrivant sur le 2. Chapitre de l'Exode explique cette Fable de la maniere que voicy. Apres que Moyse se fut entretenu avec Jetro ; & qu'il eut reconnu qu'il estoit homme d'une grande intelligence, & d'un profond sçavoir ; il souhaita d'avoir avec luy des liaisons plus particulieres, & plus étroites à cause de cette grande sagesse qu'il avoit remarqué dans sa conversation, & consentit qu'il demeurât chez luy ; & c'est ce que Moyse veut dire dans le 20. de l'Exode, v. 2. *Et Moyse consentit de demeurer avec Jetro*, non pas pour l'amour de Séfora qu'il épousa, mais à cause de la sagesse de Jetro. C'est (*dit-il*) le sentiment de nos Docteurs d'heureuse memoire, lors qu'ils disent dans le Commentaire, *Que le Bâton de Dieu fut planté dans le jardin, & que nul homme ne le put tirer de là que Moyse, & qu'à cause de cela il prit Séfora pour sa femme*, car par là ils ont entendu parler de l'Arbre de vie, qui est au milieu du jardin, c'est à dire, la sagesse de Moyse à cause de laquelle il fut honoré du don de Prophetie. Jetro donna aussi Séphora sa fille à Moyse à cause de sa merveilleuse sagesse, & c'est pour cela qu'ils furent appellez *Amis*, ou *Compagnons*.

l. 6. ch. 15. Galatin écrit beaucoup de choses de cette verge ou de ce Bâton, & il y rapporte quelques particularitez d'un livre des Juifs intitulé *Gale Resaia*, c'est à dire, *Revelans Arcana*.

Vingt-cinquiéme Dissertation. 405

Il est à remarquer selon le sentiment des Juifs, qu'à cause de la vertu singuliere & divine que ce Bâton avoit à faire des miracles, étant doüé d'une tres-grande sainteté ; il n'a jamais esté donné qu'au seul Moyse ; Que Josué mesme quoy que son disciple, & son tres digne successeur, ne s'en servit jamais ; mais seulement d'une lance, d'une Javeline, ou d'une pique, qui sont des instrumens dont on se sert ordinairement à la guerre.

Il est vray que lors que les autres choses saintes, comme la verge d'Aaron, la Cruche de la Manne, le vaisseau du Parfum sacré eurent esté cachez par Josué avec l'Arche ; l'on n'a jamais appris qu'estoit devenu le Bâton de Moyse, & l'on ne trouve nulle part, ni dans l'Ecriture sainte, ni dans les écrits des Docteurs aucun endroit qui en fasse mention. Et Abarbinel, infere de là, que Moyse estant monté sur la montagne d'Abarim pour y mourir ; il prit en sa main le Bâton de Dieu, & qu'il fut mis dans un mesme tombeau avec le corps de ce Prophete ; Dieu n'ayant pas voulu permettre qu'aucun des mortels s'en servît apres luy : car comme l'on n'a jamais veu dans Israël aucun homme qui ait esté comme Moyse, ni pour le degré de la Prophetie, ni pour les signes & pour les prodiges qu'il a faits ; aussi n'y a-t-il jamais eu que luy, qui se soit servi de ce bâton pour toutes ses merveilles.

Voilà, Monsieur, ce que je vous ay fait si long-temps attendre. Il auroit plus d'agrément, si je vous l'eusse envoyé dans le temps que je vous l'avois promis, puisque comme disent les Docteurs des Juifs : *Omnis res grata quæ fit in suo tempore :* Car le retardement ne nuit pas seulement au present, mais quelquefois à l'avenir ; & vous sçavez ce qui fut dit à Oreste lors qu'il differoit son retour.

Μέλλων γὰρ ἀιεὶ δρᾶντι τὰς ὥσας τέμυ,
Καὶ τὰς ἀπύσας ἐλπίδας διέφθορεν.

*Cùm prorogat semper facere, præsentia simul,
Etiam futuras spes omnes perdidit.*

Du moins n'en accusez que ma paresse, & me croyez vôtre, &c.

LABRUNE.

VINGT

VINGT-SIXIE'ME DISSERTATION.

Sur une Medaille de Caracalle representant des Danseurs de corde.

Par Monsieur de Camps Coadjuteur de Glandeves.

LE revers de cette Medaille dont on voit l'original au cabinet du Roy, a exercé jusqu'à present l'esprit de plusieurs Antiquaires de France, d'Italie & d'Angleterre, dont les sentimens ont esté fort partagez; chacun s'efforçant de l'expliquer selon son opinion. Et il ne faut pas estre surpris de cette diversité, puisque dans le grand nombre de Medailles qui nous restent des Anciens, & dans les differens types qu'elles nous presentent, il ne s'en voit point de semblable à celuy-cy. C'est pourquoy je dois craindre qu'on ne m'accuse de temerité, d'oser entreprendre l'explication de cette Medaille, sur laquelle les Sçavans
n'ont

n'ont rien encore dit de solide. Je m'y hazarderay neanmoins, & j'espere d'en venir à bout apres les reflexions que j'y ay faites. Sambucus l'avoit fait graver à la fin de ses Emblémes qu'il publia sur la fin du Siecle passé : mais elle y est si peu correcte soit pour l'Inscription, soit pour les figures, qu'on n'y connoissoit pas grand'chose, & qu'on n'y pouvoit pas faire grand fonds. Le dessein que j'en donne est du moins avec toute l'exactitude & la fidelité, qui estoit necessaire pour en pouvoir raisonner. On voit d'un côté la teste d'Antonin Caracalle, avec ces lettres ΑΝΤΩΝΙΝΟC ΑΥΓΟΥCΤΟC, *Antonin Auguste*.

De l'autre on lit ces mots du moins en abregé, ΑΡΧΙΕΡΕΩC ΑΙΛΙΟΥ ΟΝΗCΙΦΟΡΟΥ ΑΥΡΗΛΙΩΝ ΑΝΤΩΝΕΙΝΙΑΝΩΝ ΚΥΖΙΚΗΝΩΝ ΔΙC ΝΕΩΚΟΡΩΝ, dont nous donnerons l'explication apres avoir expliqué les figures du revers.

On remarque sous chaque corbeille deux poutres qui se joignent par le haut, au sommet desquelles deux cordes sont attachées & tenduës jusques à terre. Deux hommes sont au pied de deux de ces poutres, comme pour les tenir plus fermes. Sur chacune des cordes marchent deux danseurs de corde, que l'on diroit vouloir moissonner des palmes dans ces corbeilles, & deux hommes en bas qui apparemment sont des spectateurs.

Feu Monsieur l'Abbé Seguin croyoit que le revers de cette medaille fabriquée par les Cyziceniens

niens representoit des jeux instituez à l'honneur de Caracalle, & il fondoit son sentiment sur ces mots ΑΥΡ. ΑΝΤΩΝΕΙΝΙΑ lisant mesme ΑΚΤ. au lieu de ΑΥΡ. comme s'il eût esté question des jeux *Actiens Antoniniens*. Et comme il estoit extremement habile dans l'antiquité & connu pour tel de tout le monde, on n'auroit pas douté de son interpretation si luy mesme ne l'avoit ensuite corrigée par la veuë d'un medaillon semblable, & plus net, où on lisoit en grandes lettres ΔΙΑ. ΟΝΗΣΙΦΟΡΟΥ ΑΥΡ. ΑΝΤΩΝΕΙΝΙΑΝΩΝ, &c.

Par cette inscription moins abregée que la nôtre on peut aussi remarquer que l'interpretation que luy donnoit Monsieur Marsam Chevalier Anglois n'est pas juste, & que le mot ΑΝΤΩΝΕΙΝΙΑ n'est point là pour signifier les jeux *Antoniniens*, mais que c'est par abbreviation pour ΑΝΤΩΝΕΙΝΙΑΝΩΝ. Ce qui nous fait connoître que c'est une Epithete que les Cyzicéniens prennent pour flatter Antonin Caracalle, se faisans appeller *Aureliens Antoniniens Cyziceniens*. Nous avons dans les Medailles plusieurs exemples de semblables denominations de Villes: comme Tarse qui est appellée *Trajaniene, Hadrianiene, Severiene*. Et mesme les Colonies que les Empereurs avoient fondées portoient dans leurs medailles non seulement les noms generaux de Cesarées & d'Augustes, à cause des titres de Cesar & d'Auguste communs à tous les Empereurs; mais aussi leurs noms propres, qui les distinguoient de leurs predecesseurs. Ainsi la Colonie de Patras est appellée *Neroniene*, dans une medaille de Neron curieuse & unique qui est dans mon Cabinet, dans laquelle on lit au revers GENIO COLONIÆ NERONIANÆ PATRENSIS. L'inscription de ce Revers signifie donc que la Medaille a esté frappée sous *le Pontificat d'Ælius Onesiphorus, par les Cyziceniens Aureliens Antoniniens deux fois Neocores.*

Mais il faut examiner la raison pourquoy l'on voit icy representez ces Danceurs de corde, & pourquoy les Cyziceniens les ont mis dans ce revers d'une de leurs medailles. Sur cela il faut sçavoir que tous les peuples de la Grece, quand ils faisoient graver des medailles à l'honneur des Empereurs, ce ce qu'ils pratiquoient souvent pour se maintenir dans leurs bonnes graces, avoient accoûtumez de representer dans le revers, ce qu'il y avoit de particulier dans leur ville, ou dans leur territoire; afin que le Romains & les Etrangers connussent les prerogatives de leur patrie, & à quelles Divinitez elles estoient particulierement devoüées. C'est la raison pour laquelle dans le revers des medailles des Empereurs & des Cesars fabriquées par les Grecs, nous voyons souvent les images de leurs Dieux & Deesses tutelaires, & particulierement dans les medailles des Villes, qui portoient le nom de leurs Divinitez. Nous y remarquons mesme leurs Temples, leurs animaux, leurs fruits, leurs plantes, leurs arbres, lors qu'elles en avoient de particuliers. Ils y faisoient aussi graver les Hommes illustres

Vingt-sixiéme Dissertation. 411

illustres de leur Pays, comme les Troyens Hector & Enée, les Samiens Pythagore, les Myteleniens Sappho, & mesme toutes leurs actions remarquables. Enfin ce qui est favorable pour nôtre sentiment, ils y gravoient leurs jeux publics qu'ils representoient tous les ans à certaines festes de l'année : & comme cela est suffisamment prouvé dans les livres des Antiquaires, je n'en diray pas davantage.

Ainsi mon sentiment est que les Cyziceniens lors qu'ils ont representé dans cette medaille à l'honneur de Caracalle, des Danseurs de corde, ont voulu faire connoître à l'Empereur l'addresse particuliere qu'ils avoient pour ces exercices ; & j'en ay heureusement trouvé la certitude dans un Autheur de Geographie Anonyme, qui vivoit du temps de Constans & de Constantius, & dont le manuscrit est soigneusement conservé dans la Bibliotheque du Roy. On lit dans cet Ecrivain, que *les Cyziceniens & leurs voisins, estoient si adroits aux sauts & à la dance, & mesme sur la corde, qu'ils surpassoient en cela toutes les autres Nations, & qu'ils se vantoient d'en estre les inventeurs & les premiers maistres.*

Puis que cette medaille nous fournit l'occasion de parler des danceurs de corde, il ne sera pas hors de propos de rapporter ce que nous avons trouvé de particulier de leur origine & de l'exercice de cette profession.

Les Grecs leur donnoient differens noms, les

EEe 2 appel

appellant *Schœnobates, Acrobates, Oribates & Neurobates*, comme nous le lisons dans les anciens Autheurs & dans le premier livre du Theatre de Bulenger, dont le chapitre 62. est un traité des Danceurs de corde, d'où nous apprenons qu'il y en avoit de quatre sortes.

 Les premiers estoient ceux qui voltigeoient autour d'une corde comme une rouë autour de son essieu, & qui se suspendoient par les pieds ou par le col. Nicephorus Gregoras dit, que de son temps on vit à Constantinople de ces Danseurs voltigeans autour d'une corde.

l. 8. ch. 21.

 La seconde sorte estoient ceux qui voloient du haut en bas sur une corde appuyez sur l'estomac, les bras & les jambes étenduës : c'est de ceux-là dont parle Manilius Nicetas, & Vopiscus dans la vie de Carinus, qui dit, *Neuropatem qui velut in ventis cothurnatus ferretur, exhibuit.*

liv. 5.

 La troisiéme espece sont ceux dont le mesme Manilius fait mention qui couroient sur une corde tenduë horizontalement ou du haut en bas, comme ceux qui sont representez dans nôtre medaille. Voicy ce qu'en dit Manilius.

Et si fortè aliquas animo consurget in artes,
In prærupta dabit studium, vincétque periclo
Ingenium, aut tenues ausus sine limite gressus,
Certa per extentos dabit vestigia funes,
Et cœli meditatus iter vestigia perdit,
Et penè suspendens populum suspendit ab ipso.

 La quatriéme espece estoient ceux qui marchoient

choient non seulement sur une corde tenduë ; mais qui faisoient quantité de tours & de saults, comme auroit fait un danceur sur la terre au son d'une flûte ; & c'est de ceux-là dont Symposius veut parler, quand il fait mention des dances des Funambules.

L'art des danseurs de corde ou Funambules, comme les Latins les appelloient, est un art fort ancien avant la naissance de N. Seigneur. Terence en fait mention dans le prologue de la Comedie Hecyra. *Hecyra*, dit-il, *huic nomen fabulæ, hæc cùm data est nova, novum intervenit vitium & calamitas : ita populus studio stupidus, in funambulo animum occuparat.* Capitolin dans la vie de Marc Aurele, dit que les Empereurs Marc-Aurele & Lucius Verus, vétus d'habits magnifiques de la maniere de ceux qui triomphoient, furent spectateurs des jeux que l'on avoit decernez pour leur triomphe : *& qu'entre les marques de la bonté de Marc Aurele, il eut cette consideration pour les Funambules d'ordonner que l'on mist des matelas dessous la corde des danseurs, parce qu'un petit garçon qui dansoit sur la corde estoit tombé : delà vient*, ajoûte-il, *que jusques à present,* c'est à dire, jusques à Diocletien, auquel temps écrivoit Capitolin, *l'on tend dessous la corde des filets.* Ces jeux se firent pendant que Marc-Aurele fut Empereur sous la dix-huitiéme année de son Tribunat l'an 164. de Jesus-Christ.

Une chose fort surprenante est ce que rapporte Suetone dans la vie de Galba, qui fait voir que non seulement les hommes, mais aussi les animaux sont capables de s'instruire en cet art. *L'an dix-neuvième de Tibere* (c'est l'an 32. de N. S.) *Galba estant Preteur & donnant les ordres pour les jeux & festes appellées Floralia, fit voir une nouvelle invention de spectacles, sçavoir des Elephans qui marcherent sur la corde.* L'on en vit ensuite sous Neron dans les grands jeux instituez pour l'éternité de l'Empire, au rapport de Suetone, où plusieurs personnes de l'un & de l'autre sexe firent paroître leur addresse par differentes sortes de jeux, & entr'autres un Chevalier Romain connu de tout le monde courut assis sur un Elephant *per catadromum*, c'est à dire, comme l'interprete Casaubon, sur une corde tenduë, comme les danseurs de corde. Pline livre 8. chapitre 2. dit, que *Germanicus donna des jeux publics de Gladiateurs, où l'on vit des Elephans qui firent quantité de tours de souplesse, lançant des épées en l'air, & qui se battirent mesme comme les Gladiateurs, danserent la pyrrique & marcherent sur la corde :* & dans le Chapitre suivant en parlant de leur docilité. *Il est étonnant*, dit-il, *qu'il y ait des Elephans si adroits qu'ils montent des cordes tenduës & ce qui est plus incroyable, qu'ils ayent encore moins de peine à descendre à reculons.*

Les Autheurs qui font mention des Schœnobates nous en parlent comme en ayant veu de leurs temps, & mesme auparavant ; & parmi ces Autheurs il y en a de fort anciens que nous avons citez : Et pour remonter plus haut, dans le quatriéme

Xiphilin.

triéme & cinquiéme Siecle de N. S. Saint Chryſoſtome, Prudence, & Julius Firmicus en font mention. Dans le troiſiéme, S. Cyprien. Dans le ſecond, Tertullien, Juſtin Martyr, Arrien de Nicomedie l'Hiſtorien. Le paſſage de Tertullien au livre *de Pudicitia*, eſt fort beau. *Age tu Funambule* chap. *pudicitiæ & caſtitatis & omnis circa ſexum ſanctitatis,* 10. *qui tenuiſſimum filum diſciplinâ ejuſmodi veri aviâ pendente veſtigio ingrederis, carnem ſpiritu librans, animam fide moderans, oculum metu temperans.* Dans le premier ſiecle Petrone, Juvenal & Quintilien parlent des danſeurs de corde. Le premier en fait la deſcription en ces Vers.

Stupea ſuppoſitis tenduntur vincula lignis,
Quæ ſuper aërius prætendit crura viator,
Brachia diſtendens greſſum per inane gubernat.
Ne lapſa è gracili planta rudente cadat.
Ecce hominis curſus funis & aura regunt.

Avant la venuë de Nôtre Seigneur Horace dans ſa premiere Epiſtre liv. 2. fait une alluſion aux Funambules. Meſſala qui vivoit 260. ans avant Jesus Christ, eſt le premier qui a traduit le mot Grec *Schœnobates*, en Latin *Funambulus*, comme le rapporte Acron dans ſes Notes ſur Horace. Il eſt à la verité difficile de marquer preciſément le temps auquel on a premierement veu des Funambules : mais je ſuis perſuadé qu'ils ſont venus peu de temps apres les jeux de Theatre & apres la Comedie, qui fut inventée dans les divertiſſemens de la vendange à l'occaſion des outres de
cuir,

cuir, qu'on faifoit fauter, & fur lefquelles l'on danfoit & l'on fautoit : ces deux exercices ayant quelque rapport l'un à l'autre, & les Grecs ayant inventé quelque chofe avoient accoûtumé de la perfectionner. Ainfi les jeux de Theatre ayant efté inventez par Bacchus ou par Icarius Pere d'Erigone, l'année avant la venuë de N. S. 1345. il ne fe paffa fans doute pas beaucoup de temps, avant qu'on y eut ajoûté les jeux & exercices des danfeurs de corde.

Les Romains devoient la Comedie aux Grecs comme Polydore Virgile & Ludovicus Vives l'affurent. Ainfi il eft croyable qu'ils leur devoient aufli l'art de danfer fur la corde. Les reprefentations de la Comedie parurent pour la premiere fois à Rome fous le Confulat de Cajus Sulpicius Peticus & de Cajus Licinius Stolo, l'année de la fondation de Rome 390. & avant la venuë de N. S. 364. & ce fut dans l'Ifle du Tibre qu'elles furent reprefentées pour la premiere fois, & enfuite fur le Theatre fous les Cenfeurs Meffala & Caffius, l'un des affaffins de Cefar: comme nous l'apprenons de Valere Maxime, d'Appien & de S. Auguftin au livre premier de la Cité de Dieu.

Les fpectacles des danfeurs de corde n'ont jamais efté compris parmy les jeux publics, & cette profeffion fut plutôt confiderée comme un adreffe & un jeu de particuliers, que comme une dependance du Theatre. En effet nous ne lifons pas qu'ils ayent receu des recompenfes publiques,

comme

Vingt-sixiéme Dissertation. 417

comme les Acteurs de la Comedie, ni qu'ils eussent quelque regle qui leur fut affectée. Ce n'est pas qu'on ne leur fist aussi des presens, mais c'estoit plutôt par une liberalité qui se faisoit parmy le peuple, que par des prix publiquement ordonnez, comme on le pratiquoit à l'égard des Comediens.

Alexandre ab Alexandro parlant de cela, dit qu'il est constant que non seulement les bateleurs, mais aussi les maistres des Elephans & ceux qui s'estoient portez courageusement dans les combats particuliers, ou qui avoient fait quelque action qui meritoit d'estre loüée, estoient recompensez d'une liberalité de deniers qui se faisoit sur le peuple qui les avoit vûs. Il y avoit dans la langue Grecque un mot exprés qui estoit celuy de *Thaumatron*, qui signifioit la recompense, qui se donnoit à une personne qui avoit fait voir quelque chose de *merveilleux* au peuple, comme faisoient les danseurs de corde : ce qui se rapportoit au prix appellé *Niceterium* des jeux Olympiques & du Cirque, & aux *Brabeia*, prix que les anciens donnoient aux Acteurs de Theatre, aux baladins & aux Pantomimes ou Sauteurs, ausquels ils donnoient aussi des couronnes.

En second lieu, Lipse met les spectacles des danseurs de corde parmi les jeux particuliers.

En troisiéme lieu, parmy les jeux publics il n'est pas fait mention des Funambules.

F F f   Enfin

Enfin les jeux des danseurs de corde servoient plutôt d'intermedes des jeux publics, qu'ils n'étoient une partie essentielle de ces jeux, comme on le peut remarquer dans les passages de Terence & des autres Autheurs, jusques au temps de l'Empereur Carinus. Et voilà ce que nous avions à dire pour le present, sur cette rare Medaille.

VINGT-SEPTIE'ME DISSERTATION.

Qu'il n'est pas vray que ce fussent seulement des Esclaves qui pratiquassent la Medecine à Rome, ni que les Medecins en ayent jamais esté bannis.

RObortellus Auteur moderne & apres luy plusieurs autres, ont dit qu'il n'y avoit que des Esclaves qui exerçassent la Medecine dans l'ancienne Rome : ce qui est une fausseté autant injurieuse à la sagesse du peuple Romain, qu'à la noblesse de la Medecine. Casaubon a refuté ce sentiment dans ses Commentaires sur Suetone, & Monsieur Drelincourt Professeur en Medecine à Leyden a si bien montré le peu de solidité de cette proposition dans une de ses harangues imprimées, qu'il ne reste qu'à confirmer leurs raisons par des Inscriptions anciennes, comme par des monumens incontestables : ce que je feray apres avoir rapporté quelques-unes des principales authoritez qu'on peut tirer des anciens Ecrivains, pour l'éclaircissement de cette question.

Suetone dans la vie de Jules Cesar parlant de la prise de ce grand homme par les Pirates, dit qu'il fut detenu quarante jours parmy eux avec son Medecin & deux hommes de chambre. Plutarque recitant la mesme histoire appelle amy de Jules Cesar celuy que Suetone appelloit Medecin :

disant qu'ayant esté pris par les Pirates Ciliciens gens cruels & sanguinaires, il demeura neanmoins parmy eux avec un amy & deux serviteurs sans en estre maltraité, sa vertu leur inspirant du respect pour luy. Robortellus sentant bien que cela ne favorisoit pas l'opinion dont il estoit prevenu, & qu'il n'eust pas esté de la dignité de ce grand Capitaine d'avoir un Esclave pour amy, a osé contre la foy de tous les Manuscrits & des anciennes Editions corriger à sa mode le passage de Suetone, & mettre au lieu de ces mots *cum uno Medico*, ceux-cy *cum uno amico*, s'appuyant de l'autorité de Plutarque. Mais rien ne l'obligeoit à cette correction que ce prejugé desavantageux aux Medecins : puis que ce n'est pas dans ce seul passage de l'histoire Romaine qu'on peut apprendre que les personnes de la plus haute qualité ne dédaignoient pas d'avoir un Medecin pour amy, & par consequent que ce n'estoient pas des Esclaves qui pratiquassent la Medecine. Ciceron parle du Medecin Asclepiade comme d'un homme bien fait & eloquent, & son intime amy. Tacite parlant d'Eudemus l'appelle Medecin & amy de Livia femme d'Auguste. Plutarque & Suetone disent que ce Prince que nous venons de nommer dans la premiere bataille donnée en Macedoine contre les assassins de Jules, fut averty par le songe d'un de ses amis de sortir de sa Tente. Et cet amy estoit Artorius son Medecin, comme on l'apprend par Velleius, Valere Maxime & Dion.

Dioscori

Vingt-septiéme Dissertation. 421

Dioscoride Grec d'Anazarbe estant venu à Rome y fut receu Bourgeois, & fut amy particulier de Licinius Bassus illustre Romain. Le Medecin qui visita les playes de Jules Cesar, s'appelloit Antistius, & par consequent c'estoit un Romain de condition libre, car les Esclaves ne portoient qu'un surnom sans nom de famille. On peut dire le mesme d'Antonius Musa, qui pour avoir guery Auguste fut recompensé par le Prince & par le Senat d'une statuë en public.

Suetone remarque que ces deux Empereurs Jules & Auguste donnerent le droit de Bourgeoisie & d'immunité a tous ceux qui exerçoient la Medecine à Rome. Or il n'y a aucune apparence de croire qu'on ait fait un si grand honneur à des Esclaves. Pline mesme qui semble quelquefois ne pas bien traiter la Medecine, dit que les Quirites, c'est à dire les Romains, l'exerçoient: & l'on sçait qu'il n'y avoit point de Bourgeois Romain qui fût Esclave. Aussi plusieurs illustres Grecs attirez par l'accueil que l'on faisoit à Rome aux Medecins & par l'esperance d'y faire fortune, venoient s'y établir.

J'avoüe qu'il y avoit des Affranchis qui pratiquoient la Medecine: mais les Affranchis estoient fort considerez à la Cour des Empereurs: & comme si ces personnes à qui on avoit donné la liberté ne l'avoient meritée que par quelque rare qualité qu'ils possedoient, aussi estoient-ils des premiers avancez à la Cour: jusques-là mesme qu'ils sont souvent devenus Ministres du premier ordre, comme Pallas & Narcisse sous l'Empereur Claude.

Ceux qui sçavent l'histoire peuvent reconnoître l'estime que l'on faisoit anciennement à Rome & ailleurs de la Medecine, par les Princes mêmes qui s'y sont appliquez. Mithridate Roy de Pont ne dedaignoit pas de composer luy-mesme un remede contre les poisons. Juba Roy de Mauritanie écrivit un livre des plantes: & Evax Roy des Arabes, selon le témoignage de Pline, dedia à Neron un livre des vertus medicinales des Simples.

Ferrettus Auteur Moderne dans son livre intitulé *Musæ Lapidariæ*, suit l'opinion de Robortellus, que la Medecine estoit seulement exercée par des Esclaves, & cite la dessus deux passages, l'un de Suetone dans la vie de Neron, où il est parlé d'un Medecin que son Maistre avoit affranchy, & l'autre du mesme Autheur dans la vie de Caligula: *Mitto tibi præterea cum eo ex servis meis Medicum: Je vous envoye aussi un de mes serviteurs* ou Esclaves, *qui est Medecin*. A quoy je répons qu'il y pouvoit avoir quelques Esclaves qui exerçoient la Medecine chez les Grands, ce qui ne conclut pas qu'il n'y eût qu'eux qui l'exerçassent, comme l'on ne pourroit pas inferer que ce sont des forçats de galere qui pratiquent presentement la Médecine ou la Chirurgie, parce qu'il s'en trouve quelques-uns dans cette condition là qui ont assez d'esprit & d'industrie pour les pratiquer. Il est mesme fort

probable

probable que souvent ce n'estoit que la Medecine manuelle, c'est à dire, la Chirurgie qu'ils exerçoient, comme demandant plutôt l'addresse que la science. Ainsi nous lisons une Epitaphe où un certain Esclave Illyrius y est nommé Medecin Oculiste, c'est à dire, Operateur pour abattre la cataracte.

A Rome, dans la vigne Cesarini.

ILLYRIVS

TI. CAESARIS

AVG. SER. CELADIANVS

MEDICVS OCVLARIVS

PIVS PARENTVM SVORVM

VIXIT ANNOS XXX.

HIC SITVS EST IN PERPE.

C'est à dire :

Illyrius Celadianus Esclave de l'Empereur Tibere Cesar Medecin Oculiste, qui a toûjours eu une extreme veneration pour ses Pere & Mere, & qui a vécu 30. ans, est icy gisant à perpetuité.

Mais je veux icy raporter les Epitaphes des Medecins dont Gruter n'a pas fait mention, qui estoient ou d'une condition libre ou Affranchis. Ceux où il y a un L ajoûté à leur nom sont de ce dernier

dernier rang, car cette lettre signifie *Libertus* Affranchy.

A Rome,

M' FONTEIVS
NICANDER
MEDICVS.

Fonteia estoit une famille illustre dans Rome. Ainsi ce *Manius Fonteius* Nicander estoit un Medecin de condition libre, puisqu'il a un prenom, un nom & un surnom, les Esclaves n'ayant que le dernier. Il faut dire le mesme du suivant, quoy qu'il ne fust que Medecin Oculiste. Il y a eu un Nicander celebre Medecin sous Neron, qui a écrit deux poëmes des bêtes venimeuses & des remedes contre les venins, intitulez *Theriaca* & *Alexipharmaca*.

A Bologne,

DIS MANIBVS
M. LATINIVS
MEDICVS OCVLARIVS
HERMES VIXIT ANNOS
XXXX

Cette Epitaphe de *Marcus Latinius Hermes* est citée

Vingt-septiéme Dissertation. 425

citée dans le livre des curiositez de Bologne, intitulé *le Cose notabile di Bologna.*

A Rome, dans la vigne Pamphile.

D. M.
T. VIBIO RVFO MEDICO
COH. V. PR. VALERIA
RVFINA CONIVGI OPTIM. FECIT.

C'est l'Epitaphe de Titus Vibius Rufus Medecin de la cinquiéme Cohorte Pretorienne, qui luy avoit esté dresée par sa femme Valeria Rufina.

A ROME,
Au Palais du Cardinal de Maximis.

L. APPVLEIVS

L. L. EROS MEDICVS

L. APPVLEIVS L. F.

PHILVMENVS

L. APPVLEIVS L. L. IANVARIVS

On se contentoit quelquefois de mettre sur les tombeaux les noms de ceux qu'on y avoit enseveli, pour apprendre aux passans qui ils estoient. Ainsi cette pierre faisoit connoître que les noms de ceux dont elle couvroit le sepulcre, estoient
Lucius

Lucius Appuleius Eros Affranchy de Lucius , Medecin, Lucius Appuleius Philumenus , & Lucius Appuleius Januarius Affranchy de Lucius. La famille des Appulées de laquelle estoit l'Autheur de l'Asne d'or, estoit assez celebre à Rome.

A Gubio, appellée autrefois *Eugubium* , ou *Iguvium*, dans l'Umbrie.

L. SABINVS L. L.
PRIMIGENIVS

ORTVS. AB. IGVVIO. MEDICVS. FORA. MVLTA SECVTVS

ARTE. FEROR. NOTA. NOBILIORE. FIDE

ME. CONSVRGENTEM. VALIDA. FORTVNA. IVVENTA

DESTITVIT. RAPIDIS. IMPOSVITQVE. ROGIS

CLVSINO. CINERES. FLAMMAE. CESSERE. SEPVLCHRO

PATRONVS. PATRIO. CONDIDIT. OSSA. SOLO

Lucius Sabinus Primigenius Affranchy de Lucius Medecin de grande reputation estoit originaire de la Ville d'Iguve, & pratiqua la Medecine dans plusieurs Villes d'Italie : mais la fortune luy enviant

enviant son bon-heur naissant le fit mourir jeune, de sorte qu'apres que son corps eut esté brûlé selon la coûtume des Anciens, ses cendres avoient esté renfermées par son Patron, c'est à dire, par celuy qui l'avoit affranchy, dans le tombeau qu'il avoit fait faire à Clusium sa patrie.

Sur le chemin de Naples à Nole, dans les Mazures de Palæpolis.

D. SERVILI. D. L. APOLLONI
MEDICI. SERVILIA. D. L.
AMBROSIA. FECIT. PATRONO
SVO. ET. SIBI. ET. SVIS

ΩΔ. ΕΠΑΦΟΥ. ΓΕΝΝΗΜΑ ΣΟΦΟΙΣ. ΕΠΙΕΙΚΕΛΟΣ. ΑΝΗΡ.
ΚΕΙΜΑΙ. ΡΩΜΑΙΩΝ. ΣΠΕΡΜΑ. ΠΟΛΥΚΤΕΑΝΩΝ
ΚΛΗΤΟΜΕΝΟΣ. ΔΕΚΙΜΟΣ. ΣΕΡΟΤΙΛΙΟΣ. ΕΙΔ. ΕΤΙ. ΕΛΘΩΝ.
ΕΝΝΕΑ. ΠΟΥ. ΔΕΚΑΔΩΝ. ΚΑΙ. ΤΡΙΑ. ΩΣ. ΕΛΕΓΟΝ

C'est à dire :

Decimus Servilius Apollonius Affranchy de Decimus, Medecin, Servilia Ambrosia Affranchie de Decimus a fait graver cette pierre pour son Patron, pour soy & pour les siens.

Les quatre Vers Grecs contiennent son eloge & disent qu'il a vécu 93. ans.

A Rome,

L. ARRVNTIO
SEMPRONIANO
ASCLEPIADI
IMP. DOMITIANI
MEDICO T. F. I.
IN FRONTE P. XX. IN AG. P. XX.

Les Autheurs parlent de deux Asclepiades Medecins. Celuy-cy qui estoit Medecin de Domitien, pouvoit estre le dernier des deux, & celuy qui estoit amy de Ciceron, le premier. Mais il faut remarquer que ces Medecins Grecs venans à Rome prenoient un prenom, un nom de famille & un surnom, quoy que dans leur pays ils ne portassent qu'un seul nom ou surnom, & cela parce qu'on leur donnoit le droit de Bourgeoisie à Rome, qu'on les inseroit dans les Tribus, & qu'on les adoptoit dans les anciennes familles de la Republique. Ainsi Dioscoride y estant venu prit le nom de Pedacius, ou plutôt de Pedanius de la famille Pedania, comme l'a montré le Sçavant Lambecius, dans ses Commentaires sur la Bibliotheque de l'Empereur. Galien natif de Pergame prit aussi le nom de Claudius & fut Medecin des Empereurs Marc-Aurele, Verus, & Commode. Diodotus qui a écrit sur les plantes prit celuy de

Petronius,

Petronius, & Musa Medecin d'Auguste celuy d'Antonius, que Lambecius croit estre le mesme dont nous avons parlé cy-dessus appellé Artorius, ce nom ayant esté depravé dans les editions des Autheurs qui en parlent. Ainsi cet Asclepiade qui selon la coûtume des Grecs n'avoit qu'un nom, prend les trois precedens de Lucius Arruntius Sempronianus: celuy d'Asclepiades luy demeurant comme un *agnomen*, ou second surnom.

 Je sçay que Reinesius dans ses Inscriptions publiées depuis peu fait cet Asclepiade different de celuy dont les Autheurs ont parlé, celebre pour les livres qu'il avoit composez sur les Medicamens; & qu'il croit que celuy dont il est parlé dans cette Inscription estoit fils ou petit fils du Medecin Arruntius, à qui on donnoit de gage deux cens cinquante grands sesterces, comme dit Pline au livre 29. de son Histoire, qui est une somme immense. Mais pour moy il me semble que ce n'est qu'une mesme personne, & que si Galien ne le nomme qu'Asclepiade ou du moins avec l'Epithete de *Pharmacion*, c'est à dire, le compositeur de Medicamens, c'est qu'il ne l'a nommé que par son nom Grec, comme en ce temps quand on parle de Galien ou de Dioscoride, on n'y ajoûte gueres leur nom Latin de Claudius & de Pedanius. D'ailleurs s'il y eût eu deux Asclepiades vivans en mesme temps, l'un celebre par ses ouvrages, l'autre Medecin de l'Empereur, quelle apparence que Galien n'en eust point fait la distinction? Qui a donc raison de Reinesius ou de moy? Je pense que l'un en a autant que l'autre, car je ne m'enteste pas si fort de mes sentimens que je vueille condamner ceux qui leur sont opposez. Ce sont des querelles pour lesquelles je ne me porteray sur le pré avec personne. Je suis mesme dans ces matieres aujourd'huy d'une opinion & demain d'une autre. Ce que j'écris sur l'antiquité me divertit & divertit peut-estre quelqu'autre. On ne me fera pas plus de chagrin de me refuter que de m'applaudir, & je ne doute point si je vis quelque temps apres mes ouvrages, que je ne voye des critiques severes qu'on fera de toutes mes ignorances.

 Quoy qu'il en soit cet Asclepiade le jeune étoit un habile homme, quand il n'auroit fait que guerir & degraisser Nicetes, qui estoit devenu si gras qu'il ne pouvoit plus marcher. Mais voicy un autre Asclepiade dont il est parlé dans l'Inscription suivante.

Vingt-septiéme Dissertation.

A Arignan.

C. CALPVRNIVS ASCLEPIADES
PRVSA AD OLYMPVM MEDICVS
PARENTIBVS ET SIBI ET FRATRIB.
CIVITATES VII. A DIVO TRAIANO
IMPETRAVIT
NATVS III. NONAS MARTIAS
DOMITIANO XIII. COS.
EODEM DIE QVO ET VXOR EIVS
VERONIA CHELIDON
CVM QVA VIXIT ANN. LI.
STVDIORVM ET MORVM CAVSA
PROBATVS A VIRIS CLARISS.
ADSEDIT MAGISTRATIBVS POP. R.
ITA VT IN ALIIS ET IN PROV. ASIA
CVSTODIAR....... IN VRNA
IVDICVM
VIXIT ANN. LXX.

C'est à dire :

Caius Calpurnius Asclepiades Medecin de la ville de Prusa au pied du Mont Olympe, a obtenu du divin Empereur

pereur Traian sept villes pour ses Pere & Mere, pour luy & pour ses freres, & est né le 4. Mars sous le treiśiéme Consulat de Domitien, le mesme jour que sa femme Veronia Chelidon, avec laquelle il a vécu cinquante un ans, ayant esté approuvé par les personnes de la premiere qualité à cause de sa science & de ses bonnes mœurs, ayant esté Assesseur dans les Magistratures du Peuple Romain, non seulement dans l'Asie, mais aussi dans les autres Provinces, &c. Il a vécu LXX. ans.

Reinesius qui rapporte cette Inscription sur les memoires de Piccart se trompe de croire que cet Asclepiade ait esté un Esclave affranchy par quelque Romain nommé Calpurnius, puisqu'il prenoit le nom de Caius Calpurnius Asclepiades : car j'ay montré que c'estoit la coûtume de ces Medecins Grecs qui venoient à Rome, ou qui se faisoient connoître à la Cour des Empereurs, de prendre un nom à la Romaine, se faisant adopter dans une de leurs anciennes familles : & j'ay aussi remarqué que quand ils estoient Affranchis, on le reconnoissoit par la lettre *L.* qui signifie *Libertus*. La patrie de celuy-cy estoit la ville de Prusa qu'on appelle encore presentement *Prussa*, dans la Bithynie au pied du mont Olympe. C'est de là qu'étoit originaire le premier Asclepiade amy de Ciceron Autheur d'une Secte qui pretendoit guerir les maladies plutôt par le regime que par les medicamens : car Strabon & Galien disent qu'il étoit de la ville de Prusa en Bithynie. De sorte qu'à supputer le temps que ces deux Asclepiades ont vécu

Vingt-septiéme Dissertation. 433

cu, celuy dont il est parlé dans cette Inscription, peut avoir esté son petit fils, & l'heritier de sa science & de sa reputation : puisqu'il obtint de la liberalité de l'Empereur Trajan, apparemment pour l'avoir délivré de quelque maladie dangereuse, la possession de sept villes ; ce qui est une particularité qu'aucun Autheur n'a remarquée : comme en effet il y a mille points historiques dans les Inscriptions anciennes, qui nous seroient d'ailleurs inconnus. Il estoit né sous le treisiéme Consulat de Domitien, qui répond à l'année de la fondation de Rome 840. & à celle de N. S. 88. Et il mourut âgé de 70. ans sous l'Empire d'Antonin Pie, l'année de Rome 210. par consequent il exerça la Medecine sous Trajan, Hadrien & Antonin, & mesme plusieurs Magistratures. Ce qui fait voir qu'il estoit de condition libre & dans une haute estime.

Outre ces trois Asclepiades Medecins, on en voit un autre appellé *Titus Ælius Asclepiades* Affranchy de l'Empereur, dans Gruter pag. CCCXXXV. & un nommé *Publius Numitorius Asclepiades*, Affranchy & Sextumvir de Verone pag. CCCCXLIII. & enfin un Lucius Fonteius Fortis de la race des Asclepiades, ou du moins de leur profession pag. DCXXXIV. car dans la suite des temps le nom d'Asclepiade a esté pris pour un titre de secte ou de profession de Medecine.

A Tergeste.

C. ALFIVS L. L. ISOCRYSVS MEDICVS
L. ALFIVS ISOCRYSI FIL. EVDEMVS
SIBI ET PATRI ET
ALFIAE L. L. ATTICAE VXORI
SIBI ET SVIS
BONVS HOMO ET TV

Caius Alfius Isocrysus Medecin Affranchy de Lucius. Lucius Alfius Eudemus fi's d'Isocrysus, pour soy & pour son Pere, & pour sa femme Alfia Attica Affranchie de Lucius & pour les siens. La derniere ligne BONVS HOMO ET TV. *Et toy aussi sois un bon homme,* s'explique par ce que nous avons dit dans la Dissertation des Dieux Manes, qu'on appelloit les morts des *Bons hommes :* soit que cecy soit dit seulement d'Isocrysus mort, à qui son fils vivant avoit fait graver ce marbre : soit que ce soit une réponse du mort au passant qui lisoit son Epitaphe, comme pour luy souhaiter le mesme bonheur qu'il possedoit.

Vingt-septiéme Dissertation. 435

A Padoüe.
P. CHARM.
SOSTHE.
MEDIC.
IIIIII VIR. AVG.
SIBI
ANCHAR.

Reinesius croit que la premiere ligne est mal copiée, & qu'il faut lire P. Ancharius m. f. à cause du mot Anchar. qui est à la fin. Il y a bien eu un Charmis celebre Medecin de Marseille qui vint à Rome, où il gagna beaucoup. Quoy qu'il en soit celuy dont il est icy parlé n'estoit pas un homme mediocre, ni de basse condition, puis qu'il estoit Sextumvir Augustal, c'est à dire, un des six Magistrats établis par les Empereurs dans les Colonies Romaines.

A Rome.
D.   M.
TI. CLAVDIVS. IVLIANVS
MEDICVS. CLINICVS. COH. IIII.
PR. FECIT. VIVOS. SIBI. ET
TVLLIE. EPIGONE. CONIVGI
LIBERTIS. LIBERTABVSQ.
CLAVDIIS. POSTERISQVE
EORVM
H. M. H. N. S.

HHh 2   C'est

C'est à dire :

Aux Dieux Manes. Tiberius Claudius Julianus Medecin ordinaire de la quatriéme Cohorte Pretorienne, a dedié ce monument pendant sa vie pour soy & pour sa femme Tullia Epigone & pour ses Affranchis & Affranchies du nom de Claude & à leurs descendans. Ce monument ne passe pas aux heritiers. En voilà assez pour le dessein que nous avons eu de montrer qu'il n'est pas vray que ce fussent des Esclaves qui pratiquassent la Medecine à Rome. Passons à l'autre point du pretendu exil des Medecins.

L'autre calomnie, que les Medecins ont esté chassez de Rome du temps de Caton le Censeur, a esté premierement publiée par Agrippa dans son livre de la vanité des sciences. Du moins Monsieur Drelincourt Professeur de Leyden, qui a fait imprimer une fort belle harangue pour la refuter, & dont nous avoüions avoir tiré la plus grande partie de nos raisons, n'a point trouvé d'Autheur plus ancien qui l'ait dit. *Romani quondam*, dit-il, *sub Catone censorio Medicos omnes & urbe totâ & totâ Italiâ pepulerunt.*

Thomas Lansius, Melchior Junius & Michel de Montagne suivant les traces d'Agrippa ont dit à peu pres la mesme chose. Apres eux d'autres Autheurs plus recents se sont laissez gagner à la mesme erreur. Mais quand il y auroit cent Ecrivains modernes qui eussent avancé cela, il faudroit examiner de quel ancien ils l'ont appris, pour voir s'ils ne se sont point trompez.

Tout

Vingt-septiéme Dissertation. 437

Tout cela n'est venu que d'un passage de Pline mal entendu. Le voicy tout au long, afin que chacun en puisse juger par soy-mesme sans preoccupation. *Mutatur ars quotidie toties interpollis, & ingeniorum Græciæ flatu impellimur. Palámque est ut quisque inter istos loquendo polleat, imperatorem illicò vitæ necisque fieri: ceu verò non millia gentium sine Medicis degant, nec tamen sine Medicina: sicut Populus Romanus ultra sexcentesimum annum, nec ipse in accipiendis artibus lentus, Medicinæ verò etiam avidus, donec expertam damnavit. Etenim percensere insignia Priscorum in his moribus convenit. Cassius Hemina ex antiquis Autor est, primum è Medicis venisse Romam Peloponneso Archagatum Lysaniæ filium, Lucia Æmilio, Marco Livio Consulibus anno urbis* DXXXV. *eique jus Quiritium datum, & tabernam in compito Acilio emptam ob id publicè. Vulnerarium eum tradunt fuisse vocatum, miréque gratum adventum ejus initio: mox à sævitia secandi, urendique, transisse nomen in carnificem, & in tædium artem omnésque Medicos: quod intelligi potest ex Marco Catone cujus authoritati triumphus atque censura minimum conferunt: tanto plus in ipso est. Quamobrem verba ejus ponemus. Dicam de istis Græcis suo loco, Marce fili, quid Athenis exquisitum habeam, & quod bonum sit eorum literas inspicere, non perdiscere. Vincam nequissimum & indocile genus illorum: & hoc puta vatem dixisse: Quandocunque ista gens suas literas dabit, omnia corrumpet. Tum etiam magis, si Medicos suos huc mittet. Jurarunt inter se barbaros necare omnes Medicinâ. Sed hoc ipsum mercede faciunt, ut fides iis sit, & facilè disperdant. Nos quoque dictitant barbaros, & spurciùs nos, quàm alios Opicos, appellatione fœdant. Interdixi tibi de Medicis. Atque hic Cato* DCV. *anno urbis nostræ obiit,* LXXXV. *suo, ne quis illi defuisse publicè tempora, aut privatim vitæ spatia ad experiendum arbitretur. Quid ergo ? damnatam ab eo rem utilissimam credimus ? Minime herculè, subjicit enim quâ Medicinâ & se & conjugem usque ad longam senectam perduxerit, &c.* C'est à dire, pour faire parler François, Pline & Caton. Cet art de la Medecine est sujet à mille changemens & à mille additions, tant nos esprits ont peu de peine à changer de situation, au premier vent de la Grece : & rien n'est plus constant que parmy ceux qui l'exercent, celuy qui est le plus fort en belles paroles, devient sans resistance l'arbitre de la vie & de la mort. Comme s'il n'y avoit pas une infinité de peuples qui vivent sans Medecins, quoy qu'à la verité ils ne soient pas sans Medecine : ainsi qu'on peut le remarquer du peuple Romain, qui demeura plus de six cens ans sans en avoir, quoy que d'ailleurs, il n'ait pas esté paresseux à recevoir les Arts, & qui mesme avoit témoigné de l'empressement pour la Medecine, jusqu'à ce qu'en ayant fait l'experience il la condamna. Et là-dessus nous devons raporter ce que les Anciens ont dit. & pratiqué de plus remarquable. Cassius Hemina Autheur ancien, dit que le premier des Medecins qui vint du Peloponese à Rome fut Archagatus fils de Lysanias, sous le Consulat de Lucius Æmilius & de Marcus

Vingt-septiéme Dissertation.

Marcus Livius, l'an de Rome DXXXV. qu'on luy donna le droit de bourgeoisie, & qu'on luy acheta aux dépens du public une boutique au carrefour d'Acilius. On dit qu'on luy donnoit l'epithete de guerisseur de playes, & qu'il y fut d'abord merveilleusement bien receu : mais qu'un peu apres par ses operations impitoyables qui l'obligeoient à couper & à brûler les membres, on luy donna le sobriquet de Bourreau, & qu'on se dégoûta de la Medecine & des Medecins : ce que l'on pourra apprendre plus distinctement par l'illustre Marc-Caton, dont le triomphe & la charge de Censeur n'estoient que le moindre ornement de sa personne, tant il estoit considerable par son propre fonds. C'est pourquoy nous mettrons icy ses propres termes. Je vous diray maintenant, mon cher fils Marc, ce que je pense de ces Grecs, & ce que je souhaite que vous remportiez du sejour que vous ferez à Athenes ; c'est que vous vous informiez de leurs coûtumes, mais que vous ne les appreniez pas. C'est une race méchante & indocile que je ne puis souffrir. Faites compte comme si un devin vous le disoit, que quand cette nation communiquera ses sciences aux autres, elle corrompra tout. Et particulierement si elle nous envoye icy ses Medecins. Ils ont juré entr'eux de tuer tous les barbares par la Medecine. Mais ils le font par le prix qu'ils exigent pour le traitement, afin qu'on leur ajoûte foy, & qu'ils ruinent les gens avec plus de facilité. Ils nous appellent barbares,

bares, & nous traitent avec des noms plus injurieux que les autres Opiques. Je te deffens donc fur tout les Medecins. Ce Caton mourut l'an de Rome DCV. & le LXXXV. de fon âge, ce que je dis, afin qu'on ne croye pas qu'il n'a pas efté dans un fiecle propre à juger de cela, ou qu'il n'a pas affez vécu pour en avoir affez d'experiences. Quoy donc? penferons nous qu'il ait condamné une chofe fi utile que la Medecine? Point du tout: car il ajoûte par quels medicamens il avoit conduit fa vie & celle de fa femme jufqu'à une vieilleffe avancée.

Je ne fçay fi l'on fera fatisfait de cette traduction que je fais avec la mefme rapidité que j'écris: mais fi quelqu'un y trouve à redire il en peut faire une nouvelle, ou pefer du moins exactement les mots de l'original, pour en tirer l'éclairciffement de la verité.

Il eft donc vifible que c'eft fur ces deux mots *Expertam damnarunt*, que les Autheurs ont fabriqué leur calomnie, comme fi cela fignifioit qu'ayant experimenté la Medecine par l'arrivée d'Archagatus, ils la condamnerent par un decret du Senat, au lieu que cela veut dire fimplement qu'ils la desapprouverent à caufe de la cruauté avec laquelle on pratiquoit la Chirurgie. Ce qu'il exprime plus diftinctement un peu apres: *Non rem antiqui damnabant, fed artem*: c'eft à dire, *ce n'eft pas la Medecine elle mefme que les Anciens condamnoient, mais la maniere de l'exercer*: où l'on voit que le mot

Damnare

Vingt-septième Dissertation. 441

Damnare, ne se peut pas prendre pour bannir, & condamner par Arrest, mais seulement pour desapprouver.

Aussi Pline ne parle d'aucun Decret porté par le Senat contre les Medecins. Bien loin de là, il dit dans le mesme Chapitre, que les Romains *ayant chassé les Grecs d'Italie, long-temps apres la mort de Caton, ils excepterent les Medecins.* On ne lit pas mesme qu'Archagatus discontinuât d'exercer dans Rome la Chirurgie, quoy que ce fust proprement cette partie de la Medecine qu'ils des-approuvoient, & sur tout celle qui se pratiquoit avec tant de rigueur, en coupant & brûlant les parties gangrenées.

On ne peut pas nier à la verité que Caton n'eust une extreme aversion pour les Medecins, & particulierement pour ceux qui estoient originaires Grecs, parce qu'il n'aimoit point cette nation, qui traitoit encore alors les Romains de Barbares. Mais il ne pouvoit les chasser de son chef, quoy qu'il fust Censeur. Valerius Flaccus l'estoit avec luy & balançoit son autorité. Si Caton en eust eu assez pour obliger son Collegue à porter un Decret de bannissement contre les Medecins, Plutarque qui a décrit sa vie jusqu'aux minuties, n'auroit pas manqué d'en parler, comme estant une preuve du credit qu'il avoit dans le Senat, & de la haine qu'il avoit pour ceux qui professoient la Medecine : car cet Autheur n'oublie pas une affaire de bien moindre importance, qui est le bannis-

I l i   sement

sement de sept personnes, entre lesquelles estoit Quintius Flaminius homme Consulaire, qui se fit par son authorité.

Au reste s'il y avoit jamais eu un Arrest du Senat contre les Medecins, il auroit esté ou avant l'arrivée d'Archagatus à Rome, ou apres. Ce ne peut estre avant son arrivée, puis que s'il en faut croire Pline, cet Archagatus a esté le premier Medecin qui y est venu; ainsi s'il n'y en avoit point auparavant, ils n'en peuvent pas avoir esté chassez. Ce n'a pas aussi esté, apres Archagatus, car il y en a toûjours eu dans Rome, depuis ce temps-là, comme il sera facile de le prouver.

Je pretens mesme qu'on ne doit pas faire fondement sur ce que dit Pline, que le Peuple Romain a esté plus de six cens ans sans Medecins, car il se contredit luy-mesme, puis qu'il dit qu'Archagatus y vint l'an 535. & ainsi il devoit se contenter de dire plus de 500. Mais sans contester sur une centaine d'années, qu'on en croye ce qu'on voudra, je dis que cela n'est point injurieux à la Medecine, non plus qu'en nôtre siecle on ne trouveroit pas que ce fût une injure à ce bel art, qu'il soit encore inconnu à une infinité de Peuples barbares qui ne cultivent pas les lettres. Rome dans ses commencemens n'estoit qu'une retraite d'avanturiers & de soldats, qui songeoient bien moins aux arts liberaux qu'à la guerre. Qu'y a-t'il de surprenant qu'elle ait esté si long-temps sans Medecins? Les autres sciences n'y ont pas esté

esté plutôt receuës. *La Poësie*, dit Ciceron, *n'a esté receuë que fort tard parmy nous*, car ce fut seulement l'an 410. de la fondation de la ville, que Livius donna la premiere Comedie. Ce mesme Autheur se plaint que la Philosophie avoit esté méprisée jusqu'à son temps : & Suetone avoüe que la Grammaire mesme estoit inconnuë aux Romains, pendant que la Republique dans ces premiers siecles s'occupoit à la guerre. *Grammatica olim Romæ, ne in usu quidem, nedum in honore ullo erat, rudi scilicet ac bellicosâ etiam tum civitate, nec dum magnoperè liberalibus disciplinis vacante.*

Mais pour convaincre entierement ceux qui sont faussement preoccupez sur cette matiere, il faut un peu suivre les siecles depuis la fondation de Rome, pour voir s'il n'y a pas toûjours eu des Medecins à Rome depuis les premiers qui s'y sont établis. On pourroit se contenter de l'aveu de Pline, qui dit, qu'il n'y a jamais eu de peuple sans Medecine : car celuy qui exerce en quelque maniere cet art, soit sçavant, soit ignorant, soit methodique, soit Empirique, s'erige par là en Medecin.

Premierement dans les trois premiers siecles de la fondation de Rome, il n'est pas croyable que les Romains, ayant des guerres continuelles avec leurs voisins, n'eussent du moins des gens qui se mêlassent de penser les playes bien ou mal, or la Chirurgie est une partie considerable de la Medecine. Mais pour ne pas se tenir à cette simple conjecture, quoy que raisonnable, écoutons là-dessus Denys d'Halicarnasse sur l'année CCCI. de son histoire Romaine. * *La peste*, dit-il, *s'étant allumée dans Rome la plus furieuse qui y eût encore esté de memoire d'homme, elle emporta presque tous les Esclaves & la moitié des Citoyens, les Medecins ne suffisant pas pour le grand nombre des malades.* Ainsi il y en avoit deslors un bon nombre à Rome, quoy qu'il ne fust pas proportionné à la quantité extraordinaire de malades, qui furent alors attaquez de la peste. Cet Autheur ne marque point qu'ils y fussent venus depuis peu. Il est sans doute qu'il y en avoit quelques-uns qui y estoient depuis longtemps, & si l'on ne peut montrer qu'il y en avoit d'autres avant eux pendant les deux premiers siecles, personne ne pourra du moins nier que de ces Medecins qui se trouvoient à Rome l'an 301. il n'y en eust nombre qui pratiquoient pendant une partie du troisiéme siecle. Voilà donc du moins trois cens ans rabattus au compte de Pline, puis que suivant le témoignage de Denys d'Halicarnasse Autheur digne de foy, dés l'an 301. il y avoit plusieurs Medecins à Rome.

Pendant le quatriéme siecle tous ces Medecins qui servirent pendant la peste ne moururent pas, & il n'y a aucune apparence qu'on les chasât apres les services qu'ils avoient rendus, & le besoin qu'on avoit d'eux.

* Λοιμικὴ νόσος εἰς τὴν Ῥώμην κατέσκηψε, &c. ὥςε τῶν Ἰατρῶν ἀρκούντων ἔτι βοηθεῖν τοῖς καμάτοις.

Dans

Vingt-septiéme Dissertation. 445

Dans le siecle suivant en l'année CCCCLXI. la peste ravagea derechef la ville de Rome, & la maladie ne pouvant ceder à l'art & aux soins des Medecins, les Romains deputerent en Grece pour faire venir Esculape le Dieu de la Medecine, qui faisoit de grands miracles pour la guerison des malades à Epidaure. Il se presenta aux Deputez sous la forme d'un grand Serpent, qui fut embarqué, & fut porté à Rome. Or soit que le Demon pour donner du credit à ses Oracles contribuât immediatement à chasser la contagion de la ville, soit que les Prestres de cette pretenduë Divinité, experts dans la Medecine par la lecture des remedes écrits dans le Temple d'Epidaure, aidassent les Romains par leurs conseils & par leurs soins pour nettoyer la ville de l'infection, comme avoit fait autrefois Hippocrate à la ville d'Athenes, la ville fut délivrée de cette peste, & elle fit connoître l'estime & la reconnoissance qu'elle avoit pour la Medecine, en faisant bâtir un Temple dans l'isle du Tibre au Dieu Esculape.

Pour ce qui est du siziéme Siecle, nous avons veu que ce fut alors qu'Archagatus vint de Grece à Rome, n'y ayant apparemment eu que des personnes du pays qui eussent exercé la Medecine, mais avec moins de science & de reputation que les Grecs, comme Pline mesme l'avoüe, ce qui a fait que Cassius Hermina n'en a point fait de mention. Terence donna en l'an DLXXXVIII. une Comedie où il introduit des Medecins, ce qu'il n'auroit

Dans l'Hecyre.

n'auroit eu garde de faire, s'il n'y en eût point eu à Rome & particulierement s'ils en eussent esté bannis. Plaute fait aussi mention des boutiques des Medecins qui estoient à Rome, qu'il appelle *Medicinæ*, qu'il distingue des boutiques des Barbiers & des Parfumeurs ausquelles il donne le nom de *Tonstrinæ* & de *Myropolia* : & il introduit un homme chagrin qui dit qu'il veut aller chez un Medecin luy demander du poison.

In Mercat. Act. II. sc. 4.   *Ibo ad Medicum, atque me ibi toxico morti dabo.*
C'est sur la fin de ce Siecle & dans le commencement du suivant que fleurissoit le fameux Erasistrate Autheur d'une secte de Medecine.

Plin. l. 14.

Dans le VII. Siecle vint Herophile qui renversoit, à ce que dit Pline, les principes d'Erasistrate, & qui établissoit les differences des maladies sur les reigles de la Musique. Sur la fin du mesme Siecle le vieux Asclepiade dont nous avons parlé fut en reputation, & apres luy son disciple Themison. Le Medecin qui fut pris par les Pirates avec Jules Cesar, n'estoit aussi gueres éloigné du temps de Caton, qui mourut l'an de Rome 605. Jules estant né quarante huit ans apres, l'an 653. Pour ne rien dire des Cassius, des Arruntius, des Calpetanus, des Rubrius dont Pline fait mention, & du fameux Craterus dont Ciceron parle souvent dans ses lettres à Atticus, & le Poëte Persius dans ce Vers:

Sed quid opus Cratero magnos promittere montes?

Sa reputation estoit si grande, que ce qu'il disoit

soit estoit cru comme un oracle, témoin ce Vers d'Horace :

Non est cardiacus, CRATERVM *dixisse putato, Hic æger.*

C'est luy dont Porphyre recite qu'ayant entre les mains un homme allité d'une maladie extraordinaire dans laquelle la chair se separoit des os, il le guerit en le nourrissant de viperes accommodeés en maniere de poisson.

Dans le huitiéme Siecle outre le fameux Antonius Musa Medecin d'Auguste, & Eudemus dont nous avons fait mention, ont fleury à Rome Celsus, Scribonius Largus, & Charicles sous Auguste, Tibere & Caligula, Vectius Valens & Alcon sous Claude, & Cyrus Medecin de Livia dont les Historiens ne parlent pas, mais seulement les Inscriptions.

A Florence,

Dans la Villa Strozzi.

CYRVS
LIVIAE DRVSI CAES.
MEDICVS

C'est à dire :

Cyrus Medecin de Livia femme de Drusus Cesar. Livia femme de Nero Drusus fut ensuite épousée par Auguste. Ce Cyrus est apparemment le mé-me Medecin Grec à l'honneur de qui le marbre

suivant

suivant que j'ay trouvé dans mes voyages a esté gravé : car les Grecs estoient fort estimez pour la Medecine, & l'esperance de faire fortune dans la capitale de l'Empire les y attiroit souvent, ou même ils y estoient appellez par les Empereurs, & par les autres personnes de la premiere qualité, comme celuy-cy le pouvoit avoir esté par Livia.

A Lampsaque.

Η ΓΕΡΟΥΣΙΑ
ΚΥΡΟΝ. ΑΠΟΛΛΩΝΙΟΥ. ΑΡ
ΧΙΑΤΡΟΝ ΑΡΙΣΤΟΝ. ΠΟΛΕΙ
ΤΗΝ ΕΠΙΣΗΜΟΝ. ΠΡΟΣ. ΠΟΛ
ΛΟΙΣ ΕΥΕΡΓΕΤΗΜΑΣΙΝ ΕΙΣ
ΑΥΤΗΝ. ΑΛΕΙΨΑΝΤΑ. ΛΑΜ
ΠΡΩΣ. ΚΑΙ. ΠΟΛΥΔΑΠΑΝΩΣ
ΚΑΙ ΑΠΟΧΑΡΙΣΑΜΕΝΟΝ. ΧΕΙΛΙΑΣ. ΑΤ
ΤΙΚΗΣ. ΤΗ. ΓΕΡΟΥΣΙΑ

C'est à dire :

Le Senat de Lampsaque honore par cette Inscription *Cyrus fils d'Apollonius, Medecin tres-excellent, leur tres-illustre Citoyen, pour les bons offices qu'il leur a rendus avec éclat & beaucoup de dépense, ayant fait un present au Senat de mille Drachmes Attiques.* Suidas parle de plusieurs Apollonius Medecins celebres, dont l'un d'eux pouvoit estre le Pere de ce Cyrus.

Vingt-septiéme Dissertation.

Pendant le neuviéme Siecle pratiquoient à Rome Statius Annæus amy de Seneque & Medecin de Neron ; le vieux Andromachus inventeur de la Theriaque, Thessalus qui se faisoit nommer *jatronices*, le vainqueur des Medecins, parce qu'il se vantoit d'avoir détruit les principes de ses predecesseurs; Crinas de Marseille, & Charmis de la mesme ville qui voulant rafiner sur ces Collegues condamnoit les bains d'eau tiede, & baignoit ses malades dans l'eau froide, & mesme en hyver; Archigene, Rufus, Soranus, Tryphon, Criton & Andromachus le jeune, pour ne rien dire du jeune Asclepiade & des autres de ce nom dont nous avons fait mention, & d'une infinité d'autres.

Dans le dixiéme Siecle de la fondation de Rome, qui estoit le deuziéme de la naissance de N. S. fleurissoit le fameux Galien natif de Pergame, & plusieurs autres dont il parle dans ses ouvrages. Il estoit premier Medecin des Empereurs Marc-Aurele & Lucius Verus, & avant qu'il vint à Rome, Hadrien avoit plusieurs Medecins, ce qui luy fit dire en mourant, que la foule des Medecins l'avoit tué, n'ayant pû trouver de remede à son hydropisie.

Dans le onziéme Siecle il y eut plusieurs Medecins celebres dans l'Empire & à Rome, qui écrivirent des livres de Medecine tirez en partie de Galien, & des autres Medecins de son temps & mesme des plus vieux. Les Empereurs avoient sans doute leurs Medecins affectez. On en trouveroit assez de preuves dans l'histoire, si on vouloit les rechercher avec exactitude. Tous n'estoient pas de l'humeur d'Aurelien, qui se guerissoit de toutes ses incommoditez par l'abstinence, & qui n'appelloit point de Medecin quand il estoit malade, comme l'assure Vopiscus, dans la vie de cet Empereur. On ne sçait pas bien si c'est dans ce siecle ou dans le suivant qu'ont vécu Aretée, Aëtius, & Trallien.

Le douziéme Siecle de la fondation de Rome, qui estoit le quatriéme de Nôtre Seigneur, fut fertile en Medecins répandus par tout l'Empire, entre lesquels fut Zenon de Cypre qui enseigna la Medecine à Alexandrie & fit de bons Disciples. Il estoit Chrestien, à cause dequoy il avoit esté chassé d'Alexandrie: mais l'Empereur Julien l'Apostat qui aimoit les gens de lettre le rappella, comme on le voit par la lettre qu'il luy écrivit, imprimée avec les autres lettres de ce Prince. Jonicus de Sardis, Magnus d'Antioche & Oribase de Pergame furent ses disciples. Ce dernier fut Medecin de Julien & en grand credit à sa Cour. Suidas luy donne Sardis pour patrie, & luy attribuë plusieurs livres. Il y a apparence que c'est le mesme dont on voit des ouvrages dans le livre intitulé *Medicinæ Principes*. Je finis par ce siecle qui a esté le dernier de l'Empire Romain, qui selon les douze Vautours apparus à Romulus ne devoit durer que douze siecles. Mais avant que le finir

il

il faut rapporter icy la loy que donna en faveur des Medecins l'Empereur Julien, qui quoy que deserteur de la religion Chrêtienne est reconnu par les Sçavans pour un Prince sçavant & spirituel. Elle est imprimée parmy ses lettres Grecques, & en voicy la traduction.

L'experience faisant connoître que l'Art de la Medecine est salutaire aux hommes, ce n'est pas sans raison que les Philosophes ont publié qu'elle estoit descenduë du Ciel, puis que c'est par elle que la foiblesse de nostre nature, & les accidens des maladies sont corrigez. C'est pourquoy selon les preceptes de l'equité, & suivant les Arrests & l'authorité des Empereurs nos predecesseurs, Nous de nôtre plaisir & bonne volonté, entendons & commandons que vous qui faites profession de la Medecine, soyez dispensez & dechargez de toutes charges & fonctions imposées par le Senat.

VINGT-HUITIÉME DISSERTATION

Contenuë dans deux Lettres d'un Curieux à l'Autheur, avec les Réponses, touchant quelques medailles Maltoises.

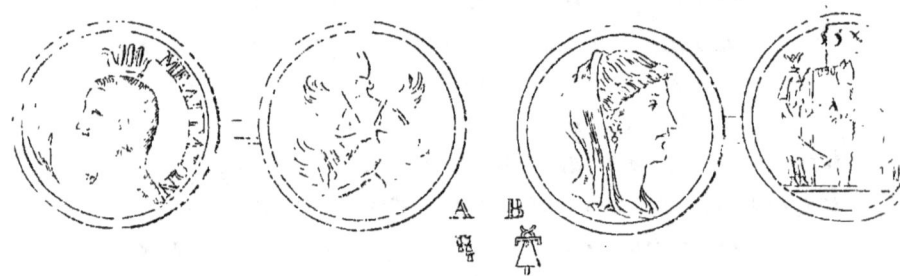

MONSIEUR,

J'esperois de vous trouver à Lyon au retour de mon voyage de Malte : lorsque j'appris avec bien du déplaisir que vous étiez à Paris. Je me consolay dans l'esperance que nous nous y verrions : mais je fus fort surpris estant arrivé, d'apprendre que vous en étiez déja parti. J'aurois eu l'honneur de vous faire voir une petite Dissertation touchant les Antiquitez de Malte, que j'ay tirée d'une description de cette Isle composée en Italien par le Commandeur Abela. J'esperois que vous auriez la bonté de me faire remarquer ce qu'il y auroit de plus raisonnable. Neanmoins le hazard m'a en partie procuré cet avantage ; & dans vôtre absence vous m'avez donné les lumieres & les instructions

ctions, que je defirois plus precisément. Car un de mes amis m'ayant prefté le premier cayer de ce recueil de toutes vos belles découvertes dans l'antiquité, que vous avez donné depuis peu au public fous le titre de *Mifcellanea Eruditæ Antiquitatis*; j'y ay trouvé l'explication du revers d'une medaille Maltoife, qui me paroiffoit tout à fait obfcur, & m'avoit toûjours fait beaucoup de peine.

La medaille eft de moyen bronze (*fig.* 1.) Pour la tefte c'eft une femme dont la coiffure defcend jufqu'aux épaules, & femble eftre couverte de pierreries. Au deffus il y a une efpece de couronne. Du côté où le vifage eft tourné, l'on void un épi; & de l'autre cette Legende ΜΕΛΙΤΑΙΩΝ. Je fais voir dans ma Differtation que ce pouvoit être une Junon. Mais le revers eft un jeune homme qui a fur la tête, cette mitre que Varron appelle *mitram recinam*, ou *mitram Melitenfem*. De plus il a quatre grandes aîles, deux aux épaules & deux qui luy font comme attachées aux cuiffes.

Je croy que c'eft là cette divinité dont vous parlez fur la fin de l'article premier. Que ce jeune homme eft Apollon, que les Perfes, les Parthes & plufieurs peuples Orientaux appelloient *Mithra*; à caufe de la coiffure avec laquelle ils le dépeignoient: & qui eftoit mefme reveré parmi les Romains. Car outre que Stace le nomme ainfi dans ce Vers;

Indignata fequi torquentem cornua Mithram.

Vous nous faites voir par plufieurs infcriptions,
qu'ils

qu'ils luy erigeoient des autels & faisoient de ce nom barbare un des attributs d'Apollon : *Soli invi-cto Mithræ.... Numini invicto Soli mithræ,* &c.

Ce que vous dites qu'on celebroit ses ceremonies dans des cavernes & dans des lieux soûterrains, & qu'on luy sacrifioit ordinairement un Taureau ; m'a fait souvenir d'avoir lû dans Socrate & Sozomene, qu'on luy a fait encore des sacrifices bien plus étranges. Ces historiens rapportent que sous Julien l'Apostat & sous Theodose, on ouvrit l'antre de Mithra, qui estoit dans Alexandrie que l'on trouva rempli de cranes d'hommes que l'on y avoit immolez ; Que les Evéques de cette ville les firent exposer à la vûë & à la risée de tout le monde ; ce qui irrita tellement les Payens, que ne pouvant souffrir qu'on revelât leurs abominations, ils se jetterent sur les Chrêtiens, & en firent par deux fois un grand carnage. Je remarque que ce culte d'Apollon Mithra est un des plus anciens qu'il y ait eu parmi les hommes : & que les Grecs Maltois l'avoient peut-estre appris des Pheniciens qui estoient avant eux les maistres de l'Isle, & qui avoient leur Mercure qu'ils disoient estre l'Autheur de la lumiere, qui est presque la mesme divinité. Ce n'est pas que comme ils faisoient de grands voyages par mer & qu'ils avoient apparemment commerce avec les Orientaux, ils ne pûssent avoir reçu ce culte d'eux ; avec celuy de la Junon des Assyriens appellée *Melitta*, qui semble avoir donné son nom à leur ville & à leur Isle,

&

& avoir esté adorée dans leur fameux Temple de Junon dont plusieurs Autheurs font mention.

Quoyque Luctatius assure que les Perses outre la tiare ou la mitre, donnoient un visage de lion à ce *Muthra*; cela n'empéche pas que ceux de Malte ne luy eussent fait prendre la figure humaine; faisant une mesme divinité de luy avec Mercure, & il y a grande apparence qu'ils honoroient particulierement Mercure sous la figure d'Apollon : car comme ces deux divinitez estoient souvent prises l'une pour l'autre; & qu'elles ne faisoient selon Macrobe, qu'une mesme divinité : c'est que des Insulaires qui ne se pouvoient agrandir que par leur commerce; se feroient plutôt mis sous la protection du Dieu qu'ils croyoient leur estre favorable.

Au reste voicy un autre Mercure composé, outre ceux dont vous parlez dans l'article quatriéme, & dont vous nous donnez les figures. De sorte qu'il nous faudra ajoûter à *l'Hermathena*, *l'Hermanubus*, *l'Hermheracles*, *l'Hermeros*, *l'Herm-harpocrate*, & *l'Hermaphrodite*, un *Hermemithra*. Ce qui se voit beaucoup mieux dans une autre medaille que j'ay apportée de Malte; & dont personne que je sçache n'a parlé jusques à present. (fig. 2.) Elle approche du grand bronze. La tête est une femme avec un voile. Au revers on voit trois petites figures dont celle du milieu que l'on diroit recevoir hommage des deux autres, est un buste mitré & planté sur un Terme comme vos *Hermæ*.

L'on

On n'y a gravé pour infcription que trois caracteres Puniques : je la rapporte aux Carthaginois, à caufe qu'ils ont habité avec les Grecs dans cette Ifle ; & que ces lettres font de celles qui compofent d'autres Infcriptions, qui fe trouvent quelquefois dans les medailles, où l'on void des Chevaux & des Palmiers, ce qu'on leur attribuë fans conteftation. Je m'imagine que cette medaille reprefente les mefmes chofes que la precedente : mais qu'elles ont efté battuës par differens peuples, qui y ont mis chacun à leur maniere, les mefmes divinitez : & que cette tefte voilée eft encore une Junon, & cette figure mitrée un Mercure & un Apollon joints enfemble, ou plutôt un *Hermemithra*. Si cela n'eft pas tout à fait ainfi, du moins ne fuis-je pas éloigné de la vray-femblance. Mais vous en jugerez mieux que qui que ce foit ; & c'eft à vous à nous inftruire là-deffus, comme j'efpere que vous aurez la bonté de faire. Je fuis,

MONSIEUR,

A Paris le 27. Septembre 1680.

Vôtre tres-humble
& tres-obeïffant
Serviteur,
CHAILLOV.

RE'PONSE.

REPONSE.

MONSIEUR,

J'ay receu avec bien du plaisir la lettre que vous m'avez fait l'honneur de m'écrire. Vôtre nom & vôtre merite ne m'étoient pas inconnus depuis ce que m'en avoit écrit Monsieur Galland dans son passage de Malthe, où il vous rencontra. Je dois apparemment la grace que vous me faites, à la veneration commune que nous avons l'un & l'autre pour l'antiquité, & je vous seray toûjours fort obligé quand vous voudrez bien me faire part de vos découvertes. Celle de vos deux medailles Maltoises est considerable.

Je prens la tête de la premiere pour une Isis avec le panache qu'on luy mettoit sur la tête, ce qui la distingue de toutes les autres Deitez. Son voile ressemble à une peau de mouton, qu'on luy pouvoit avoir donné, parce qu'étant la même divinité que Cerés parmy les Grecs, on luy devoit la culture de la terre & le soin du bétail: d'où vient qu'à Megare il y avoit un Temple de Cerés à qui on donnoit l'epithete de *Malophoros*, qui signifie *Porte-laine*. Ce voile doit aussi faire remarquer que la Deesse Isis avoit inventé les voiles. *Velificia primùm invenit Isis*, dit Hyginus, *nam dum quærit Harpocratem filium suum, rate velificavit.* Toutefois je conviendray si vous voulez avec vous, que c'est une Junon : car il seroit aisé à faire voir que l'Isis des Egyptiens étoit la mesme que la Junon des Grecs comme son mary Serapis estoit le mesme que Jupiter. Diodore de Sicile l'assure positivement. L'inscription de Gruter est remarquable TE TIBI VNA QVAE ES OMNIA DEA ISIS ARRIVS BALBINVS V.C. *A toy Deesse Isis qui es toutes choses Arrius Balbinus personnage tres-illustre a dédié ce marbre.*

La figure du revers n'est pas moins singuliere, & je ne doute pas non plus que vous que ce ne soit le Dieu Mithra, quoy qu'on le trouve aussi dépeint d'autre maniere avec un bonnet pendant en devant à la Phrygienne, & quelquefois avec un visage de lion. Les aîles sont le symbole de la vitesse du Soleil, qui estoit le Mithra des Orientaux ; cette mitre fenduë est aussi tres-remarquable. Eustathius tire le mot de Mitre du Grec *Mitos*, qui signifie du fil. Vossius le tire de *Mio*, ou *Mitoo*, qui signifie en Grec *je lie*, parce que la Mitre étoit un ornement que l'on lioit à la téte : mais Scaliger le fait deriver d'un mot Syriaque qui signifie une bande ou un lien. & d'autres du mot *Mithri*, qui est Syriaque, & qui signifie *Seigneur*. Et suivant ce sentiment la mitre estoit la marque de la Seigneurie ou de la Majesté Royale, de mesme que le Diademe & la Couronne le sont chez les autres peuples. L'ornement de tête des Roys des Parthes appellé *Cydaris* estoit une espece de Mitre.

La seconde Medaille que vous rapportez avec justice

Vingt-huitiéme Dissertation.

justice aux Carthaginois est apparemment Maltoise, puisqu'elle a d'un côté la tête de Junon adorée particulierement à Malthe, & le mesme Mithra representé en maniere de Terme ou d'Herme, avec deux Isis à ses côtez qui luy presentent ce qu'elles tiennent à la main. Ces deux Isis sont designées par leurs pennaches au milieu duquel est le fruit du pêcher que l'on representoit ordinairement sur la tête de ces Deitez Egyptiennes : mais depuis la ceinture en bas elles sont representées d'une maniere monstrueuse ; sçavoir avec deux pieds qui semblent estre de Bœuf, pour marquer la culture de la terre qu'elles avoient enseignees, & avec une cuisse qui n'a point de jambe, dont je ne penetre pas le mystere.

Les lettres qui sont au dessus de ces trois figures sont des caracteres Puniques ou Carthaginois : ce qui n'empesche pas que la medaille ne puisse estre de Malthe, puisque le voisinage des Carthaginois y avoit rendu leur langue commune, de mesme que celle des Mores l'est encor à present dans cette Isle : à cause dequoy nous trouvons plusieurs Medailles Siciliennes avec des characteres Carthaginois.

Voilà, Monsieur, ce que j'ay crû devoir ajoûter à vos curieuses & sçavantes remarques, vous priant de me croire,

MONSIEUR,

Vôtre, &c.

Seconde Lettre de Monsieur Chaillou, sur le mesme sujet de sa precedente.

MONSIEUR,

Je n'aurois osé esperer d'entretenir avec vous un commerce de lettres, si vous ne m'eussiez offert vous mesme cet avantage, dont je joüiray toutes les fois que j'auray quelque curiosité digne de vous estre communiquée. Et dés à present vous me permettrez de vous faire part des nouveaux mysteres que j'ay découvert dans nôtre medaille Maltoise, que vous me mandez ne vous avoir pas déplû. A la verité je n'ay pû qu'approuver l'idée que vous avez euë de la coiffure de la divinité de cette medaille, & je la prenois pour une peau de mouton, parce qu'elle me paroissoit dans les medailles qui sont tant soit peu frustes, toute couverte de petits points ronds; ce qu'Abela appelle des pierreries. Mais en ayant par bonheur une qui est presque à fleur de coin, j'ay découvert que ces points sont autant de triangles Isosceles, dont les côtez égaux sont un peu plus grands que la base, & dont l'Angle du sommet est accompagné comme de deux petites oreilles, ainsi que vous voyez dans la figure marquée A. Ils sont de plus disposez sur cette coiffure par files & sans se toucher. Ces petits triangles ressemblent en quelque maniere à une certaine
figure

figure marquée B, qui se trouve quelquefois dans ces mesmes Medailles, au lieu de l'Epy ; & que le même Autheur prend pour une veste, & dit être la marque de ces vestes ou de ces toiles de coton, qui estoient anciennement particulieres à l'Isle de Malthe, & que Diodore de Sicile dit avoir esté de son temps fort estimées, & dont aprés luy Lucrece confirme aussi l'usage ;

*Interdum in Pallam, & Melitensia, Ceáque vertunt
Eximia veste.*

Ce n'est pas que ce qui paroit au dessus de cette figure, me la feroit plûtôt prendre pour un caducée revétu.

De sorte que je ne voy encor rien qui empesche qu'on ne puisse attribuer nôtre medaille à Junon. C'estoit la Deesse protectrice des anciens Maltois. Le Temple le plus celebre de leur Isle luy estoit consacré, & Goltzius nous produit parmy les medailles de la grande Grece, une Junon avec de longs cheveux, & une espece de couronne ou de diademe sur la tête, comme cette Junon des Argiens, que Pausanias nous dépeint. D'ailleurs c'est icy une figure etrangere : & c'estoit peut-estre ainsi que les Assyriens representoient leur Junon appellée Melitta.

Enfin comme nous ne voyons point qu'il y eût dans cette Isle aucun culte particulier à Isis, ou à Cerés ; & comme les Autheurs ne parlent que des Temples d'Hercule & de Junon, & les inscriptions de celuy de Proserpine ; cette divinité ne sçauroit estre qu'une Junon ou une Proserpine. Mais je croirois plutôt que c'est une Junon: car Pausanias nous apprend que les Grecs adoroient dans un mesme Temple Junon & Apollon, & on peut dire qu'ils mirent aussi dans une même Medaille ces deux divinitez. Pour l'Epy, comme il ne s'y trouve pas toûjours, & n'est pas joint avec la tête, ce ne peut estre que le symbole de la fertilité de l'Isle, de mesme que cette autre figure l'est peut-estre de la bonté de ses toiles. Car la fertilité estoit aussi un de ses avantages;

Fertilis est Melite, sterili vicina Cosyræ Insula.

A l'égard du revers j'y ay aussi découvert de nouveau que la Divinité mitrée tient dans ses mains deux baguettes ou bâtons dont un est plié par le milieu & fait la figure d'un lambda ʌ, ressemblant à ceux que tient ce buste mitré, dans la medaille Carthaginoise. Ce qui me confirme que ce sont les mesmes Divinitez. Mais d'ailleurs ces bâtons ne me paroissent pas moins obscurs que les petits triangles.

Pour ce qui est des Inscriptions de Malthe, je n'en ay point de nouvelles: j'en ay tiré onze d'Abela en contant deux petites qui n'ont que deux ou trois mots; je les ay toutes vuës dans Gaulthier, à la reserve des deux petites. Outre qu'il les a données plus correctes & les a mieux expliquées, il en produit encor six dont cet autre ne parle point, autant que je puis m'en souvenir.

Mais

Vingt-huitiéme Dissertation. 463

Mais il y en a quatre qui ne sont que des noms écrits à l'entour de certaines têtes taillées en relief sur des pierres de marbre blanc, que je ne croy pas antiques, les ayant vûës avec Monsieur Galland, dans le jardin du grand Maître. Voicy seument comme j'ay trouvé écrite dans une feüille volante manuscripte, une des inscriptions d'Abela & de Gaulthier.

ΛΥ... ΙΟΣ. ΚΥΡ. ΠΡΟΥΔΗΝΣ. ΙΠΠ. ΡΟΜΑΙΩΝ. ΠΡΩΤΟΣ ΜΕΛΙ...Ν

ΚΑΙΙ ΑΤΡΩΝ. Α.Ρ. ΕΑΣ ΚΑΙ ΑΜΦΙΠΟΛΕΙΙΑΣ ΘΕΩ ΑΥΓΟΥΣΤΩ ΕΣΤΙΝΓ....ΝΕ

Je ne l'ay pû voir, parce que le marbre sur lequel elle est gravée, est employé à un reservoir de fontaine, & est tout couvert de terre. Ces Autheurs la traduisent ainsi.

Lucius Caius F. Cyri Prudens Eques Romanorum, primus Melitensium, & Medicorum artis, & Amphipoliæ, Deo Augusto dicavit.

Ils font de Προύδηνς, le nom d'une famille Grecque. Mais selon que les lettres sont icy disposées je croirois qu'il n'est pas necessaire de rapporter cette inscription à une famille Grecque, & qu'on y peut lire apres le prenom & le nom de famille, qui sont confondus & demy effacez ΚΥΡ. c'est à dire, ΚΥΡωνα, & en Latin *Quirinâ* tribu *Prudens*. On le pourroit confirmer par d'autres inscriptions où ce ΚΥΡ. qu'on a mal copié Κ. ΥΡ. signifie cela: & ce qui n'en laisse pas douter, c'est qu'il est immediate mediatement avant le furnom, comme on avoit accoûtumé de placer la tribu : & ainfi ce feroit icy le nom d'un *Chevalier Romain*, qui y eftoit étably comme Gouverneur au nom de la Republique, ou qui luy en faifoit hommage, car c'eft ce que fignifie le refte de la premiere ligne ΙΠΠΕΥΣ ΡΩΜΑΙΩΝ ΠΡΩΤΟΣ ΜΕΛΙΤΑΙΩΝ. *Chevalier Romain premier des Maltois* On fçait que Prudens n'eft qu'un furnom fort ordinaire parmi les Romains; & la qualité de premier des Maltois, fe rencontre auffi en la perfonne de ce Publius dont il eft parlé aux Actes des Apoftres, & qui eftoit apparemment de famille Romaine. Je fuis,

MONSIEUR,

Vôtre, &c.

RÉPONSE.

MONSIEUR,

Je viens de voir deux Idoles de bronze que Monfieur Dufour a receuës d'Egypte, qui donnent quelque éclairciffement à vos Medailles de Malthe, par le rapport qu'elles ont avec elles. C'eft pourquoy je vous en envoye le deffein.

Je

Vingt-huitiéme Dissertation.

Je me souviens qu'en passant autrefois à Leyden, je vis parmy les curiositez de l'Amphiteatre anatomique, deux petites Idoles presque toutes semblables, & je ne doute pas qu'il n'y ait plusieurs curieux qui ramassent de ces sortes d'antiquitez, qui en ont quelques-unes peu differentes : soit de bronze, soit de terre cuite, puis qu'on en trouve assez souvent en Egypte avec les Mumies.

La premiere est un Osiris appellé aussi Serapis,

divinité celebre chez les Egyptiens, ayant une mitre sur la teste d'une forme differente de celle qui est sur la teste de vôtre *Mithra*. Le bas de la mitre est terminé par une corne de Bœuf de chaque côté, parce qu'il estoit aussi adoré sous la forme d'un bœuf pour avoir enseigné aux hommes la culture de la terre. Vous voyez qu'il tient de la main gauche un certain bâton recourbé à l'extremité, & de la droite cet instrument triangulaire que le vôtre porte aussi. Celuy-cy ressemble assez à un foüet à trois cordons. Plutarque dit, qu'Osiris commandoit aux Morts, & le foüet ne pouvoit-il point estre la marque de son autorité, comme on representoit les furies avec le foüet & les flambeaux? Si ce n'est que ce fust quelque instrument musical, comme estoit le sistre de la Deesse Isis, en sorte que ce qu'il tient de la main gauche fût comme l'archet, & ce qu'il tient de la droite un instrument de fer ou de cuivre propre à quelque melodie, estant frappé par l'archet: car en parlant des Instrumens de Musique des Anciens, nous avons remarqué qu'ils en avoient de fort grossiers, qui produisoient plutôt un bruit confus & bizarre, qu'une veritable harmonie.

La seconde figure est la Deesse Isis femme d'Osiris, coëffée d'un voile semblable à celuy de vôtre Medaille, qui luy pend sur les épaules. Elle tient sur ses genoüils son fils Orus qu'elle allaitoit, de la maniere qu'on la voit souvent representée,

dans

Vingt-huitiéme Dissertation. 467

dans les bas reliefs & Idoles d'Egypte. Sur la tête s'élevent deux cornes, qui ont du rapport à ce que les Anciens disoient qu'Isis estoit l'Io des Grecs metamorphosée en Vache, comme nous l'avons veu dans la Dissertation sur la Medaille du Roy Pylæmenes : ou peut-estre encore ces cornes luy estoient données, parce qu'on croyoit qu'Isis n'étoit autre que la Lune. En effet, ce qui est au milieu des deux cornes semble estre mis là pour signifier cette Planette, comme l'indique Appulée, lors qu'il dit qu'on dépeint Isis avec une piece ronde & plate sur la teste comme un miroir, ou comme la lumiere de la Lune, *Planam rotunditatem in modum speculi, vel candidum lumen in modum Lunæ, dextrâ lævàque sulcis insurgentium anguium cohibitam :* où l'on voit qu'il prend ce qui est à costé non pour des cornes, mais pour des serpens, & en effet Ammien Marcellin & plusieurs autres Auteurs en parlent de mesme, & les Medailles le confirment quelquefois. Flaccus au quatriéme des Argonautes, parlant d'Isis :

Aspide cincta comas, & ovanti persona sistro.

Toutefois il est certain qu'on la representoit souvent avec de veritables cornes, témoin Ovide,

———— *Inerant Lunaria cornua fronti.*

Et à cause de cela Plutarque donne à Isis l'epithete de *cornuë*, Κεράσφορ⊙. Athenagoras dans Justin Martyr, dit qu'Isis estoit representée en femme, portant des cornes comme un bœuf. Ce qu'elle a sur le front aussi-bien qu'Osiris & Orus, est si je ne me trompe, une teste d'Epervier, puis que cet oyseau estoit dedié à ces Divinitez Egyptiennes, qu'on trouve mesme quelquefois depeintes avec une teste d'épervier au lieu d'une teste humaine.

Par là vous voyez que ces deux Deesses qui sont à côté de vôtre Mithra ne sont pas autres que deux Isis, aussi bien que la tête voilée qui est d'un côté des medailles de Malthe avec le mot ΜΕΛΙΤΑΙΩΝ. Et vous pourrez encore estre plus convaincu de cette verité si vous prenez la peine de voir la Table de Bembus, & la *Mensa Isiaca* de Pignorius, & des autres Auteurs qui parlent de ces Divinitez Egyptiennes, que je n'ay pas le loisir de fueilleter presentement, me contentant de vous avoir indiqué en peu de mots ce qui vous pourra donner quelque satisfaction, n'en ayant pas de plus grande que de vous témoigner que je suis vostre, &c.

VINGT

VINGT-NEUVIÉME DISSERTATION.

Sur un grand Vase de Marbre, représentant la naissance de Bacchus.

CE beau vase antique de Marbre se voit à Gaiette, Ville maritime du Royaume de Naples, où il sert presentement de Fonds de Baptesme dans la grande Eglise. C'est l'ouvrage d'un ancien Sculpteur Athenien nommé Salpion, comme il paroit par ces trois mots qui y sont gravez, ΣΑΛΠΙΩΝ ΑΘΗΝΑΙΟΣ ΕΠΟΙΗΣΕ, *Salpion Athenien l'a fait* : & la beauté de la sculpture nous persuade que c'estoit un excellent ouvrier sorty de l'Escole des Grecs, celebres par tout le monde pour la Sculpture, aussi-bien que pour les autres Arts Liberaux, dont ils ont laissé des illustres monumens dans l'Italie. Ce pouvoit estre un vase destiné pour tenir l'eau lustrale dans quelque ancien Temple Payen, ou pour quelqu'autre usage de leur Religion, qui nous est inconnu. Mais ce que nous represente le bas relief gravé tout au tour, ne sera pas difficile à déchiffrer.

C'est la fable de la naissance & de l'education du petit Bacchus, selon que nous la recite Apollodore au troisiéme livre de l'origine des Dieux. Cadmus, dit-il, eut quatre filles, Autonoë, Ino, Semele & Agave, & un fils nommé Polydore. Ino épousa Athamas, Autonoë Aristæus, & Agave Echion. Pour ce qui est de Semele, Jupiter en devint amoureux, & s'estant dérobé des embrassemens de Junon, il gagna les bonnes graces de cette belle fille. Junon jalouse du bonheur de sa rivale, se déguisa & la trompa, luy faisant entendre que pour estre assurée de l'amour de Jupiter, elle le devoit prier de la venir voir, accompagné des éclairs & des tonnerres. Jupiter s'y estant accordé par une aveugle complaisance, Semele ne put soûtenir cet éclat, & accoucha de Bacchus n'estant encor que dans le siziéme mois de sa grossesse. Jupiter ayant retiré du feu le petit Bacchus le cacha dans sa cuisse pour achever son terme, au bout duquel il en sortit, & fut mis entre les mains de Mercure le Messager des Dieux & le

confi

Vingt-neuviéme Dissertation. 471

confident de leurs amours. Mercure le porta d'abord à Ino sa tante & à son mary Athamas pour avoir le soin de son éducation : Mais la chagrine Junon, voulant décharger sa colere sur eux, fit qu'Athamas tua à la chasse son propre fils Learchus qu'il prit pour un cerf, & qu'Ino se precipita dans la mer avec son fils Melicerte. Neptune en ayant pitié les receut au nombre des divinitez de la mer, & deslors Ino fut appellée Leucothée, & Melicerte fut nommé Palæmon. Apres cela Jupiter metamorphosa pour quelque temps le jeune Bacchus en Bouc, afin qu'il évitât les persecutions de Junon : & Mercure l'ayant repris le porta aux Nymphes voisines de la Ville de Nysa en Asie, pour achever de le nourrir. C'est ce qui luy fit donner l'Epithete de Dionysius, de *Dios* qui signifie Jupiter, & des Nymphes de *Nysa*. Il fut aussi recommandé à Silene compagnon des Nymphes, qui eut le soin de l'élever.

Le petit Bacchus est donc icy presenté par Mercure à sa Tante Ino ou Leucothée, qui l'allaita la premiere. Mercure est reconnoissable par cette espece de bonnet ou de chapeau carré qu'on luy remarque dans les Medailles antiques, quoy que le Sculpteur ne luy ait point mis des aisles à la teste & aux talons, comme on avoit accoutumé de le dépeindre, ny le caducée à la main. Mais aussi il est certain que les Anciens ne faisoient pas les portraits des Dieux toûjours d'une mesme maniere. Albricus donne à son chapeau
le

le nom d'*umbella*, comme si nous disions un paresol ou autre chose qui fait de l'ombre. *Galerum quoque seu umbellam capite deportabat.* Ainsi il luy servoit de paresol dans les frequens messages qu'il estoit obligé de faire pour le service des Dieux. Le bord du vase est orné de fueilles de vigne, dediées à Bacchus : Et tout autour sont representez des Satyres & des Nymphes, qui pour le soin qu'ils prirent de ce petit Dieu, furent appellez des Bacchus, & des Bacchantes.

 Le premier qui suit Mercure est un Satyre portant sur l'epaule une depoüille de Bouc ou de Tigre. Il est reconnoissable à trois marques. La premiere est une queuë de chevre, qui les faisoit appeller *semicapri*, demy chevres, ou demy boucs, principalement quand on leur ajoutoit les pieds de bouc. La seconde sont les oreilles droites & longues, symbole de l'impudence & de la luxure qu'on leur attribuoit : Et la troisiéme sont les cheveux herissez sur le front, *Fronte crinitâ Faunus*, comme dit Virgile. Il joüe de la fluste, qui estoit l'occupation de ces Dieux champestres, & il en joüé de deux égales tout à la fois, qui est-ce que les anciens appelloient joüer *tibiis paribus*, dans les Comedies de Terence & ailleurs.

 Celle qui suit est une Bacchante qui joüe du *tympanum* ou tambour, jettant la teste en derriere à la maniere des Mænades, Bassares, ou Bacchantes, comme dit Catulle : *ubi capita Mænades vi jaciunt hederigeræ.* Nous avons expliqué ces

tambours

Vingt-neuviéme Dissertation.

tambours, dans nôtre Dissertation sur les Instrumens de Musique des anciens.

Un autre Satyre vient apres, portant de la main gauche un Thyrse, qui estoit un bâton fait du bois de lierre, avec une pomme de pin au bout, l'un & l'autre dediez à Bacchus. Tacite parlant d'une Bacchante, *Ipsa crine fluxo thyrsum quatiens*, & Sidonius Apollinaris en dépeignant ces Compagnes de Bacchus, fait mention du Thyrse, de la peau de Tigre & des tambours.

―――― *Rota enthea Thyrsum*
Bassaris, & maculis Erythræa Nebridos horrens,
Excitat Odrysios ad mystica tympana Mystas.

Derriere Ino sont trois Nymphes ou Bacchantes, nourrisses & compagnes de Bacchus. Il y en a deux qui s'appuyent sur leur Thyrse, & une troisiéme qui touche un tronc d'arbre, ou plutôt une grosse souche de vigne, consacrée à leur maître Bacchus.

Fulgence confond les Nymphes & Bacchantes, avec Semele mere de Bacchus & ses trois sœurs, Ino, Autonoë, & Agave, donnant à leurs noms des etymologies morales, qui ont du rapport au vin : mais tout ce qu'il dit là-dessus me paroit fort abstrait. Quoy qu'il en soit, cette compagnie de Bacchus estoit celebre dans les mysteres des Anciens, & on en solemnisoit la memoire dans les Bacchanales, avec beaucoup de bruit d'instrumens & de chansons. De là vient qu'Artemidore, dans ses explications des songes, dit que *de* songer que l'on est dans la compagnie des Bacchantes, des Satyres, des Pans & des Faunes, & autres demy-Dieux compagnons de Bacchus, signifie du trouble, des dangers, & des querelles, parce que cet attirail & ces ceremonies, ne se faisoient jamais sans beaucoup de bruit & de desordre. Voicy une Inscription dediée aux Nymphes & à Bacchus.

A Rome.

NYMPH. NVTR. LIBERO
PATR. CONS. DOM. ORC.
L. ORCIVIVS MEMMIANVS
ET M. MEMMIVS ONESIMVS
ET ORCIVIA ORESTILLA
COM. CONSEN.
D. D.

Nymph. nutricibus

C'est à dire:

Aux Nymphes nourrices, aux Pere Bacchus Conservateur de la famille Orcivia, dedié d'un commun consentement, par Lucius Orcivius Memmianus & Marcus Memmius Onesimus, & Orcivia Orestilla.

Les Anciens ont cru que les Nymphes avoient esté les nourrices de Bacchus, soit parce que la vigne a besoin de l'eau pour porter des raisins à maturité, soit parce que le vin a besoin d'être mêlé d'eau d'eau, pour ne pas troubler la raison. Et peut-estre est-ce pour cela que la famille Orcivie avoit pris pour Patrons, les Nymphes & Bacchus, pour témoigner leur sobrieté par l'alliance de ces Divinitez.

Le bon Pere Silene nourrissier de Bacchus est icy representé d'apres un chandelier de bronze antique. C'est luy qu'Horace appelle,

——— *Custos famulúsque Dei Silenus alumni.*

La teste chauve, le front large, & le nez camus estoient la maniere dont on le dépeignoit; ce qui marquoit la physionomie d'un homme adonné au vin

Vingt-neuviéme Dissertation. 475

d'eau, pour ne pas troubler la raison. Et peut-estre est-ce pour cela que la famille Orcivie avoit pris pour Patrons, les Nymphes & Bacchus, pour témoigner leur sobrieté par l'alliance de ces Divinitez.

Le bon Pere Silene nourrissier de Bacchus est icy representé d'apres un chandelier de bronze antique. C'est luy qu'Horace appelle,

———— *Custos famulúsque Dei Silenus alumni.*

La teste chauve, le front large, & le nez camus estoient la maniere dont on le dépeignoit ; ce qui marquoit la physionomie d'un homme adonné au vin

vin & insolent, tel qu'on disoit estre Silene. Aussi remarque t'on que Socrate ressembloit aux portraits que les Anciens faisoient de Silene, & qu'un Physionomiste ayant jugé par ces traits, qu'il estoit de mauvaises mœurs, il avoüa qu'il estoit né tel, mais que la Philosophie avoit corrigé ses defauts. On reconnoit encore Silene par le pot qu'il tient d'une main & par la corbeille de fruit qu'il porte de l'autre; comme on avoit accoûtumé de faire dans les festes de Bacchus, appellez *Orgya* dont les anciens Peres reprochent aux Payens les infamies & les ceremonies ridicules. Les Atheniens celebroient une feste à Bacchus, pendant laquelle les jeunes filles portoient des corbeilles ou paniers d'or pleins de fruits, ce qui faisoit appeller cette feste *Canephoria*, & les filles *Canephoræ*, de deux mots Grecs qui signifient *porter une corbeille*.

Taceo fi-cuineum veretrû, quæque circa illud mysteria ritésque haberentur. Theodoret. l. 8. de martyrib.

II. & III. La gravure antique, & la medaille des Perinthiens que nous avons ajoûté à cette planche font allusion à ce mesme panier, & au serpent qu'ils y mettoient pour la celebration de leurs mysteres destinez au culte de Bacchus. Catulle:

Pars obscura cavis celebrabant Orgia cistis.

Suidas parle de ces corbeilles consacrées à Bacchus, à Ceres & à Proserpine: aussi bien que le Poëte Theocrite dans ses Idylles. Il paroit par ces deux figures que ces coffrets ou corbeilles estoient de jonc ou d'ozier croisez, d'où vient

Vingt-neuviéme Dissertation. 477

peut-estre que Tibulle leur donne l'Epithete de legeres :

Et levis occultis conscia cista sacris.

Elles avoient un couvercle, afin qu'on y pust conserver les mysteres de Bacchus, & les cacher aux yeux de ceux qui n'y estoient pas initiez, qu'on traitoit de Profanes. Les Atheniens croyoient qu'Agraule & Pandrose avoient commis un sacrilege d'avoir ouvert le coffret des Deesses Ceres & Proserpine. On gardoit entr'autres un serpent dans ces corbeilles. Epiphane dans le premier livre contre les heresies, parle de certains heretiques nommez Ophites qui gardoient en leurs Temples un serpent dans un coffre, & l'adoroient, le baisoient, & luy donnoient des pains à manger. Ce qu'ils avoient retenu du paganisme : car l'ancien serpent condamné pour la faute du premier homme, s'est souvent fait adorer par les hommes sous la figure d'un serpent. Les Egyptiens en gardoient un dans leurs Temples, & particulierement dans ceux de Serapis & d'Isis. Esculape Dieu de la Medecine estoit adoré sous la forme d'un grand Serpent, comme nous avons veu ailleurs : & Justin le Martyr qui avoit esté Payen, leur reprochant leurs superstitions : *Vous representez*, dit-il, *aupres de ceux que vous estimez Dieux un serpent, comme quelque chose de fort mysterieux.*

Clement Alexandrin en fait sur tout mention dans la celebration des Bacchanales, & dit, que par une extreme folie ceux qui y assistoient, se

Athenagoras, orat. pro Christianis.

Ophis en Grec signifie un Serpent.

mettoient des serpens autour du corps, & s'enfanglantoient le visage du sang des boucs sacrifiez à cette impure divinité.

Je pourrois icy m'étendre fort au long sur l'histoire de Bacchus & de Silene, & sur ce qui touche leurs ceremonies. Mais je ne ferois que des compilations inutiles de ce que l'on peut trouver dans d'autres Autheurs, qui en ont traité exprés. Je ne veux pas mesme profiter des morceaux antiques qui pourroient venir à mon sujet gravez dans les livres de plusieurs Curieux. Je ne donne autant que je le puis sçavoir, que des pieces originales, que j'ay eu soin de faire dessiner dans mes voyages, ou que j'ay trouvé toutes dessinées dans les Memoires des sçavans & curieux Messieurs de Peiresk & de Bagarris, & qui n'avoient pas encore vû le jour, esperant que les Amateurs de l'Antiquité m'en sçauront quelque gré. Mais avant que de quitter cette matiere, je vais donner un bas relief des Nymphes les nourrices de Bacchus.

Les

Vingt-neuviéme Dissertation. 479

NVMINI. NYMPHARVM. AQVAR.
AVGVSTALIS AVG.G.G. LIB.

Les Nymphes, Divinitez qui presidoient aux eaux des rivieres & des fontaines, sont icy representées chacune avec un vase versant de l'eau, & avec une fueille d'herbe à la main, qui peut-estre celle du *Potamogeton*, qui vient dans les eaux & dont la fueille nage sur les estangs & sur les fontaines, ou plutôt celle de cette plante aquatique qu'on appelle *Nymphæa*, qui a pris son nom des Nymphes. Ces Nymphes des eaux estoient aussi appellées *Naiades*, comme l'on nommoit celles des bois *Dryades*. Le serpent estoit assez ordinaire dans les mysteres des Dieux des Payens: comme nous avons dit ailleurs: mais je ne sçay s'il y avoit
quelque

quelque raison particuliere de le mettre dans la compagnie des Nymphes. Celuy qui a dedié ce bas relief aux Muses, y est dépeint luy-mesme dans la posture d'un homme qui répand une liqueur sur le sacrifice qu'il a fait faire à l'honneur de ces Deesses. C'est ce que les Anciens appelloient *Libare*, du mot Grec λείβω, qui signifie dégouter, verser: ou comme veulent quelques-uns du mot *Liber*, parce disent-ils, que ce fut premierement à Bacchus à qui on répandit du vin sur les sacrifices. Il est du moins certain que ces liqueurs que l'on versoit sur le feu du sacrifice estoient souvent du vin, comme on le peut voir par une infinité de passages des Poëtes. Mais avant que de le verser on en goûtoit & on en faisoit goûter aux assistans. Cet homme qui sacrifie *aux Nymphes des Eaux* estoit un *Affranchy des Empereurs*, nommé *Augustalis*. La lettre G, redoubleé par deux fois AV G. G. G. marque qu'il y avoit alors trois Empereurs regnans dans l'Empire, comme il est arrivé du temps de Gordien Pie, Balbin, & Pupien, & du temps de Galerius, Constantin & Maxence, & plusieurs autrefois apres.

Les Nymphes estoient quelquefois traitées d'Augustes, comme les autres Divinitez, témoin cette Inscription.

Vingt-neuviéme Dissertation.

A Vaison en Provence.

NYMPHIS
AVGVSTIS
MATERNVS
V. S. L. M.   Votum Solvit
                 Libens Meritò

C'est à dire:

Aux Nymphes Augustes Maternus a payé son vœu librement & justement. On leur donnoit cette Epithete par honneur, & parce qu'on croyoit qu'elles veilloient à la conservation de la famille des Empereurs.

Voicy un autre bas relief des Nymphes.

A Rome, dans la vigne Matthei.

TI. CLAVDIVS	ASCLEPIADES
ET CAECILIVS	ASCLEPIADES
EX VOTO	NYMFABVS D. D.

L'Inscription qui est dessous nous apprend que
Tiberius

Tiberius Claudius Asclepiades & Cæcilius Asclepiades, avoient dedié ce marbre aux Nymphes pour s'acquitter de leur vœu. Il est à remarquer pour les Grammairiens, que l'on disoit aussi bien *Nymphabus*, ou *Nymfabus*, que *Nymphis*.

Les Nymphes sont icy representées de mesme que les autres au nombre de trois, mais avec des coquilles au lieu de vases, parce que les coquilles se trouvent sur les rivages des étangs, des rivieres & de la mer. Elles sont nuës jusqu'au nombril, au lieu que les precedentes sont presque entierement vétuës.

Diane qui est à leur côté droit, est reconnoissable par son arc à la main, son carquois sur le dos, & son croissant sur le front. Elle estoit compagne des Nymphes, parce qu'elle aimoit les lieux champestres & la chasse. C'est pourquoy le Philosophe Albricus dans ses images des Dieux, dit qu'on la representoit tenant un arc & des fleches, & autour d'elle des troupes de Dryades, d'Hamadryades, de Naiades & de Nereides, & des chœurs de Nymphes des bois, des montagnes, des fontaines & des mers, & mesme des Satyres qui sont des Divinitez champestres.

Sylvain qui est un autre Dieu champestre assez connu tenant de la droite quelques fueilles, & de la gauche un rameau d'arbre, les accompagne avec Hercule qui tient sa massuë & sa dépoüille de Lion. De sorte que comme Hercule estoit surnommé *Musagete*, parce qu'on l'établissoit pour

Vingt-neuviéme Dissertation. 483

pour conducteur des Muses; de mesme on le peut appeller icy *Nymphagete*, conducteur des Nymphes, comme Neptune est appellé dans Phurnutus. Il est mesme remarquable que les Anciens confondoient les Nymphes avec les Muses, tant il y avoit de broüillerie dans les genealogies de leurs Dieux. C'est pourquoy l'ancien Commentateur d'Horace remarque ce Vers & cet Hemystiche où les Muses sont nommées Nymphes :

 Vidi docentem, credite Posteri,
 Nymphásque discentes.

Et Virgile, *Nymphæ noster amor Libethrides.* C'est pourquoy quelques uns ne faisoient que trois Muses, & non pas neuf : & Gregorius Gyraldus dit que les Lydiens donnoient aux Nymphes de leur pays le titre de Muses. Une chose que l'on doit remarquer dans ce bas relief aussi bien que dans le precedent, c'est que les Nymphes y sont representées aux nombre de trois : & il semble que les Anciens attachoient quelque mystere à ce nombre : car ils établissoient trois Parques, trois Destinées, trois Furies, trois Gorgones, trois Sirenes, trois Harpyes, trois Hesperides, trois Graces, trois Sybilles, comme on peut voir dans les anciens Poëtes, & dans les marbres antiques. Les Meres appellées *Matres*, ou *Matræ*, & certaines autres Divinitez appellées *Suleva* & *Campestres*, dont Monsieur Fabretty nous a donné un bas relief dans son livre *De Aquæductibus*, sont representées trois de compagnie. On sçait aussi qu'ils partageoient

geoient le gouvernement du monde à trois Dieux Jupiter, Neptune & Pluton, & qu'ils avoient leur Diane à trois visages, *Hecate triformis*, sur quoy l'on peut voir l'Idylle onziéme d'Ausone, où il étale au long toutes les remarques qu'on pouvoit faire sur le nombre de trois dans les Mysteres des anciens Payens. Theocrite dans l'Idylle XIII. introduit Hylas allant puiser de l'eau à une fontaine, à laquelle presidoient trois Nymphes appellées *Eunica, Malis*, & *Nycheia*. Et il n'y a pas long-temps qu'on découvrit à Rome le sepulchre de la famille Nasonia, où entre les peintures antiques qui s'y trouverent, estoient représentées trois Nymphes tenant chacune un pot à la main à l'entour du cheval Pegase, qui fit sortir de la terre avec un coup de pied, la fontaine à qui on donna le nom d'Hippocrene. Monsieur Fabretty nous en a donné le dessein dans le livre que nous venons de citer.

Les bains estoient consacrez aux Nymphes, c'est pourquoy on les appelloit *Nymphæa*, aussi bien que *Lavacra*. On y recommandoit particulierement le silence: d'où vient qu'on lit dans une Inscription de Gruter: NYMPHIS LOCI BIBE LAVA TACE: *Aux Nymphes du lieu, beuvez, baignez vous & vous taisez*. Et l'on voyoit autrefois cette Epigramme à Rome gravée avec la statuë d'une Nymphe qui dort.

HVIVS. NYMPHA. LOCI. SACRI.
CVSTODIA. FONTIS

DORMIO. DVM. BLANDAE. SENTIO.
MVRMVR. AQVAE

PARCE. MEVM. QVISQVIS. TANGIS.
CAVA. MARMORA. SOMNVM

RVMPERE. SIVE. BIBAS. SIVE. LAVERE.
TACE

On peut voir dans mes *Miscellanea Eruditæ Antiquitatis*, Sect. II. Article VII. plusieurs Inscriptions dediées aux Genies des Fontaines, & d'autres qui concernent les Eaux : que je n'ay pas jugé necessaires de rapporter icy.

TRENTIE'ME DISSERTATION.

Des Estrenes.

L'Usage des Estrenes est presqu'aussi ancien que la fondation de Rome. Symmachus dit qu'elles furent introduites sous le Roy Tatius Sabinus, qui receut le premier la Verveine du bois sacré de la Deesse *Strenia*, pour le bon augure de la nouvelle année : soit qu'ils s'imaginassent quelque chose de divin dans la Verveine, de la mesme façon que nos Druydes Gaulois, qui avoient en

telle

telle veneration le Guy de Chefne, qu'ils alloient le cueillir avec une ferpe d'or le premier jour de l'année : ou bien c'eſt qu'ils faiſoient alluſion du nom de cette Deeſſe *Strenia*, dans le bois de laquelle ils prenoient la Verveine, avec le mot de *Strenuus*, qui ſignifie vaillant & genereux : auſſi le mot de *Strena*, qui ſignifie Eſtrene, ſe trouve quelquefois écrit *Strenua* chez les anciens, comme dans le marbre que nous avons cité cy-deſſus, Diſſertation XXIII. & dans le Gloſſaire de Philoxene. Auſſi eſtoit-ce proprement aux perſonnes de valeur & de merite, auſquels eſtoit deſtiné ce preſent, & à ceux dont l'eſprit tout divin promettoit plus par la vigilance, que par l'inſtinct d'un heureux augure. *Strenam*, dit Feſtus, *vocamus quæ datur die religioſo, omnis boni gratia*. Pour le mot de *Strenuus*, quelques uns le font venir de *Sterno*, & d'autres du mot Grec ϛρηνής, qui ſignifie *Fort*.

Apres ce temps-là on vint à faire des preſens de figues, de dattes, & de miel, comme pour ſouhaiter aux amis qu'il n'arrivât rien que d'agreable & de doux dans le reſte de l'année.

Enſuite les Romains quittant leur premiere ſimplicité, & changeant leurs Dieux de bois en des Dieux d'or & d'argent, commencerent à eſtre auſſi plus magnifiques en leurs preſens, & à s'en envoyer ce jour-là de differentes ſortes & plus conſiderables : mais ils s'envoyoient particulierement des monnoyes & des medailles d'argent, trouvant qu'ils avoient eſté bien ſimples dans les ſiecles precedens,

Trentiéme Dissertation. 487

cedens, de croire que le miel fût plus doux que l'argent, comme Ovide fait agreablement dire à Janus. C'est pourquoy Dion parlant des Estrenes, les appelle simplement ἀργυροῦν, de l'argent. _{Ovid. Fast. lib. 10.}

Avec les presens ils se souhaitoient mutuellement toute sorte de bonheur & de prosperité pour le reste de l'année, & se donnoient des témoignages reciproques d'amitié. Et comme ils prirent autant d'empire dans la Religion que dans l'Estat, ils ne manquerent pas d'établir des loix qui la concernoient, & firent de ce jour-là un jour de Feste, qu'ils dedierent & consacrerent particulierement au Dieu Janus, qu'on representoit à deux visages, l'un devant & l'autre derriere, comme regardant l'année passée & la prochaine. On luy faisoit dans ce jour des Sacrifices, & le peuple alloit en foule au mont Tarpée, où Janus avoit quelque Autel, tous habillez de robes neuves : d'où nous pouvons remarquer que ce n'est pas une mode nouvelle d'affecter de s'habiller de neuf les premiers jours de l'année.

Neanmoins quoy que ce fût une feste, & même une feste solemnelle, puis qu'elle estoit encore dediée à Junon, qui avoit tous les premiers jours de mois sous sa protection, & qu'on celebroit aussi ce jour-là, la dedicace des Temples de Jupiter & d'Æsculape, qui estoient dans l'Isle du Tibre ; nonobstant, dis-je, toutes ces considerations, le peuple ne demeuroit pas sans rien faire ; mais au contraire chacun commençoit à travailler quelque chose de sa profession, afin de n'estre pas paresseux le reste de l'année : ce qui est encore demeuré parmy nous, puis qu'il y en a beaucoup qui se levent plus matin ce jour-là, pour en estre plus diligens le reste de l'année.

Enfin l'usage des Estrenes devint peu à peu si frequent sous les Empereurs, que tout le peuple alloit souhaiter la bonne année à l'Empereur, & chacun luy portoit son present d'argent selon son pouvoir : cela estant estimé comme une marque d'honneur & de veneration qu'on portoit aux Superieurs ; au lieu que maintenant la mode est renversée, & ce sont plutôt les Grands qui donnent les Estrenes aux petits, les Peres à leurs enfans, & les Maîtres à leurs serviteurs.

Auguste en recevoit si grande quantité, qu'il avoit accoûtumé d'en acheter & dedier des Idoles d'or & d'argent, comme estant genereux & ne voulant pas appliquer à son profit particulier les liberalitez de ses sujets.

Tibere son successeur, qui estoit d'une humeur plus sombre, & qui n'aimoit pas les grandes compagnies, s'absentoit exprés les premiers jours de l'année, pour éviter l'incommodité des visites du peuple, qui seroit accouru en foule pour luy souhaiter la bonne année, & il desapprouvoit qu'Auguste eut receu des presens, parce que cela estoit incommode, & qu'il faloit faire de la dépense pour témoigner au peuple sa reconnoissance par d'autres liberalitez. Ces ceremonies occupoient
mesme

mesme si fort le peuple les six ou sept premiers jours de l'année, qu'il fut obligé de faire un Edict, par lequel il defendoit les Estrenes passé le premier jour.

Caligula, qui posseda l'Empire immediatement apres Tibere, & qui se faisoit autant remarquer par son avarice, que par ses autres mauvaises qualitez, fit savoir au peuple par un Edict, qu'il recevroit les Estrenes le jour des Calendes de Janvier, qui avoient été refusées par son predecesseur; & pour cet effet il se tint tout le jour dans le Vestibule de son Palais, où il recevoit à pleines mains l'argent & les presens qui luy estoient presentez par la foule du peuple.

Claude qui luy succeda, abolit ce que son predecesseur avoit voulu rétablir, & défendit par Arrest qu'on n'eût point à luy venir presenter des Estrenes, comme on avoit fait sous Auguste & sous Caligula.

Depuis ce temps-là cette coûtume démeura encore parmy le peuple, comme *Herodien* le remarque sous l'Empereur *Commode*, & *Trebellius Pollio* en fait encore mention dans la vie de *Claudius Gothicus*, qui parvint aussi à la dignité Imperiale.

On pourroit rechercher là-dessus, pourquoy c'est que ce premier jour de l'année ils avoient accoûtumé de se faire les uns aux autres des presens & des vœux mutuels, plutôt qu'en un autre temps; & c'est la demande que fait Ovide à Janus, qu'il fait répondre avec une gravité digne de luy.

P P p   C'est

C'est, dit-il, que toutes choses sont contenuës dans les commencemens, & c'est à cause de cela, ajoûte-t-il, que l'on tire les augures du premier oyseau qu'on apperçoit. En effet, les Romains pensoient qu'il y avoit quelque chose de divin dans les commencemens. La tête estoit estimée une chose divine, parce qu'elle est pour ainsi dire le commencement du corps. Ils commençoient leurs guerres par les augures, par les sacrifices & par les vœux publics; & le commencement de chaque mois étoit dedié à Junon, & se celebroit comme un jour de Feste. Aussi la raison qu'ils avoient de sacrifier à Janus ce jour là, & de se le rendre propice, c'est qu'étant le Portier des Dieux, ils esperoient d'avoir par ce moyen l'entrée libre chez tous les autres le reste de l'année, s'ils s'acqueroient au commencement Janus pour amy : & comme il presidoit au commencement de l'année, ils esperoient sa faveur pour eux & pour leurs amis, s'ils attiroient ce Dieu dans leurs interests. On luy sacrifioit de la farine & du vin, ce qui a donné sans doute occasion de se réjoüir & faire la débauche ce jour-là, comme plusieurs l'ont retenu parmy nous.

Les Grecs chez qui les Estrenes n'estoient pas en usage avant qu'ils les eussent prises des Romains, n'avoient pas de mot qui signifiât particulierement celuy de *Strena* : car le mot ἐναρχισμός, qui se trouve dans les anciens Glossaires, & dont les anciens Autheurs ne se sont pas servis, signifie seulement

ment *un bon commencement*. Celuy de ξένιον, signifie en general un present. Θαλλὸς, dans le Glossaire de Philoxene est expliqué *Verbena*, *Strenua*, parce que ce mot signifioit un rameau, une plante, telle qu'estoit la Verveine, qui dans les commencemens estoit, comme nous avons dit, la matiere des Estrenes.

Athenée introduit Cynulcus qui reprend Ulpianus d'avoir appellé l'Estrene ἐπινομὶς, apparemment parce que cela ne peut signifier qu'une chose qu'on donne par dessus, une gratification, & comme nous pourrions dire à present, les Estrenes qu'on donne à un valet, ou à quelqu'autre personne, par dessus la somme à laquelle on estoit obligé, & non pas proprement celles que l'on donne au commencement de l'année, à des amis.

Dans les premiers Siecles de l'Eglise & mesme apres la destruction du Paganisme, la mode d'envoyer des Estrenes aux Magistrats & aux Empereurs, ne laissa pas de subsister. Corippus dans le quatriéme livre du Consulat de l'Empereur Justin:

Dona Calendarum, quorum est ea cura parabant
Officia & turmis implent felicibus aulam,
Convectant rutilum sportis capacibus aurum.

Comme l'année nouvelle estoit le commencement du Consulat & des autres Magistratures, le Senat, le Peuple & les Sacrificateurs faisoient des vœux, des festins, & des presens ce jour-là aux Consuls & aux Princes, comme le témoignent ces Vers de Prudence.

— *Jano etiam celebri de mense litatur*
Auspiciis, epulisque sacris, quas inveterato,
Heu miseri! sub honore agitant & gaudia ducunt,
Festa Calendarum.

Les Empereurs donnoient souvent ces Estrenes que le Peuple leur faisoit, pour des reparations des bâtimens publics. C'est ce que signifie cette Inscription de Gruter.

A Rome,

LARIBVS. PVBLICIS. SACRVM
IMP. CAESAR. DIVI F. AVGVSTVS
PONTIFEX. MAXIMVS
TRIBVNIC. POTEST: XVIIII
EX STIPE QVAM POPVLVS EI
CONTVLIT. K. IANVARII. APSENTI
C. CALVISIO SABINO
L. PASSIENO RVFO   COS.

C'est à dire, que l'on avoit fait une reparation au Temple *dedié aux Lares Publics, de l'argent que le Peuple avoit apporté le premier de Janvier pour les Estrenes de l'Empereur Cesar Auguste alors absent de de la ville, sous le Consulat de Caius Calvisius Sabinus & de Lucius Passienus Rufus.* Sur quoy Gruterus remarque le passage de Suetone, où il est dit que tous les Ordres jettoient tous les ans dans le Lac Curtien

Curtien *Stipem*, c'eſt à dire, une Medaille frappée le jour des Calendes au commencement de l'année. Et c'eſt apparemment ce que ſignifie ce Medaillon d'Antonin Pie que Monſieur Bellori Antiquaire de Rome a donné au Public, où on lit au Revers dans une couronne de laurier. S. P. Q. R. A. N. F. F. Optimo Principi Pio. C'eſt à dire, *Senatus Populúſque Romanus Annum Novum Fauſtum Felicem Optimo Principi Pio* precatur. *Le Senat & le Peuple Romain* ſouhaitent *la nouvelle Année bonne & heureuſe au tres bon Prince Antonin Pie.*

Il eſt vray que cela ſe peut auſſi rapporter à la nouvelle année dans laquelle ce Prince entroit, à la prendre depuis le jour qu'il avoit commencé de regner, qui fut le ſiziéme des Ides de Juillet de l'année de Rome 890. & de Nôtre Seigneur 139. Les vœux & les prieres ſe reiterans toutes les années au meſme jour, & une ſemblable Medaille luy eſtant preſentée : ce qui eſtoit toûjours une eſpece d'Eſtrene. Pline dans ſon Epiſtre 101. *Vota Domine priorum annorum nuncupata alacres, lætique perſolvimus, novàque rurſus, curante Commilitonum & Provincialium pietate ſuſcepimus.*

Cette coûtume de ſolemniſer le premier jour de l'an par les Eſtrenes & les réjoüiſſances, ayant paſſé du Paganiſme dans le Chriſtianiſme, les Conciles & les Peres ont fort declamé contre cet abus. Ils les appelloient Calendes du mot general, qui ſignifioit chez les Romains le premier du mois. Tertullien dans ſon livre de l'idolatrie : *Nous*, dit-il, qui avons en horreur les festes des Juifs, & qui trouverions étranges leurs Sabbats, leurs nouvelles Lunes, & les solemnitez autrefois cheries de Dieu, nous nous familiarisons avec les Saturnales, & les Calendes de Janvier, avec les Matronales & les Brumes. Les Estrenes marchent, les presens volent de toutes parts. Ce ne sont en tous lieux que jeux & banquets. Les Payens gardent mieux leur religion : Car ils n'ont garde de solemniser aucune feste des Chrestiens, de peur qu'ils ne le paroissent, tandis que nous ne craignons pas de le paroistre, en faisant leurs Festes.

Le siziéme Concile *in Trullo*, condamne les festes appellées Calendes, & celles qu'on nommoit *Vota* & *Brumalia*. Balsamon Auteur Grec du bas Empire qui a commenté les Canons des Conciles, fait deux plaisantes beveuës sur ces deux mots de βοτά, ou *Vota*, & de *Brumalia* : disant que cette premiere feste estoit à l'honneur du Dieu Pan, Protecteur du bétail, parce que βοτά signifie des paturages, & que la derniere nommée *Brumalia* étoit une feste dediée à Bacchus, qui portoit l'Epithete de *Bromius*. Mais il est certain que ces deux mots sont purement Latins, βοτά, *Vota*, sont les vœux qui se faisoient au commencement de l'année, & *Brumalia*, les festes des Saturnales qui se faisoient au commencement de l'hyver appellé par les Latins *Bruma*.

Matthieu Blastaris qui a aussi commenté les Conciles, dit que la feste des Calendes se faisoit le premier jour de Janvier, & qu'on se réjoüissoit

parce

parce que la Lune renouveloit ce jour-là, & qu'on croyoit que si l'on se divertissoit bien dans ce commencement, on en passeroit toute l'année plus gayement : mais cela n'est bon que pour les années Lunaires, qui assurément estoient anciennement plus en usage que les Solaires. Balsamon dit que c'estoient les dix premiers jours du mois qu'on appelloit Calendes, pendant lesquels duroient les réjouïssances.

Asterius Autheur Grec que l'on compte parmy les Peres nous a laisé un sermon contre la feste des Calendes, & le Paganisme du Royboit, qui estoit une imitation des Saturnales, comme l'a doctement prouvé le sieur Deslions Doyen de Senlis. Mais ces coûtumes ont si bien pris pied parmy nous, qu'il est inutile d'entreprendre de les vouloir bannir : non plus que la coûtume de dire à ceux qui eternuent Dieu vous assiste, qui est venuë de ce que les anciens Payens s'estoient imaginez que l'eternuëment estoit une maladie, ou un signe d'indisposition, à cause dequoy quand on eternuoit, ils disoient *Jupiter vous conserve*. Neanmoins quoy que nous soyons bien persuadés presentement qu'il n'y a rien que de naturel dans l'éternuement, & que c'est plutôt un signe de santé que de maladie, nous ne laissons pas d'obeïr à cette coûtume, comme à un Tyran dont on ne peut se défaire.

TRENTE-UNIE'ME DISSERTATION.

Sur l'Histoire du Faux Prophete Alexandre de Lucien, illustrée par les Medailles.

TOut le monde fçait que Lucien quoy que Payen, a tourné la religion Payenne & les Divinitez en ridicule, c'est pourquoy on luy a donné l'Epithete d'impie & d'Athée, comme à un homme qui se moquoit ouvertement de la religion qu'il professoit. Cela paroit dans une bonne partie de ses œuvres, & particulierement dans ses Dialogues intitulez *Jupiter confondu*, & *Jupiter le Tragique*. C'est pourquoy, comme il avoit l'esprit beau, mais satyrique au dernier point, on pourroit croire que l'Histoire du Faux Prophete Alexandre, qu'il nous a donnée, n'est qu'un jeu de son esprit, pour décrier les Oracles des Payens, en faisant voir que ce n'estoit que fourberie : car il nous dépeint cet Alexandre comme un fameux Imposteur, qui trompoit tout le monde par ses pretendus Oracles, qu'il rendoit dans la Ville d'Abonoteichos, du temps mesme de Lucien, qui vivoit sous le regne des Antonins. Mais ayant trouvé la confirmation & les preuves certaines de cette Histoire dans deux rares Medailles, j'ay cru d'obliger les curieux en leur en donnant le dessein, avec quelques remarques sur le recit même de Lucien, que j'infereray tout au long selon la traduction de M. d'Ablancourt. On y verra une infinité de fourberies surprenantes, qui passoient dans l'esprit du peuple, pour des miracles & des oracles veritables : & je ne doute pas que si les autres Oracles du Paganisme avoient eu des examinateurs aussi éclairez & aussi adroits que Lucien, qui nous en eussent voulu donner l'Histoire, la pluspart ne se fussent trouvez estre plutôt des tours de soupleffe, que des effets de Magie. Monsieur de Monconis assure dans son voyage d'Egypte, qu'il y vit le reste d'une Idole ancienne de ce pays-là, dont la teste seule a vingt-six pied de haut. C'estoit la representation d'une Hyene, ou peut-estre plutôt d'un Sphinx, dont les statuës estoient fort communes en Egypte. Cette Idole estoit placée dessus une voute, par laquelle les Prestres Payens pouvoient entrer dans le vuide de la Statuë, & répondre à ceux qui consultoient l'Oracle, y ayant mesme dans la teste un trou où un homme pouvoit demeurer débout sans estre vû.

Depuis la venuë de JESUS-CHRIST les Payens avoient encore plus besoin de ces impostures pour donner du credit à leur religion, puis que deslors les Oracles avoient cessé de parler, comme on le peut voir par un traité que Plutarque a fait pour en rechercher la cause. Le Demon avoit aidé les hommes à établir l'idolatrie par ses prestiges, mais la lumiere estant repanduë par l'Évangile, les hommes aidoient à leur tour le Demon, pour conserver les malheureux restes de sa Tyrannie. On s'étonnera peut-estre qu'il n'y ait pas des autres Historiens, qui nous ayent parlé de cet Oracle: mais comme il estoit dans une ville de peu de reputation & fort éloignée du commerce des grandes villes, il peut n'avoir pas esté connu par ceux qui nous ont donné l'histoire Romaine, ou peut-estre le confondoient-ils avec les autres Oracles de l'Asie mineure, qui estoient en assez grand nombre.

Combien mesme avons-nous d'Autheurs perdus, ou qui sont encore Manuscripts dans les bibliotheques, desquels nous pourrions apprendre bien des choses, qui nous manquent dans l'histoire? Casaubon cite un fragment d'un manuscrit Grec, qui est dans la bibliotheque du Roy, dont le titre estoit, Des Villes qui avoient changé de nom, où sans doute s'il estoit entier, nous lirions quelque chose de cette Histoire, puis qu'elle a esté la cause que la ville d'*Abonoteichos*, changea de nom & fut appellée *Jonopolis*.

Monsieur d'Ablancourt ne s'est pas au reste attaché à traduire mot à mot le Grec de Lucien, ayant voulu rendre cette Histoire agreable à lire en nôtre langue: ce qu'on n'auroit pas bien pû faire en suivant trop scrupuleusement les expressions de cet Autheur. Il nomme d'abord cet imposteur, *Alexandre fils de Podalire*, quoy que dans Lucien, il y ait *Alexandre d'Abonoteichos*, mais nôtre Traducteur ne dit pas icy sa patrie, parce
qu'elle

qu'elle est nommée plus bas; & il l'appelle fils de Podalire, parce qu'il se vantoit de l'estre, pour donner du credit aux secrets de Medecine qu'il sçavoit : car Podalire qu'on disoit estre fils d'Esculape fut un Medecin celebre frere de Machaon, qui vint de Crete au camp des Grecs devant Troye pour les secourir de sa profession,

Quantus apud Danaos Podalirius arte medendi.

Monsieur d'Ablancourt se contente aussi de dire le sens de l'Oracle rendu à Severien, sans s'amuser à traduire des galimatias : & il omet un autre Oracle obscur qui ne sert de rien. Voicy donc l'Histoire telle que Lucien nous l'a donnée.

ALEXANDRE,

OU

LE FAUX PROPHETE.

Histoire écrite par Lucien.

TU ne m'imposes pas une petite charge, mon cher Celsus, de vouloir que je t'écrive la vie d'Alexandre fils de Podalire, qui n'est guere moins illustre que celle du grand Alexandre, puis que l'un ne s'est pas plus signalé par ses belles actions, que l'autre par ses impostures. Je ne laisseray pas toutefois de l'entreprendre pour te complaire, & tâcheray de m'en acquiter au moins

C'est ain-si qu'il s'appelloit.

mal qu'il me fera poſſible, pourveu que tu ayes aſſez de bonté pour ſuppléer à mes défauts, & pardonner à ma foibleſſe. A l'exemple donc d'Hercule je travailleray à nettoyer l'étable d'Augie, & je t'en feray voir quelques ordures, par où tu puiſſe comprendre, combien eſtoit grand le fumier que trois mille bœufs avoient amaſſé en l'eſpace de pluſieurs années. Mais j'ay peur qu'on ne nous condamne tous deux, moy de mettre au jour tant de vilenies, & toy de m'y convier. Car celuy dont nous parlerons meriteroit mieux d'eſtre déchiré en plein theatre, par des Renards ou par des Singes, que d'eſtre celebré dans l'hiſtoire. Mais ſi l'on m'attaque je me deffendray par l'exemple d'Arrian le diſciple d'Epictete, qui n'a point eſtimé indigne de ſon ſçavoir & de ſa condition, de laiſſer à la poſterité l'hiſtoire d'un fameux voleur.

Voicy donc à ſon imitation celle d'un inſigne brigand, & d'un brigand, non pas de foreſts ny de montagnes, mais de villes; qui n'a pas couru quelques deſerts, mais qui a ravagé tout l'Empire. Pour commencer par ſa deſcription, il eſtoit de belle taille & de bonne mine, avoit l'œil vif, le tein blanc, la voix claire, le ton doux & affable, peu de barbe au menton, & quelques faux cheveux parmy les ſiens, meſlez ſi adroitement qu'on ne les pouvoit reconnoître. En un mot, ſon corps eſtoit ſans deffaut; mais pour ſon eſprit, grands Dieux! il euſt mieux valu tomber dans les mains

d'un

d'un ennemy que dans les siennes. Du reste plein de vivacité, de docilité, de memoire, & de plusieurs autres belles qualitez, qu'il employoit toutes en mal, & dont il s'est servi pour l'emporter par dessus les plus méchans & les plus scelerats qui ayent jamais esté au monde. Cependant écrivant un jour à son gendre Rutilianus, il se comparoit avec beaucoup de modestie à Pythagore. Mais que Pythagore me pardonne, s'il luy plaist, s'il eût esté de son temps, il n'eût esté qu'un enfant auprés de luy. Non pas que je le vueille comparer à un si méchant homme, mais je veux dire que tout ce qu'on a dit faussement de Pythagore, n'est rien en comparaison de ce qu'on peut dire veritablement de celuy-cy. Enfin, figure-toy un abregé de toute sorte de fourbes, de mensonges, & d'impostures, accompagnées d'un esprit vif, audacieux, entreprenant, & qui estoit adroit à faire & à persuader tout ce qu'il vouloit. Mais du reste si couvert, qu'on ne sortoit jamais d'avec luy que dans l'opinion que c'estoit le plus homme de bien du monde.

 Comme il estoit fort beau & fort pauvre en sa jeunesse, il se prostituoit à tout le monde, & particulierement à un Charlatan qui contrefaisoit le Magicien, & debitoit plusieurs secrets tant pour faire aimer ou haïr, que pour découvrir des tresors, attraper des successions, perdre ses ennemis, & autres choses semblables. Et veritablement il estoit expert dans la Medecine; & comme la fem-

Thon. me de cét Egyptien, dont parle le Poëte, sçavoit plusieurs secrets tant pernicieux que salutaires, estant du païs d'Apollonius Tyanéus, & de ceux qui l'avoient frequenté, & qui sçavoient toute son histoire. Tu vois de quelle école étoit sorty ce charlatan, & que ce n'estoit pas un homme de peu. Comme il eut donc veu ce jeune garçon d'un esprit vif & adroit, capable de luy rendre service, il prit plaisir à l'instruire, estant aussi amoureux de sa beauté que l'autre l'estoit de son sçavoir, & fit apres son compagnon de son disciple. Lors qu'Alexandre fut devenu grand, & que son docteur fut mort & sa beauté passée, la necessité le porta à entreprendre quelque chose d'extraordinaire pour tâcher de subsister.

S'estant donc allié d'un Croniqueur Bisantin nommé Cocconas, le plus méchant de tous les hommes, ils coururent par tout pour surprendre les esprits foibles, tant qu'ils rencontrerent une vieille qui faisoit encore la belle, & qui estoit bien aise d'estre cajolée. Elle estoit de Pella, autrefois capitale de la Macedoine, qui est maintenant comme deserte, & ils la suivirent jusques là, de la Bithynie, vivant à ses dépens, parce qu'elle estoit fort riche. Comme ils furent arrivez & qu'ils eurent remarqué qu'on y nourrissoit de grands serpens, qui sont si privez qu'ils tettent les femmes, *Qui cou-* & se joüent avec les enfans sans leur faire mal, *choit a-* *vec un* d'où vient sans doute la fable d'Olympias; Ils en *serpent.* acheterent un des plus grands & des plus beaux,

qui

Trente-uniéme Dissertation. 503

qui est la source & l'origine de toutes les avantures que je vais décrire. Car ces deux méchans esprits pourveus des qualitez que j'ay dites, s'étant unis ensemble pour mal faire, & ayant reconnu que la crainte & l'esperance sont les deux pôles sur lesquels tourne le genre humain, & tout le fondement de la curiosité & de la superstition, ils resolurent de les faire servir à leurs ambitieux desseins, & dresserent un Oracle, dont le succez surpassa mesme leur esperance. Ils furent quelque temps à deliberer du lieu où ils commenceroient la Piece. Cocconas croyoit la ville de Calcedoine la plus propre à leur dessein, à cause du concours de diverses Nations qui l'environnent; Mais Alexandre prefera son pays, où les esprits étoient plus grossiers & plus superstitieux, tels qu'il faut à l'établissement d'une nouvelle religion. Car la plûpart des Paphlagoniens, & particulierement ceux qui demeurent par delà *le Mur d'Abonus*, ou *Abonoteichos* d'où il estoit, courent apres le premier Charlatan qu'ils rencontrent avec la flûte, le tambour ou les cymbales, & le prennent pour un homme descendu du Ciel. *Ville de la Paphlagonie. Equipage des anciens Prophetes.*

Cét avis ayant esté suivy, ils cacherent des lames de cuivre dans un vieux Temple d'Apollon qui est à Calcedoine, & écrivirent dessus qu'Esculape viendroit bien-tost avec son pere, établir sa demeure en la ville dont je viens de parler. Puis ayant fait en sorte que ces lames fussent trouvées, la nouvelle s'en répandit aussi-tost par tout *Apollon.*

tout le Pont & toute la Bithynie, & particulierement au lieu désigné ; de sorte que les habitans decernerent un Temple à ces Dieux, & commencerent à en creuser les fondemens. Cependant Cocconas dressoit des Oracles trompeurs & ambigus à Calcedoine, où il fut emporté de la morsure, comme je croy, d'une vipere ; & incontinent apres Alexandre prit sa place, avec une longue chevelure bien peigné, une saye de pourpre rayée de blanc, couvert d'un surplis par dessus, & tenant en sa main une faux comme Persée, de qui il se disoit descendu du côté de sa mere. Car ces miserables Paphlagoniens, quoy qu'ils eussent connu son pere & sa mere qui estoient de pauvres gens, estoient si sots que de croire un Oracle trompeur qu'il publioit, par lequel il se disoit fils de Podalire, qui devoit estre bien ardent pour venir de Trique en Paphlagonie coucher avec la mere de nôtre imposteur. Il debitoit un autre Oracle de la Sibylle qui portoit, *Que sur les bords du Pont Euxin, prés de Sinope, il viendroit un Liberateur d'Ausonie*, & entreméloit cela de termes mystiques & enbrouillez.

Ou, d'un mâteau blanc.

Alexandre donc venant en sa patrie, apres toutes ces predictions, estoit suivi & reveré comme un Dieu. Car il feignoit quelquefois d'estre épris de fureur divine, & par le moyen de la racine d'une herbe qu'il mâchoit, qu'on nomme l'herbe au foulon, il écumoit extraordinairement ; ce que les sots attribuoient à la force du Dieu qui le possedoit.

possedoit. Il avoit preparé long-temps auparavant une teste de Dragon faite de linge, qui ressembloit à celle d'un homme, & qui ouvroit & fermoit la bouche par le moyen d'un crin de cheval, pour s'en servir avec le serpent dont j'ay parlé, qui devoit faire le principal personnage de la Comedie. Lors qu'il voulut commencer il se transporta la nuit à l'endroit où l'on creusoit les fondemens du Temple, & y ayant trouvé de l'eau, soit de source ou bien de pluye, il y cacha un œuf d'oye, où il avoit enfermé un petit serpent qui ne faisoit que de naître. Le lendemain il vint tout nud de grand matin dans la place publique, ceint d'une écharpe dorée, pour couvrir sa nudité, tenant en sa main sa faux & branlant sa longue chevelure comme font les Prestres de Cybille; Puis montant sur un Autel élevé, il commença à dire que ce lieu estoit heureux d'estre honoré de la naissance d'un Dieu. A ces mots toute la ville qui estoit acouruë à ce spectacle dressa l'oreille, & commença à faire des vœux & des prieres, tandis qu'il prononçoit des termes barbares en langue Juïve ou Phenicienne, ce qui les étonnoit encore plus. Ensuite il court vers le lieu où il avoit caché son œuf d'oye, & entrant dans l'eau commence à chanter les loüanges d'Apollon & d'Esculape, & à inviter celuy-cy à descendre & à se montrer aux hommes. A ces mots, il enfonce une coupe dans l'eau, & en retire cet œuf mystericux, qui tenoit un Dieu enfermé, & lors qu'il l'eut en sa main, il commença à dire qu'il tenoit Esculape. Chacun estoit attentif à contempler ce beau mystere, lors qu'ayant cassé cét œuf, il en sortit ce petit serpent que j'ay dit, qui s'entortilloit autour de ses doigts. On pousse en l'air des cris de joye, entremeslez de benedictions & de loüanges. L'un demande au Dieu la santé, l'autre des honneurs ou des richesses. Cependant, nôtre imposteur retourne au logis, tout courant, tenant en sa main Esculape né d'une Oye, & non pas d'une Corneille comme autrefois, & suivy d'une foule de peuple transporté d'une vaine esperance.

C'est qu'il étoit fils de Coronis, qui signifie Corneille.

Il se renferme chez luy jusques à ce que le Dieu fût devenu grand, & un jour que toute la Paphlagonie y estoit accouruë, & que son logis estoit plein de monde depuis le haut jusqu'en bas, il s'assit sur un lict en son habit prophetique, & tenant dans son sein ce serpent qu'il avoit apporté de la Macedoine, il commença à le montrer entortillé autour de son cou, & traînant une longue queuë, tant il estoit grand; Mais il cachoit à dessein la teste sous son aisselle, sans faire paroître que celle de linge qui avoit la figure humaine; ce qui remplissoit tout le monde d'admiration. D'ailleurs, il faut remarquer que la chambre n'estoit pas trop bien percée, & que l'assistance n'estoit composée que de pauvre idiots, à qui il avoit déja ôté la cervelle & le cœur par ses prestiges; outre que la Renommée & l'Esperance estoient capables seules de les aveugler. Ajoûtez à cela qu'on n'y demeuroit pas long-temps, & qu'à mesure qu'on entroit on en sortoit par une autre porte, comme les soldats d'Alexandre, à sa mort. Ce spectacle dura quelques jours, & se renouvelloit toutes les fois qu'il arrivoit quelque personne de condition. D'ailleurs, il ne faut pas s'étonner si des barbares grossiers & ignorans y estoient surpris, veu que les plus fins ne sçavoient que dire en voyant & touchant un dragon qu'ils avoient veu naître, & qui étoit crû en un instant à une si prodigieuse grosseur, & portoit la figure humaine.

Il eût falu un Epicure ou un Democrite pour reconnoistre la tromperie, ou quelqu'autre de ces anciens Philosophes qui estoient sçavans dans la Nature, & qui auroient bien veu qu'il y avoit de la fourbe, quand mesme ils ne l'auroient pû découvrir. Toute la Bithynie donc, la Galatie, & la Thrace, y accouroient en foule sur le rapport de la Renommée. Ajoûtez à cela, les portraits qui en couroient par tout, avec des statuës d'argent & de cuivre faites apres nature. On publioit même un Oracle qui predisoit son nom, & l'appelloit *Glycon le troisième sang de Jupiter, qui apportoit la lumiere aux hommes :* Car nôtre imposteur voyant l'occasion favorable, rendoit des Oracles pour de l'argent, à l'exemple d'Amphiloque, qui apres la mort de son pere Amphiaraüs, estant chassé de Thébes, se retira en Asie, où il predisoit l'avenir aux Barbares pour deux carolus. Il avertit donc que le Dieu rendroit les réponses luy-mesme dans un certain temps, & qu'on écrivit ce qu'on luy voudroit demander en un billet cacheté. Alors s'enfermant dans le Sanctuaire du Temple, qui eſtoit déja conſtruit, il faiſoit appeller d'ordre par un Heraut tous ceux qui avoient donné leurs billets, & les leur rendoit cachetez avec la réponſe du Dieu. La fourbe n'eſtoit pas difficile à reconnoître à un homme d'entendement; mais des ſots ne s'appercevoient pas qu'il décachetoit en particulier les billets, & apres avoir répondu tout ce qu'il luy plaiſoit, il les rendoit cachetez comme auparavant. Car il y a pluſieurs moyens de lever un cachet ſans rompre la cire, & j'en veux mettre icy quelques-uns, afin qu'on ne prenne pas une ſubtilité pour un miracle. Premierement avec une éguille chaude, on détache la cire qui joint le filet à la lettre, ſans rien défaire du cachet : & apres qu'on a lû ce qu'on veut, on le rejoint de la meſme ſorte. Il y a une autre invention, qui ſe fait avec de la chaux & de la colle ; ou avec un maſtic compoſé de poix, de cire, & de bitume, mêlez avec de la poudre d'une pierre fort tranſparente, dont on fait une boule, ſur laquelle quand elle eſt encore tendre on imprime la figure du cachet, apres l'avoir froté de graiſſe de pourceau. Car à l'inſtant elle durcit, & ſert à recacheter comme ſi c'eſtoit le cachet meſme. Il y a pluſieurs autres ſecrets ſemblables, qu'il n'eſt pas neceſſaire de t'écrire, puis que tu en as fait mention dans ton Traité des artifices

Poix Briттienne.

des Magiciens, qui est un tres bel ouvrage, & tres-utile pour détromper les ignorans, & empescher qu'on n'abuse de leur credulité.

 Il contrefaisoit donc le Prophete avec le plus d'adresse qu'il pouvoit, de peur qu'on ne remarquât la tromperie, se sauvant toûjours par quelque réponse obscure ou ambiguë, suivant la coûtume des Oracles. Tantost il encourageoit les uns, tantost il détournoit les autres de leur entreprise, selon qu'il luy sembloit plus à propos; tantost il prescrivoit aux malades des regimes ou des remedes, car il sçavoit plusieurs beaux secrets de la Medecine. Pour ce qui concerne l'esperance des avancemens & des successions, il differoit toûjours d'y répondre, & les remettoit à une autrefois, ou quand son Prophete l'en prieroit; car il parloit au nom du Dieu. Cependant, il prenoit environ dix sols pour chaque Oracle, ce qui montoit à une somme tres-considerable, parce qu'il en debitoit bien soixante ou quatre-vingts mille par an. Car le peuple estoit si friand de ces sottises, comme on est curieux de nouveauté, & de sçavoir l'avenir, qu'une mesme personne faisoit quelquefois douze ou quinze demandes à dix sols piece, n'estant pas permis d'en mettre deux en un billet. Mais tout ce qu'il prenoit ne tournoit pas à son profit; Car il avoit sous luy plusieurs Officiers, dont les uns mettoient les Oracles en vers, les autres les souscrivoient, les cachetoient, les interpretoient, ou les gardoient, &

chacun tiroit penſion à proportion de ſon ſervice.

D'ailleurs, il avoit des eſpions & des emiſſaires dans les Provinces plus éloignées, qui répandoient par tout la reputation de l'Oracle, aſſurant qu'il prediſoit l'avenir, faiſoit retrouver ce qui eſtoit perdu, découvroit les treſors, gueriſſoit les malades, & pluſieurs autres choſes ſemblables. On y accouroit donc de toutes parts avec des victimes & des preſens, tant pour le Dieu que pour le Prophete. Car il commandoit par un Oracle de faire du bien à ſon Miniſtre, parce qu'il n'en avoit pas beſoin pour luy. Lorſque pluſieurs gens d'eſprit eurent reconnu la fourbe, & particulierement les Philoſophes de la ſecte d'Epicure, il tâcha de les intimider, en criant que tout le païs ſe rempliſſoit de Chrêtiens & d'Impies, qui ſemoient des calomnies contre luy, & commanda de les lapider, ſi l'on vouloit eſtre aux bonnes graces du Dieu. Comme quelqu'un luy eut demandé ce que faiſoit Epicure en l'autre monde, il répondit qu'il eſtoit plongé dans un bourbier, & chargé de chaînes. Car il luy en vouloit ſur tout pour avoir mieux découvert qu'aucun autre, toutes les fourbes & les impoſtures, qui ſe gliſſent dans le monde, ſous pretexte de religion. Mais Platon, Chryſipe & Pythagore eſtoient ſes bons amis. Il haïſſoit particulierement la ville d'Amaſtris à cauſe des amis de Lepidus, & de pluſieurs Philoſophes Epicuriens qui y demeuroient, & ne voulut

C'eſt qu'ils paſſoient pour Impies, à cauſe qu'ils ne croyoiẽt pas aux Dieux.

lut jamais rendre aucun Oracle à pas un des habitans. Mais un jour qu'il en voulut rendre un au frere de ce Proconsul, il se fit moquer de luy, en luy ordonnant de prendre un pied de pourceau avec de la mauve pour une douleur d'estomac, & encore en termes si ridicules, qu'on ne sçavoit ce qu'il vouloit dire; soit qu'il n'eust personne alors pour luy composer son Oracle, ou qu'il ne sceust que répondre.

Cependant, il montroit souvent le serpent à ceux qui le vouloient voir; mais il tenoit la teste cachée dans son sein, & ne laissoit toucher que le corps, & particulierement la queuë. Un jour voulant rafiner sur son imposture, il dit qu'Esculape répondroit visiblement, & cela s'appelloit *des réponses de la propre bouche du Dieu*; Ce qui se faisoit par le moyen de quelques nerfs de gruë qui aboutissoient à la teste du Dragon fait de linge, & qui servoient d'organes pour porter la voix d'un homme qui estoit hors de la chambre; mais cela ne se faisoit pas tous les jours, & estoit seulement pour les personnes de condition. Celuy qu'il rendit à Severien, touchant l'entreprise d'Armenie, estoit de ce nombre, où il luy prédisoit la victoire; mais apres sa défaite il en substitua un autre, qui le détournoit de cette entreprise. Car il estoit assez insolent pour corriger les Oracles qui avoient mal réüssi; & s'il arrivoit qu'il eût promis la santé à un malade, & qu'il vînt à mourir, il en publioit un tout contraire.

Mais

Mais pour gagner les bonnes graces de Male, de Claros, & de Didyme, où l'on rendoit des Oracles aussi trompeurs que les siens, il commandoit de les consulter; sur tout lors qu'il étoit pressé, & qu'il vouloit esquiver quelque demande. Voila ce qui se passa dans les lieux proches de sa demeure. Mais lors que la Renommée en fut répanduë en Italie & à Rome, chacun y accourut ou y envoya, & particulierement les Grands & ceux qui avoient le plus de credit auprés du Prince, dont le principal étoit Rutilianus qui s'étoit signalé en plusieurs occasions, & estoit fort homme de bien, mais extraordinairement superstitieux, jusques à se mettre à genoux devant toutes les pierres qu'il rencontroit en son chemin, sur lesquelles on avoit fait quelque effusion, ou jetté quelque guirlande. Il faillit donc à quitter l'Armée qu'il commandoit, pour y accourir, & y depeschoit Couriers sur Couriers. Mais comme ceux qu'il envoyoit n'estoient que des valets, ils se laissoient tromper aisément, & ajoûtoient de nouveaux mensonges aux anciens, pour rendre leur rapport plus recommandable, ce qui ne faisoit qu'accroître sa passion & redoubler sa fureur.

Cependant, comme il estoit ami des plus grands de Rome, il leur contoit ce qu'on luy avoit rapporté, & y méloit encore du sien, comme on a de coûtume, pour faire la piece plus belle; de sorte qu'il remplit toute la ville de ces prestiges, & en engagea plusieurs à consulter l'Oracle sur

leur

leur fortune. Ils furent fort bien receus du Prophete, qui leur fit divers presens, afin qu'à leur retour ils dissent du bien de luy, & qu'ils publiassent ses loüanges. Il se servoit d'une autre fourbe; c'est qu'aprés avoir lû leurs demandes, s'il en trouvoit quelqu'une trop hardie, il retenoit le billet, sans y faire réponse, pour avoir comme un gage de la fidelité de celuy qui l'avoit donné, qui par ce moyen estoit contraint de le caresser au lieu de s'en plaindre.

Je veux mettre icy tout d'un temps quelquesunes des réponses qu'il fit à Rutilianus. Comme ce Seigneur l'eut interrogé quel Precepteur il donneroit à son fils, il répondit ambiguëment à la façon des Oracles, *Pythagore & Homere*; Mais l'enfant étant mort quelque temps apres, comme il estoit en peine de défendre son Oracle, Rutilianus aidoit luy-mesme à se tromper, & asseuroit qu'il avoit predit la mort de son fils, en luy donnant pour Precepteurs des gens qui n'estoient plus au monde. Une autre fois comme le mesme luy eut demandé, suivant la doctrine de Pythagore, ce qu'il avoit esté avant que d'estre ce qu'il estoit, & ce qu'il seroit un jour, il luy répondit qu'il avoit esté Achille, puis Menandre, & qu'il deviendroit un rayon du Soleil, apres avoir vécu cent quatre-vingts ans ; mais il mourut de mélancholie à soixante & dix contre la promesse de l'Oracle, quoy que c'en fût un des plus authentiques. Comme il songeoit à se remarier, il luy offrit sa fille, qu'il disoit avoir euë de la Lune, devenuë amoureuse de luy aussi bien que d'Endymion, & luy commanda de l'épouser. Alors Rutilianus sans deliberer davantage la fit venir & l'épousa, apres avoir immolé des Hecatombes à sa belle-mere, comme s'il eût déja esté de la troupe des immortels.

Apres un si grand succés, nôtre imposteur medita de plus hauts desseins, & depeschât par tout des Couriers avec des Oracles; prédisant aux villes de se garder de la peste, des embrasemens, ou des tremblemens de terre, avec promesse de leur envoyer des remedes contre tous ces accidens. Il publia aussi un Oracle de la propre bouche du Dieu, pour servir de preservatif contre la contagion qui estoit alors tres-violente, & on le voyoit écrit sur les portes des maisons, comme un remede souverain contre ce mal; mais par malheur ces maisons-là furent les premieres attaquées, pour s'estre negligées peut-estre sur une vaine confiance.

Il avoit plusieurs personnes dans Rome qui luy mandoient le sentiment des principaux, & qui l'informoient de ce qu'ils devoient demander en arrivant, afin qu'il eût le loisir de preparer sa réponse. Il avoit étably aussi une espece de societé ou de confrerie, où l'on portoit des torches, avec diverses ceremonies qui duroient l'espace de trois jours. Le premier, on proclamoit comme on fait à Athenes, *S'il y a icy quelque Epicurien, quelque Chré-*
tien,

Trente-uniéme Dissertation. 515

tien, ou quelque Impie, qui soit venu pour se mocquer des mysteres, qu'il se retire, mais que les vrais fideles soient initiez à la bonne heure. Alors il marchoit le premier, en criant, *Hors d'icy Chrétiens*, & toute la troupe répondoit, *Hors d'icy Epicuriens*, puis on celebroit les couches de Latone avec la naissance d'Apollon & le mariage de Coronis, suivy de la venuë d'Esculape. Le second jour on solemnisoit la nativité de Glycon, & le troisiéme, le mariage de Podalire & de la mere de nôtre Prophete, où l'on allumoit des torches, dont toute la ceremonie empruntoit le nom. On y representoit aussi les amours du Prophete & de la Lune, d'où naissoit la femme de Rutilianus, & il s'endormoit au milieu de la ceremonie comme un autre Endymion. Alors descendoit du plancher une belle Dame qui representoit la Lune. C'estoit la femme d'un des Maîtres d'Hôtel du Prince, qui avoit l'insolence en la presence de son mary de venir baiser & embrasser nôtre imposteur, & peut-estre qu'ils eussent passé outre s'il n'y eût point eu tant de lumiere, car ils ne se haïssoient pas l'un l'autre.

_{On le nomme *Dadu*, comme qui diroit les torches.}

_{Ou, Intendant.}

Il r'entroit une autrefois avec ses habits Pontificaux, dans un grand silence, puis crioit tout à coup *Io Glycon :* A quoy répondoit un excellent chœur de Musiciens, *Io Alexandre*, suivis de Herauts Paphlagoniens, qui estoient de gros coquins qui sentoient l'ail, & qui portoient des chaussures de peaux. Cependant, comme la procession passoit avec des torches & des gambades mysterieuses, rieufes, il découvroit de temps en temps une cuisse d'or, pour contrefaire Pythagore, par le moyen, comme je croy, d'un calleçon doré qui reluifoit à la clarté des flambeaux. Cela émut une grande queſtion entre deux Philofophes, s'il n'avoit point l'ame de Pythagore, comme il en avoit la cuiſſe; mais elle fut remife à la decifion de l'Oracle, qui répondit que l'ame de Pythagore naiſſoit & mouroit de temps en temps, mais que celle du Prophete eſtoit immortelle, & de celeſte origine.

Quoy qu'il deffendit l'amour des garçons comme un crime deteſtable, il commanda aux villes du Pont & de la Paphlagonie, de luy en envoyer pour confulter l'Oracle, & chanter les loüanges du Dieu. On luy envoyoit donc tous les trois ans des enfans de bonne maifon & des mieux faits de la jeuneſſe, dont il fe fervoit à fes plaifirs, & avoit étably une plaifante coûtume, qu'on ne l'ofoit baifer en le faliiant lors qu'on avoit plus de dix-huit ans; de forte qu'il ne baifoit que de jeunes garçons qu'on appelloit pour cela les enfans du baifer, & donnoit fa main à baifer aux autres.

Voila comme il abufoit le fot populaire, qui tenoit à faveur de voir careſſer fa femme & fes enfans, & quelques-unes fe vantoient tout haut d'avoir eu des enfans de luy, & prenoient leurs maris à témoin. Je veux rapporter icy un Dialogue du Dieu & d'un Preſtre de Tio, dont on reconnoîtra l'efprit par celuy de fes demandes; car je les ay luës moy-mefme chez luy.

Demande.

Trente-uniéme Dissertation. 517

Demande. Dy-moy, Glycon, qui es-tu? *Réponse.* Je suis le nouvel Esculape. *D.* Es-tu Esculape luy-mesme, ou quelqu'autre qui luy ressemble? *R.* Il n'est pas permis de reveler ces mysteres. *D.* Combien seras-tu d'années à rendre des Oracles? *R.* Plus de mille ans. *D.* Où iras-tu ensuite? *R.* Dans la Bactriane & les pays voisins, pour honorer aussi les Barbares de ma presence. *D.* Les Oracles de Claros & de Delphes & de Didyme, sont-ils de vrais Oracles? *R.* Ne desire point de sçavoir les choses défenduës. *D.* Que seray-je apres cette vie? *R.* Chameau, puis cheval, & enfin Philosophe, & Prophete aussi grand qu'Alexandre. Voila ce que contenoit ce beau Dialogue. Du reste, nôtre Charlatan sçachant que ce Prestre étoit ami de Lepidus, il le voulut persuader par un Oracle de le quitter, comme Lepidus estant menacé de mort cruelle. Car il craignoit Epicure & ses Sectateurs, comme mortels ennemis de ses impostures, & faillit un jour à perdre un Epicurien qui eut la hardiesse de luy reprocher qu'il avoit fait mourir plusieurs innocens par un faux Oracle; ce qui arriva de la sorte.

Il avoit conseillé à un homme du païs d'accuser ses esclaves devant le Gouverneur de la Province, comme coupables de la mort de son fils, qui navigeant sur le Nil, en remontant vers sa source, se laissa persuader d'aller jusques aux Indes, sans en rien mander à ses gens qu'il avoit laissez à Alexandrie. Comme ils virent donc qu'ils *Jusqu'à la ville de Clysma ou Arsinoé, où il y a un canal qui va dans la mer rouge.*

SSs 3   n'enten

n'entendoient point de ses nouvelles, ils crûrent qu'il estoit mort, & retournerent vers le pere, qui les accusa comme j'ay dit, devant le Proconsul de la Galatie, à la persuasion de l'Oracle; & les fit condamner à mort. Sur ces entrefaites le fils revint qui justifia leur innocence, mais il n'y avoit plus de remede. Nôtre Prophete donc ne pouvant souffrir ces justes reproches, commanda à ceux qui estoient presens de lapider l'accusateur s'ils ne vouloient estre ses complices; & ils l'eussent fait, sans un certain Demostrate qui estoit alors en ces quartiers, qui l'embrassant le sauva. Pour moy, je ne l'eusse pas trop plaint; car pourquoy hazarder sa vie, pour détromper des sots qui ne meritent pas de l'estre? Voilà comme se passa cette affaire. Du reste la veille que cét imposteur vouloit rendre ses réponses, il appelloit par ordre tous ceux qui avoient presenté leurs demandes, & un Heraut luy crioit à haute voix, s'il vouloit rendre les Oracles? Alors s'il répondoit du sanctuaire à quelqu'un, qu'il allât à la mal-heure, personne ne vouloit plus recevoir cét homme-là, ny communiquer avec luy; on luy refusoit toute assistance, & il fal'oit qu'il vuidât le païs.

Il fit une autre chose, c'est qu'ayant trouvé le livre qui contient les principaux dogmes d'Epicure, qui est une des plus belles pieces de l'antiquité, & qui purge mieux une ame de ses ordures, que toutes les ceremonies de la purification. Car non seulement elle nous guerit de nos passions, fions, mais elle nous délivre de toute superstition, & des vains fantômes qui nous épouvantent. Ayant donc trouvé ce livre, comme j'ay dit, il le brûla publiquement, apres avoir debité un Oracle qui le commandoit, & jetta les cendres dans la mer. Ecoute maintenant le plus impudent de tous les mensonges.

Comme il eut entrée à la Cour par le moyen de son gendre Rutilianus, il envoya un Oracle à l'Empereur Marc-Aurele qui faisoit la guerre en Alemagne, par lequel il luy commandoit de jetter deux lions dans le Danube avec plusieurs ceremonies, sur l'assurance d'une paix prochaine qui seroit precedée par une insigne victoire. Ces lions traversant le fleuve furent tuez par les ennemis, & incontinent apres les Barbares défirent les Romains qui penserent perdre Aquilée apres avoir perdu plus de vingt mille hommes. Mais le galant pour se sauver se servit de l'artifice d'Apollon contre Crésus, & dit qu'il avoit bien predit la victoire ; mais qu'il n'avoit pas ajoûté le nom du vainqueur.

Aux Quades & aux Marcomans.

Cependant, comme on accouroit à luy de tous côtez ; & que la petitesse de la ville où il estoit, ne pouvoit pas contenir une si grande multitude, & encore moins la nourrir, il inventa des Oracles de nuit, car c'est ainsi qu'on les nommoit, ce qui se faisoit en cette sorte. Apres avoir receu les demandes il se couchoit dessus, & estoit averty la nuit en songe à ce qu'il disoit, de la réponse qu'il
devoit

devoit faire, qui eſtoit toûjours, ou ambiguë, ou obſcure, particulierement quand la demande étoit bien cachetée. Car ſans courre fortune de découvrir ſa fourbe en voulant lever le cachet, il répondoit tout ce qui luy venoit en la fantaiſie, croyant que ſa réponſe eſtoit plus Oracle de la ſorte, outre que cela eſtoit de grand revenu. Car il avoit auprés de luy des interpretes, qui pour le grand profit qu'ils faiſoient, luy donnoient chacun tous les ans un talent de recompenſe, au lieu de recevoir de luy quelque appointement.

Quelquefois lors qu'il n'y avoit perſonne pour le conſulter, il forgeoit des Oracles pour étonner les ſots, comme celuy qui dit, *Cherche l'eſclave en qui tu te confies le plus, car pour vengeance de ce que tu as cueilly ſa fleur, il ſoüille ta couche ; & de peur que tu ne le découvres, ſa femme & luy te preparent du poiſon, & l'ont caché ſous ton chevet, dequoy ta ſervante Calypſo eſt complice.* Qui eſt le Democrite qui n'y eût eſté trompé, apres tant de circonſtances? mais il s'en fût moqué auſſi-toſt, lors qu'il eût découvert la fourbe. Si on l'interrogeoit en langue étrangere, il diferoit ſa réponſe pour la pouvoir faire en la langue meſme ; & quand il n'avoit perſonne en main pour cela, il répondoit en la ſienne, comme il fit une fois lors qu'il dit, *Retournes en ton pays ; car celuy qui t'a envoyé a eſté tué aujourd'huy par ſon voiſin Dioclés, & les aſſaſſins ſont pris.*

Ecoute maintenant quelques Oracles qu'il m'a rendus à moy-meſme. Un jour que je m'eſtois enquis

enquis du Dieu par une demande bien cachetée, si son Prophete estoit chauve, il me répondit par un Oracle de nuit, *Malach fils de Sabardalach estoit un autre Atis.* Une autre fois ayant écrit une même demande en divers billets, qu'on luy porta de divers lieux, afin qu'il ne se défiast de rien, il m'ordonna à l'un de me froter de Cytmide & de la rosée de Latone ; ayant esté trompé par celuy qui luy porta le billet, qui luy dit que je cherchois le remede pour le mal de côté. Cependant je luy demandois quelle estoit la patrie d'Homere. En un autre, sans avoir plus d'égard à Homere ni à sa patrie, il me défendit d'aller par mer, pour avoir esté trompé de mesme, par le valet qui presenta le billet, qui luy dit que je m'enquerois du chemin que je devois tenir pour retourner en Italie.

Je fis plusieurs autres inventions pour découvrir son imposture, comme entr'autres de ne mettre dans le billet qu'une demande, & de le payer comme s'il y en eût eu plusieurs ; car il rendoit autant d'Oracles qu'on en avoit payé, qui n'avoient aucun rapport entr'eux ny avec la demande. Cependant comme il eut appris la fourbe, & que j'avois essayé de détourner Rutilianus de son alliance, il conceut une haine mortelle contre moy, & luy répondit par un Oracle, comme il le consultoit touchant ma personne, *Que j'aimois les beaux garçons & les plaisirs defendus.* Mais l'estant allé voir depuis en la compagnie de deux soldats que le Gouverneur de la Province qui estoit de mes amis *Ou, pour m'accompagner jusqu'à la mer.* m'avoit m'avoit donnez, de peur qu'on ne me fist quelque outrage; si-tôt qu'il eut appris ma venuë il m'envoya prier de l'aller trouver, & me reçut tres-civilement. Toutesfois comme je le haïssois à cause de ses impostures, je luy mordis la main de dépit lors qu'il me la donna à baiser, ce qui faillit à me faire étrangler par ceux qui estoient presens, d'autant plus que je le saliiay par son nom, sans le traiter de Prophete.

Mais pour luy, il supporta doucement cette injure, & dit qu'il vouloit montrer que son Dieu sçavoit apprivoiser les esprits les plus farouches; puis ayant fait retirer tout le monde, il se plaignit à moy de l'avis que j'avois donné à Rutilianus, & dit que j'avois tort de choquer un homme qui pouvoit faire ma fortune. Je fis semblant de prêter l'oreille à ce discours, pour me sauver du danger qui me menaçoit, & sortis assez bien d'avec luy, ce qui étonna encore plus toute l'assistance.

Ensuite voulant m'embarquer, il m'envoya divers presens, & me fournit une barque & des rameurs, ce que je crus qu'il faisoit pour achever de me gagner par cette faveur; mais lors que je fus en pleine mer & que je vis le Pilote qui pleuroit & qui contestoit avec les matelots, j'entray en quelque defiance, d'autant que je n'avois qu'un de mes gens avec moy, ayant renvoyé les autres à Amastris avec mon pere. Je m'enquis donc du sujet de leur different, & il me dit qu'estant déja
vieil,

vieil, & ayant toûjours vécu en homme de bien, il ne vouloit pas fur la fin de fes jours fe foüiller d'une méchante action, & expofer fa femme & fes enfans apres fa mort à la vengeance divine. Et comme je le preffois davantage, il avoüa qu'il avoit ordre de me jetter dans la mer. Sur cet avis je mis pied à terre à Egiale dont Homere fait mention dans fon Poëme, & y trouvay des Ambaffadeurs du Bofphore qui alloient en Bithynie de la part du Roy Eupator, porter le tribut qu'il paye tous les ans à l'Empereur; fi bien que leur ayant conté mon avanture, ils me donnerent place dans leur vaiffeau, & me rendirent fans danger à Amaftris.

Depuis cela je luy declaray une guerre ouverte, & j'eftois fur le point de me porter pour denonciateur contre luy, avec plufieurs autres, du nombre defquels eftoient les difciples du Philofophe Timocrate d'Heraclée; mais le Gouverneur de la Province me pria inftamment de n'en rien faire, & me dit que quand j'aurois découvert toutes fes impoftures, il eftoit trop ami de Rutilianus pour en faire la punition. Mais pour achever toute fon hiftoire, quelle infolence fut ce à luy de demander à l'Empereur qu'il changeât de nom à fa ville, & la nommât *Jonopolis*, & qu'on fift des medailles où la figure du ferpent fût empreinte d'un côté, & la fienne de l'autre, avec les armes d'Efculape, & la faux de Persée, dont il fe difoit defcendu du côté de fa mere? _{Ou, la hache.}

Enfin, apres avoir predit qu'il mourroit d'un coup de foudre comme Esculape à l'âge de cent cinquante ans, il perit miserablement avant qu'il en eût soixante & dix, d'un ulcere puant à la jambe, qui luy gagna le petit ventre, digne fin du fils de Podalire. Ce fut alors qu'on reconnut qu'il estoit chauve, en luy appliquant quelques remedes sur la teste pour en appaiser la douleur. Voila la catastrophe du Charlatan, qui fut un juste supplice de ses crimes. Il ne restoit plus qu'à luy faire un Epitaphe, & luy donner un successeur digne de luy ; mais ceux de sa Secte s'en estant remis à Rutilianus, il se reserva le don de predire quand il seroit mort, sans vouloir rien ordonner du reste. Il y avoit parmy eux un vieux Medecin nommé Petus, qui faisoit en cela une chose indigne de son âge & de sa profession. Voila l'abregé de la vie de cet imposteur, que j'ay entreprise pour contenter ta curiosité & venger l'honneur d'Epicure ; outre que cela pourra servir à en détromper plusieurs à qui il avoit imposé durant sa vie. Je n'ay pû refuser cela à ton amitié ny à l'estime que je fais de ta vertu, sans parler de ta haute suffisance & de l'amour que tu as pour la verité.

Voilà l'Histoire de cet Imposteur que Lucien nous à donnée, & voicy les Medailles qui la confirment & qui l'éclaircissent. Je me suis contenté
de

Trente-uniéme Dissertation. 525

de faire graver les revers, parce que le côté de la tête ne sert de rien à l'Histoire.

La premiere est le revers d'une Medaille de grand bronze d'Antonin Pie, frappée par les habitans d'*Abonoteichos*, representant un grand serpent dont la queuë fait plusieurs replis. On ne peut douter que ce ne soit le portrait de celuy-là même dont se servoit le fourbe Alexandre, puis que ces deux mots y sont ajoûtez ΑΒΩΝΟΤΕΙΧΕΙΤΩΝ ΓΛΥΚΩΝ, *Le Glycon des Abonoteichites*: Les habitans de cette ville de Paphlagonie qu'on appelloit *Abonoteichos*, ou le *Château d'Abonus*, imitans les autres peuples, qui representoient au revers de leurs monnoyes, ce qu'ils avoient de particulier dans leur pays. Par là nous apprenons que ce pretendu Oracle commença déja d'estre en reputation du temps d'Antonin Pie, quoy que Lucien ne l'ait pas specifié, & qu'il semble l'attribuër au temps de Marc-Aurele, qui fut le successeur d'Antonin. Aussi n'y a t'il pas apparence que tous les Actes de cette Comedie ayent esté joüez dans

TTt 3   l'espace

de peu d'années, & que cet Oracle se soit d'abord rendu si celebre. Nous apprenons aussi par cette Medaille & par la suivante que le veritable nom qu'Alexandre donnoit à son Esculape revenu au monde sous la forme d'un serpent, estoit *Glycon*, quoy que Goltzius ait produit une Medaille semblable d'Antonin avec le mot de ΓΛΑΥΚΩΝ, *Glaucon*, l'ayant sans doute mal leuë pour ne l'avoir pas euë bien nette. On peut justifier cette correction sur l'original qui est au cabinet du Roy, & j'en ay moy-mesme veu & examiné la derniere de Verus, chez Monsieur Sibon Tresorier de France Curieux en Medailles à Aix en Provence. Ainsi il ne faut point corriger le mot de *Glycon* dans Lucien, comme quelques Sçavans l'avoient cru sur la bonne foy de Goltzius, & mesme le mot de *Glaucon* auroit esté une faute contre la mesure dans ce Vers Grec que publioit Alexandre :

Εἰμὶ Γλύκων τρίτον αἷμα Διὸς φάος ἀνθρώποισι.

Glycon qui vient du Grec γλυκὺς, *doux*, est interpreté par Hesychius ἀήθης, c'est à dire, *de bonnes mœurs*: & ainsi nostre Imposteur en donnant ce nom à son Serpent, vouloit signifier qu'il seroit doux & bienfaisant au genre humain, par les Oracles qu'il rendroit & par les guerisons qu'il feroit.

La seconde Medaille dont nous avons donné le dessein est le revers d'un Lucius Verus associé à l'Empire par Marc Aurele. Elle est encore plus considerable que la premiere, puis qu'on y voit le change changement de nom de cette Ville, qu'on avoit jufqu'alors appellée *Abonoteichos*, en celuy de *Jonopolis*, qui felon l'etymologie Grecque fignifie *la ville du venin*, ce qu'Alexandre s'imagina pour laiffer à la pofterité la memoire de ce ferpent fameux, qui n'avoit point de *venin*, comme en ont la plûpart des ferpens. De forte que cette Medaille eftant de l'Empereur Verus, il y a apparence que ce fut en prédifant à Marc-Aurele qui regnoit avec Verus, la victoire contre les Marcomans, que nôtre faux Prophete luy demanda la permiffion de faire battre des Medailles avec fon *Glycon*, & de changer le nom d'*Abonoteichos*, en celuy de *Jonopolis*. Mais Lucien fe peut eftre trompé de dire que d'un côté eftoit repréfenté la tefte de nôtre Alexandre, avec les marques qui accompagnent Efculape, fçavoir le ferpent entortillé autour d'un bâton : car on ne voit point de Medailles avec fa tête, mais elles ont toutes celle de l'Empereur Antonin, fous le regne duquel ceux d'Abonoteichos en avoient déja demandé la permiffion, ou l'avoient prife d'eux-mefmes : ou bien celle de Verus fon fucceffeur, & auffi fans doute celle de Marc-Aurele ; car quand deux Empereurs regnoient enfemble, on ne faifoit gueres de Medailles pour l'un, que l'on n'en fift autant pour l'autre. D'ailleurs la permiffion de graver la tefte d'un particulier fur une Medaille ne fe donnoit que rarement, & on ne le faifoit gueres que pour les Femmes, les

enfans,

enfans, les Favoris & les Maîtresses des Empereurs. Neanmoins par la faveur de Rutilianus gendre d'Alexandre, celuy-cy pourroit bien l'avoir obtenu, & peut estre s'en trouveroit-il un jour quelque Medaille telle que Lucien l'a décrite.

Il est à remarquer que la teste du Serpent dans la premiere n'est pas tout à fait semblable à celle d'un homme, mais qu'elle en a seulement quelque chose d'approchant : & c'est ce qu'expriment les termes de Lucien, ἀνθρωπόμορφόν τι ἐπιφαίνουσα. Au reste, comme nôtre Fourbe pretendoit faire passer son serpent pour Esculape revenu au monde, il s'avisa de luy ajuster une teste humaine, parce qu'il sçavoit qu'on representoit souvent ce Dieu avec un corps de serpent & une teste d'homme, comme on le voit dans quelques Médailles, & dans le bas relief suivant, tiré des desseins de feu Monsieur de Bagarris, qui l'avoit copié d'un manuscrit de Ligorius. Je sçay que Ligorius est suspect aux Antiquaires Italiens, & qu'il a inseré dans ses ouvrages plusieurs pieces fausses, mais celle-cy a tout à fait le goût antique, & a esté estimée telle par Monsieur de Bagarris, qui estoit bon connoisseur en ces matieres.

Tristan dés une Medaille des Nicomediens.

L'Inscription

Trente-uniéme Dissertation.

L'inscription signifie que *Cneus Gavius Philonimus avoit consacré* ce marbre pour témoignage de sa reconnoissance, *à Esculape Sauveur*, ou Conservateur du genre humain, *& à la santé*, que les Grecs appelloient *Hygeia*, qu'ils disoient estre fille d'Esculape. Elle y est représentée, comme luy donnant à boire ou à manger, & tenant de la main gauche un flambeau allumé. L'un & l'autre ont sur la tête le boisseau, à la maniere des Divinitez Egyptiennes Serapis & Isis, avec qui peut-estre les Egyptiens les confondoient.

Monsieur Spanheim dans son Sçavant livre *de præstantia & usu Numismatum*, nous donne le dessein de la Medaille suivante d'Antonin Pie, où sont gravez deux serpens avec le nom des Abonotcichites ΑΒΩΝΟΤΕΙΧΕΙΤΩΝ.

530 *Recherches Curieuses d'Antiquité,*

Elle a sans doute aussi bien que les autres du rapport à cet Oracle, quoy que le nom de Glycon n'y soit pas ajoûté, peut-estre parce qu'on n'avoit pas encore donné ce nom au serpent, & qu'elle fut frappée lors qu'Alexandre & Cocconas publierent à Chalcedoine, que les Dieux Esculape & son pere Apollon devoient paroître de nouveau sur terre, & venir demeurer à Abonoteichos sous la forme de serpens, pour y rendre des Oracles : car ces deux serpens dont l'un mord ou leche la teste de l'autre peuvent fort bien signiger Apollon Dieu de la Medecine qui communique sa science à son fils Esculape, tant pour la cure des maladies, que pour rendre des Oracles.

Je ne sçay si ce ne seroit point en veuë de ce pretendu retour d'Esculape, qu'on a representé sa premiere venuë à Rome, dans ce beau medaillon d'Antonin Pie qui se voit au cabinet du Roy, & dans quelques autres cabinets.

Aurelius

Trente-uniéme Dissertation. 531

Aurelius Victor au livre des hommes illuſtres, parle de cette arrivée d'Eſculape à Ro-
" me en cette maniere. Les Romains, dit-il,
" dans un temps que la peſte faiſoit du ravage
" à Rome & aux environs, ayant conſulté l'O-
" racle eurent pour réponſe que s'ils vouloient
" eſtre délivrez, ils fiſſent venir d'Epidaure le
" Dieu Eſculape. Ils y envoyerent donc dix De-
" putez dont le principal eſtoit Quintus Ogul-
" nius. Ces Deputez eſtant arrivez dans la ville
" d'Epidaure, allerent d'abord rendre leurs ref-
" pects & leurs adorations à la ſtatuë d'Eſcula-
" pe qu'ils admirerent pour ſa grandeur extraor-
" dinaire. En meſme temps ſortit d'une voute
" proche de l'Idole un ſerpent d'une grandeur
" ſurprenante, qui neanmoins imprimoit dans
" l'eſprit de tout le monde de la veneration,
" plutôt que de la terreur, & qui paſſant par
" le milieu de la ville à travers de la foule qui
" admiroit ce prodige, ſe rendit au vaiſſeau des
" Romains, & s'alla poſter dans la Chambre d'O-
" gulnius. Les Deputez ravis d'un ſi prompt &

V V u 2   ſi

" si heureux succez de leur voyage, firent voile
" pour emporter le Dieu, & se rendirent heu-
" reusement au port d'Antium. Ils y firent quel-
" que sejour & pendant ce temps-là le serpent se
" glissa à terre, & entra dans un Temple voi-
" sin dedié à Esculape. Il revint dans le vaisseau
" quelques jours apres, & continua sa route en
" remontant le Tibre. Comme ils furent ar-
" rivez vis à vis la ville de Rome, ce venera-
" ble serpent quitta le vaisseau, & se retira dans
" l'Isle voisine, où les Romains eurent soin de
" luy bâtir un Temple, & incontinent la peste
" cessa.

Ce Medaillon a donc esté frappé sous l'Empire d'Antonin Pie pour rafraichir la memoire de cette merveille, & du bien fait que la capitale de l'Empire avoit receu par l'intervention d'Esculape. C'est ainsi que ce Prince Pieux envers les Dieux & bienfaisant envers le Peuple Romain, voulut qu'on celebrât dans ses Medailles les anciennes graces de leurs Dieux & les actions heroïques de ses Ancestres. On y remarque Enée portant son pere Anchise, la Louve allaitant Remus & Romulus, les Boucliers appellez Ancilia tombez du Ciel, l'accouchement de Rhea, Hercule avec l'arbre du jardin des Hesperides, Orphée attirant les animaux autour de luy par la melodie de sa harpe, & l'action de l'Augure Navius qui pour assurer le vieux Tarquin de ce qu'il luy disoit, coupa en sa presence

une

Trente-uniéme Dissertation. 533

une pierre à éguiser avec un rasoir. Esculape paroit donc dans cette Medaille sous la figure d'un grand serpent qui se tient debout sur la proüe du vaisseau, prest à s'aller retirer dans l'Isle du Tibre, dont le Dieu de cette fameuse riviere sort à demy corps de l'eau pour le recevoir. Ce qu'O- *liv.15.* vide exprime en six Vers de ses Metamorphoses, qui servent de Commentaire à ce Medaillon.

> *Scinditur in geminas partes circumfluus amnis,*
> *Insula nomen habet, laterúmque à parte duorum*
> *Porrigit æquales media tellure lacertos.*
> *Huc se de Latia pinu Phœbeius anguis*
> *Contulit : & finem specie cælestâ resumptâ*
> *Luctibus imposuit : venítque salutifer Urbi.*

Mais avant que quitter Esculape, voyons encore quelques antiques curieuses qui le concernent.

Le premier inventeur de la Medecine selon le sentiment des Grecs & des Romains estoit *Apollon* pere d'Esculape. C'est pourquoy Ovide l'introduit parlant de cette maniere :

> *Inventum Medicina meum est, opiférque per orbem*
> *Dicor, & Herbarum subjecta potentia nobis.*

Et la premiere Divinité par laquelle Hippocrate ordonne à ſes Diſciples de jurer, eſt *Apollon Medecin*, & enſuite *Eſculape*, *Hygia*, & *Panacæa*. Neanmoins Hyginus Affranchy d'Auguſte ne fait Apollon qu'inventeur de la Medecine des yeux, qui ne ſont jamais plus malades que quand ils ont perdu l'uſage de la lumiere. Et ce meſme Auteur veut que Chiron fuſt Autheur de la Chirurgie, & Eſculape celuy de la Medecine appellée *Clinique*, c'eſt à dire, celle qui enſeigne à viſiter & guerir les malades allitez.

1. Quoy qu'il en ſoit, car les Anciens ne s'accordoient pas toûjours fort bien à determiner les inventeurs des Sciences, la premiere figure tirée d'une pierre gravée, repreſente le Centaure Chiron qui montre quelque choſe au jeune Eſculape peut-eſtre quelque plante pour la gueriſon des playes. ΑϹΚΛΗΠΙΟϹ *Aſclepios*, eſt le nom Grec qu'on donnoit à Eſculape. Sous le Centaure eſt un Satyre ou le Dieu Pan, qui jouë de l'inſtrument appellé *Syringa*. Ce ſont des tuyaux ou chalumeaux de different longueur joints enſemble dans leſquels on ſouffloit, comme font encore à preſent les Chauderoniers & les Villageois heritiers de la miſerable Muſique des Satyres. Pan fut l'inventeur de cet inſtrument lors que courant comme un étourdy apres la Nymphe Syringa, dont il eſtoit éperdûment amoureux, il n'attrapa que des Roſeaux en quoy elle fut metamorphoſée, ayant fait pour ſe conſoler un inſtrument de muſique avec ces roſeaux

ajuſtez

ajustez ensemble, qui porta le nom de sa Nymphe, & fut en vogue parmy les Bergers. D'où vient que Virgile dit dans ses Bucoliques.

Pan primus calamos cerâ conjungere plures
Instituit. Pan curat oves, oviúmque Magistros.

Et Ovide en fait l'Histoire en ces Vers :

Panáque, cùm prensam sibi jam Syringa putaret,
Corpore pro Nymphâ, calamos tenuisse palustres :
Dúmque ibi suspirat, motos in arundine ventos
Effecisse sonum tenuem, similémque querenti :
Arte novâ vocísque Deum dulcedine captum,
Hoc mihi consilium tecum dixisse manebit :
Atque ita disparibus calamis compagine ceræ
Inter se junctis nomen tenuisse puellæ.

Au reste Esculape profita si bien sous la discipline du sçavant Chiron, à qui Apollon l'avoit recommandé, qu'il fut ensuite estimé le Dieu de la Medecine, & se rendit fameux à Epidaure, où il rendoit des Oracles à tous ceux qui le venoient consulter pour leurs maladies. J'ay expliqué dans mon traité des Fievres quelques-uns de ces Oracles, qui nous restent sur un marbre antique, où l'on voit que le Demon qui se faisoit adorer sous le nom d'Esculape, ou peut-estre les Prestres de ce Dieu, aussi fourbes que ceux d'Abonoteichos, de Claros & de Didyme, commandoient aux Malades pour leur guerison, l'usage de certains remedes que l'experience avoit fait connoître salutaires pour les maladies qui leur estoient proposées.

2. Le

2. Le dessein qui suit est le revers d'une Medaille de Caracalle, où est representé Esculape avec son bâton autour duquel est entortillé un serpent, tel qu'on le voit dans plusieurs statuës de Rome. On luy attribuë le serpent, dit Phurnutus, parce que de mesme que cet animal quittant sa vieille peau semble rajeunir ; aussi les malades qui sont sous la protection d'Esculape, revenans en convalescence semblent devenir jeunes & quitter les dépoüilles de la vieillesse. Une autre raison pour laquelle on consacroit cet animal au Dieu de la Medecine, est que le serpent ou le Dragon estant l'embleme de la vigilance, on vouloit signifier que cette vertu estoit fort necessaire à un Medecin. Pour ce qui est du bâton, il semble qu'il a esté donné à Esculape, pour dire que les personnes sortant de maladie avoient besoin de beaucoup de menagement & de soûtien pour ne pas retomber, ou parce que la Medecine estoit estimée par les gens d'esprit, comme la consolation & le bâton de la vie. On le dépeignoit avec des nœuds, pour marquer les difficultez qui se rencontrent dans l'étude de la Medecine. La petite figure qui accompagne Esculape se trouve souvent avec ses statuës, & on la voit plus distincte dans la Medaille qui suit celle que nous venons d'expliquer.

3. Les habitans de Perga ville de Pamphylie ont frappé cette Medaille à l'honneur de l'Empereur Hadrien pour luy souhaiter la santé dont il avoit grand besoin dans ses dernieres années. Ce

petit garçon couvert d'une robe à capuchon estoit le compagnon ordinaire d'Esculape, & on luy donnoit le nom de Telesphore. Ils disoient que cette robe à capuchon designoit la maladie, qui est l'objet de la Medecine : car les malades prenoient la robe & le bonnet pour se couvrir, ceux qui estoient en santé allant ordinairement teste nuë. Ces deux Vers d'Ovide font connoitre l'usage du bonnet en cette rencontre :

Sæpe fac ægrotum simules, nec turpe putaris
Pileolum nitidis imposuisse comis.

Monsieur de Saumaise veut qu'au lieu de *Pileolum*, on lise *Palliolum*, qui estoit une espece de cappe ou de manteau des Femmes. Juvenal, *Dorida nullo cultam palliolo*. Artemidore au premier livre de l'interpretation des songes, dit que si on songe en dormant que l'on a des cheveux de laine, cela presage des longues maladies. Et Platon au livre troisiéme de la Republique, dit que si quelqu'un est malade, il doit observer un regime exact pour rétablir sa santé, n'oubliant pas de couvrir sa tête d'un bonnet. Il semble mesme que ce vestement du petit Telesphore fût une maniere d'habit assez ordinaire aux enfans, & ainsi comme cet âge est foible & delicat, il peut fort bien servir d'embleme pour signifier la maladie. Sozomene dans son Histoire Ecclesiastique, dit *que les Moines d'Egypte portoient un Capuchon, pour donner à entendre qu'ils menoient une vie aussi simple & aussi innocente que les enfans, à qui, dit-il, on avoit accoûtumé de faire porter ces sortes de* couvrechefs pour garantir leur tête des injures de l'air: Et ils le faisoient apparemment pour suivre en quelque maniere la parole du Sauveur, *Si vous ne devenez semblables à de petits enfans, vous n'entrerez point au Royaume des Cieux.* C'est à cela que fait allusion S. Jerôme dans l'Epître 22. *Il y en a*, dit-il, *qui s'habillent de cilices & de capuchons, comme s'ils retournoient à l'enfance.* Le capuchon estoit aussi employé par ceux qui estoient en dueil, comme l'on voit dans la vignette au commencement de ces *Recherches*, page 1. tirée d'un bas relief antique, qui represente des personnes qui pleurent autour d'un mort.

Sunt qua Ciliciis vestiuntur & cucullis fabrefactis, ut ad infantiam redeant.

F I N.

TABLE
DES PRINCIPALES MATIERES
contenuës dans cet Ouvrage, & des Mots rares.

A.

*Bonoteichos*, Ville de Paphlagonie. Page 496.503. appellée enfuite Jonopolis. 498. 527
Abſides. Voyez Pavez de Moſaïque. 30
Action des Suiſſes à la bataille de Morat. 2
Action de vertu de Scipion l'Africain à la priſe de Carthage la neuve en Eſpagne. 14. & ſuiv.
Action remarquable d'Alexandre le Grand. 18
Actionica, eſpece de Muſique. 244
Acrobates, eſpece de Danceurs de corde. 412
Acroſtolium, partie du vaiſſeau. 206
Acroteres, ornemens des Temples. 163
Æam, pour *Eam*. 350
Affranchis, conſiderez à Rome, 421. pratiquent la Medecine. ibid.
Aggeres, *Ceſpites*, Motes de terre. 280
Aglibolus, & *Malachbelus*, comment repreſentez, 59. Quelles Divinitez ce ſont. 60. 61. &c.
Agrippa, ſa medaille, 364. Sa Phyſionomie, 365. Ses mœurs. 366
Albarium, ou *Albare opus*. 57
Albin, ſa medaille, ſa Phyſionomie & ſon temperament. 390
Alexandre le Grand, ſa medaille, ſa Phyſionomie & ſes inclinations. 360

XXx 2   Alexan

Table des principales Matieres.

Alexandre, ou le faux Prophete, 496. 499. & fuiv. fa mort, 524
Alexandre Spina, inventeur des Lunettes. 215
Alfius Ifocryfus, Medecin. 434
Alphonce I. 291. Alphonce II. 294
Alphonce ou Ildephonce. 287. 288. &c.
Ame repreſentée en Papillon, & pourquoy, 89. 91. Eſt crûe double par les Anciens. 95
Ames, erreur des Payens qui les croyoient corporelles, 146. & de quelques Chrêtiens. ibid.
Amours de Cupidon & de Pſyché. 87. 88. &c.
Anima vient d'*Anemos*, du vent. 90. *Animam efflare.* ibid.
Annulus genialis, ou *pronubus*, anneau marital. 170
Anferculus, partie de la Poupe. 206
Antiochus fils d'Heliodore. 65
Antiſtius, Medecin de Jules Ceſar. 421
Antonin Pie, ſa medaille, ſa Phyſionomie & ſes inclinations, 384. Sa reſſemblance avec Numa, Ibid. Sa mort, 385. Medaillon d'Antonin Pie. 493
Antonius Muſa, Medecin d'Auguſte. 421. 429. & 447
Apollon Clarien. 210
Apollon inventeur de la Medecine. 533
Apollonius Medecin. 448
Apuſtia Rufa, ſon Epitaphe. 243
Archagatus Chirurgien deſapprouvé pour ſa cruauté, 440. & 441
Ariarathes, ſurnommé *Philoromæos*. 321
Ariobarzanes ſurnommé *Philoromæos*. 321
Ares, Mars. 163
Arecomici, peuples de Niſmes. 164
Arra, Arrhabo, Arre, *Hharrab.* 173. & 174
Arruntius Sempronianus Aſclepiades Medecin de Domitien. 428
Artorius, Medecin d'Auguſte. 420
Aſarotos, pavé de Pergame. 28
Aſbeſte, lin incombuſtible. 258
Aſclepiade Medecin amy de Ciceron, 420. & 432. Autre Aſcle

Table des principales Matieres.

Asclepiade Medecin de Domitien, 428. Autre Asclepiade Medecin de Trajan, 431. Deux autres Asclepiades. 433
Aspides, Boucliers. 4
Asterius presche contre les Calendes. 495
Athymbros, fondateur de Nysa. 212
Atlas espece de Termes. 104
Aucius Celer son Epitaphe. 262
Auguste, sa medaille, sa Physionomie, & ses vertus, 364. & 365
Aurelien bâtit un Temple au Soleil, 61. Se guerissoit par l'abstinence. 450
Aurigarij, Auriga, Aurigatores, Cochers. 55

B.

Bacchantes ou Mœnades, 472. Compagnes de Bacchus, 473. *Baccha & Bacchi*. 122
Bacchus comment dépeint, 186. Sa naissance représentée dans un marbre, 469. Severe comparé à Bacchus. 186
Bagues d'or antiques. 169. 170. &c. 175. &c.
Barbe longue des Philosophes. 385
Basilidiens & Gnostiques. 127. 128. &c.
Basiliques. 160
Bas relief d'Esculape. 529
Bassara, Robe de Bacchus. 132
Bâton de Moyse. 397.&c.
Bâton, pourquoy donné à Esculape, 536. Pourquoy representé avec des nœuds. 536
Belus, Bela, Beles, Belinus, Belenus, Baal, Baalphegor. 61
Bœuf, à quelle Divinité est sacrifié. 82
Bœotiens & Eubœens mettoient un bœuf dans leurs medailles. 322
Bona Dea, Deesse des femmes. 234
Bons hommes, c'est à dire, Morts. 235
Boopis, Epithete des Deesses. 366
Bouclier antique d'argent trouvé dans le Rhône, 2. & 24.

Table des principales Matieres.

Autre pesant 138. livres appellé *Clypeus Martius*, 5. Boucliers consacrez, 7. & suiv. Boucliers pour la guerre. 13
Brabeia, prix des Comediens. 417
Brumalia, Feste des Saturnales. 494
Bruttius Præsens Consul. 339. & 340
Bulla, penduë au col des Enfans. 133
Burgum novum, Bourganeuf. 279
Bust antique. 69

C.

C. Signifie *Condemno*. pag. 260
C. est le même que Σ, chez les Grecs. 181
Cachets, moyen de les lever. 508
Caducée de Mercure, 225. Symbole de la paix, 321. Se rapporte au culte d'Io & d'Isis. 325
Calendes, premier jour du mois. 493
Calendrier antique. 337
Caligula, sa Medaille, sa Physionomie & ses mœurs. 368
Calbienses, peuples d'Espagne. 70
Calpe, coupe. 254
Canephoria, Feste des Atheniens. 88. & 476
Capdueil, Capitole, maison des Communes. 160. & 161
Capita adversa, & jugata. 180
Capuchon, son Origine & son usage chez les Anciens. 537. & 538
Caracalle, sa Medaille, sa Physionomie, & ses vices, 392. & 393. Sa mort & sa consecration. Ibid. Autre Medaille de Caracalle. 407
Cariatides, *Atlas, Telamones*, Persiques. 103. & 252
Carthaginois, leur langue commune à Malthe. 456. & 459
Caton le Censeur, sa haine contre les Medecins. 441
Cebus, Monstres. 274
Cendres des corps brûlez, de quelle maniere recueillies, 257
Centonaires, quelle profession, son etymologie. 348
Centones, vieilles étoffes. ibid.

Cercueil

Table des principales Matieres.

Cercueil, etymologie, 245. Voyez Sarcueil.
Ceres Malophoros, ou Porte-laine. 457
Charistia, festins des Parens. 339
Charmis, Medecin. 449
Chauveté, signe de luxure. 363 & 368
Cheveux herissez, marque de force. 361
Chondrobolia. 30
Choraula, maître de Musique. 244
Cinerarium, Urne. 241. & 259
Claude, sa medaille, sa Physionomie & ses mœurs. 369
Clypea, Clypei, Clupei, Clypei votivi, & scuta, 3
Cocconas, compagnon du faux Prophete Alexandre, 502. Sa mort. 504
Coiffure particuliere d'une Divinité. 469
College des Dendrophores. 340. 342. &c.
College d'Esculape & de la Santé. 326
College des Centonaires. 347
Colonne milliaire. 192, 193. &c.
Colonies Romaines, pourquoy portent les noms de Cesarées & d'Augustes. 409
Colophone ville d'Ionie. 219
Comedies, quand inventées. 416
Commode, sa Medaille, sa Physionomie & ses mœurs, 388. Sa prevoyance. 206. 207. &c.
Communauté ou College des Cochers. 55
Comtes de Toulouse. 286. 287. &c.
Consules suffecti. 80
Contorniates. 337
Corbeilles consacrées à Bacchus, à Ceres à Proserpine. 476
Corbita, vaisseau pesant. 205
Corne Ducale. 225
Corps morts, mangez par les Indiens, 256. Embaumez par les Egyptiens. Ibid. Brûlez par les Grecs. Ibid. Enterrez & brûlez par les Romains. ibid.
Corymbion, ce que c'est. 11
Cot pour Quod. 350

Cou

Tables des principales Matieres.

Cou panché, marque d'ambition. 360
Couronne de Chesne à qui donnée. 10
Coûtume des Romains d'estre rasez. 20
Coûtume des Grecs dans les mariages de leurs filles. 24
Coûtume de voiler les filles que l'on marioit. 21
Craterus, Medecin fameux. 446
Criminels Romains, se laissoient croître la barbe, & portoient une robe noire. 20
Crinas, Médecin de Marseille. 449
Criobolium, sacrifice de Beliers. 143
Croix gravées sur les tombeaux. 285
Crotales, instrumens des Anciens. 148.150. & 151
Crumata, Castagnettes. 152
Crupezia, Castagnettes des pieds. 153
Cuisse d'or de Pythagore. 516
Culte de Serapis & d'Isis, apporté à Rome par Hadrien. 382
Cupidon & Psyché, 87. 94. &c. Cupidon brûlant un Papillon. 96
Cuspia Æglalis, son Epitaphe. 245
Cycli, ce que c'est. 4
Cydaris, ornement de teste des Rois des Parthes. 458
Cymbales, instrumens des Anciens. 146.&c.
Cyrus, Medecin de Livia. 447. & 448
Cythare. 156. & 157
Cyziceniens, pourquoy appellez *Aureliens Antoniniens*, 409. habiles Danseurs de cordes. 411

D.

DAdouchos, Portelampe. pag. 96
Danseurs de corde dans une Medaille de Caracalle, 407. De combien de sortes. 412
Dea Vocontiorum, Die. 86
Dendrophore Epithete de Silvain, 343. Quelle profession c'est, ibid. & 344.
Denier Romain. 337

Dents

Table des principales Matieres.

Dents petites & peu ferrées, prefage de vie courte. 365
Deftinée repreſentée dans une urne. 270. & 271
Dia, Ops, Cybele, Rhea, Mere des Dieux. 85
Diane comment repreſentée. 482
Dionyſius, Epithete de Bacchus. 471
Dioſcoride receu bourgeois de Rome, 421. Prend le nom de *Pedacius*, ou *Pedanius*. 428
Difque, *Difcus*, 3. & 4. *Difcus Corymbiatus*. 11
Divinitez foûterraines. 247
D. M. *Diis Manibus*. 238
Domitien, ſa Medaille, ſa Phyſionomie, & ſes mœurs. 378
Domna, ſurnom de Julia. 181. & 182
Ducenarij, Receveurs du deuxcentiéme denier. 145

E.

E Signifie cinq. pag. 223
Egliſe S. Irenée pavée de Moſaïque. 39
Elagabale premier Empereur qui a porté un habit de ſoye. 21
Elephans inſtruits à danſer ſur la corde, 414. & à faire des tours de foupleffe. ibid.
Enay rebâty par Paſchal II. & pavé de Moſaïque. 38
Epiſcepſis, Inſpection, Providence. 144
Epiſcopus, Inſpecteur. ibid.
Epitaphes Grecs, 235. & 236. Des Atheniens, 240. Des Sicyoniens, 236. Epitaphes remplies de moralitez. 268
Epithetes des Rois de Syrie, 316. & 320. Epithetes ambitieux. 316
Epoque des Syriens. 65. & 66
Equipage des anciens Prophetes Payens. 503
Eraſiſtrate Medecin fameux. 446
Erreurs des Peintres & des Sculpteurs ſur les Hiſtoires anciennes. 266
Efclaves, que ce n'eſtoient pas eux qui pratiquoient à Rome la Medecine. 419. & ſuiv.

Y Y y   Eſculape

Table des principales Matieres.

Esculape arrivant à Rome, 445. & 531. Revenu au monde. 503
Espées des Anciens. 23
Etablissement des Barbiers Siciliens à Rome en l'an 454. de la fondation. 20
Eternûmét, origine de la coûtume de dire *Dieu vous aide*.459
Etrenes, leur origine, 485. Comment appellées par les Grecs.487.490.& 491.leur usage sous les Empereurs.488 & 489. données par le peuple aux Empereurs. ibid.
E'trieus inconnus aux Anciens. 199
Eudemus, Medecin & amy de Livia. 420. & 447
Evergetes, Bienfaisant, Epithete de plusieurs Rois. 312
EX S. C. *Ex Senatus Consulto*. 9

F.

Faber Argentarius, Orfevre. pag. 352
Faber Balneator, Baigneur ou faiseur de bains. ibid.
Faber Eburarius, ouvrier en yvoire. ibid.
Faber Ferrarius, Forgeron. 351
Faber Navalis. 352
Faber Ocularius & *Oculariarius*. 220
Fabri Tignarij & *Tignuarij*. 350
Fabry, le Fevre, Favre, etymologie de ces mots. 352
Factio Albata, *Prasina*, *Russata* & *Veneta*. 55
Fasces, & *Secures*, Faisseaux, verges, haches des Magistrats. 200
Fasti, tablettes des Magistrats. 336
Fastigium, Aigles, Fronton. 162
Fata, Destinées. 271. 272. &c.
Faustine la jeune, sa Medaille, sa Physionomie & ses mœurs. 386
Faydide ou Faydette fille de Gilbert. 288
Feste des Roses. 143. & 339
Feste des violettes. 339
Floralia, Feste des Fleurs. ibid.
Fortune barbuë. 123

Fourius

Table des principales Matieres.

Fourius & *Furius.* 241
Freres Arvales. 81
Funambules, ou Danseurs de corde, leur antiquité. 413.
  Bonté de Marc Aurele pour les Funambules. *Ibid.* Declamation des Peres contre les Funambules, 415. Recompense donnée aux Funambules. 417
Funeraticum, fraix des funerailles. 334

G.

Galba, sa Medaille, sa Physionomie, & ses mœurs. pag. 372
Galien Medecin de Marc Aurele. 428. 429. & 449
Garactum, Gueret dans le Limosin. 279
Genies. 49
Geta, sa Medaille, sa Physionomie & ses mœurs. 394
Glycon, nom du serpent du Faux Prophete Alexandre, 515. & 525. etymologie de ce mot. 526
Gravure antique d'Esculape. 533
Griffons dediez au Soleil. 70

H.

Hadrien a esté le premier Empereur qui ait porté de la barbe. 383. Sa Medaille, sa Physionomie & ses mœurs. 381. Sa memoire prodigieuse. *ibid.* Sa mort. pag. 383
Harpocrate Dieu du Silence. 124. 126. & suiv.
Hasta pura, pique sans fer. 199
Haut de chausses des Barbares. 198
Hecatombes de Bœufs, de Chevres & d'Agneaux, 83. & 84. Hecatombe de Pythagore avec de petits bœufs de paste. ibid.
Hercule & Bacchus, Dieux tutelaires de Severe. 187
Heria Thisbe, son Epitaphe. 244
Hermæum, Promontoire. 184
Hermanubes. 98. 111. & 112
Hermaphrodite. 121

Table des principales Matieres.

Hermathenes. 98. & 109
Hermemithra. 455. & 456
Hermharpocrate. 98. 120. & 128
Hermheracles. 98. & 117
Hermeros. 98. 118. & 119
Hermes, *Herma*, *Hermi*, 98. 99. &c. Hermes d'Athenes, 100. & 101. Hermes de plusieurs grands hommes, 105. Surnoms d'Herma & d'Hermes. 108
Herophile celebre Medecin. 446
Heros, ΗΡΩΣ, signifie un Mort. 237
Hieroglyphes, leur origine. 125
Hyene ou Sphinx, Idole des Egyptiens. 497

I.

Janus preside au commencement de l'année. pag. 490
Jeux du Theatre, quand inventez, & par qui. 416
Ildefonce, ou Alfonce. 288
Illyrius, Medecin Oculiste de Tibere. 423
Inscription à Corfou, 118. Apportée d'Afrique, 38. Dediée à Silvain & à Mercure, 53. A Silvain, Pan & Bacchus, 54. A Mercure, au Soleil & à Silvain. *Ibid*. A Silvain, à Bacchus, & à *Nemausus*, 56. Dediées à Severe, 188. 189. &c. Des Freres Arvales. 75
Jo est la mesme qu'Isis. 323
Jonopolis, ville de Paphlagonie appellée premierement *Abonoteichos*. 523. & 527
Isis est la mesme que Ceres, Diane, Venus, & Proserpine, 139. & 457. est la mesme que Cybele, 300. Que Junon, 458. Protectrice d'Egypte, 158. De Paris, 300. Inventrice de l'Agriculture. 302. Des voiles. 457. Son Idole. 303. 465. & 466. Pourquoy representée avec des cornes. 467
Issy Village proche de Paris tire son nom d'Isis. 304
Juba, sa Medaille, son air & ses mœurs. 364
Jugement de Páris dans une Medaille. 221. 222. &c.
Jule-Cesar, sa Medaille, sa Physionomie, son temperament,

Table des principales Matieres.

ment, ses mœurs. 362
Julia Pia, femme de Severe, sa Medaille, 391. Sçavoir si elle estoit mere de Caracalle. 183
Julien estime les gens de lettre, & particulierement les Medecins, 450. Représenté sous le visage de Serapis. 113
Junon surnommée *Ægophagos*, Mangechevre. 84

K.

Kakergete Epithete de Ptolemée Roy de Syrie. pag. 319

L

L Signifie *Libero*, 260. & *Libertus*, Affranchy, pag. 423. & 432
Lararium, Oratoire. 233
Larvæ, larves, ames des méchans errantes, 232. 233. & 275
Larunda, mere des Lares. 233
Lauriers plantés à la porte des Empereurs, 9. Laurier appellé le Portier des Cesars. 10
Lemures, ames errantes. 232. & 275
Liber & *Libera*, Bacchus & Ceres. 122
Lictores, Porte-haches. 200
Ligne solaire, marque de Fortune. 395
Lithostroton, pavé de Mosaïque, *Gabbata* en Hebreu, 28. & 32
Lucien, surnommé l'Impie & l'Athée. 496
Lucius Appuleius Eros, Medecin. 425
Lucius Sabinus Primigenius Medecin. 426
Lunettes, leur origine. 213. 214. & suiv.
Lunus, chez les Carrheniens & autres Grecs est la Lune. 63
Lycabas, signifie l'année. 223
Lychnis coronaria, œillet passerose. 11

Table des principales Matieres.

M.

M' Signifie *Manius*. pag. 424
Macellus, ou *Macellum*, boucherie. 339
Maison carrée de Nismes. 159
Maîtresses des Sculpteurs sous les visages des Deesses. 114
Malach, ou *Moloch*, Idole. 62
Malthe, Inscriptions, Medailles & autres antiquitez, 462. 463. &c.
Mana Geneta, Deesse des accouchées. 234
Manè, etymologie de ce mot. 232. & 234
Manes, Divinitez des Morts. 231. Enfers, 237. Ames des Morts. 231. & 237. Son etymologie. 232. De combien de sorte. *Ibid.* Respect des anciens pour les Manes, 240. & 241
Manoirs, tombeaux. 238
Manus, mana, manum, est le mesme que *Bonus, bona, bonum*. 231. & 233
Marc Antoine, sa Medaille, 362. Sa Physionomie, & ses mœurs. 364
Marc-Aurele, sa Medaille & sa Physionomie, 385. ses mœurs. 386
Marcus Latinius Medecin. 424
Mater castrorum, patria & Augustorum, Epithetes de Julia Pia. 183
Mater Deûm magna Idæa. 86
Maximin, sa Medaille, sa Physionomie & ses mœurs. 395
Medaille de Commode. 203. & 205
Medaille de Severe & Julia. 180
Medailles des Abonoteichites. 525. & 530
Medailles de Malthe. 452
Medailles utiles pour la Physionomie. 353
Medaillon d'Antonin Pie, 221. Autre representant la venuë d'Esculape à Rome. 531. & 532
Medaillon de Trebonien. 209
Medecin de Jule-Cesar appellé son amy. 420

Medecins

Table des principales Matieres.

Medecins établis à Rome dés l'an 301. 444. & dans les siecles suivans, 445. 446. & 447. Ont le droit de bourgeoisie à Rome. 421. Amis des gens de qualité. 420. Accueil fait aux Medecins Grecs par les Romains, 421. N'ont point esté chassez de Rome. 436. Edit de Julien en faveur des Medecins. 451
Medecine pratiquée par des Princes. 422
Medicina, boutiques des Medecins. 446
Medilitani, peuples d'Afrique. 183. & 184
Megalesia, feste de Cybele. 149
Melitta, surnom de Junon. 454. & 461
Mercure, comment peint, 224. Messager des Dieux. 470. Son bonnet ou chapeau appellé *umbella*. 471
Metaux employez pour les Boucliers consacrez. 11
Mithra, Dieu des Orientaux & plusieurs Inscriptions qui luy sont dediées. 71. &c. 453. &c. 466
Mithri, signifie Seigneur. 458
Mitre, coëffure ancienne, 453. Son etymologie. 458
Mois Peritien. 66
Monoptere, sorte de Temple. 167
Mont Ida. 227
Mosaïque à Avanches. 30. A Lyon, 29. & 39. A Nismes, 36. A Orange, 40. A Reims, 33. A Rome, 37. A Venise. ibid.
Moyse, son histoire, 398. & 399. Ses miracles par le moyen de son bâton. 399
Musea, representoient des grotes naturelles, 29. Edifices destinez pour les gens de lettre, *ibid*. A Alexandrie, 30. De l'Empereur Claude. ibid.
Musée, Poëte & colline à Athenes. 29
Musivarij, ouvriers de Mosaïque. 37
Myropolia, boutiques des Parfumeurs. 446

N.

Nablia, instrumens de Musique. pag. 148
Navis oneraria, geraria, frumentaria, vaisseau de charge representé dans une medaille. 104

Naulum,

Table des principales Matieres.

Naulum, ce qu'on payoit à Caron. 242
Nemausus Heraclide, fondateur de Nismes. 164. & 165
Neron, sa medaille, sa Physionomie & ses vices. 370. & 371.
Nerva, sa medaille, sa Physionomie, 379. Son inclination à la colere. 380
Neuropates, espece de Danseurs de corde. 412
Nez Aquilins, marque de courage. 362. 365. 372. & 373
Nicander, Medecin sous Neron. 424
Niceterium, prix des jeux Olympiques & du Cirque. 417
Nismes fondée par *Nemausus*, 164. Colonie des Romains. 166. COL. NEM. ibid.
Nubere, etymologie de ce mot. 88
Nummi Bigati & *quadrigati*. 337
Nymphæa ou *Lavacra*. Bains consacrez aux Nymphes. 484
Nymphes, nourrices de Bacchus, 473. 474. Statuës des Nymphes & des Naïades, 479. Nymphes Augustes. 480. & 481

O.

Olla, urne. 241. 259
Omnem pour *omne*. 353
Opalia, feste dediée à Cybele. 85
Opla, ce que c'est. 4
Optio, Aide de Camp. 141
Oracles trompeurs. 504. 512
Oracles rendus à Marc-Aurele. 519
Ordeens, Peuples de Macedoine. 111
Orgia, feste de Bacchus. 476
Oribase, Medecin de Julien. 450
Oribates, espece de Danseurs de corde. 412
Orosanges, Bienfaiteurs. 317
Osiris, statuë de bronze. 465. Pourquoy representé avec une corne de Bœuf, 466. Bâton d'Osiris. ibid.
Othon, sa medaille, sa physionomie, & ses mœurs, 373. & 374. Othon ressemble à Neron, 374. Sa mort courageuse. ibid.

Table des principales Matieres.

Ou, & *u*, confondus par les Anciens. 241
Ouviolavit pour *violabit*. 241

P.

P. M. Plùs minùs. 350
Palmyre, surnommée *Hadrianopolis* & *Tamar*, 64. & 65
Palmyrenien, Dialecte des Syriens. 66. & 67
Paludamentum, habit des soldats. 64
Pan, comment peint. 49. surnommé *Semicaper*. ibid.
Panes, ou Satyres. 50
Panthées, statuës. 133. 136. 137. &c.
Panthées, Temples. 137
Panthées, gravures. 138. Inscriptions Panthées. 140. 142. &c. Testes Panthées. 145
Paphlagonie, ses Roys & son histoire. 312. 313. &c.
Paphlagoniens, Egyptiens d'origine. 322. & 324
Papillon, symbole de l'ame. 89. 91. & 93
Paranymphe, meneur des épousées. 88
Pâris, comment peint par les Anciens. 224. & 225. son portrait. 226
Paris, pourquoy a un Navire pour Armoiries. 302. Vient de *Parà Isis*. 303. & 304
Parques ou destinées. 273
Patera Filicata, ce que c'est. 11
Patera Hederata, ce que c'est. ibid.
Patera Pampinata, ce que c'est. ibid.
Patras, surnommé Colonie Neroniene. 410
Pavé tres-curieux de Pergame au bâtiment appellé *Asarotos*. 28
Pavez de Mosaïque appellez par les Grecs *Lithostrota*. ibid.
Pavez de Mosaique, en quel temps ils ont commencé à Rome. ibid.
Pavez de Mosaïque, appellez *Musea*, *Musia*, & *Musiva*, & pourquoy. 29. 30

Z Z z   Pavez

Table des principales Matieres.

Pavez peints, venus des Grecs. 27
Pavimenta sectilia. 31. 32
Peinture antique. 195. 196. &c.
Peinture, Poësie muette. 249
Penates, son etymologie. 233
Pergula, Toit avancé. 334
Periptere, Espece de Temples. 161
Persiques. 103
Personnages representez dans un Bouclier antique d'argent. 20. & suiv.
Pertinax, sa medaille, sa Physionomie & ses mœurs. 389. & 390. Sa mort. ibid.
Pescher, dedié à Harpocrate. 132
Petronius Diodotus, Medecin. 428
Physionomie par les medailles, 353. &c.
Pilate, Tour de Pilate, Pretoire de Pilate, Maison de Pilate. 168
Pinaces, ce que c'est. 4
Pinakion, ce que c'est. 8
Pit, Nic, Firt, Pierre, Nicolas, François. 172
Pline, Passage mal entendu sur les Medecins. 437
Podalyre, fils d'Esculape. 499
Poldo Dalbenas. 494
Pompée, sa medaille, sa Physionomie & ses inclinations. 361
Pontones, Pontons. 204
Præficæ, Pleureuses. 276
Prefericules, vases des sacrifices. 263
Prenoms doubles à une mesme personne. 80
Pretoire des Romains, à Vienne. 159. 166. &c.
Pronaos, Parvis. 162
Protomai, ce que c'est. 4
Pseudoperiptere, espece de Temples. 162
Psiphologita. 30
Psyché, signifie l'Ame & un Papillon. 89
Pylæmenes, Roy de Paphlagonie. 307. Medaille de Pylæmenes.

Tables des principales Matieres.

menes. *Ibid.* Nom commun à tous les Roys de Paphlagonie. 310. 311. &c.

Q.

Quadratarium opus. 58. *Quadratarij.* ibid. *Quadratura.* ibid.

R.

Rat, fignifie la prife de Troye. pag. 229
Rats, venerez par les Anciens. 228
Raymond Comte de Touloufe. 287. Comte de Tripoly. 290
Raymond II. 287. Raymond V. 290. & 294
Raziels des Juifs, livres de Cabale. 397
Revers d'une Medaille d'Antonin Pie. 525
Revers d'une Medaille de Lucius Verus. 526
Robortellus, fon erreur touchant les Medecins. 419
Rome Triomphante. 197
Rome Deeffe, Rome victorieufe, Rome eternelle, & Rome facrée. 198
Rondeau de Benferade fur le jugement de Pâris. 230
Rutilianus gendre du faux Prophete Alexandre. 501

S.

S. P. Q. R. CL. V. Explication de ces lettres. 8
S. Jofeph, s'il étoit Forgeron ou Charpentier. 352
Salpion, excellent Sculpteur. 469
Salvia Marcellina, fa donation au College d'Efculape. 330. & 333
Sanctiffimus, Tres-faint, titre donné à plufieurs Dieux. 55
Sarcueil, *Sarcophagus, Sarcophagum.* 245
Sauveur, Epithete. 316. 317. & 318
Satyres, reprefentez dans les Mofaïques. 52

Table des principales Matieres.

Satyres, respectent les Termes. 51
Satyres, comment peints par les Anciens. 387. & 472
Scabella, Scamilla, & *Scamella,* Castagnettes des pieds. 154
Schœnobates, espece de Danseurs de corde. 412
Sciences & Arts liberaux receus tard à Rome. 443
Sebastionica, espece de Musique. 244
Seleucie, proche du Fleuve Calycadnus. 184. Autres Seleucies. 185
Selles inconnuës aux Anciens. 199
S E O pour S V O. 170
Serapis confondu avec Jupiter. 116. Avec Joseph. ibid.
Serpens privez. 502
Serpent adoré par les anciens. 477. & 479
Serpent d'Esculape, Embleme de la vigilance. 536
Servilius Apollonius Medecin. 427
Sesterces. 349
Sethon défait par les Rats. 228
Severe, sa medaille, sa Physionomie, sa cruauté, & ses mœurs. 391
Sextarium, septier. 338
Σίγνον, petite statuë. 64
Silene; nourricier de Bacchus. 475. Comment representé par les Anciens. ibid.
Silvain, comment peint. 50. & 482. Surnommé *Nymphagete.* 483
Sirenes. 274. & 275
Sistrum, sistre de la Deesse Isis. 112. & 158
Socrate, ressemblant à Silene. 46
Solarium, montre au Soleil, Esplanade. 334
Soleil, est toutes les Divinitez. 139
Sosthenes, Medecin & Sextumvir. 435
Sportula, petit present. 335
Statius Annæus, Medecin de Neron. 449
Stetharia. 4
Strena. strenua, Etrenes. 338
Strenia, Deesse. 485

Strenuus

Tables des principales Matieres.

Strenuus, son etymologie.	486
Stylopinakia.	4. & 8
Stylos.	8
Summanus, Epithete de Pluton.	24
Syringa, instrument de Musique.	534

T.

Tæda, flambeaux, de quoy faits. pag. 97
Talismans. 127. 128. &c.
Tarantes, sobriquet de Caracalle. 183
Tarse, appellée *Trajaniene*, *Hadrianiene*, & *Severienne*. 409
Taureaux sacrifiez à Neptune. 83
Taurobolia, sacrifices de Cybele. ibid.
Taurobolium, sacrifices de Taureaux. 143
Tecla, Dame Romaine. 169
Tecton, *Faber*, Ouvrier, Charpentier. 352
Telamones, espece de Termes. 104
Telescopes, par qui inventez. 216
Telesphore, representé dans deux medailles, 533. Compagnon d'Esculape. *ibid.* Comment habillé. 537
Templum Divorum, Temple des Empereurs. 336
ΘΕΟΙ ΚΑΤΑΧΘΟΝΙΟΙ, Dieux infernaux, Dieux soûterrains. 138. Exprimez par ces deux lettres Θ. Κ. ibid.
Terme ou Herme, representé dans un Mosaïque, 40. *Termini*, Termes figures sans bras. 103. 106. 107. & 252
Tessellatum opus. 30
Teste couronnée de Tours, trouvée à Paris. 298. & 299
Thaumatron, recompense qu'on donnoit à ceux qui faisoient voir quelque chose de merveilleux. 417
Theoxenia, feste de tous les Dieux. 145
Thessalus Medecin, surnommé *Jatronices*. 449
Thoraces Serapis. 6
Tibere, sa medaille, sa Physionomie & ses mœurs. 366. & 367

Table des principales Matieres.

Tiberius Claudius Julianus, Medecin.	435
Tigres & Pantheres dediez à Bacchus.	185. & 186
Tite, fa medaille, fa Phyfionomie & fes inclinations.	377
Titus Vibius Rufus, Medecin.	425
Tombeau de Pons fils d'Ildefonce.	283
Tombeaux, maifons eternelles.	256
Toni pour *Antoni*.	172
Tonstrina, boutiques des Barbiers.	446
Trajan, fa medaille, fa phyfionomie. 380. Sa mort.	381
Treize villes d'Ionie.	211
Triarmenos, vaiffeau à trois voiles.	205
Trois, nombre myfterieux pour plufieurs Divinitez.	483
Tucatis pour *Tueamini*.	243
Tympana, Tambours des Anciens.	155. 156

V.

Vache dediée à Junon & à Minerve.	84. & 85
Dediée à Ifis.	323
Vanité des Payens dans leurs fepultures.	255
Venus Dieu & Deeffe.	122
Venus barbuë.	ibid.
Verge de Moyfe. Voyez Bâton.	
Verveine facrée.	485. 486. 491
Verus fa Medaille, fa Phyfionomie, & fes mœurs.	386. & 387
Sa mort.	ibid.
Vefpafien, fa Medaille, fa Phyfionomie, & fes inclinations.	376
Viatores, efpece de Sergens.	201
Vipere, fa chair, employée pour une maladie extraordinaire.	447
Vifage long, figne de bonté & d'amitié.	384
Vitellius, fa Medaille, fa Phyfionomie, fa reffemblance à un hibou, & fes débauches.	375
Vota, vœux du commencement de l'année.	494

Urne

Table des principales Matieres.

Urne chez le Duc d'Altemps. 240
   A Florence. 243
Urne antique repreſentant la Deſtinée. 249. 251. &c.
Urnes, leur matiere. 260. & 261.
   Leur grandeur. 262
   Leur figure. 263
   Maniere de les conſerver. 277
Urnula, petite urne. 263

Z.

Zenobie, Reyne des Palmyreniens. 60

X Grec.

ΧΑΙΡΕ, mot de ſalutation dans les Epitaphes. 236
ΧΡΗΣΤΟΣ, tres-bon, ſe dit des morts. 235

Fin de la Table des Matieres.

www.ingramcontent.com/pod-product-compliance
Lightning Source LLC
Chambersburg PA
CBHW060510230426
43665CB00013B/1470